BISCHOF
BERTRAM MEIER

DOMPREDIGER-HOMILIEN

KIRCHE
Gemeinschaft **m**it **b**egründeter **H**offnung!

BISCHOF
BERTRAM MEIER

DOMPREDIGER-HOMILIEN

KIRCHE
Gemeinschaft
mit
begründeter
Hoffnung!

**Festgabe
zum 60. Geburtstag**

Mit einem Beitrag von
Norbert Zimmermann
Wissenschaftlicher Direktor der Abteilung Rom des
Deutschen Archäologischen Instituts

Herausgegeben von
Harald Heinrich und Gerda Riedl

Kunstverlag Josef Fink

ABBILDUNGEN dieser Doppelseite

Deckendekoration der Kammer 45 *(Cripta del tricliniarcha)* in der Katakombe SS. Marcellino e Pietro, spätes 4. Jh.

Zwei bogenförmige Bildfelder (links und rechts) zeigen katakombentypische Szenen aus dem Buch Jona (Ruhe und Ausspeiung des Jona; vgl. Jona 4,6; 2,11).

Doppeldeutig erscheint das kreisförmige Mittelbild: Es kann sowohl die Himmelfahrt des Elija (vgl. 2 Kön 2,11) als auch den Sonnengott *ΕΛΙΟΣ / Sol* darstellen (lautlicher Anklang!), der seinerseits ebenfalls als Figuration Christi zu verstehen ist.

Sie versinnfälligen die christliche Auferstehungshoffnung.

Wilpert, Taf. 160

Bibliografische Information der Deutschen Nationalbibliografie
Die Deutsche Bibliothek verzeichnet diese Publikation in der Deutschen Nationalbibliografie, detaillierte bibliografische Daten sind im Internet unter http://dnb.d-nb.de abrufbar.

1. Auflage 2020
ISBN 978-3-95976-287-8

Kunstverlag Josef Fink
Hauptstraße 102 b, D-88161 Lindenberg i. Allgäu
Telefon: (0 83 81) 8 37 21, Telefax: (0 83 81) 8 37 49
info@kunstverlag-fink.de
www.kunstverlag-fink.de

Umschlaggestaltung und Textarrangement: Gerda Riedl, Augsburg

Alle Rechte, auch die des auszugsweisen Nachdrucks und der photomechanischen oder elektronischen Wiedergabe, vorbehalten.

Print CO_2 geprüft | Klimaneutrales Druckprodukt der Druckerei Joh. Walch, Augsburg, auf FSC-zertifiziertem Papier

INHALTE

01.
Prae Scriptum

02.
Katakomben:
Hoffnungsräume

03.
Gestalten des
Neuen Testaments

04.
Der Weihnachts- und
Osterfestkreis

07.
Heilige: Vor-Bilder
und Für-Sprecher

08.
Kirchen-Bilder

09.
Kirche:
Einst. Jetzt. Dann.

10.
Post Scriptum

05.
Christus medicus:
Heilungswunder
im Bild

Norbert Zimmermann, Rom

06.
Über das Martyrium
des heiligen Hippolyt

Aurelius Prudentius Clemens

BISCHOF DR. BERTRAM MEIER

WAPPEN

Schild gespalten in die Bistumsfarben Rot und Silber, darauf gelegt ein aufgeschlagenes Evangeliar mit Schnitt in Purpurfarbe. Im Falz sprießt aus einem Weizenkorn eine goldene Ähre mit vier ebenfalls goldenen gebogenen Blättern. Auf den beiden Buchseiten A und Ω. Hinter dem Schild das Prozessionskreuz als Zeichen für den Bischof. Die Devise *VOX VERBI – VAS GRATIAE* legt sich seitlich und unten um den Schildrand. Grüner Pastoralhut mit zwei mal sechs Quasten.

Der gespaltene Schild zeigt die Farben des Bistums Augsburg, Rot und Silber. Gleichsam darüber ist das Evangeliar aufgeschlagen, auf den beiden Buchseiten sind A und Ω zu lesen. In seinen Falz ist ein Weizenkorn gelegt, aus dem eine Ähre hervorwächst. Sie soll Zeichen sein für die hl. Eucharistie, die der Bischof mit seinen Priestern feiert. Der dreifache Körnerstand an der Ähre verweist auf die Trinität.

Mit seinen vier Blättern erinnert das Wappen ebenso an die Evangelisten, die Jesu Botschaft überliefern als *VOX VERBI (Stimme des Wortes)* und *VAS GRATIAE (Schale der Gnade)*. Seit dem II. Vatikanischen Konzil steht verbindlich das Prozessionskreuz als Zeichen des Bischofs hinter dem Schild. Der grüne Pastoralhut darüber mit seinen zwei mal sechs Quasten zeigt die Würde des Wappenträgers an.

Die Verwendung der Ähre – Wappenbild von *Johann Michael Sailer* (1751 – 1832), Bischof von Regensburg in den Jahren 1829 bis 1832 – im neuen Wappen von Bischof Bertram soll auch Erinnerung und Würdigung des bedeutenden Hirten und Erneuerers sein, dem sich der neue Diözesanbischof von Augsburg besonders verbunden weiß.

Bischofswappen des Diözesanbischofs von Augsburg Dr. Bertram Meier

INSIGNIEN

Bei der Übergabe des Hirtenstabes heißt es: »Ich übergebe dir diesen Stab als Zeichen des Hirtenamtes. Trage Sorge für die ganze Herde Christi; denn der Heilige Geist hat dich zum Bischof bestellt, die Kirche Gottes zu leiten.«

Auf den aus Wengen- und Nussbaumholz gefertigten Stab ist eine Krümme aus partiell vergoldetem Silber gesetzt, die wiederum mit drei verschiedenfarbigen Steinen geschmückt ist. Diese stammen aus Kaufering, der Wolfzahnau bei Augsburg und Füssen, drei Orten am Lech. Sie stehen für die drei heiligen Bistumspatrone Ulrich, Afra und Simpert, die alle in ihren Heiligenviten einen besonderen Bezug zum Lech aufweisen. Der Fluss entspringt in den Alpen und durchquert nahezu das ganze Bistum von Süd nach Nord. Auch Bischof Bertram ist in Kaufering an seinem Ufer aufgewachsen. Über den drei Steinen ist der Wahlspruch des Bischofs angebracht: *VOX VERBI VAS GRATIAE*, zu Deutsch: »Stimme des Wortes, Schale der Gnade«.

Die Mitra ist die Kopfbedeckung, die der Bischof bei der Feier der Liturgie trägt. Vermutlich entstand sie aus einer Kappe, die zum Ornat der Würdenträger im Römischen Reich gehörte. Sie wird bei der Weihehandlung mit den Worten überreicht: »Die Mitra sei ein Zeichen deines Amtes. Der Glanz der Heiligkeit sei dein Schmuck. Und wenn dann der Hirt aller Hirten erscheint, wirst du den nie verwelkenden Kranz der Herrlichkeit empfangen.« Abgebildet sind unter dem Kreuz die Bistumspatrone hl. Ulrich und hl. Afra, unter dem Symbol des Hl. Geistes der hl. Simpert und die hl. Crescentia von Kaufbeuren.

Der Ring des Bischofs war ursprünglich ein Siegelring. Seit dem 9. Jahrhundert wird er bei der Bischofsweihe zusammen mit dem Stab feierlich übergeben als Zeichen der Treue, mit der sich der Bischof an die Kirche bindet. Der Vorsteher der Weihehandlung spricht zu ihm: „Trag diesen Ring als Zeichen deiner Treue. Denn in unverbrüchlicher Treue sollst du die Braut Christi, die heilige Kirche, vor jedem Schaden bewahren."

Auf dem Ring sind die drei Buchstaben IHS zu sehen. Sie sind eng mit dem Jesuitenorden verbunden und werden traditionell als *Iesum Habemus Socium* gedeutet, zu Deutsch: »Wir haben Jesus als Gefährten«. Damit verweist der Ring auf die Studienzeit Bischof Bertrams an der von den Jesuiten geführten Päpstlichen Universität *Gregoriana* und am Päpstlichen Kolleg *Germanicum et Hungaricum* in Rom sowie auf die lange Tradition jesuitischer Präsenz in Dillingen. Vor allem stellt er eine Beziehung zu dem Theologen und Bischof Johann Michael Sailer her, dessen Kirchenverständnis Bischof Bertram in seiner Dissertation erforschte und den er als eine der prägendsten Gestalten seines Lebens bezeichnet. Über „IHS" ist ein Bergkristall aus den Alpen in den Ring eingesetzt, der die Buchstaben noch einmal vergrößert und hervorhebt.

ist wiederum das Ulrichskreuz eingefasst. Dieses Motiv greift eine Darstellung aus dem 14. Jahrhundert auf und ist eng mit der Geschichte des heiligen Bischofs Ulrich verbunden, Patron des Bistums und der Stadt Augsburg. Auf dem Ulrichskreuz findet sich eine bildliche Darstellung der Kreuzigung Christi mit der Gottesmutter und dem Apostel Johannes. Auf der Rückseite ist wie im Original aus dem 14. Jahrhundert der Schriftzug *Crux victorialis sancti udalrici epi aug,* das heißt: »Siegreiches Kreuz des heiligen Ulrich, Bischof von Augsburg«, wiedergegeben.

Das Brustkreuz (Pektorale) weist auf die Zugehörigkeit zu Christus hin. Damit ist das Pektorale Ausdruck des Bekenntnisses und Vertrauens des Bischofs in die aus dem Kreuz erwachsende Kraft.

Auch diese Insignie des bischöflichen Amtes wurde neben Ring und Hirtenstab von Daniel Wöhrl geschaffen. Im Inneren des Kreuzes

GRUSSWORT

Viele haben Bilder der Bischofsweihe von Bertram Meier lebendig in Erinnerung, ob sie im Dom zu Augsburg anwesend waren oder über Fernsehen und soziale Medien mit dabei waren. Es war für mich eine große Freude, diese Weihe spenden zu dürfen. Ein solches Ereignis gibt allen geistlichen Rückenwind für das Kommende.

Doch: »Eins! Zwei! Drei! Im Sauseschritt läuft die Zeit; wir laufen mit« (Wilhelm Busch). Und so darf ich im Geleitwort zu diesem Buch, das Predigten von Bischof Dr. Meier vorstellt, zur Vollendung seines 60. Lebensjahres am 20. Juli 2020 gratulieren: Gute und gesegnete Jahre als Bischof von Augsburg! *Feliciter! Feliciter! Feliciter!*

In meiner Predigt im Weihegottesdienst habe ich gesagt: Das Wort ist nicht Text geworden, das Wort ist Fleisch geworden! Das drückt sich auch im Leitwort von Bischof Bertram aus: »Stimme des Wortes – Gefäß der Gnade«. Denn Bischof Bertram ist ein leidenschaftlicher und ausgezeichneter Prediger, der das Wort durch seine Auslegung und durch seine aussagekräftige und bildreiche Sprache lebendig werden lässt. Predigen heißt ja nicht, einen Text verlesen, sondern eine Botschaft zum Leben erwecken, eben die *»viva vox evangelii«*, wie Martin Luther gesagt hat.

Es ist wunderbar, dass zu Beginn der Amtszeit und aus Anlass seines 60. Geburtstages diese Predigten vorgelegt werden und so alle, die sich etwas Zeit dafür nehmen, Bischof Bertram Meier besser kennenlernen, ihm theologisch und geistlich auf die Spur kommen. Deshalb wünsche ich dem Buch nicht nur im Bistum Augsburg, sondern auch darüber hinaus viele Leserinnen und Leser, besonders auch unter denen, die – ob katholisch, evangelisch oder orthodox – selber immer wieder im Predigtdienst stehen und Jesus Christus, das lebendige Wort Gottes, verkünden. In diesem Buch können sie lernen und Mut zu ihrer je eigenen Weise des Predigens finden, denn – davon bin ich überzeugt – über einen guten weiteren Weg der Kirche entscheidet auch eine vertiefte und geistlich wie theologisch erneuerte Predigtkultur. Dazu ist das Buch eine reiche Schatztruhe.

Also: *Nimm und lies!*

München, im Juni 2020

Reinhard Kardinal Marx
Erzbischof von München und Freising
Vorsitzender der Freisinger Bischofskonferenz

GELEITWORT

Im bayerisch-schwäbischen Raum gibt es eine verbreitete Redewendung: *50 ist das Alter der Jugend, – 60 die Jugend des Alters!*

Wenn man, so wie die Herausgeber, unserem neuen, am 29. Januar 2020 vom Hl. Vater, Papst Franziskus, ernannten und am 6. Juni 2020 im Hohen Dom zu Augsburg von S. E. Kardinal Marx, dem Apostolischen Nuntius Eterović sowie Erzbischof Schick zum Bischof geweihten Oberhirten, in langjähriger und vielfältiger Zusammenarbeit verbunden ist, so kann man mit Fug und Recht feststellen: Unser neuer Bischof ist jung, nicht jung geblieben, voller Schaffenskraft und durchaus begabt mit eigenen Zukunftsvisionen.

Diese Visionen braucht es dringend. Denn unser aller Kirche ist nicht erst seit der Corona-Pandemie krisengeschüttelt. Wem würde nicht der Missbrauchsskandal, wem würden nicht die schmerzhaft hohen Austrittszahlen auf der Seele lasten? Dennoch prägt uns Zuversicht: Denn die Kirche ist auch krisenfest. Nicht zum ersten Mal erleben sich Christen räumlich isoliert, aber geistig vereint in schwierigen Zeiten. Und: Die Kirche hat im Laufe der Jahrhunderte bewährte Instrumentarien entwickelt, auch herausfordernde Krisen zu meistern.

Noch einmal: Kirche mag in der Krise sein und über die Wege aus der Krise uneins. Foglich ist es bei Weitem leichter zu bestimmen, was Kirche *nicht ist* oder *nicht sein soll*, als zu sagen, was Kirche *werden könnte!*

Fallen wir mit der Tür ins Haus: Kirche ist kein ›Staat im Staat‹; Kirche-Bilden ist keine Verwaltungs-, sondern eine Verkündigungsfrage. Weniger auf die Verfassung kommt es an, die wir der Kirche geben können als vielmehr auf den geschärften Blick für die Frage, in welcher Verfassung die Kirche ist. Und weiter: Die Verfassung der Kirche regelt nicht ein Grundgesetz, sondern das rechte Verständnis für ihre Grundlage: das Mensch gewordene Wort Gottes, das es vor dem Hintergrund der ›Zeichen der Zeit im Licht des Evangeliums‹ auszulegen gilt.

Insofern ist Kirche auch kein ›eingetragener Verein‹, kein freiwilliger Zusammenschluss Gleichgesinnter, der sich eine eigene Satzung gibt und auf Mitgliederwerbung abzielt.

Nein, Kirche ist – schon vom griechischen Wortsinn her – eine *Kirche der Herausgerufenen* aus allen Nationen, aus allen Schichten, – gleich von Grund auf in den Augen des dreieinen Gottes, nicht nach den Maßstäben dieser Welt.

Wenn weder ›Staat im Staat‹, noch ›eingetragener Verein‹, – was ist Kirche dann? Lassen Sie es uns in einer gängigen Sprachregelung von heute ausdrücken: Kirche ist das Unternehmen unseres Herrn Jesus Christus, geleitet von seinem Geist auf dem Weg zu Gott, dem Vater, von Anbeginn der Welt an bis zu deren hoffentlich seligem Ende im Hause Gottes, das nach Auskunft unseres Herrn Jesus Christus viele Wohnung bereithält (vgl. Joh 14,2).

Peter Hahne hat diesen Grundgedanken 2009 auf eine Formel gebracht: *Gesellschaft mit begründeter Hoffnung*. Mit begründeter Hoffnung? Ja, das hat bereits der Apostel Paulus so gesehen (vgl. Röm 6,9). Aber Gesellschaft? Nein! Gemeinschaft, *Communio sanctorum*, Gemeinschaft der Heiligen, – Gemeinschaft derer, die sich einem sakralen Denk- und Handlungsmuster verpflichtet fühlen, nicht einem profanen, einem säkularen!

Diese Überzeugung gab der vorliegenden Festgabe für unseren neuen Bischof Dr. Bertram Meier ihren Titel: *Kirche – Gemeinschaft mit begründeter Hoffnung*.

So weit, so gut! Aber dann stürzte die Weltgemeinschaft in die Corona-Krise. Auch die für den 21. März 2020 geplante Weihe unseres neuen Bischofs musste abgesagt werden. Aber wie bereits angemerkt: Die Kirche mag krisengeschüttelt sein, krisenfest ist sie auch. Die prompte Ernennung des Domdekans und Diözesanadministrators Dr. Meier zum Apostolischen Administrator *sede vacante et ad nutum Sanctae Sedis* am 25. März 2020 garantierte dem Bistum Augsburg seine Handlungsfähigkeit!

Und: Ist es ein Glück, ist es ein Unglück, wer kann es sagen? Die Krise schärfte den Blick, die Krise eröffnete neue Perspektiven, – etwa auf die Katakombenkirche christlicher Frühzeit, die, bedrängt wie sie war, ›Hauskirche‹ für sich entdeckte und – den Zusammenhalt suchte mit ihren verstorbenen Helden, den Märtyrern so mancher Christenverfolgungen. Und da fand man Trost und Mut, Hoffnung und Zuversicht. Allesamt Dinge, die wir heute wieder benötigen. Welcher Glaube! Man studiere die Malereien in den römischen Katakomben, – geprägt von der Gewissheit ewigen Lebens im Hause des Vaters Jesu Christi.

Wie seltsam! Trauer artikuliert sich in diesen Malereien selten bis nie. Wie auch? Man bedenke jenen Namen, den die Katakomben zu frühchristlichen Zeiten trugen: Nicht Nekropolen nannte man sie wie die Zeitgenossen, sondern Ruhestätten! Vorübergehende Ruhestätten für die Zeit bis zur Wiederkunft des auferstandenen und erhöhten Herrn Jesus Christus. Diese Bilder einer lebensgesättigten Hoffnung wieder zu beleben, war Anlass für die Grundierung der hier veröffentlichten Dompredigten unseres neuen Bischofs, der – will es der Zufall? – seine erste Predigt als geweihter Diakon in der römischen Domitilla-Katakombe gehalten hatte.

Und – wollte es wiederum der Zufall oder war es Glück im Unglück: Die Corona-Krise ermöglichte den Herausgebern mit Dr. Norbert Zimmermann (Rom) einen der führenden deutschsprachigen Vertreter ›Christlicher Archäologie‹ für einen Beitrag über den heilenden Christus *(Christus medicus)* in der Katakombenmalerei zu gewinnen, den aus dem Englischen zu übersetzen Dr. Peter Düren (Augsburg) die Freundlichkeit besaß. Herzlichen Dank an ihn und nach Rom!

Flankiert wird Norbert Zimmermanns Beitrag von einem eindrücklichen Text aus der Feder des spätantiken Dichters Prudentius: Er schildert nichts weniger als einen Katakombenbesuch um 400 n. Chr.

Ein letzter Zufall? Die Themen der Dompredigten, aufgelaufen in den zwölf Jahren intensiver Domprediger-Tätigkeit unseres Bischofs Dr. Bertram Meier, fanden sich in vielen Katakomben-Malereien wieder!

Stehen wir der frühen Kirche in Krisenzeiten womöglich näher als wir denken? Falls ja, dann lasst uns, liebe Christinnen und Christen, diese Nähe wieder und weiter suchen. –

Ein solches Unternehmen wie das vorliegende bringt es mit sich, vielen Menschen und Institutionen Dank zu sagen für Ihre Unterstützung, ihre Druckgenehmigungen. Informationen hierzu finden sich bei den einschlägigen Abbildungen. Wir hoffen, niemanden vergessen zu haben.

Diese Festgabe sollte wenig Ressourcen finanzieller oder umweltbelastender Natur verbrauchen. Auch dies ist gelungen. Hoffentlich auch die Festgabe an sich.

In diesem Sinne: *Ad multos annos!* Auf viele Gott gesegnete Jahre im Bistum Augsburg. Noch einmal: Herzlich willkommen, lieber Bischof Dr. Bertram Meier und Gottes reichen Segen für ein neues Lebensjahrzehnt, das viel Dynamik mit sich bringen dürfte.

Die Herausgeber wissen: Das Zeug es zu meistern haben Sie. Behüte und leite Sie der HERR!

Generalvikar Msgr. Harald Heinrich
Gerda Riedl

Die Herausgeber

Bischof Dr. Bertram Meier während der Predigt anlässlich der Priesterweihe am 28. Juni 2020

02. INHALTE

Katakomben: Hoffnungsräume

Katakomben sind unterirdische Begräbnisanlagen der späteren Antike (2. bis 5. Jh.), die Juden, Christen und Nichtchristen gleichermaßen benutzten.

Ihre Anlage setzt weiche Gesteinsformationen (wie etwa Tuffstein) voraus.

In Rom liegen sie an den hauptstädtischen Ausfallstraßen.

Sie begegnen aber auch in vielen anderen Gegenden des damaligen Römischen Reiches.

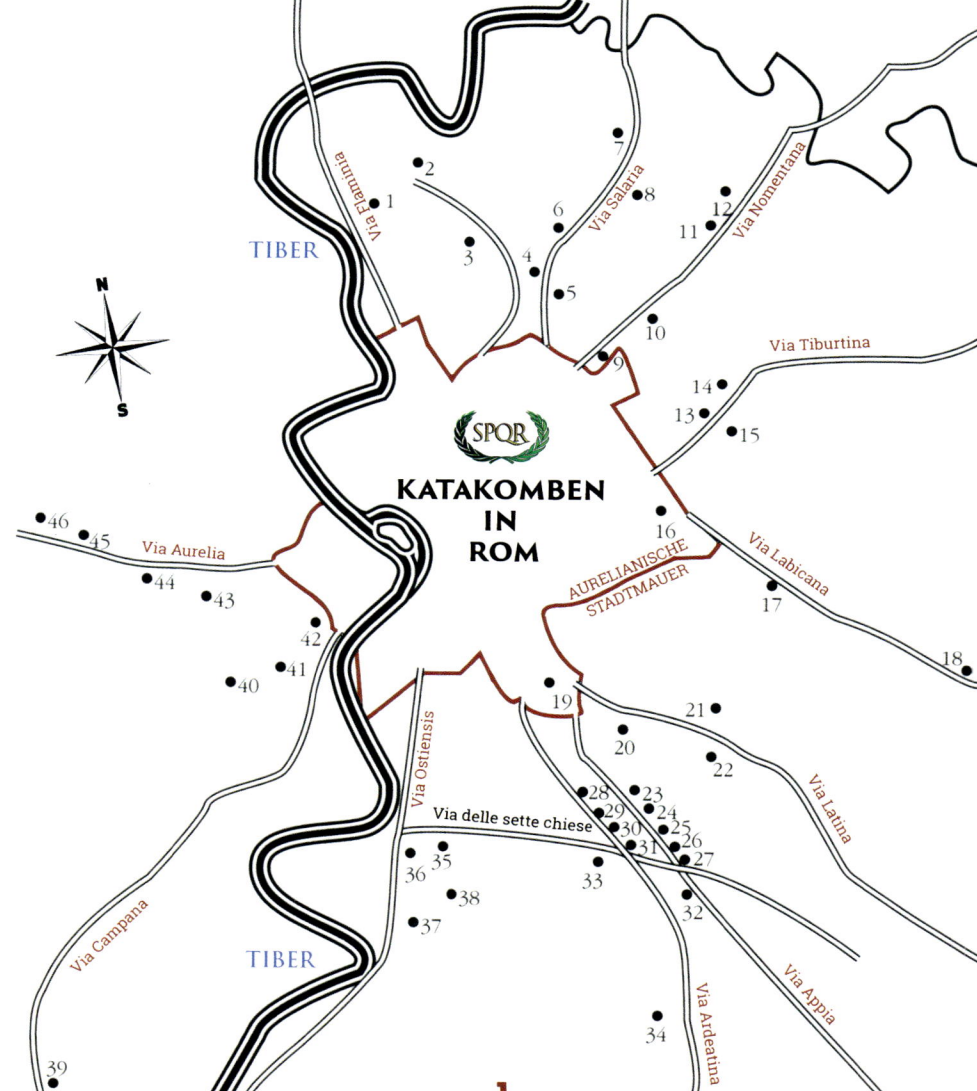

ABBILDUNG 1
Übersichtsplan der Katakomben Roms (mit nebenstehender Legende).

02.01
Katakomben: Stätten der Hoffnung 16

02.02
Cimitero: Steine können trösten 20

02.03
Hauskirche ist Katakombenkirche 22

KATAKOMBEN IN ROM

1. S. Valentino
2. Ad clivum Cucumeris
3. S. Ermete (oder Bassilla)
4. Panfilo
5. S. Felicita
6. Trasone
7. Priscilla
8. Via Anapo
9. Nicomede
10. Villa Torlonia
11. S. Agnes
12. Coemeterium Maius
13. Novaziano
14. S. Ippolito
15. S. Lorenzo (oder Ciriaca)
16. Hypogäum der Aurelier
17. S. Castulo
18. SS. Marcellino e Pietro
19. Campana
20. SS. Gordiano ed Epimaco
21. Aproniano
22. Via Latina
23. Hypogäum der Vibia
24. Hypogäum dei Cacciatori
25. Santa Croce
26. Vigna Randanini
27. Pretestato
28. Soter
29. Balbina
30. SS. Marco e Marcelliano
31. S. Callisto
32. Ad catacumbas (oder S. Sebastiano)
33. Domitilla
34. Della Nunziatella
35. Commodilla
36. S. Timoteo
37. S. Tecla
38. Pagane Katakombe
39. Generosa
40. Monteverde
41. Ponziano
42. Ad insalsatos
43. Pancrazio
44. SS. Processo e Martiniano
45. Dei due Felici
46. Calepodio

IMPRESSIONEN

Hieronymus:
Commentariorum in Hiezechielem 12,40,5-13

Während ich als junger Mann in Rom weilte und die Freien Künste studierte, pflegte ich mit meinen gleichaltrigen Mitschülern an den Sonntagen die Gräber der Apostel und Märtyrer zu besuchen und häufig in die Katakomben (lat. *cryptae*) hineinzugehen, die, in die Tiefe der Erde gegraben, zu beiden Seiten an den Wänden die Körper der Bestatteten enthalten. Sie sind so finster, dass hier beinahe jenes prophetische Wort in Erfüllung geht: »Sie sollen lebendig in das Reich der Toten fahren.« (Ps 55,16) Nur spärlich mildert ein von oben nicht durch Fenster, sondern Schächte herabfallendes Licht die Grauen der Finsternis; nur langsam kommt man vorwärts, und von dichter Nacht umgeben, tritt uns das Wort Vergils vor die Seele: »Grauen befällt mich rings, und selbst die Stille erschreckt mich.« (Aeneis II,7,55)

Sophronius Eusebius Hieronymus (347 – 419), geboren in Dalmatien, studierte in Rom (vor 367). Den Kommentar zum alttestamentlichen Buch Ezechiel verfasste er zwischen 410 und 414. Der lateinische Originaltext findet sich in: Corpus Christianorum Latinorum 75, S. 566 f.

Johann Wolfgang von Goethe:
Italienische Reise. Dritter Teil. Bericht April 1788

Auf dem Verzeichnisse, was vor der Abreise von Rom allenfalls nachzuholen sein möchte, fanden sich zuletzt sehr disparate Gegenstände, die Cloaca Massima und die Katakomben bei St. Sebastian. Die erste erhöhte wohl noch den kolossalen Begriff, wozu uns Piranese vorbereitet hatte; der Besuch des zweiten Locals geriet jedoch nicht zum besten, denn die ersten Schritte in diese dumpfigen Räume erregten mir alsobald ein solches Mißbehagen ohne daß ich sogleich wieder ans Tageslicht hervorstieg und dort, im Freien, in einer ohnehin unbekannten, fernen Gegend der Stadt die Rückkunft der übrigen Gesellschaft abwartete, welche, gefaßter als ich, die dortigen Zustände getrost beschauen mochten. / In dem großen Werke: *Roma sotterranea,* di Antonio Bosio, Romano, belehrt mich lange Zeit nachher umständlich von allem dem was ich dort gesehen, oder auch wohl nicht gesehen hätte, und glaubte mich dadurch hinlänglich entschädigt.

Johann Wolfgang Goethe (1749 – 1832) verbrachte die Zeit vom September 1786 bis Mai 1788 in Italien, größtenteils in Rom. Den einschlägigen Reisebericht veröffentlichte er erst 1816 und 1817. Das obige Zitat entstammt einem Nachtrag mit dem Titel ›Zweyter Römischer Aufenthalt‹ (Erstdr. 1829). Es findet sich in Johann Wolfgang Goethe: Sämtliche Werke. Bd. 15. Münchner Ausgabe. München 1999, S. 644 f.

Mehr Licht!

Johann Wolfgang Goethes letzte Worte auf dem Sterbebett am 22. März 1832 (vgl. Carl Vogel: Die letzte Krankheit Goethe's. In: Journal der practischen Heilkunde 76 (1833), II. Stück Februar, S. 17).

1854

entdeckte eine neu gegründete ›Päpstliche Kommission für christliche Archäologie‹ die große Treppe in den weitläufigen Anlagen der mehrstöckigen Domitilla-Katakombe(n).

Papst Pius IX. (1792 – 1878), ausgewiesener Förderer der Katakomben-Forschung, besichtigte sie umgehend persönlich.

Seither betraten Tausende von Pilgern und Touristen über diese Treppen die unterirdischen Ruhestätten (κοιμητήριον / coemeterium) der frühen Christen Roms.

Katakomben: Stätten der Hoffnung

Hinabgestiegen sind wir in das Reich des Todes, das lebt aus den Bildern christlicher Hoffnung. Diejenigen, die einst ihre Toten hier begraben haben, lebten in der Zuversicht, dass Christus ihre lieben Verstorbenen auf grüne Auen an den Ruheplatz am Wasser führen würde.

Es gibt Orte, die sprechen, ohne dass sie Worte machen; Orte, die im Stillen liegen, fernab von den lauten Straßen städtischen Treibens. Sie drängen sich nicht auf. Man muss zu ihnen hinausgehen – vor die Mauern der Stadt. Und man muss in sie hineingehen, um zu erfahren, was sie zu sagen haben.

Ich rede von einer Senke an der Via Appia im Süden von Rom, die den Namen bekommen hat: *ad catacumbas*. In eine dieser Katakomben mitzugehen, dazu lade ich Sie heute ein. Ich möchte Ihr Begleiter sein auf einem geistlichen Spaziergang durch die Domitilla-Katakombe. Sie zählt zu den Orten, die sprechen, ohne dass sie Worte machen. Die Katakombe hat ihre eigene Sprache. Ihre Anlage, ihre Gemälde, Inschriften und Motive wollen Bausteine sein, die wir in unser Lebenshaus einsetzen können.

Wer die Katakombe betritt, muss hintersteigen: hinabsteigen in ein Labyrinth verschiedener Stockwerke und Ganggeflechte, in denen unzählige Gräber aneinandergereiht sind. Manche scheuen den Besuch unter Tage. Andere reden von Platzangst. Viele sind erleichtert, wenn sie das Dunkel des unterirdischen Gemäuers wieder mit dem Licht des großstädtischen römischen Lebens eintauschen können. Vielleicht hängt dieses mulmige Gefühl auch mit dem zusammen, was die Katakomben wirklich waren:

in erster Linie weder Zufluchtsstätten noch Versammlungsorte der ersten Christen, sondern Ruheplätze der Verstorbenen unter der Erde. Katakomben waren also Friedhöfe. Pläne überliefern uns, dass man sie gleichsam als unterirdisch gespiegelte Städte angelegt hat. Das Reich des Lebens oben wird nach dem Ableben nach unten ins Reich des Todes umgeklappt.

Wenn wir in die Katakombe hinuntersteigen, berühren wir christliches Urgestein im doppelten Sinn: Wir betreten Boden, an dem die frühen Zeugen des christlichen Glaubens begraben sind. Gleichzeitig werden wir an einen uralten Satz erinnert, der schon im Apostolischen Glaubensbekenntnis steht: Jesus Christus ist »hinabgestiegen in das Reich des Todes«. Er ist sozusagen der Anführer unserer Prozession, die in die Katakomben führt. Denn schon vor uns ist er hinabgestiegen in das Reich des Todes: eine Aussage, die einen stolpern lassen kann. Der Tod ist und bleibt ja ein Stein des Anstoßes, nicht nur an *Allerseelen,* das uns an die Gräber unserer Toten führt. Sich mit dem Tod auseinanderzusetzen, ist eine Lebensaufgabe. Auch gläubigen Christen bleibt sie nicht erspart. Und kein Mensch kann sie ganz verdrängen.

Das Wort vom Tod Gottes geistert wie ein Gespenst durch unsere Zeit. Was lange nur dumpfer Alptraum blieb, wurde spätestens mit Friedrich Nietzsche (1844 – 1900) tödlicher Ernst: »Gott ist tot! Gott bleibt tot! Und wir haben ihn getötet!« Aus dem gellenden Triumph über den einst als unsterblich geltenden Verstorbenen Gott ist mittlerweile schon akademische Gelassenheit geworden. Mancher stellt sich bereits auf eine ›Theologie nach dem Tode Gottes‹ ein. Das Geheimnis des Karsamstags, Gottes abgründiges Schweigen, ist zur bedrängenden Wirklichkeit unserer Zeit geworden. Für viele ist die Verborgenheit Gottes ein Tag ohne Ende.

In diesem Dunkel fangen die Katakomben zu sprechen an. Zunächst scheinen sie den düsteren Ton aufzunehmen: Aus wie vielen Grabkammern spricht nichts als gähnende Leere! Was ist von den unzähligen Leichnamen geblieben – nichts als ein paar Knochen und Staub? Wer erinnert sich noch an große Namen? Wie viele Inschriften hat die Geschichte verwischt? Wie viele Bilder sind vom Zahn der Zeit verblasst?

Trotzdem: In diesem Reich der Toten ist Leben. Die Sehnsucht nach Glück und ewiger Seligkeit hat in den Katakomben ihre Spuren hinterlassen, noch ehe dort Christen begraben wurden. Wie sonst soll man die zahlreichen Szenen deuten, die von der Weinlese erzählen. Geflügelte Putten sammeln Trauben in Körbe, um das Fest ohne Ende in einer anderen, besseren Welt vorzubereiten. Seit aber Jesus Christus selbst hinabgestiegen ist in das Reich der Todes, ist in den Katakomben der Keim gelegt worden für eine ganz neue Hoffnung auf Leben; eine Hoffnung, die weder verstaubt ist noch zerfallen kann; eine Hoffnung, die nicht zerbröckelt, auch wenn menschliche Luftschlösser einstürzen; eine Hoffnung, die einen Namen hat und ein Gesicht: *Jesus Christus*.

Ein Kürzel dieser Hoffnung ist der Fisch. Im Griechischen heißt er: *ICHTHYS*; die einzelnen Buchstaben, als Worte entfaltet, enthalten ein ganzes Programm: *Jesus Christus, Sohn Gottes, Erlöser (der Welt)*. Zwischen den beiden Fischen sehen wir einen Anker, von alters her ein Symbol der Hoffnung. Wer um Jesus Christus als seinen Anker weiß, der kennt keine Angst noch Bange in seinem Lebensschiff. Mögen es auch Wogen und Wellen des Alltags umhertreiben, mögen ihm auch Böen und Stürme unruhiger Zeiten entgegenblasen, mag es auch vom Mögen und Meinen des Augenblicks geschüttelt werden, die Verankerung in Christus gibt die Sicherheit, dass auf das Lebensschiff ein sicherer Hafen wartet. An einem Hafen knüpft noch ein weiteres Hoffnungsbild an.

Wir sehen, wie Arbeiter große Säcke auf ihren Schultern tragen. Von den Schiffen am Tiber wird Getreide zu den Backöfen in die Stadt transportiert. Wir befinden uns in der Krypta der Bäcker, die in alter Zeit auch für das Mahlen von Getreide verantwortlich waren. Brot ist viel mehr als ein Grundnahrungsmittel zwischen den Zähnen für den Magen. Für Brot sind deshalb nicht nur die Bäcker zuständig.

Im *Vaterunser* beten wir um das tägliche Brot. Damit meinen wir alles, was wir tagtäglich zum Leben brauchen. Und das ist mehr als das, was auf dem Tisch steht. Wir Menschen hungern nicht nur nach Brot. Wie kann es sonst geschehen, dass jemand an einer voll gedeckten Tafel verhungert, weil ihm der Bissen im Halse stecken bleibt – wegen der Kälte seines Gegenübers, aus Mangel an Zuwendung und Verständnis. Mancher verhungert, weil er keinen hat, der für ihn da ist, und niemanden, für den er da sein kann. Der selige Pater Rupert Mayer (1876 – 1945) schrieb aus dem Kloster Ettal, in das er sich wie in eine Katakombe zurückziehen musste: »Ich bin hier lebend ein Toter, ja dieser Tod ist für mich, der ich noch voll im Leben bin, viel schlimmer als der wirkliche Tod, auf den ich schon so oft gefasst war.«

Brot kann man also nicht nur backen oder kaufen. Brot braucht ein Du, um sich auszuteilen. Brot ist Beziehung. Brot ist Leben über den Tod hinaus. Das haben schon die Christen der ersten Jahrhunderte klar erfasst. Deshalb haben sie in der Krypta der Bäcker auch das Wunder der Brotvermehrung dargestellt. Von hier ist der Weg nicht mehr weit, den Bogen auszuspannen zur Eucharistie, in jene Mahlfeier hinein, in der die Teilnehmer ihre Hoffnung so zusammenfassen: »Deinen Tod, o Herr, verkünden wir, und deine Auferstehung preisen wir, bis du kommst in Herrlichkeit.«

Der Mensch lebt nicht nur vom Brot allein. Er lebt auch vom Wort. Christus ist der Meister des Wortes. Als Lehrer der Wahrheit sitzt er auf der *Kathedra,* dem Lehrstuhl, und hält eine halbgeöffnete Schriftrolle in der Hand. In ihm haben sich die Schriften des Alten Bundes erfüllt. Zugleich hat er einen neuen Anfang gesetzt: In seinem Wort ist Leben.

Christus behält das Wort jedoch nicht für sich. Er gibt es an Treuhänder weiter, gleichsam in einem Staffellauf durch die Geschichte der Kirche hindurch, hinauf bis in unsere Tage, hinaus in die ganze Welt, universal-katholisch also, wofür der Völkerapostel Paulus Pate steht für viele andere. In die Hände der Apostel gibt Christus sein Wort. Es ist so reich, dass es dafür ein großes Gefäß voller Schriftrollen braucht.

Wir können auch heute nicht leben, wenn nicht das Wort zu uns kommt. Vertrauen muss darin liegen, Weisung muss es geben, Klarheit und Freundlichkeit. Aus dem Wort sprechen gleichermaßen Liebe und Wahrheit. Das Wort der Wahrheit braucht Liebe, um nicht zu verletzen. Und das Wort der Liebe braucht Wahrheit, um nicht zur Lüge zu werden. Ein Wort in Wahrheit und Liebe ist Brot – tägliches Brot, von dem wir zehren. Unendlich viele Menschen hungern nach dem täglichen Wort.

Deshalb ist es tröstlich, dass es den Guten Hirten gibt. Die Seinen kennen seine Stimme und hören auf sein Wort. Er steht mitten unter den Schafen und trägt ein Lamm auf seinen Schultern. Der Gute Hirt ist nicht nur ein Schafträger. Er ist der große Hoffnungsträger der Katakomben. Diejenigen, die einst ihre Toten hier begraben haben, lebten aus der Zuversicht, dass sein Stock und sein Stab ihre lieben Verstorbenen auf grüne Auen an den Ruheplatz am Wasser führen würden. Und uns begleitet der Gute Hirte hinauf, wenn wir aus dem Reich des Todes wieder in unsere großen und kleinen Reiche des Lebens treten: »Der HERR ist mein Hirt, nichts wird mir fehlen. Auch wenn ich gehe im finsteren Tal, ich fürchte kein Unheil; denn du bist bei mir« (Ps 23,1.4).

Hinabgestiegen sind wir in das Reich des Todes, das lebt aus den Bildern christlicher Hoffnung: Fisch und Anker, Brot und Schrift, Hirt und Licht.

Ich zünde die Osterkerze an. Sie ist mein Hoffnungsbild, das in den Katakomben ganz neu lebendig geworden ist. Ich möchte es hinausnehmen in das Licht des Tages, der auf mich wartet. Um Friedhöfe können wir einen Bogen machen. An Leiden und Tod kommt aber keiner vorbei. Doch über den Gräbern liegt ein Glanz der Hoffnung. Denn die kleine Flamme der Osterkerze hat mehr Recht als die große Dunkelheit. Das Leben ist stärker als der Tod. Das Reich des Todes lebt, seit Jesus selbst dort eingestiegen ist.

1965 KATAKOMBENPAKT

verpflichteten sich hier gemeinsam mit Dom Hélder Câmara (1909 – 1991) vierzig Väter des II. Vatikanischen Konzils zu einem einfachen Lebensstil, Verzicht auf Prunk und Titel sowie zum Dienst an den Armen (›Katakombenpakt‹).

Während der Amazonassynode im Oktober 2019 erneuerten mehr als 40 lateinamerikanische Bischöfe diesen Pakt.

i.

ABBILDUNG 2
Innenraum der Basilika *SS. Nereo ed Achilleo*, Domitilla-Katakombe, Beginn 6. Jh.

Diese Basilika wurde als sog. ›Katakombenbasilika‹ *(basilica ad corpus)* errichtet. Sie liegt zur Hälfte unter der Erdoberfläche; ihr Altar befindet sich direkt über den ursprünglichen Gräbern der Kirchenpatrone.

ABBILDUNG 3
Fragment einer Grabinschrift (Epitaph) der sonst unbekannten *[ANT]ΩNIA (Antonia)* aus der Domitilla-Katakombe; heute in der Basilika *SS. Nereo ed Achilleo*.

Die Inschrift zeigt zwei Fische und einen Anker in Kreuzform.

In der Hoffnung auf Jesus Christus »haben wir einen sicheren und festen Anker der Seele, der hineinreicht in das Innere hinter dem Vorhang.«

Hebr 6,19

KATAKOMBEN | STÄTTEN DER HOFFNUNG

Cimitero: Steine können trösten

Bis ins 5. Jh. hinein blieben Katakomben die bevorzugten Begräbnisorte der Christen Roms.

Danach änderten sich die Verhältnisse: Aus der Verborgenheit drängte man ans Licht der Öffentlichkeit. Oberirdische Friedhöfe ersetzten unterirdische Grabanlagen.

Drei Dinge blieben: Bei den Märtyrern (›ad sanctos‹) wollte man bestattet sein, als Ruheraum (›coemeterium‹; ital. ›cimitero‹) verstand man die Gräber, die zukünftige Auferstehung erwartete man.

›Resurrectio mortuorum spes Christianorum!‹

November ist es geworden. Die Schatten werden länger, die Tage kürzer, die Nächte kälter. Fallendes Laub erzählt vom Sterben, und im Herzen erwachen Gefühle des Abschieds. Manche sagen: »Der November ist der depressivste Monat des Jahres«. Doch ich persönlich bin nicht ganz dieser Meinung: melancholisch ja, aber nicht depressiv! Denn gerade in Italien sieht Allerheiligen gar nicht so düster aus: blauer Himmel, strahlende Sonne. Nicht weißgrauer, vorwinterlicher Nebel umgibt uns, sondern die Fülle des Herbstes. In warmes Licht sind sie getaucht, die kleinen Friedhöfe auf dem Land ebenso wie der ausgedehnte *cimitero* der Großstadt. Schon während meiner Studienzeit am *Germanicum* bin ich gern auf den *Campo Verano* gegangen: eine Oase der Ruhe, der Stille und des Schweigens; ein Ort, wo man zu sich selbst kommt, wo es duftet nach Moos und Erde, nach Nadelbäumen und vertrockneten Blüten. Auf dem Friedhof gibt es viel zu entdecken, mehr als in den üblichen Parkanlagen.

Eine Ordensschwester hat mir diesen Stein ausgesucht. Ich habe ihn für den Friedhofsbesuch mitgebracht. Der Stein soll unser Begleiter sein. Wenn ich den Stein in meiner Hand fühle, mich mit ihm anfreunde, gleichsam warm werde mit dem kalten Stein, dann kommen mir Redeweisen in den Sinn: steinreich – steinalt – steinhart. Auch Fragen werden wach: Welche Namen haben die Steine, die mir das Herz schwermachen? Wie ist es, wenn mir ein Stein vom Herzen fällt? Ich erinnere mich an Steine, über die ich gestolpert bin oder die mir den Weg versperrten. Ich denke auch an Steine, an denen ich mich festhalten konnte. Mit dem Stein in der Hand habe ich einen guten Begleiter, um auf den Friedhof zu gehen.

Der Friedhof ist voll von Steinen. Grabsteine sind Botschafter. »Zeig mir dein Grab, und ich sage dir, was du glaubst ...« Die Grabsteine erzählen Lebensgeschichten, nicht nur Namen, Zahlen, Daten und Fakten. Da sind Gräber von Eheleuten. Ob sie glücklich waren in ihrer Beziehung?

Im Grab liegen sie nebeneinander, ob sie auch im Leben so eng verbunden waren? Ein Familiengrab gibt mir zu denken: ein kleines Kind inmitten der Eltern. Warum durfte es nur so kurz leben auf dieser Welt? Andere Steine erinnern an Priester und Ordensleute. Wie mag es ihnen ergangen sein mit ihrer Berufung? Waren sie erfüllt von ihrer Sendung? Auf anderen Grabsteinen kann man nichts mehr entziffern: Namen, Geburt und Tod, alles verwischt und verblasst. Selbst der Ruhm vergangener Tage, »die zu Stein gewordene Eitelkeit«, ist wie vom Winde verweht.

Vor fast zweitausend Jahren machten sich am Morgen drei Frauen auf den Weg, um ein Grab zu besuchen. Die Frage, die sie damals bewegte, brennt auch uns unter den Nägeln: »Wer wälzt uns den Stein weg?« (vgl. Mk 16, 3 f.). Die Frauen zuckten die Achseln.

Doch der Stein kam ins Rollen. Die Todesfalle wurde aufgebrochen. Der Grabstein hat zwar den Tod besiegelt, doch für das Leben war er zu schwach. Denn *Einer* hat den Stein seines Grabes ins Rollen gebracht. Dieser *Eine* hat einen Namen und ein Gesicht: Jesus Christus. Er ist »der lebendige Stein, der von den Menschen weggeworfen, aber von Gott auserwählt und geehrt worden ist« (vgl. 1 Petr 2,4).

Deshalb sagt uns der heutige Tag: Kommt nicht nur auf die Friedhöfe; »kommt zu ihm, dem lebendigen Stein« (1 Petr 2,4). Dieser Stein ist zum Eckstein geworden, »zum Stein, an dem man anstößt«, an dem man sich aber auch festhalten und Tritt fassen kann (vgl. 1 Petr 2,6-8). Es ist kein Zufall, dass gleich neben dem Friedhof eine uralte Kirche liegt, die Basilika *San Lorenzo fuori le mura*. In diesem Haus aus Stein begegnen wir Jesus, dem lebendigen Stein. Dort steht die Kanzel, wo seine Botschaft verkündet, und der Altar, wo das Brot des Lebens gebrochen wird. Und in diesem Gotteshaus stoßen wir auch auf Menschen, die sich als lebendige Steine in die Gemeinschaft der Kirche eingefügt haben. Denn der Stein, der an Ostern in das Wasser der Welt geworfen wurde, hat Kreise gezogen.

Wir begegnen dem heiligen Laurentius (gest. 258), einem Diakon, der sich um die Armen in der Stadt gekümmert hat. Durch sein Engagement, das er mit dem Leben bezahlte, hat er ein Zeichen dafür gesetzt, dass bei Gott gerade die Schwachen und Kleinen einen großen Stein im Brett haben. Wir stehen vor dem Bild des heiligen Franziskus (1181 – 1226), der die Kirche in der Krise seiner Zeit stützen und tragen sollte. Er hat seine Aufgabe darin entdeckt, eine tragende Säule für das Haus Gottes zu sein. Und schließlich stehen wir vor dem Grab des seligen Papstes Pius IX. (1792 – 1878), der bis heute für viele ein Wetzstein ist, an dem man sich reiben kann, dessen Klarheit und Festigkeit wir es aber auch verdanken, dass die Kirche als Fels der Wahrheit in der Brandung der Zeit standgehalten hat. Auf je eigene Weise sind die lebendigen Steine zu Edelsteinen geworden. An diesen Diamanten gilt es Maß zu nehmen. Ich finde es gut, dass der große römische Friedhof um das Grab des heiligen Laurentius gewachsen ist. Die Römer begraben ihre Toten nicht auf dem freien Feld; sie betten sie gleichsam ein in die »Gemeinschaft der Heiligen«. Die Grabsteine sind deshalb mehr als bloße Denkmäler. Sie sind nicht nur Erinnerung, sondern Verkündigung. Sie sind nicht nur Steine des Anstoßes, sondern Zeugen der Hoffnung. Vor allem sind sie eine Einladung an uns: Ob man euch einmal ein Denkmal aus Stein setzt, das ist zweitrangig. Wichtig ist, dass ihr euch in diesem Leben von Gott zu Diamanten schleifen lasst!

Noch einmal nehme ich meinen Stein in die Hand. Das Besondere an ihm ist, dass er eine weiße Seite hat. In der Offenbarung des Johannes lese ich ein schönes Wort: »Wer siegt, … dem werde ich einen weißen Stein geben, und auf dem Stein steht ein neuer Name geschrieben, den nur der kennt, der ihn empfängt« (Offb 2,17). Was ist der neue Name auf dem weißen Stein? Es ist der Name Christi, der eins wird mit dem Namen des treuen Christen. Das bedeutet: Christi Name wird mein Name! Der Name Christi und mein Name – mein Leben – verflechten sich zu einer letzten Einheit. Mag mein Grabstein auch einmal verblassen, bei Gott auf dem weißen Stein bin ich nicht vergessen. Das zu wissen, genügt mir.

PAPST PIUS IX. (1792 – 1878) BIS HEUTE FÜR VIELE EIN WETZSTEIN

NON EST PRAESIDIUM SALUTIS, SED HUMANITATIS OFFICIUM

ES IST KEIN HILFSMITTEL ZUM HEIL ABER AUSDRUCK VON MITMENSCHLICHKEIT

Augustinus 421

ABBILDUNG 4
Postkarte Rom – Campo Verano; 30er Jahre des 20. Jh.
© dalspace 5667.

ABBILDUNG 5
Papst Pius IX. In: Volksblatt. Eine Wochenzeitschrift mit Bildern. Hg. Christlieb Gotthold Hottinger. Straßburg 1878, S. 49.

ABBILDUNG 6
Antwort des Kirchenvaters Augustinus von Hippo (354 – 430) auf die Anfrage des Bischofs Paulinus von Nola (354 – 431), ob die Christen bei den Märtyrern *(ad sanctos)* begraben werden sollen.

Vgl. Augustinus: De cura pro mortuis gerenda 18,22 (CSEL 41, S. 658)

Hauskirche ist Katakombenkirche

Spätestens seit dem großen Erfolg des Films ›Quo vadis‹ (1951, mit Peter Ustinov) hält sich das unausrottbare Gerücht, die verfolgte Kirche der Antike hätte in den Katakomben Roms ihre Gottesdienste gefeiert. Das stimmt so nicht ganz. Aber …

Der heutige Tag hat für mich eine besondere Bedeutung. Denn es war vor 36 Jahren, am 4. Fastensonntag LAETARE, als ich zum ersten Mal als Diakon am Tag nach meiner Weihe gepredigt habe. Es war sozusagen meine Diakonenprimiz. Wir waren ein nur kleiner Kreis: meine Eltern, meine Schwester, mein Heimatpfarrer, einige Freundinnen und Freunde aus Rom, sonst niemand. Und der Rahmen der Feier: die *Domitilla-Katakombe*. In einer Katakombe habe ich zum ersten Mal gepredigt, durfte ich *Stimme des Wortes* sein. Und der Predigttext war genau das Evangelium, das ich Ihnen eben vorgelesen habe: die Heilung des Blindgeborenen. »Ich glaube, Herr! Und er warf sich vor ihm nieder.« (Joh 9,38)

Die Grundgedanken meiner ersten Predigt hatte ich mir damals aufgeschrieben – hier in diesem Buch, meinem geistlichen Tagebuch, sind die Punkte vermerkt. Damals waren die Katakomben Touristenattraktionen, heute fühlen wir uns tatsächlich *wie in einer Katakombenkirche*. Viele von Ihnen, die Sie zuschauen oder zuhören, werden diese Gefühle mit mir teilen: in den Pfarr- und Klosterkirchen, in den Filialkirchen und Gebetsräumen, nicht zuletzt in den Wohnungen und Häusern. Wir führen keinen Krieg mit einem militärischen Feind, unser Gegner heißt *Corona* – unsichtbar und doch nicht weniger gefährlich. Dieses Virus zwingt uns zur Katakombenkirche.

Deshalb meine Bitte: Entdecken Sie Ihre Häuser und Wohnungen als Kirchen, als Räume, wo Sie mit Gott ins Gespräch kommen können. Die ersten Christen hatten keine eigenen Immobilien für Gott, sie stellten ihre Häuser ihm und ihren Schwestern und Brüdern zur Verfügung. Die ersten Gemeinden bauten keine Häuser aus Stein, sie selbst haben gelebt, was wir jetzt wieder brauchen: Kirche in den Häusern, Hauskirchen. Gerade im Hinblick auf die Heilige Woche wird dies wichtig werden: Die Heilige Woche fällt nicht aus, aber sie wird anders sein. Und dennoch nicht weniger intensiv.

»Ich glaube, Herr! Und er warf sich vor ihm nieder.« (Joh 9,38) Das Thema meiner Predigt zur Diakonenprimiz war ganz einfach, elementar: Was ist Glaube? Glaube beginnt nicht mit dem Bleiben, sondern mit dem Gehen. Glaube ist nicht zuerst Finden, sondern zuallererst Suchen. Das spüren wir jetzt Tag um Tag. Gegen Corona ist bislang kein Kraut gewachsen. Die Suche nach einem Impfstoff läuft auf Hochtouren. Hoffentlich finden unsere Wissenschaftler bald eine Lösung. Auch der Glaube muss immer neu gesucht und errungen werden. Wir haben Gott nicht in der Hand, selbst wenn er uns in der hl. Kommunion in die Hand oder auf die Zunge gelegt wird. Doch wir können Gott nicht in die Tasche stecken – selbst als Hostie nicht. Wir haben Jesus nicht in der Hand. Er ist kein Objekt, das wir hüten und schützen müssten – Jesus hat das nicht nötig. Im Gegenteil: Gott ist immer wieder für Überraschungen gut. Das merken wir in dieser schweren Zeit auf Schritt und Tritt. Aber auch diese Zeit ist Gottes Zeit. Er will uns damit etwas sagen – selbst wenn wir noch nicht genau wissen, was.

Glauben heißt Suchen. Pater Josef Grotz (1923 – 2020), ein Jesuit aus Schwabmühlhausen – ein Sohn unserer Diözese, viele

> DAS CORONAVIRUS ZWINGT UNS ZUR KATAKOMBENKIRCHE

Jahre Rektor der Marienkirche in Würzburg und erfahrener Priesterausbilder – hat uns vor der Diakonenweihe in Rom die Exerzitien gehalten und dabei gesagt: »Wenn einer ganz zu Gott gekommen ist, dann geht die Suche erst an.« Das kann ich nur dick unterstreichen – gerade jetzt. Die Corona-Krise schickt uns auf eine Suchexpedition nach dem Willen Gottes. Da bin ich mir sicher – für mich persönlich, aber auch für die Kirche. Spüren wir nach, welche Konsequenzen diese Erschütterung für das kirchliche Leben in den Gemeinden und Klöstern haben könnte!

Und fragen wir uns auch: Welche Folgen hat das für unser aller Anliegen, das Evangelium unter die Leute zu bringen? Es kann nicht nur um Glaubenssätze und Moralvorschriften gehen. Evangelisierung ist mehr als Katechese. Unser persönliches Zeugnis ist gefragt. Gerade in der Zeit der Krise werden uns die Menschen mit der Gretchenfrage konfrontieren: »Wie hältst Du's wirklich mit der Religion?« Hast Du tatsächlich Gottvertrauen – oder betest Du nur Formeln nach? Was bedeutet Dir Anbetung wirklich? Ist das nur ein liturgischer Ritus oder aber ein Habitus, eine Lebensform, die sich letztlich im Dienst am Nächsten bewähren muss?

Schauen wir auf eine Frau, die sich bewusst den Glauben abgewöhnt hat und erst nach und nach zur katholischen Kirche findet. Nach dem Abschluss ihres Studiums der Philosophie, Geschichte und Deutsch geht sie für fünf Monate in ein Seuchenlazarett nach Mährisch-Weißkirchen, wo Tausende Soldaten von der Karpatenfront behandelt werden: Sie leiden an Cholera, Flecktyphus und Ruhr, viele mit amputierten Gliedmaßen. Die junge Frau heißt Edith Stein (1891 – 1942). Die Absolventin mit glanzvollem Abschluss erlebt hautnah, wie Männer ihres Alters wegsterben. Die selbst ernannte Atheistin wird nachdenklich. Und so beginnt für sie ein Weg des Sich-Hineintastens in das Geheimnis des Christentums – vom Ereignis der Menschwerdung Gottes in die Kreuzeswissenschaft, von der Taufe in den Karmel bis zur Fahrt *ad orientem,* in den Osten nach Auschwitz, doch auch in die Richtung, *ad orientem,* wo die Ostersonne aufgeht.

Lassen Sie mich schließen mit einem Wort aus ihrer Feder, das treffend in unsere heutige Zeit hineinspricht: »Ein Mensch kann dogmenfest sein, ohne gläubig zu sein, d. h. ohne den religiösen Grundakt einmal vollzogen zu haben, geschweige denn, darin zu leben. Er kann im Sinne der Dogmen sein Leben führen, ohne aus dem Glauben zu leben. Seine Werke können durchaus korrekt sein, aber sie sind nicht wahrhaft in Gottes Willen getan und können auch nicht vor Gott wohlgefällig sein.« (Welt und Person, ESW VI, S. 194 f.) Jetzt geht es nicht so sehr um Rechtgläubigkeit; was zählt, ist Glaubwürdigkeit um Gottes und der Menschen willen.

»Ich glaube, Herr! Und er warf sich vor ihm nieder.« (Joh 9,38) Wenn wir jetzt miteinander unseren gemeinsamen Glauben bekennen, dann sollten wir daran denken, was jeder Weihekandidat oder Ordenschrist vor dem Altar tut: Er wirft sich nieder vor dem Herrn. Er wird klein, damit der Herr seinen Glauben, sein Gottvertrauen groß machen kann. Das werden wir brauchen – nicht nur in den nächsten Wochen. Amen.

ABBILDUNG 7

Bischof Dr. Bertram Meier während einer nicht-öffentlichen, aber live übertragenen Messfeier in der Kapelle des Bischofshauses unter Corona-Bedingungen am 22. März 2020.

ABBILDUNG 8

Christus-Monogramm aus einer Katakombenillustration im *Coemeterium Maius* (4. Jh.).

Wilpert, Taf. 207

HAUSGOTTESDIENST ZUM 4. FASTENSONNTAG (LAETARE)

22. März 2020

Der folgende Hausgottesdienst ist eine Möglichkeit, sich mit der Gemeinschaft der Glaubenden im Gebet zu vereinen. Sie können ihn alleine oder mit allen, die zu Ihrer Hausgemeinschaft gehören, feiern.
Schaffen Sie eine gute Gebetsatmosphäre (z. B. Anzünden einer Kerze, Aufstellen eines Christusbildes). Wenn Sie möchten, können Sie auch die vorgeschlagenen Lieder singen. Hierzu brauchen Sie das Gotteslob.

ERÖFFNUNG

Zu Beginn kann das Lied *Zu dir, o Gott, erheben wir* (GL 142) gesungen werden.

Kreuzzeichen
V   Im Namen des Vaters und des Sohnes und des Heiligen Geistes.
A   Amen.

Gebet
A   Allmächtiger Gott,
dein ewiges Wort ist das wahre Licht,
das jeden Menschen erleuchtet.
Heile die Blindheit unseres Herzens,
damit wir erkennen, was vor dir recht ist,
und dich aufrichtig lieben.
Darum bitten wir durch Christus, unseren Herrn.

(MB Schlussgebet 4. Fastensonntag 118)

SCHRIFTLESUNG

L Aus dem Evangelium nach Johannes
Joh 9,1.6-9.13-17.34-38

In jener Zeit sah Jesus einen Mann, der seit seiner Geburt blind war. Jesus spuckte auf die Erde; dann machte er mit dem Speichel einen Teig, strich ihn dem Blinden auf die Augen und sagte zu ihm: Geh und wasch dich in dem Teich Schiloach! Schiloach heißt übersetzt: Der Gesandte. Der Mann ging fort und wusch sich. Und als er zurückkam, konnte er sehen.

Die Nachbarn und andere, die ihn früher als Bettler gesehen hatten, sagten: Ist das nicht der Mann, der dasaß und bettelte? Einige sagten: Er ist es. Andere sagten: Nein, er sieht ihm nur ähnlich. Er selbst aber sagte: Ich bin es.

Da brachten sie den Mann, der blind gewesen war, zu den Pharisäern. Es war aber Sabbat an dem Tag, als Jesus den Teig gemacht und ihm die Augen geöffnet hatte. Die Pharisäer fragten ihn, wie er sehend geworden sei. Er antwortete ihnen: Er legte mir einen Teig auf die Augen und ich wusch mich und jetzt sehe ich. Einige der Pharisäer sagten: Dieser Mensch ist nicht von Gott, weil er den Sabbat nicht hält. Andere aber sagten: Wie kann ein sündiger Mensch solche Zeichen tun? So entstand eine Spaltung unter ihnen.

Da fragten sie den Blinden noch einmal: Was sagst du selbst über ihn? Er hat doch deine Augen geöffnet. Der Mann sagte: Er ist ein Prophet. Sie entgegneten ihm: Du bist ganz und gar in Sünden geboren und du willst uns belehren? Und sie stießen ihn hinaus. Jesus hörte, dass sie ihn hinausgestoßen hatten, und als er ihn traf, sagte er zu ihm: Glaubst du an den Menschensohn? Da antwortete jener und sagte: Wer ist das, Herr, damit ich an ihn glaube? Jesus sagte zu ihm: Du hast ihn bereits gesehen; er, der mit dir redet, ist es. Er aber sagte: Ich glaube, Herr! Und er warf sich vor ihm nieder.

BETRACHTUNG

Wir tauschen uns über die Bibelstelle aus. Von den unten stehenden Fragen könnten wir uns dabei leiten lassen:

Ausgerechnet jene, die im Evangelium mit dem Finger auf den Blinden zeigen, sind die eigentlich Kranken. Es ist die Krankheit der inneren Blindheit, des festgefahrenen Lebens.

– Ich frage mich: Sehe ich wirklich oder bilde ich mir nur ein, ein ›Sehender‹ zu sein?
– Gibt es in meinem Leben blinde Flecken? Ich bitte Jesus im Gebet um Heilung.
– Wo sehe ich in unserer Welt etwas von Gottes Wirken?

ANTWORT IM GEBET

Glaubensbekenntnis

Am Sonntag bekennen sich alle Christen in der Messfeier zum Glauben der Kirche. Auch wenn heute keine Eucharistiefeier möglich ist, stimmen wir in dieses Bekenntnis mit ein:

A Ich glaube an Gott, / den Vater, den Allmächtigen, / den Schöpfer des Himmels und der Erde, / und an Jesus Christus, / seinen eingeborenen Sohn, unsern Herrn, / empfangen durch den Heiligen Geist, / geboren von der Jungfrau Maria, / gelitten unter Pontius Pilatus, / gekreuzigt, gestorben und begraben, / hinabgestiegen in das Reich des Todes, / am dritten Tage auferstanden von den Toten, / aufgefahren in den Himmel; / er sitzt zur Rechten Gottes, des allmächtigen Vaters; / von dort wird er kommen, zu richten die Lebenden und die Toten. / Ich glaube an den Heiligen Geist, / die heilige katholische Kirche, / Gemeinschaft der Heiligen, / Vergebung der Sünden, / Auferstehung der Toten / und das ewige Leben. / Amen.

Bittgebet

V Herr Jesus Christus, öffne unsere Augen
A für die Wunder deiner Liebe.

V Dass wir dich in unseren Brüdern und Schwestern entdecken.
A Heiland, mache, dass wir sehen.

V Dass wir dir in den Notleidenden begegnen.
A Heiland, mache, dass wir sehen.

V Dass wir dich in der Gemeinschaft der Kirche finden.
A Heiland, mache, dass wir sehen.

V Dass wir dich in den Sakramenten schauen.
A Heiland, mache, dass wir sehen.

V Dass uns in der Messfeier beim Brotbrechen die Augen aufgehen.
A Heiland, mache, dass wir sehen.

V Herr Jesus Christus, öffne unsere Augen
A für die Wunder deiner Liebe.

Hier ist Raum, die eigenen persönlichen Anliegen vor Gott zu bringen.

Vaterunser

V Alle unsere Anliegen nehmen wir mit hinein in das Gebet, das Jesus uns zu beten gelehrt hat.
A Vater unser … Denn dein ist das Reich und die Kraft und die Herrlichkeit. Amen.

SEGENSBITTE

V Der Herr segne uns, er bewahre uns vor Unheil und führe uns zum ewigen Leben.
A Amen.

Der Gesang *Meine Hoffnung und meine Freude* (GL 365) kann die Feier abschließen.

Impressum:
Hrsg.: Bischöfliches Ordinariat Augsburg, FB Liturgie, Fronhof 4, 86028 Augsburg.
Die Ständige Kommission für die Herausgabe der gemeinsamen Liturgischen Bücher im deutschen Sprachgebiet erteilte für die aus diesen Büchern entnommenen Texte die Abdruckerlaubnis. Die darin enthaltenen biblischen Texte sind Bestandteile der von den Bischofskonferenzen der deutschen Sprachgebiete approbierten Einheitsübersetzung.

ABBILDUNG 9
Otto Dix: La resurrezione di Cristo II,
1949, Privatbesitz

CHRIST SEIN HEISST: BEREIT SEIN

IM VERBORGENEN
LEBTE MAN,
WEIL ES
GEFÄHRLICH WAR.

IM ÖFFENTLICHEN
LEBTE MAN,
WEIL ES
SELBSTVERSTÄNDLICH WAR.

ZURÜCKGEZOGEN
LEBT MAN,
WENN DIE NOT
ES ERFORDERT.

CHRISTEN LEBEN ANDERS,
CHRISTEN TRAUERN ANDERS.

DER GLAUBE GIBT HALT,
DER GLAUBE SPENDET TROST,
DER GLAUBE SCHENKT
ZUVERSICHT.

DENN:
DIE CHRISTLICHE HOFFNUNG
STIRBT NIEMALS.

WUSSTEN SIE …

… dass allein in Rom mehr als 60 Katakomben existieren?

Katakomben existieren in vielen Territorien des ehemaligen Römischen Reichs, deren geologische Beschaffenheit ihre Anlage zuließ *(Italien, Nordafrika, Griechenland u. a.; vgl. Art. Katakombe. In: RAC 20, Sp. 342-422)*.

Während die meisten Katakombenanlagen nach und nach aufgegeben und vergessen wurden, blieben einige römische Katakomben ausgesprochene Pilgermagneten. Im 16. Jh. erwachte das archäologische Interesse; mehr als 60 römische Katakombenanlagen aller Größen und Ausstattungsqualitäten sind heute bekannt *(vgl. die Auswahl in Abb. 1)*: Private Grabanlagen finden sich neben Gemeindekatakomben, jüdische neben christlichen und paganen. Auch Mischformen sind keine Seltenheit.

… dass die Katakomben kein christliches Pompeji sind?

Weder sind Katakomben einfach christlich noch durchgehend ausgeschmückt: Dekorativer Wandschmuck ist selten, Inschriften dominieren, viele Bildmotive sind für gewöhnlich im Sinne des christlichen Glaubens ebenso zu deuten wie vor dem Hintergrund paganer Mythologie.

Ein Beispiel: Die Domitilla-Katakombe(n) – auf vier Ebenen angesiedelt, im Laufe der Spätantike zusammengewachsen und die größten bekannten unterirdischen Grabanlagen Roms – tragen den Namen eines (womöglich christlichen) Mitglieds der Kaiserfamilie, Flavia Domitilla (angebl. gest. als Märtyrerin um 100): Sie stiftete das pagane *Hypogäum der Flavier*, später Ausgangspunkt der Domitilla-Katakombe(n). Weder prächtig noch schmucklos, repräsentieren diese den Typus der Katakombe schlechthin.

… dass ›Katakombe‹ keine antike Bezeichnung ist?

Ober- und unterirdische Grabanlagen nannte man üblicherweise *Nekropolen* (Städte der Toten). Davon grenzten sich die Christen von Anfang an ab: Sie benutzten entweder den Ausdruck *crypta* (das Verborgene) oder *coemeterium* (die Ruhestätte). Letzterer setzte sich durch, weil er indirekt auf die Auferstehungshoffnung der Christen bezogen ist. Als Lehnwort fand er Eingang in europäische Sprachen (ital. *cimitero*; engl. *cemetery* u. a.).

Der Begriff ›Katakombe‹ heißt wörtlich übersetzt *bei den Mulden* und war eine Flurbezeichnung jener Gegend an der *Via Appia*, welche die Katakombe von *San Sebastiano* aufnahm *(cymiterium catacumbas)*. Schon seit dem 9. Jh. wird er auf alle unterirdischen Grabanlagen angewandt.

… dass in den Katakomben doch Messfeiern stattfanden?

Zwar wurden in den Katakomben keine regulären Messfeiern abgehalten, wohl aber dienten sie der Beisetzungsfeier und dem liturgischen Gedenken an die Märyrer der frühen Christengemeinden.

Bischof Cyprian von Karthago berichtet, dass am 6. August 258 Bischof / Papst Sixtus II. und vier seiner Diakone »in cimiterio« der Katakombe *San Callisto* ermordet worden sind *(Cyprian: Epistola 80 [CSEL 3/2, S. 840])*. Diese Angabe bildete den Ausgangspunkt literarischer Legendenbildung *(vgl. Henryk Sienkiewicz: Quo vadis?, 1895; Literatur-Nobelpreis 1905)*.

HAUSKIRCHE | KATAKOMBENKIRCHE

03. Gestalten des Neuen Testaments

INHALTE

Ein alter Merksatz lautet: Homilien lieben Biographien! So verhält es sich seit frühesten christlichen Zeiten.

Und solche Nachrichten bieten die biblischen Bücher beider Testamente die schiere Menge. Lebensgesättigter jene des AT, herausfordernder die des NT.

Immer aber dasselbe Darstellungsinteresse: Um Gottes heilendes Handeln am Menschen geht es. Und um dessen Hoffnung …

ABBILDUNGEN 10 und 11
Paulus und Petrus; Ausschnitte aus der Deckendekoration der Kammer 3 *(Cripta dei Santi)* in der Katakombe SS. Marcellino e Pietro, spätes 4. Jh. (Wilpert, Taf. 252).

GROSS UND KLEIN

03.01
Dreikönig: Suchen und finden 30

03.02
Johannes und Jesus: Verschieden und doch eins 34

03.03
Die unterschiedlichen Schwestern 38

03.04
Zachäus: Kleiner Mann ganz groß 40

03.05
Petrus und Paulus: Ein ungleiches Paar 42

VERWANDTE UND FREUNDE ZWEIFLER UND GEGNER

03.06
Der Mutter guter Rat 48

03.07
Wer solche Verwandte hat 50

03.08
Frauen unterm Kreuz 52

03.09
Apostel Thomas: Patron der Zweifler 56

03.10
Judas Iskariot: Gescheitert 58

03.11
Pontius Pilatus: Der Freund der Mächtigen 62

03.12
Herodes und Kajaphas: Thron und Altar 66

FRAUEN UND MÄNNER

03.13
Lazarus: Jesu toter Freund 70

03.14
In Naïn: Die Tränen einer Mutter 74

03.15
Heilung der Unheilbaren 76

03.16
Jesus und die Samariterin 80

03.17
Die verlorenen Söhne 82

11

MITTEILUNG DES BISCHOFS LINUS VON ROM

Quo vadis?

Als Petrus gerade zum Stadttor hinausgehen wollte, sah er Christus, der ihm entgegenkam. Er fiel auf die Knie und fragte: »Herr, wohin gehst Du?« Christus antwortete: »Ich gehe nach Rom, um mich noch einmal kreuzigen zu lassen.« Petrus wunderte sich: »Du wirst noch einmal gekreuzigt, Herr?« Der Herr bestätigte: »Ja, ich werde noch einmal gekreuzigt.« Da sagte Petrus: »Herr, dann will ich umkehren und mit dir zurückgehen.«

Als er das gesagt hatte, entschwand der Herr. Petrus folgte ihm mit seinen Gedanken und weinte bitterlich. Als er sich dann besann, begriff er, dass der Herr über sein eigenes Martyrium geredet hatte. In ihm würde der Herr leiden. Petrus kehrte in die Stadt zurück.
Martyrium Petri 6, entst. um 200.

Das Martyrium des hl. Apostel Petrus ist Teil der apokryphen (außerbiblischen) Petrus-Überlieferung in den sog. *Acta Petri* (Taten des Petrus). – Der lateinische Originaltext findet sich in Max Bonnet (Hg.): Acta Apostolorum Apocrypha. I,1. Leipzig 1891, S. 1-22 (dt.: Klaus Berger [Hg.]: Das Neue Testament und frühchristliche Schriften. Frankfurt a. M. 1999, S. 1272-1286, hier: S. 1277).

Der Bericht über das Martyrium des Petrus dürfte gegen Ende des 2. Jh. n. Chr. entstanden sein und wurde Bischof Linus (gest. 79) von Rom zugeschrieben. Er wird daher auch als *Pseudo-Linus* bezeichnet.

Die *Quo-vadis-Legende* hat ihren Anhalt im biblischen Johannes-Evangelium: Dort stellt Petrus im Kontext der Abschiedsreden Jesu die gleiche Frage; vgl. Joh 13,36-38.

Dreikönig: Suchen und finden

»Sie gingen in das Haus und sahen das Kind und Maria, seine Mutter; da fielen sie nieder und huldigten ihm. Dann holten sie ihre Schätze hervor und brachten ihm Gold, Weihrauch und Myrrhe als Gaben dar.« (Mt 2,11)

Wie weise waren die Weisen aus dem Morgenland wirklich? Es verwundert, dass man diese Sterndeuter als ›Weise‹ tituliert, denn offensichtlich sind sie alles andere als weise. Heute würden wir sie naiv nennen: Da geht irgendwo ein Stern auf. Welchen Schluss ziehen sie daraus? Das kann nur die Folge davon sein, dass ein neuer König geboren ist! Wie kann man bloß so naiv sein? Astrologie ist schon abergläubisch genug, aber die Weisen aus dem Morgenland setzen noch eins drauf. Als ob es nichts Wichtigeres gäbe, packen sie ihre Siebensachen, nehmen kostbare Geschenke mit und machen sich auf den Weg. Ohne Karte, ohne Reiseführer, ohne Navigationssystem – irgendwohin, wo vielleicht ein König geboren wurde, von dem man nicht weiß, ob er später ein Augustus oder ein Nero sein wird, ein Vater seines Volkes oder ein brutaler Tyrann.

Wie weise waren die Weisen aus dem Morgenland wirklich? Jedenfalls haben wir es mit rätselhaften Personen zu tun. Über ihre Namen und ihre Herkunft lässt sich nur spekulieren. Weder sind sie Könige noch ist ihre genaue Zahl bekannt. Mit dem Begriff ›Magier‹ pflegte man zwei Dinge zu bezeichnen: zum einen die Priester der Perser, die sich auf geheime Künste und Traumdeuterei verstanden als Träger eines übernatürlichen Wissens und Könnens, zum anderen Zauberer, Hexenmeister, Gaukler und Betrüger. Jedenfalls erscheinen die Weisen aus dem Morgenland durchaus als schillernde Figuren. Ohne den biblischen Text überzustrapazieren, können wir eine doppelte Aussage machen: Die Weisen besitzen anerkannte besondere Kenntnisse, die sie aus der Deutung der Sterne beziehen, was sie mitunter in den Dunstkreis schwarzer Künste bringt; und sie kommen von außen, sind keine Juden, sondern Heiden. Auch ihre Herkunft liegt im Dunkeln: Babylonien, der heutige Irak, liegt insofern nahe, als sie vertraut waren mit Israels Hoffnung auf einen Messias. Die Israeliten haben ja in Babylonien Spuren hinterlassen, da sie dort im Exil waren.

An diese Erkenntnis knüpft auch die besondere Sternenkonstellation an. Seit Johannes Kepler (1571 – 1630) spekuliert man über eine seltene dreifache Planetenkonjunktion von Jupiter und Saturn im Sternbild der Fische (d. h. im Westen, in Palästina). Sie soll geschehen sein im Jahre 747 nach der Gründung Roms, d. h. im Jahr 7 vor Christi Geburt. Wieder sind wir in Babylonien: Der Planet Jupiter galt als der Königsstern des dortigen Hauptgottes Marduk, und Saturn war der Stern Israels. Saturn schlägt noch eine andere Verbindung: Als lateinischer Übertrag des griechischen Gottes Chronos wurde Saturn gern mit der Sichel dargestellt, als Symbol der fressenden Zeit ebenso wie des Rhythmus, der der Zeit innewohnt, was sich sowohl im *Dies Saturni* (Saturnstag) als auch im englischen *Saturday* (für Samstag) niederschlägt. Eine nach Planetennamen ausgerichtete Zählung

12

der Wochentage war in Babylonien gängig. Wenn nun Jupiter und Saturn einander nahe kommen, dann entsteht ein Stern mit Schweif. Dieser besondere Stern ist ein Zeichen dafür, dass der Gott der Zeit und der Gott der Ewigkeit, Erde und Himmel einander begegnen. Und das besondere Ereignis geschieht im Westen.

Dieser Erkenntnis, einem seltenen Ereignis am Himmelszelt, sind die Magier gefolgt. Deshalb heißen sie zu Recht ›Weise‹. Doch ihre Erkenntnisse allein sind für sie nicht alles. Das Wissen macht ihnen Beine. Sie gehen auf die Suche. Kein Weg ist ihnen zu weit. Suchen, dranbleiben beim Suchen und Fragen, sich nicht zur Ruhe setzen bei vorläufigen Aufenthalten, die viel versprechen und doch nichts halten: Das zeichnet die Weisen aus. Darin sind sie uns Vorbilder.

Die Weisen sind uns aber auch in anderer Hinsicht sehr nahe: Zeigen sie doch, dass auch sie gegen Versuchungen ankämpfen mussten, das Suchen aufzugeben. Bemerkenswert ist dabei, dass die Versuchungen nicht auf der langen Reise hereinbrechen, sondern nur wenige Kilometer entfernt vom Ziel lauern.

Eine Versuchung ist das Wissen. Damit rücken die Priester und Schriftgelehrten in den Blick. Sie sind im Allerheiligsten zu Hause und haben auswendig gelernt, was in der Schrift steht: »Du, Betlehem, bist keineswegs die unbedeutendste unter den Fürstenstädten« (vgl. Mi 5,1). Sie wissen alles und verstehen doch nichts. Sie bleiben sitzen in ihren Heiligtümern. Suchen ist ihnen fremd. Das ist eine Warnung an uns. Auch wir meinen oft: »Das kenn' ich schon. Das weiß ich doch schon vom Kindergarten oder spätestens seit dem Kommunionunterricht.« Meinen, dass man sowieso schon alles kennt und weiß, dass es keine Überraschung mehr gibt und geben soll, ist auch bei uns eine große Gefahr.

Wissen kann stumpf machen und uns entwöhnen vom Abenteuer des Suchens:

WER NICHT SUCHT, KOMMT NICHT MEHR WEITER

eine gefährliche Sache, denn wer nicht sucht, kommt nicht mehr weiter.

Eine zweite Versuchung ist die Macht: Davon war König Herodes besessen. Politisch war Herodes keine Großmacht: Er war nur König Israels durch der Römer Gnaden. Doch dieser kleinen Macht ordnet Herodes alles unter. Um an der Macht zu bleiben, werden alle Finten eingesetzt. Keine List ist ihm dafür zu schade. Sogar eigene Verwandte lässt er umbringen. Wir kennen den engen Zusammenhang von Wissen und Macht, wenn wir sagen: Wissen ist Macht. Beide – Wissen und Macht – unterbinden die Suche. Sie können Fallstricke sein für den suchenden Menschen. Machtstreben ist uns auch in der Kirche nicht fremd. Wer sucht, muss das Lassen lernen. Er muss bereit sein, zu verzichten sowohl auf die Macht des Wissens als auch auf das Wissen um die Macht.

Genau das haben uns die Weisen vorgelebt: Sie gehörten zur Elite ihres Heimatlandes; dennoch ließen sie alle Titel und Mittel zurück, weil sie einer Erkenntnis auf der Spur waren, die ihnen der Himmel zeigte. Interessant ist auch, dass sich ihnen in Jerusalem, wo die Macht und das Wissen ihr Zentrum hatten, der Stern verhüllte. Tröstlich für uns, die wir gern auf der Sonnenseite sitzen und weniger auf Sterne setzen. Auch wir lassen manchmal Gott links liegen und gehen dafür Götzen auf den Leim: Glamour, Glanz, Genuss.

Hier erinnere ich an ein Gespräch, das Bischof Ambrosius von Mailand (339 – 397) mit seinem Schüler Augustinus (354 – 430) hatte. Der ungeduldige Augustinus, der vieles ausprobierte in seinem Leben, sagte zu Ambrosius: »Ich komme mit meiner Suche nach der Wahrheit einfach nicht ans Ziel.« Darauf antwortete Ambrosius: »Du hast das Wesentliche noch nicht verstanden: Nicht du suchst die Wahrheit, sondern die Wahrheit sucht dich.«

Genau das durften die Weisen in Jerusalem erfahren: Nicht du suchst die Wahrheit, sondern die Wahrheit sucht dich. Auch sie hatten kurzzeitig den Stern verloren. Auf den ersten Blick schien ihnen Jerusalem attraktiver als das kleine Betlehem. Doch der Stern geht neu auf. Der Stern, den sie fest am Himmel stehen sahen, kommt in Bewegung: Er zieht vor ihnen her bis zu dem Ort, wo das Kind war (vgl. Mt 2,9). Und noch ein Detail ist sprechend: Das Kind und der Stern werden

> NEMO NOVIT, UNDE VENERINT ISTI TRES, ET NON FUERUNT REGES.
>
> NIEMAND WEISS, OB WIRKLICH DREI GEKOMMEN SIND, UND KÖNIGE WAREN SIE GANZ BESTIMMT NICHT.
>
> Martin Luther 1531

ABBILDUNG 12
Huldigung der Magier, Domitilla-Katakombe, 4. Jh. (Wilpert, Taf. 116)
Der Bildtypus entspricht dem antiken Herrscherhuldigungs-Gestus. Er findet sich noch auf dem Gewandsaum der Kaiserin Theodora im Apsismosaik von San Vitale, Ravenna, 6. Jh.

ABBILDUNG 13
Martin Luther: In festo Epiphanie Domini 1531 (WA 34/1 [1908]), S. 23.

> »Und weil der Magier es sieht, bekennt er mit bedeutungsschweren Gaben, was er glaubt, nicht erörtert: Mit dem Weihrauch bekennt er Gott, mit dem Gold den König, mit der Myrrhe den Tod in der Zukunft.«
>
> Petrus Chrysologus: De epiphania et magis (PL 52, Sp. 621A)

in eins gesetzt: »Als sie den Stern / das Kind sahen, wurden sie von sehr großer Freude erfüllt« (Mt 2,10). Der Stern ist das Kind, und das Kind ist der Stern in ihrem Leben.

Leonardo da Vinci (1542 – 1519) sagte: »Binde deinen Karren an einen Stern!« Wie sieht es aus mit dem Karren meines Lebens? Weshalb habe ich meinem Leben diese oder jene Richtung gegeben? Bin ich – wie die Weisen – bereit, mich neu auf die Suche zu machen? Könnte es sein, dass ich meinen Wagen irgendwo in einer Tiefgarage geparkt habe? Wenn dem so ist, gilt es, den Karren aufzupolieren, ihn zu entrümpeln, mit Wasser, Öl und Sprit aufzutanken, notfalls noch eine Parkgebühr zu entrichten, um hinauszufahren als Suchende in die Welt!

Wie weise waren die Weisen wirklich? Oder waren sie naiv? Menschlich gesehen war es vielleicht naiv, auf ein Sternbild zu setzen, doch in Gottes Augen haben sie sich anziehen lassen von dem, der auf der Suche war nach ihnen. Auf die Frage von Herodes, des Königs von Israel, »Wen sucht ihr?«, antworteten sie: »den König der Juden«. Diesen Titel lesen wir erst wieder in der Aufschrift am Kreuz: »Jesus von Nazaret, der König der Juden« (Joh 19,19). Die Weisen waren weise, weil sie den Weg vorwegnahmen, den Jesus gehen würde: »Die Juden fordern Zeichen, die Griechen suchen Weisheit. Wir dagegen verkünden Christus als den Gekreuzigten: für Juden ein Ärgernis, für Heiden eine Torheit, für die Berufenen aber, Juden wie Griechen, Christus, Gottes Kraft und Gottes Weisheit.« (1 Kor 1,22-24)

4 KÖNIGE?

Das Matthäusevangelium nennt weder Zahl noch Namen der Magier aus dem Osten.

Deren Drei-Zahl liegt zu Zeiten der Katakomben-Illustrationen (3. / 4. Jh.) noch nicht fest.

Entsprechend begegnen zwei, drei oder vier Personen, – gewählt nach Gründen künstlerischer Symmetrie, nicht nach theologischer Aussageabsicht.

Die slawische Legende vom suchenden vierten König erlangte erst seit dem 19. Jh. einige Popularität (vgl. Edzard Schaper: Der vierte König. Ein Roman, 1961).

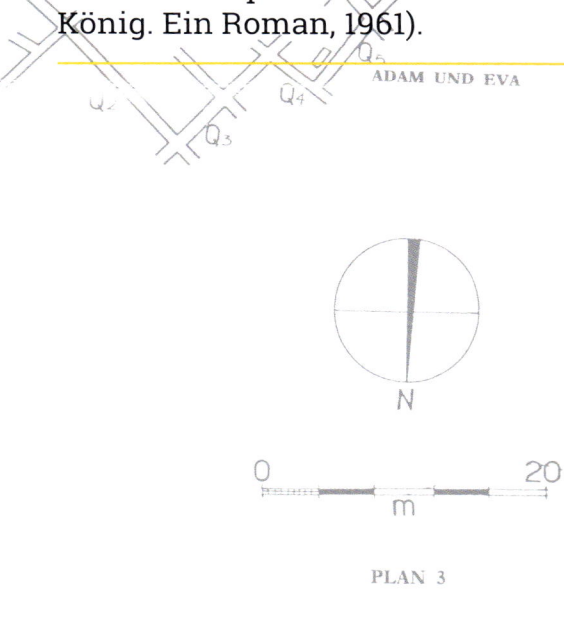

1903

1978

»Gerade der Vergleich mit älteren Abbildungen zeigt sehr deutlich, dass sich der Zustand mancher Fresken seit dem Beginn unseres Jahrhunderts drastisch verschlechtert hat; Umwelteinflüsse, kleinere Erdbeben sowie leider auch die Besucherströme in den der Öffentlichkeit zugänglichen Katakomben schaden den Malereien.«

Beatrix Asamer, 1997

2011

ABBILDUNG 14
Huldigung der Magier, Domitilla-Katakombe, 4. Jh.
Oben: Wilpert, Taf. 116
Mitte: Umberto M. Fasola: Die Domitilla-Katakombe. Vatikanstadt 1978, S. 53, Abb. 21 – Zitat: J. Fink / B. Asamer: Die römischen Katakomben. Mainz 1997, S. 71.
Unten: Gemeinfreie Fotografie aus dem Internet, 2011.

Erhaltungszustand, Restaurierungsbemühungen und Fototechnik bilden große Probleme der Dokumentation von Katakomben-Dekorationen.
Achtung: Unten stehende Fotografie zeigt zudem nicht vier, sondern nur drei Magier!

14

MT 2,1-12 | DIE HULDIGUNG DER STERNDEUTER 33

Johannes und Jesus: Verschieden und doch eins

Der Verheißene und sein Vorläufer, der Sohn der Maria und der Sohn des Zacharias, Jesus von Nazaret und Johannes der Täufer: So manches Band scheint sie aneinanderzuknüpfen.

Waren sie womöglich miteinander verwandt, wie das Lukas-Evangelium (Lk 1,36) berichtet – waren sie Schüler und Lehrer, wie das Johannes-Evangelium (Joh 3,26) zu wissen scheint? Oder gar beides?

Einerlei: Selbst nach rabbinischem Verständnis teilten sie ein Schicksal – das des unschuldig liquidierten Gerechten ...

»Bist du es, der da kommen soll, oder müssen wir auf einen anderen warten?« (Mt 11,3). – Auch wir sind voll Erwartung. Wir stehen mitten im Advent. Gott ist im Kommen. Der weltbekannte *Isenheimer Flügelaltar* des Matthias Grünewald zeigt, wenn er verschlossen ist, in seiner Mitte ein Bild des Karfreitags. Riesig ragt vor einer dunklen, leeren Landschaft das Kreuz auf, an das der entstellte Leib Christi geschlagen ist. Zur Rechten des Kreuzes steht die mächtige Gestalt des Täufers Johannes. Mit ausgestrecktem Arm und einer Hand, deren Zeigefinger expressiv verlängert ist, weist er auf den Gekreuzigten hin. Auf den Hintergrund hat der Maler in lateinischer Sprache ein Wort des Täufers aus dem Johannes-Evangelium geschrieben: *Illum oportet crescere, me autem minui.* – Er muss wachsen, ich aber muss kleiner werden (Joh 3,30).

Historisch gesehen stand Johannes der Täufer sicher nicht mehr unter dem Kreuz. Denn am Karfreitag war Johannes schon tot. Doch hinter dem Bild des spätgotischen Künstlers verbirgt sich eine tiefe Wahrheit: Jesus ist ohne Johannes nicht denkbar. Beide stehen in enger Verbindung zueinander. Das weiß auch Johannes: Er muss wachsen, ich aber muss kleiner werden. Wie sieht diese Beziehung aus? Wie stehen Johannes und Jesus zueinander?

Johannes war der Lehrer Jesu. Der erste Lehrer, der Jesus in die »Gerechtigkeit«, d. h. in die Gottesbeziehung einführte, war freilich Josef, der aus dem Hause Davids stammte. Beim Synagogenvorsteher von Nazaret hat Jesus die Grundschule des Glaubens besucht. Schriftgelehrte im Tempel gaben ihm eine höhere Ausbildung. Und Johannes der Täufer wurde der Lehrer, den der erwachsene Jesus sich selbst aussuchte – einen Lehrer, mit dem der Schüler mütterlicherseits auch verwandt war.

Was hat Jesus bei Johannes gelernt? Beim Täufer hört Jesus, dass die große Wende, das Reich Gottes, bald kommt. Er erfährt aber auch, dass die Lage ernst ist. Für alle in Israel gibt es nur eine Rettung. Bekehrung und Reue, ein Leben nach den Weisungen des Herrn: »Bringt Früchte hervor, die eure Umkehr zeigen, und fangt nicht an zu sagen: Wir haben ja Abraham zum Vater. Denn ich sage euch: Gott kann aus diesen Steinen Kinder Abrahams machen. Schon ist die Axt an die Wurzel der Bäume gelegt. Jeder Baum, der keine gute Frucht hervorbringt, wird umgehauen und ins Feuer geworfen« (Lk 3,8 f.). Diese klare Predigt scheint Jesus überzeugt zu haben. Deshalb lässt er sich von Johannes taufen. Der Größere beugt sich unter die Hand des Großen, und Gott offenbart durch ein Zeichen, dass dieser Größere sein »geliebter Sohn« ist (Lk 3,22).

Scheinbar hat Johannes, der Lehrer, Jesus, den Schüler, als seinen Nachfolger ausersehen: »Es kommt aber einer, der stärker ist als ich ...« (Lk 3,16). Johannes war kein eifersüchtiger Lehrer, der es nicht haben kann, wenn ein Schüler den Meister übertrifft. Wir kennen das aus eigener Erfahrung im Großen und im Kleinen: Wie geht es manchen bedeutenden und hohen Persönlichkeiten, wenn die Kinder ihnen über den Kopf wachsen, wenn der Schüler auf einmal besser oder gar berühmter wird als sein Lehrer? Gute Lehrer können das ohne Neid anerkennen, vor allem dann, wenn es ihnen weniger um sich selbst als um die Schüler und um die Sache geht, die sie gemeinsam vermitteln wollen. Sie freuen sich am Wachstum des anderen: Er muss wachsen, ich aber muss abnehmen.

Ein weiteres Element, das die Beziehung zwischen Jesus und Johannes so fest macht, ist das himmlische Band, das zwischen beiden besteht in der Person des Erzengels Gabriel. Im Buch Daniel taucht Gabriel als Bote der Endzeit auf: »Achte auf das Wort, und begreife die Vision! Siebzig Wochen sind für dein Volk und deine heilige Stadt bestimmt, bis der Frevel beendet ist, bis die Sünde versiegelt und die Schuld gesühnt ist, bis ewige Gerechtigkeit gebracht wird, bis Visionen und Weissagungen besiegelt werden und ein Hochheiliges gesalbt wird« (Dan 9,20-24).

Wenn wir diese Worte hören, denken wir sofort an die Vorgeschichten, die den Geburten von Johannes und Jesus vorausgehen. Zacharias erhält zur Zeit des Opfers Besuch von Gabriel (vgl. Lk 1,10), und aus der Aufgabenbeschreibung des angekündigten Kindes Johannes geht hervor, dass es eine wichtige Rolle für das Reich Gottes haben soll. Der Evangelist geht so weit, dass er die »siebzig Wochen« aus dem Buch Daniel aufgreift und zum Zeitraster seines Evangeliums macht. Denn von der Ankündigung der Geburt Johannes des Täufers bis zur Ankündigung der Geburt Jesu zählt er sechs Monate (vgl. Lk 1,26), und von der Ankündigung der Geburt Jesu bis zu seiner Darstellung im Tempel sind es neun Monate und vierzig Tage (vgl. Lk 2,22). Rechnen wir den Monat mit dreißig Tagen, dann ergeben sich 490 Tage = 70 Wochen = 7 mal 70 Tage: vollkommene Zeit, erfüllte Zeit. Als die Fülle der Zeit gekommen war, sandte Gott seinen Sohn (vgl. Gal 4,4) – Wende der Zeit – Zeitenwende. Der Augenblick, da Jesus von seinen Eltern in den Tempel gebracht wird, ist der Beginn der Endzeit. Das Reich Gottes ist da, schon mitten unter uns – in diesem Kind, in dem sich Altes und Neues Testament gleichsam kreuzen, in dem die alten Visionen eines Simeon und einer Hanna sich erfüllen. Die »ewige Gerechtigkeit«, die Gabriel dem Daniel ankündigte, bricht an. Ein »Hochheiliges« wird im Tempel gesalbt: Es ist Christus, der Herr. Gabriel, der Dolmetscher des Daniel, ist auch der Interpret für den Priester Zacharias und der Gottesmutter Maria.

Damit rühren wir noch an einem dritten Bereich, der Johannes und Jesus verbindet, aber auch unterscheidet. Es ist die Botschaft, die sie verkünden. Beide waren sich einig in einem Punkt: Sie wollten Israel sammeln und für den ›Tag des Herrn‹ vorbereiten. Dafür sind sie »von Dan bis Beerscheba« (1 Sam 3,20) gezogen. Dieser Ausdruck war sprichwörtlich in Israel und meinte das Gebiet des ganzen Zwölfstämmevolkes. Ein neues Reich, das Himmelreich, wollten sie ankündigen, das Volk wieder vereinigen und stark machen. Doch die beiden taten es auf unterschiedliche Weise: Johannes predigte eine sehr praktische Frömmigkeit. Als die Leute ihn fragen, was sie tun sollen, legt er die Karten auf den Tisch, unmissverständlich und klar: »Wer zwei Gewänder hat, der gebe eines davon dem, der keines hat, und wer zu essen hat, der handle ebenso« (Lk 3,11). Den Zöllnern, den damaligen ›Melkern der Nation‹, sagt er: »Verlangt nicht mehr, als festgesetzt ist« (Lk 3,13). Und die Soldaten hören von ihm: »Misshandelt niemand, erpresst niemand, begnügt euch mit eurem Sold« (Lk 3,14).

Zwar sind diese Forderungen handfest, aber sie überfordern keinen. Jeder soll das tun, was ihm möglich ist und seinem Stand entspricht. Solche Klarheit wünscht das Volk, – übrigens auch heute in manchen kirchlichen Kreisen. Verständlich, dass »das Volk in Scharen zu ihm hinaus« geht und sich taufen lässt (Lk 3,7). Eine Sühnenacht bei Johannes, und die Pflicht ist erfüllt! Hier wird nicht um den heißen Brei herumgeredet, stattdessen gibt es klare Anweisungen, was zu tun ist. Doch damit hätte man Johannes nur oberflächlich, halb verstanden: Nicht so sehr das Reich Gottes ist nahe, sondern das

Gericht. Johannes macht den Menschen »die Hölle heiß«: »Schon hält er, der mit Feuer taufen wird, die Schaufel in der Hand, um die Spreu vom Weizen zu trennen und den Weizen in seine Scheune zu bringen. Die Spreu aber wird in nie erlöschendem Feuer verbrennen« (Lk 3,16-18).

Johannes – das ist eine Mischung aus einer Höllenpredigt und der Einladung, die letzte Chance nicht zu verpassen. Denn anders als manche noch radikalere Kreise seiner Zeit lässt Johannes die Tür einen Spalt geöffnet. Insgesamt aber kreist seine Verkündigung um das Gericht, den Zorn Gottes, um Umkehr und Buße.

Auf diesem Hintergrund wird klar, wo der Unterschied liegt zwischen Johannes und Jesus. Als dieser, erfüllt von der Kraft des Heiligen Geistes, wie gewohnt am Sabbat in die Synagoge geht, reicht man ihm das Buch des Propheten Jesaja. Er schlägt das Buch auf und liest die Stelle, wo es heißt: »Der Geist des Herrn ruht auf mir. Denn der Herr hat mich gesalbt. Er hat mich gesandt, damit ich den Armen eine gute Nachricht bringe, damit ich den Gefangenen die Entlassung verkünde und den Blinden das Augenlicht, damit ich die Zerschlagenen in Freiheit setze und ein Gnadenjahr des Herrn ausrufe« (Lk 4,17-19). Ohne dem Lehrer zu widersprechen und doch in deutlicher Abhebung zu ihm, meldet sich Jesus zu Wort. Als er seinen Mund auftut, spricht er keine Drohbotschaft, sondern eine Trostbotschaft. Johannes hat den ›Tag des Zornes Gottes‹ angekündigt, und stattdessen kommt der Geistgesalbte, der das Gnadenjahr des Herrn ausruft. Was mag Johannes über eine solche Botschaft gedacht haben? Wird hier nicht das Reich Gottes zu billig angeboten? Erst kommt die Arbeit der Umkehr, dann das Fest der Vergebung. Ist Erlösung wirklich *gratis*, – so billig zu haben, ohne jegliche Vorbedingung?

Diese Fragen beschäftigten nicht nur die Menschen damals, sie berühren uns heute ebenso. Die Fragen des Johannes stellt sich auch die Kirche. Die Antwort Jesu darauf ist knapp. Er verweist auf das, was geschieht, und sagt den Boten unserer Zeit: »Geht und berichtet, was ihr gesehen und gehört habt: Blinde sehen wieder, Lahme gehen, und Aussätzige werden rein. Taube hören, Tote stehen auf, und den Armen wird das Evangelium verkündet. Selig ist, wer an mir keinen Anstoß nimmt« (Lk 7,22 f.). Mehr und mehr wird für Jesus der Lehrer zum Vorläufer: »Er ist der, von dem es in der Schrift heißt: Ich sende meinen Boten vor dir her, er soll den Weg für dich bahnen« (Lk 7,27; vgl. Mal 3,1).

Schauen wir noch einmal geistig auf den Isenheimer Altar: Ich muss abnehmen, damit er wachsen kann. Der große Theologe und ernannte Kardinal Hans Urs von Balthasar (1905 – 1988) hat von sich gesagt, sein Werk wolle nichts anderes sein als ein Johannesfinger, der auf Christus zeigt. Auf Christus zeigen, wie der Täufer auf dem Isenheimer Altar, das ist die Berufung eines jeden Christen. Es ist die Berufung der ganzen Kirche. Auch sie ist nur vorläufig, bis das Reich Gottes in Fülle anbricht. Die Kirche ist Vorläuferin ihres Herrn, der größer und strahlender erscheint als sie selbst trotz aller Schleppen und Quasten, die sie trägt. Ihre Sendung ist das Motto, unter das Johannes sein Wirken stellte: Ich muss abnehmen, damit er wachsen kann.

ABBILDUNG 15

Taufe Jesu im Jordan durch Johannes mit der den Heiligen Geist symbolisierenden Taube, S. Callisto-Katakombe, 3. Jh. (Wilpert, Taf. 27).

ABBILDUNG 16

Taufe Jesu im Jordan durch Johannes mit der den Heiligen Geist symbolisierenden Taube, S. Callisto-Katakombe / Krypta der Lucina, Ende 2. Jh. (Wilpert, Taf. 29).

ABBILDUNG 17

Matthias Grünewald: Isenheimer Altar, erstes Wandelbild mit Kreuzigungsszene, entst. 1512 – 1516, Musée Unterlinden, Colmar.

INRI

Illum oportet
crescere
me autem
minui

Die unterschiedlichen Schwestern

Es ist schon seltsam: Lukas- und Johannes-Evangelium haben durchaus ihre Gemeinsamkeiten, insbesondere bezüglich des Passionsberichtes. Hier aber: Welch ein Unterschied! Wo das Johannes-Evangelium den Glauben Martas hervorhebt, da ...

Einen Höhepunkt an Peinlichkeit mutet uns das heutige Evangelium zu. Ein seltener, lieber, hoher Gast und guter Freund kommt zu Besuch. Schon lange hatten sie auf diese Begegnung hingelebt. Ein interessantes und tiefsinniges Gespräch entwickelt sich. Und da mitten hinein platzt Marta mit dem Vorwurf: »Herr, kümmert es dich nicht, dass meine Schwester die ganze Arbeit mir allein überlässt? Sag ihr doch, sie soll mir helfen!« (Lk 10,40) Man hört förmlich eine doppelte Ohrfeige klatschen: indirekt, verhaltener gegenüber der Schwester Maria – und direkt, scharf in das Gesicht Jesu: »Macht dir das eigentlich gar nichts aus, dass ich allein für dich, für euch alle herum schufte?«

Um die Unmöglichkeit dieser Situation noch weiter zu illustrieren, brauchen wir die Szene nur noch etwas zu aktualisieren: Als ich noch Student am *Germanicum* war, hat uns auch der inzwischen heiliggesprochene Papst Johannes Paul II. (1920 – 2005) im Seminar besucht. Beim Abendessen saß er an einem großen Tisch, neben anderen auch mit einigen Studenten zusammen. Andere Studenten machten Tischdienst. Wenn da einer geplatzt wäre und vor versammelter Gemeinde hätte verlauten lassen: »Heiliger Vater! Macht es Ihnen denn überhaupt nichts aus, dass ich hier von Tisch zu Tisch renne, während einige auserwählte Mitstudenten herumsitzen und Ihren Worten lauschen? Sehen Sie nicht, wie ich schwitze? Sagen Sie denen, sie sollen mir helfen!« – Die Szene ist zu grotesk, als dass man sie sich in der Realität vorstellen könnte. Und doch: Ist sie nicht der Situation an Peinlichkeit ziemlich nahe?

Genau an diesem Punkt höchster Peinlichkeit ist die Stunde Jesu gekommen. Da reagiert er. Jesus nimmt Stellung, als offenbar wird, dass Marta völlig zerrissen ist, aus allen Fugen gerät und die Fassung verliert. Sie hat die Kontrolle über sich verloren und verrennt sich maßlos. Woran mag das liegen? Marta ist uneins mit sich selbst: Einerseits will sie wie Maria Jesus zu Füßen sitzen und am Gespräch teilnehmen; andererseits will sie ihre wirklichen oder eingebildeten Pflichten als Hausfrau erfüllen. Sie möchte im Wohnzimmer bei Jesus sein und zugleich bei den Kochtöpfen in der Küche. Und beides gleichzeitig geht nicht. Auch in der Bibel nicht, die mit dem Wunderbaren auf gutem Fuß steht.

Auf diesen wunden Punkt legt Jesus seinen Finger. In seinen Worten »Nur eines ist notwendig!« liegt die unhörbare Aussage: »Marta, sei entschieden! Lebe das, was du wirklich willst! Sei in der Küche oder sei bei mir! Sei bereit, auch den Verzicht auf dich zu nehmen! Denn keine Entscheidung geht ohne Verzicht ab! Nur so wendet sich die Not deiner Entscheidung! Denn nur eines ist *not-wendend* und damit *notwendig*.«

So gesehen hätte es eine ganz andere Marta-Maria-Geschichte geben können, die so hätte enden können: »Und Jesus lobte Marta und sagte: Du bist eine gute Hausfrau,

18

eine wunderbare Frau! Ich weiß, wie gern du mir zugehört hättest bei einem meiner seltenen Besuche. Aber du hast darauf verzichtet und mir und meinen hungrigen Freunden ein vorzügliches Essen zubereitet. Wer mich aufnimmt, der nimmt den auf, der mich gesandt hat.« Aber so endet die Geschichte eben nicht. Stattdessen wird Marta eine Lektion erteilt: »Marta, Marta, du machst dir viele Sorgen und Mühen. Aber nur eines ist notwendig. Maria hat den guten Teil gewählt, der wird ihr nicht genommen werden!« (Lk 10,41 f.) Inwiefern hat Maria den guten Teil, das Bessere erwählt?

Weil sie bei dem war und blieb, was für sie dran war. Maria hat ihre Stunde der Jesusbegegnung erkannt und sie am Schopf gepackt. Sie war entschieden, ganz. Wenn sie nach einiger Zeit hin- und hergerutscht wäre auf ihrem Stuhl, dann hätte Jesus sie wohl ebenso direkt gefragt: »Was ist los mit dir, Maria? Weißt du nicht, was du eigentlich willst? Bleib, wenn du glaubst, bleiben zu sollen. Aber du kannst auch gehen, wenn du glaubst, gehen zu sollen.« So aber hat Maria den guten Teil gewählt – weil sie wirklich eine Entscheidung getroffen hat.

Was können wir nun daraus mitnehmen für die Frage nach Hören und Tun, Beten und Wirken, Aktivität und Betrachtung? Steckt dahinter nicht die Einladung: Lebe aus der Mitte!

Versuche, dir selber auf der Spur zu bleiben! Lebe in innerer Einheit! Was du tust, das tue ganz! Denn was nützte das Zuhören der Maria, wenn es Ausflucht vor dem Tun und Bequemlichkeit wäre? Was nützte die Gastfreundschaft und Fürsorge der Marta, wenn sie im Grunde aggressiv und zerrissen macht, wenn das Lob ausbleibt? Was nützte das Engagement für andere, wenn es im Grunde Ausdruck von Hektik und Wichtigtuerei ist? Was nützt ein Beten, wenn es bloß Träumerei und introvertierte Selbstbespiegelung ist! Eines nur ist notwendig: aus dem *Einen* heraus hörend und handelnd zu leben.

Aus der Mitte leben! Wenn wir diesen Bogen zu Ende spannen, dann führt er uns an einen Punkt, der uns fremd erscheinen mag. *Aus der Mitte leben* wird zum Imperativ: *Aus der Ferne lieben!* Beides gehört zusammen, denn dahinter steht die Frage: Was tut Marta eigentlich so weh? Welcher Schmerz ist es, der sich dann in eine so massive Aggressivität umsetzt?

Sie fühlt sich im Stich gelassen. Und das bringt sie auch zur Sprache: »Herr, kümmert es dich nicht, dass Maria die ganze Arbeit mir überlässt?« Ausgedeutet will das sagen: »Jesus, du hast wohl gar kein Auge für mich. Du siehst nur deine dich andächtig anhimmelnde Maria. An mich denkst du wohl gar nicht. Du hast doch sonst immer einen so aufmerksamen Blick für einen Zachäus auf dem Baum und für die alte Witwe, die ein paar Pfennige in den Opferkasten wirft. Dass ich mich hier allein abplage, scheinst du gar nicht zu merken. Und wie gut würde mir das tun! Du weißt doch, wie ich mich auf dich freue. Du spürst doch, wie ich die wenigen Stunden herbeisehne, die du mal vorbeikommst. Ich möchte dieses Zusammensein doch ganz auskosten. Und jetzt kommt gar nichts von dir. Du hast nicht einmal nach mir gefragt.«

Wie sehr eine solche Situation ans Herz geht, können wir nachfühlen. Übersehen zu werden tut weh. Martas Worte – ein SOS-Ruf nach Anteilnahme und Zuneigung. Martas Ölbergstunde mit Jesus: von dem, der einen liebt, – von dem, den man liebt, sich verlassen zu fühlen. Eine Stunde, die sich alle Tage ereignen kann und die sich jeden Tag ereignet. Doch wie tief muss die Freundschaft gewesen sein, dass sie eine solche Auseinandersetzung bestehen kann! Mehr noch: Martas Freundschaft zu Jesus wird reifer. Marta selbst lernt aus der verkorksten Dreierbegegnung. Als Jesus auf die Nachricht von der Krankheit des Lazarus hin wieder nach Betanien kommt, bleibt Marta nicht mehr in der Küche. Das soll ihr nicht noch einmal passieren, dass sie eigentlich gern bei ihrem Jesus wäre, aber unter der Knute irgendeines Hausfrauen-Über-Ichs die Kochtöpfe traktiert. Sie läuft Jesus entgegen und spricht ein Bekenntnis, das aus der Tiefe ihres Herzens kommt: »Ja, Herr, ich glaube, dass du der Christus bist, der Sohn

EINE FRAU NAMENS MARTA NAHM JESUS GASTLICH AUF ...

Lk 10,38

... MARIA SETZTE SICH DEM HERRN ZU FÜSSEN UND HÖRTE SEINEN WORTEN ZU. MARTA ABER WAR GANZ DAVON IN ANSPRUCH GENOMMEN ZU DIENEN.

Lk 10,39 f.

Gottes, der in die Welt kommen soll.« (Joh 11,27) Es ist schade, dass dieses Bekenntnis hinter dem Glaubenszeugnis eines Petrus fast in Vergessenheit geraten ist.

Eines nur ist notwendig – auch für uns. Marta – Maria – Jesus – die Geschichte dieser Freundschaft kann uns lehren, das Unsrige ganz zu tun. Was du tust, das tue ganz – und du wirst leben. Amen.

ABBILDUNG 18
Tauben (Detail einer Deckendekoration), Praetextatus-Katakombe (Wilpert, Taf. 50).

Zachäus: Kleiner Mann ganz groß

Eine verrufene Berufsgruppe, diese Steuereinnehmer. Zumindest zu biblischen Zeiten. Leute wie Zachäus hatte man zu meiden.

Und was macht Jesus? Lädt sich selbst zu Tisch bei so einem. Und siehe da: Es wirkt.

Dabei tat Jesus nur, was er stets zu tun pflegte. Um es mit Thomas von Aquin zu sagen: Er verurteilt die Sünde, aber er liebt den Sünder!

»Morgen, morgen, nur nicht heute, sagen alle faulen Leute.« Fast könnte man meinen, Lukas habe das Sprichwort gekannt, als er sein Evangelium schrieb. Denn ›heute‹ ist ein Lieblingswort, das er auffällig oft an entscheidenden Stellen seiner Schrift verwendet. Dem Engel legt er die Weihnachtsbotschaft in den Mund: »Heute ist euch in der Stadt Davids der Retter geboren« (Lk 2,11). Als Jesus in der Synagoge seiner Heimat Nazaret über den Messias spricht, stellt er selbstbewusst fest: »Heute hat sich das Schriftwort (des Jesaja) erfüllt« (Lk 4,21). Wie der Anfang, so steht auch das Ende seines irdischen Lebens im Zeichen des ›heute‹, wenn Jesus dem reumütigen Schächer vom Kreuz aus verspricht: »Heute noch wirst du mit mir im Paradies sein« (Lk 23,43). Wen wundert es, dass in der Geschichte vom Oberzöllner Zachäus, die Lukas ins Herz seines Evangeliums gelegt hat, ›heute‹ gleich zweimal vorkommt: Jesus sagt zu Zachäus, er müsse heute bei ihm zu Gast sein (vgl. Lk 19,5), mit dem Ergebnis: »Heute ist diesem Haus Heil geschenkt worden« (Lk 19,9).

Von diesem sprachlichen Befund ermutigt, dürfen wir es wagen, das Evangelium ins Heute zu übersetzen. Denn Evangelium ist nicht nur eine Schrift von gestern, es ereignet sich heute: nicht nur von heute auf morgen, sondern von jetzt auf heute. »Heute ist dieser Gemeinschaft das Heil geschenkt worden.« Morgen ist heute schon gestrig. Immer wieder kann man hören: »Religion gehört in den Wellness-Bereich: Etwas zum Wohlfühlen braucht der Mensch.« Zu den Filetstücken eines solchen Religionsmenüs, das dem Gaumen der Seele mundet, gehört die Geschichte vom Oberzöllner Zachäus: der kleine Mann ganz oben auf dem Ast; darunter Jesus, der ›Promi‹, der beim Bad in der Menge Zachäus Ansehen schenkt; das Geschick des Zollpächters, Jesus als persönlichen Gast ins eigene Haus abzu- schleppen; und schließlich das Happy End: Zachäus entdeckt seine soziale Ader; er macht eine Riesenspende nach dem Motto: Gutes tun und dafür sorgen, dass es bekannt wird.

Nur auf den ersten Blick scheint es, als sei die Zachäus-Geschichte eine Hommage an den derzeitigen ›softigen‹ religiösen Zeitgeist:

»Nur keinen ausgrenzen! Nur nicht von Sünde und Schuld reden! Gott hat dich lieb, so, wie du bist!« – Der zweite Blick zeigt, dass Jesu Begegnung mit Zachäus nicht nur eine Geschichte ist fürs Bilderbuch. Es besteht kein Grund, die Lage des Oberzöllners zu verharmlosen. Wie die Kollegen seiner Gilde, so war auch Zachäus Instrument der römischen Besatzungsmacht. Kein Wunder also, wenn Zachäus als Betrüger und Ausbeuter galt, von den Menschen geschnitten und gemieden. Wer sich einlässt mit denen, die das Volk unterdrücken, ja sogar die Drecksarbeit für die Besatzer erledigt, um sich selbst zu bereichern, wer Münzen eintreibt, auf denen fremde Götterbilder eingeprägt sind, der ist einfach draußen.

So musste Zachäus außen vor bleiben, als Jesus die Stadt Jericho passierte, um nach Jerusalem zu kommen. Wenn der Oberzöllner, alias Obergauner, sich an den Weg stellen will, um Jesus zu sehen, macht ihm wohl niemand Platz. Als klein gewachsener Mensch in der zweiten oder dritten Reihe kann er auch nicht über die Anderen drüberschauen. Einen, den man nicht mag, lässt man nicht vor, und einer, der die eigenen Leute verkauft, hat keine Chance.

Doch irgendetwas lässt Zachäus keine Ruhe. Es ist der Mann aus Nazaret, der ihn wie ein Magnet anzieht: »Ich möchte Jesus sehen.« Der Zöllner wird sogar zum Sportler, indem er spontan auf einen Feigenbaum klettert, um einen Blick zu erhaschen, wenn er vorbeikommt. Zachäus wird nicht rot, wenn er seinen Landsleuten das Geld aus der Tasche zieht. Aber er hat keine Scheu, sich lächerlich zu machen, als er als kleiner Mann hoch oben in der Baumkrone sitzt.

Zachäus hat erfahren, was Gottes »zuvorkommende Gnade« meint: Gott kommt mir entgegen. Ich muss den Augenblick nur am Schopf packen, das Heute der Nähe Gottes pflücken, seine Großmut und sein Angebot für einen Neuanfang annehmen. Jesus hat dem Zöllner gezeigt, dass es im Leben keine Sackgasse gibt, aus der kein Ausweg führte. Weil Zachäus sich von Jesus beachtet und angenommen weiß, kann er über sich selbst hinauswachsen. Es bleibt nicht bei der finanziellen Rückerstattung, von nun an geht es um die Hingabe des Lebens. Aus einem, der nicht nur körperlich, sondern vor allem menschlich klein war, wird einer, der großzügig schenken kann. Das viele Geld, das er für sich hortete, zählt nicht mehr als Freund. Die Begegnung mit Jesus befreit ihn von dieser Ersatzbefriedigung. Zachäus erkennt: Das Entscheidende im Leben kann ich mir nicht selbst machen, ich muss und darf es mir schenken lassen.

Von Bernhard von Clairvaux (um 1090 – 1153) stammt der Satz: »Wer an das Reich Gottes glaubt, muss unruhig werden.« Zachäus hat zumindest geahnt, dass es mehr geben muss als das Römische Reich, für das er sich beruflich einspannen ließ. Das Reich Gottes hat ihn unruhig gemacht und in Bewegung gesetzt. Zwar bestand die Bewegung zunächst nur darin, auf den Baum zu klettern, um Jesus zu sehen. Dann aber, nach der Begegnung mit ihm, hat Zachäus sein ganzes Leben verändert. Aus einem Kollaborateur für das *Imperium Romanum* wurde ein Mitarbeiter des Reiches Gottes. Der Last des Geldes entledigt, widmete er sich mit Lust Gott und seinem Reich. Wenn das keine guten Aussichten sind!

Schauen wir noch einmal auf ein Detail der Sprache: Wer die lateinische *Vulgata* liest, macht eine interessante Entdeckung. Als Zachäus auf den Baum klettert, heißt es: »ascendit in arborem«. Dann aber werden die Rollen vertauscht. Jesus sieht den kleinen Mann und bringt ihn groß heraus, indem er ihm Aufmerksamkeit schenkt. Das gleiche Wort, das wir im Großen Glaubensbekenntnis in Bezug auf Jesus Christus beten (»descendit de caelis«), verwendet Lukas, wenn er vom Abgang des Zachäus vom Baum erzählt: »descendit«. Wer in Jesu Fußspuren gehen will, muss also heruntersteigen, nicht gleich vom Himmel, aber doch von den Baumkronen, in die wir uns versteigen. So ruft uns Jesus heute zu:

Steig herab von deinem Podest, auf das andere dich gehoben haben, und lass dir in die Augen schauen als Bruder und Schwester, als Partner und Freund.

Steig herab von dem Ast, auf den du dich gesetzt hast und wo du gar nicht merkst, dass er brüchig ist wie dein Selbstwertgefühl.

Steig herab vom Baum deiner Entrücktheit, auf den du geklettert bist, um dir deine eigene Welt zu bauen und unangreifbar zu sein.

Steig heraus aus der Baumkrone, in die du dich verkrochen hast, um vom Himmel zu träumen, und komm herunter, um auf der Erde deine Frau / deinen Mann zu stehen.

Achtung: Jesus erwartet deine Antwort nicht von heute auf morgen, sondern von jetzt auf heute. Er will bei dir einkehren, hier und jetzt. Jesus nimmt ernst, was wir vor der Kommunion beten: »Herr, ich bin nicht würdig, dass du eingehst unter mein Dach, aber sprich nur ein Wort, so wird meine Seele gesund« (vgl. Mt 8,8).

WUSSTEN SIE ...

... was ein Maulbeerfeigenbaum ist?

Schattenspender oder Plantagenbaum, – für beides eignet sich der ausladende, bis zu 20 m hohe Laubbaum vorzüglich. Daher pflanzte man ihn häufig auch an Straßenrändern, um Mensch und Tier in der glühenden Mittagshitze Rast und Erholung zu bieten. Im ägyptischen Kulturkreis findet sich sogar der religiöse Gedanke, die regenerierende Kraft des Maulbeerfeigenbaums *(ficus sycomorus)* reiche bis in das Reich der Toten.

Schon knapp über dem Erdboden beginnen die Verzweigungen des Maulbeerfeigenbaumes. So war es für Zachäus (griech. Kurzform des hebr. Namens *Sacharja*) ein Leichtes, auf diesen Baum zu klettern und ihn zum Aussichtspunkt zu nehmen.

Unübersehbar die humoristisch-parodistische Note: ein kleiner Mann in der gleichermaßen gehobenen wie verhassten Position eines Oberzolleinnehmers mitten in diesem Baum, – durch den Anruf Jesu der allgemeinen Aufmerksamkeit schonungslos ausgesetzt.

Und erwähnenswert vielleicht: Im Alten Testament findet sich die Berufungsgeschichte eines Mannes, der von den Maulbeerfeigenbäumen weg zum Propheten avancierte: Sein Name ist Amos (Amos 7,14).

... warum Zöllner (Steuereinnehmer) einen schlechten Ruf genossen?

Die römische Besatzungsmacht pflegte Steuern und Zölle (Grenzzoll, Marktzoll, Brückenzoll) meistbietend zu versteigern; ein entsprechender Bericht findet sich etwa in den *Jüdischen Altertümern* des Historikers Flavius Josephus (vgl. Ant. Jud. 12,4 [Clementz Bd. II, S. 86]): Differenzbeträge verblieben beim obersten Steuerpächter, der seinerseits mit Subunternehmern zusammenarbeitete. Der Bereicherung war Tür und Tor geöffnet, die Besatzungsmacht blieb im Hintergrund.

Der jüdischen, speziell pharisäischen Ethik war dies ein Gräuel. ›Zöllner‹, insbesondere ›oberste Zollpächter‹, wurden in einem Atemzug mit Räubern, Dieben und Mördern genannt. Eine Tischgemeinschaft mit ihnen war mindestens anstößig (vgl. Mk 2,16), eigentlich aber unvorstellbar!

Der Mann aus Nazaret provozierte – und hatte im Falle des Zachäus obendrein Erfolg. Dieser bekehrte sich, – was wahrscheinlich noch mehr provozierte!

42 GESTALTEN DES NEUEN TESTAMENTS

Petrus und Paulus: Ein ungleiches Paar

Diese beiden sind wie Blitz und Donner. Stets nennt man sie in einem Atemzug; ja, sie teilen sich einen Gedenktag (29. Juni). Säulen des Glaubens der römischen Kirche seit jeher: Petrus und Paulus. Und doch – wie verschieden! Aber: Sie fanden zusammen, sie hielten zusammen …

Man schrieb das Jahr 63 vor Christus. In Rom lief ein Prozess, der die Weltstadt in Atem hielt. Ein prominenter Senator und Bankier mit Namen Gaius Rabirius stand unter der Anklage des Hochverrats. Ein Hochverräter konnte damals unter bestimmten Bedingungen mit einer Sklavenstrafe belegt werden, die ansonsten für Römer verboten war. Er konnte ausgepeitscht und gekreuzigt werden. Rabirius war reich. Er hatte die beiden derzeit berühmtesten Prozessredner für sich eingespannt: Hortensius (114 – 50 v. Chr.) und Cicero (106 – 43 v. Chr.). Im Plädoyer des Cicero findet sich nun mit Bezug auf die drohende Strafe der Kreuzigung eine höchst bemerkenswerte Stelle. Übersetzt lautet sie folgendermaßen: »Wenn schon eine Todesstrafe in Erwägung gezogen wird, so wollen wir in Freiheit sterben. Ein Henker jedoch, ein Verhüllen des Hauptes und allein schon das Wort *Kreuz* sei nicht nur verbannt von Leib und Leben römischer Bürger, sondern sei sogar fern ihrem Denken, ihren Augen, ihren Ohren.« (1)

»Allein schon das Wort *Kreuz*« sollte aus dem Vorstellungsbereich der Römer, aus ihren Augen und Ohren verbannt werden. So fordert es Cicero.

Lässt es sich deutlicher sagen, dass fortschrittliche und emanzipierte Weltbürger nicht einmal einen Gedanken an diesen unwürdigen Schandpfahl verschwenden wollten! Das, wie gesagt, geschah im Jahre 63 vor Christus.

Im Jahre 64 nach Christus stirbt in eben demselben Rom ein galiläischer Fischer einen besonders erbärmlichen Kreuzestod, nämlich mit dem Kopf nach unten, weil er sich nicht für würdig hält, so zu sterben wie sein Meister: Simon Petrus.

Allein dieses Faktum zwingt schon zu der Frage: Wer war dieser ungewöhnliche Mann? (2) Ein gewöhnlicher Fischer, wenn man nur den Anfang sieht, von seinem Bruder Andreas zu Jesus geführt, ein Gefolgsmann der ersten Stunde. Doch diese erste Stunde bekommt eine Perspektive, die sich verlängert, bis an das Gestade der Ewigkeit.

Der Petersdom, über dem Grab des Mannes errichtet, der vom Fischer am See zum Menschenfischer bestimmt wurde, hält diese Ewigkeitsperspektive in Goldmosaik als Basisfries der gewaltigen Kuppel im Innern fest: *Tu es Petrus.* – »Du bist Petrus, und auf diesen Felsen werde ich meine Kirche bauen, und die Mächte der Unterwelt werden sie nicht überwältigen. Ich werde dir die Schlüssel des Himmelreiches geben« (Mt 16,18-19).

Wir alle kennen diese ewigkeitsschweren Worte. Nehmen wir die Titel hinzu, die ein Papst zu tragen hat (vgl. *Annuario Pontificio*, Päpstliches Jahrbuch), dann türmt sich auf dem Fundament des Petrus immer mehr auf: Bischof von Rom, Stellvertreter Jesu Christi,

Nachfolger des Apostelfürsten, *Summus Pontifex,* Patriarch des Abendlandes **(3)**, Primas von Italien, Souverän des Vatikanstaates, *Servus Servorum Dei* – Diener der Diener Gottes. Triumphalismus – gewiss! Ein Übermensch also, dieser Petrus? Von der Gloriole des Petersdomes aus betrachtet, will es so scheinen. In die 2.000 Jahre Papstgeschichte hinein verlängert, möchte man es auf den ersten Blick hin glauben.

Doch ein Rückgriff auf den biblischen Petrus sieht da wie ein Absturz aus. Wenn man zum Beispiel im Hinblick auf die Karwoche die hochdramatische Szene im Innenhof des hohenpriesterlichen Palastes herausgreift. Es ist eine Szene in der Nacht. Das ist kein Zufall. Denn in dieselbe Nacht war zuvor schon ein anderer aus dem Zwölferkreis verschwunden: Judas Iskariot. Der Evangelist Johannes erwähnt es ausdrücklich: »Als Judas den Bissen Brot genommen hatte, ging er sofort hinaus. Es war aber Nacht« (Joh 13,30).

Nacht ist hier mehr als eine Zeitangabe: Nacht weist hin auf den Wirkraum des Bösen, des Dämonischen. In diese Nacht ist nun auch Petrus hineingeraten, zwielichtig umzuckt vom Feuerschein im Innenhof des hohepriesterlichen Palastes. Dorthin ist er dem gefesselten Jesus gefolgt, aber diese ›Nachfolge‹ geschieht nur »von fern«, wie Lukas schreibt (Lk 22,54). Die direkte öffentliche Nachfolge ist verkommen zu einem Hinterherschleichen auf Distanz.

Was mag im Innern des Petrus vorgegangen sein? Äußerlich unverdächtig setzt er sich zu den Schergen an das Feuer. Das Blickfeld, in dem jeder auf ihn schaut, ist eröffnet. Im 22. Kapitel bei Lukas hört sich das so an: »Eine Magd sah ihn am Feuer sitzen, schaute ihn genau an und sagte: Der war auch mit ihm zusammen. Petrus aber leugnete es und sagte: Frau, ich kenne ihn nicht. Kurz darauf sah ihn ein anderer und bemerkte: Du gehörst auch zu ihnen. Petrus aber sagte: Nein, Mensch, ich nicht! Etwa eine Stunde später behauptete wieder einer: Wahrhaftig, der war auch mit ihm zusammen; er ist doch auch ein Galiläer. Petrus aber erwiderte: Mensch, ich weiß nicht, wovon du sprichst. Im gleichen Augenblick, noch während er redete, krähte ein Hahn. Da wandte sich der Herr um und blickte Petrus an. Und Petrus erinnerte sich an das Wort, das der Herr zu ihm gesagt hatte: Ehe heute der Hahn kräht, wirst du mich dreimal verleugnen. Und er ging hinaus und weinte bitterlich« (Lk 22,56-62).

Bedeutungsschwere Sätze: »Frau, ich kenne ihn nicht.« – »Nein, Mensch, ich nicht.« – »Mensch, ich weiß nicht, wovon du sprichst.« – »Im gleichen Augenblick krähte ein Hahn. Da wandte sich der Herr um und blickte Petrus an.« –Hand aufs Herz: Wäre Ihnen ein Blitzschlag aus heiterem Himmel in unmittelbarer Nähe nicht lieber als dieser Blick? Ein Blick – so durchdringend und entlarvend! Ein Blick – so hoheitsvoll und in die geheimsten Seelenspalten eindringend! Ein Blick, der das Herz zerreißt und spaltet. Ein Blick, der alles ans Licht bringt: alles, auch das Imfamste, dieses »Frau, ich kenne ihn nicht« und dieses »Mensch, ich weiß nicht, was du sagst«.

Der Verrat des Judas endet mit dem Strick. Der Verrat des Petrus in einer Flut bitterer Reuetränen, und diese Flut wird zur Strickleiter für eine neue, viel intensivere Beziehung. »Er ging hinaus und weinte bitterlich.« Von keinem anderen Apostel wird solches berichtet. Die dreimalige Verleugnung seines Meisters bleibt wie eingebrannt auf seinem Seelengrund. Und dieses Brandmal ist zugleich das Schandmal seines Lebens. So will es jedenfalls scheinen. Und doch wird auch dieses Schandmal der Verleugnung erlöst in das neue Leben des Auferstandenen. Wie anders wäre sonst der dreimalige Auftrag an Petrus zu verstehen: »Weide meine Lämmer, weide meine Schafe« (Joh 21,15-17).

Der Menschenfischer Simon Petrus wird aber durch die vorangehende dreimalige Liebesbefragung an diese seine dunkle Stunde erinnert. Und das dreimalige »Liebst du mich?« des Meisters ist für ihn in der Tat

---

QUO VADIS, DOMINE? QUO VADO, NON POTES ME MODO SEQUI, SEQUERIS AUTEM POSTEA.

HERR, WOHIN GEHST DU? JESUS ANTWORTETE IHM: WOHIN ICH GEHE, DORTHIN KANNST DU MIR JETZT NICHT FOLGEN. DU WIRST MIR ABER SPÄTER FOLGEN.

JOH 13,36

---

qualvoll genug. »Da wurde Petrus traurig«, lesen wir bei Johannes (Joh 21,17). Und wie ein Vulkan bricht es dann aus diesem emotional veranlagten Mann hervor: »Herr, du weißt alles; du weißt, dass ich dich liebe.«

Die dreimalige Liebesbefragung hebt auf die dreimalige Verleugnung ab. Petrus weiß das nur zu gut. Er weiß aber auch, dass die hohe Auszeichnung und die tiefe Demütigung in einem geheimen Zusammenhang stehen. Ebenso weiß er, dass die Demütigung nicht um ihrer selbst willen geschieht. In ihr schwingt die Liebe des Herrn mit. Jesus kennt seinen Petrus durch und durch.

»Er wusste, was im Menschen ist«, berichtet Johannes an anderer Stelle. Und gerade deshalb vertraut er diesem Petrus, dem Felsenmann, der weich ist wie Butter. Gewiss bleibt da die Versuchbarkeit, und Wachsamkeit ist außerdem angezeigt. An beides erinnert der Hahn auf unseren Kirchtürmen bis heute.

Die Legende hält diese Versuchbarkeit des Petrus fest. Nach dieser Überlieferung flieht Petrus bei einer Christenverfolgung in Rom über die *Via Appia* aus der Stadt. Dort kommt ihm in einer Vision Jesus entgegen. *»Quo vadis, Domine?«* **(4)** – »Wohin gehst du, Herr?«, soll Petrus ihn gefragt haben. »Ich gehe nach Rom, um mich ein zweites Mal kreuzigen zu lassen«, soll der Herr ihm geantwortet haben.

Dunkle Möglichkeiten und mögliche Dunkelheiten stecken als Versuchbarkeit in Petrus. Stein geworden stehen sie bis heute da in der *Quo-vadis-Kapelle* der *Via Appia*. Sie sind längst vorbereitet in der Antwort des Petrus, die er auf die erste Leidensvoraussage Jesu gegeben hatte. Petrus nahm den Herrn beiseite und beschwor ihn: »Das soll Gott verhüten, Herr! Das darf mit dir nicht geschehen!« (Mt 16,22).

Menschlich gesehen gut gemeint und auch verständlich. Doch die Reaktion Jesu fällt ungewöhnlich schroff, ja scharf aus: »Tritt hinter mich, du Satan! Ein Ärgernis bist du mir, denn du hast nicht das im Sinn, was Gott will, sondern was die Menschen wollen« (Mt 16,23). *Satan* wird hier der genannt, der kurz zuvor noch ein Sonderlob wegen seines Messias-Bekenntnisses erhielt: »Selig bist du, Simon Barjona; denn nicht Fleisch und Blut haben dir das offenbart, sondern mein Vater im Himmel« (Mt 16,17).

Beides musste Petrus erfahren. »Hart im Raume stoßen sich die Sachen«, so möchte man mit Schillers (1759 – 1805) *Wallenstein*

MITTEILUNGEN DES PAULUS

Paulus lernt Petrus kennen

Als es aber Gott gefiel, der mich schon im Mutterleib auserwählt und durch seine Gnade berufen hat, in mir seinen Sohn zu offenbaren, damit ich ihn unter den Völkern verkünde, da zog ich nicht Fleisch und Blut zu Rate; ich ging auch nicht sogleich nach Jerusalem hinauf zu denen, die vor mir Apostel waren, sondern zog nach Arabien und kehrte dann wieder nach Damaskus zurück.

Drei Jahre später ging ich nach Jerusalem hinauf, um Kephas (Petrus) kennenzulernen, und blieb fünfzehn Tage bei ihm. Von den anderen Aposteln sah ich keinen, nur Jakobus, den Bruder des Herrn. Was ich euch hier schreibe – siehe, bei Gott, ich lüge nicht.

Gal 1,15-20

Petrus erkennt die Berufung des Paulus

Im Gegenteil, sie sahen, dass mir das Evangelium für die Unbeschnittenen anvertraut ist wie dem Petrus für die Beschnittenen – denn Gott, der Petrus die Kraft zum Aposteldienst unter den Beschnittenen gegeben hat, gab sie mir zum Dienst unter den Völkern – und sie erkannten die Gnade, die mir verliehen ist.

Deshalb gaben Jakobus, Kephas (Petrus) und Johannes, die als die Säulen Ansehen genießen, mir und Barnabas die Hand zum Zeichen der Gemeinschaft: Wir sollten zu den Heiden gehen, sie zu den Beschnittenen.

Gal 2,7-9

Paulus stellt Petrus zur Rede

Als Kephas (Petrus) aber nach Antiochia gekommen war, habe ich ihm ins Angesicht widerstanden, weil er sich ins Unrecht gesetzt hatte. Bevor nämlich einige von Jakobus eintrafen, hatte er mit den Heiden zusammen gegessen. Nach ihrer Ankunft aber zog er sich zurück und sonderte sich ab, weil er die aus der Beschneidung fürchtete. Und mit ihm heuchelten die anderen Juden, sodass auch Barnabas durch ihre Heuchelei mitgerissen wurde.

Als ich aber sah, dass sie nicht geradlinig auf die Wahrheit des Evangeliums zugingen, sagte ich zu Kephas (Petrus) in Gegenwart aller: Wenn du als Jude nach Art der Heiden und nicht nach Art der Juden lebst, wie kannst du dann die Heiden zwingen, wie Juden zu leben?

Gal 2,11-14

Paulus rechtfertigt sich vor der Gemeinde

Das aber ist meine Rechtfertigung vor denen, die abfällig über mich urteilen: Haben wir nicht das Recht, zu essen und zu trinken? Haben wir nicht das Recht, eine Schwester im Glauben als Frau mitzunehmen, wie die übrigen Apostel und die Brüder des Herrn und wie Kephas (Petrus)?

1 Kor 9,3-5

20

**Paulus
Phantombild**

Das Phantombild basiert auf der ältesten bekannten Beschreibung des Apostels in den *Acta Pauli et Theclae* 3 (vor 200):

»Er sah Paulus kommen, einen Mann klein von Gestalt, mit kahlem Kopf und krummen Beinen, in edler Haltung mit zusammengewachsenen Augenbrauen und ein klein wenig hervortretender Nase, voller Freundlichkeit.«

Klaus Berger (Hg.): Das Neue Testament und frühchristliche Schriften. 1999, S. 1238.

feststellen. (5) Das Ganze zeigt etwas von dem Ambivalenten, das sich in Petrus kreuzt.

Das Geheimnis der Passion hat er offensichtlich erst sehr spät begriffen. Vielleicht bedurfte es dazu erst der Geistausgießung an Pfingsten. Sein Unverständnis für das Leiden erfährt einen harten Tadel. Ein Wort sagt alles: *Satan!* Es verkörpert das Widergöttliche, das nicht in Übereinstimmung steht mit den Plänen Gottes. Der leidensunverständige Petrus: Er schläft im Ölgarten; er schleicht nur von fern hinter Jesus her bei der Gefangennahme. Nur kein Risiko, wenn es brenzlig wird! Nicht er trägt Jesus den Kreuzesbalken nach, sondern sein Namensvetter Simon von Cyrene. Nicht Petrus steht unter dem Kreuz, sondern der Lieblingsjünger Johannes.

Petrus ist kein Star. Bei Petrus gibt es manchen Schatten, Versagen, auch Sünde. Ganz ohne Frage! Aber es gibt bei ihm auch keine Selbstgerechtigkeit. Er weiß um seine Schwäche. Bittere Tränen können bei ihm fließen. Und in tiefer Zerknirschung bricht es nach dem reichen Fischfang, als er den Meister erkennt, aus ihm hervor: »Geh weg von mir; denn ich bin ein sündiger Mensch, Herr!« (Lk 5,8). Petrus ist ein grundehrlicher Mensch. Und er hat das Herz auf dem rechten Fleck, so dass er bei aller Schwäche fähig ist, das Rechte zu erkennen und Treue zu halten. Erinnert sei nur an die Brotrede Jesu in Kafarnaum. Sie führt dazu, dass ihn viele Menschen, die mit ihm gezogen waren, verlassen. Da stellt Jesus die Frage in den Raum: »Wollt auch ihr weggehen?« Da ist es Petrus, der sich zum Sprecher macht und im Namen der Zwölf die herrlichen Worte findet: »Herr, zu wem sollen wir gehen? Du hast Worte des ewigen Lebens« (Joh 6,68).

Hell und Dunkel, Licht und Schatten, Gnade und Schuld mischen sich bei Petrus. Er ist durchaus kein Übermensch. Eigentlich eher ein Durchschnittsmensch – einer aus unseren Reihen. Ob es nicht gerade das ist, was den Herrn veranlasst, ihn zum Amtsträger zu machen?

Fast ist man versucht, so zu fragen. Denn wie sehr ihm trotz des hohen Amtes die Nähe zu den Menschen geblieben ist, das beweisen allein Witz und Humor, die sich dieses Petrus bis heute bemächtigt haben. Sie sind Beweis für Akzeptanz, für wohlwollende Beliebtheit. So gesehen, werden gerade seine Schwächen wieder zu Brücken für die Menschen.

Schauen wir auf die lange Kette der Nachfolger des Petrus: Mag das Amt Distanz schaffen, die Menschlichkeit holt es immer wieder ein. Denken wir an das vergangene Jahrhundert. Das klassische Beispiel ist der heilige Papst Johannes XXIII. (1881 – 1963), ein Bild von Güte und Menschenfreundlichkeit, ein »Genie des Herzens«. Es würde zu weit führen, die anderen großen Papstgestalten des 20. Jahrhunderts auch nur zu skizzieren: einen Leo XIII. (1810 – 1903) oder die hervorragenden Pius-Päpste, den X. (1835 – 1914), den XI. (1857 – 1939) und den XII. (1876 – 1958). Oder den feinsinnigen und intellektuellen hl. Paul VI. (1897 – 1978) oder den lächelnden 33-Tage-Papst Johannes Paul I. (1912 – 1978), der uns wie »ein Komet« gezeigt worden ist *(Kardinal Gonfalonieri beim Requiem)*.

SO GEHÖREN NICHT NUR AMT UND CHARISMA ZUSAMMEN, SONDERN AUCH PETRUS UND PAULUS.

Besonders verbunden bin ich mit dem hl. Papst Johannes Paul II. (1920 – 2005). Der Tag seiner Wahl zum Papst (16.10.1978) war mein erster Tag im Augsburger Priesterseminar. Und als ich zwei Jahre später ans *Collegium Germanicum et Hungaricum* nach Rom geschickt wurde, hat unser Italienisch-Lehrer den Papst aus Polen knapp und prägnant so charakterisiert: »Un Papa forte« – Ein starker Papst. In mehr als 26 Jahren seiner Amtszeit hat Johannes Paul II. bewiesen, dass er ein »starker Papst« ist. Von der Verwundung durch das Attentat am 13. Mai 1981 gezeichnet, hat er dessen ungeachtet in über 100 Auslandsreisen die Christen in aller Welt besucht und als »globaler Pfarrer« im Glauben gestärkt. Sein Kompass war Jesus Christus, *Redemptor hominis,* der Heiland des Menschen, so der Titel seiner Antrittsenzyklika von 1979. Unberührt und unbeeindruckt von den schwankenden Meinungen und manchem Gegenwind ging er seinen Weg mehr als ein Vierteljahrhundert lang geradlinig und unbestechlich. Dass er damit auch anecken musste, verwundert nicht. Es gibt Gruppen, die seine Unnachgiebigkeit bemängeln und seine klare Linie als konservative Starrheit bekritteln. Anderen ging er viel zu weit, so z. B. mit den beiden Gebetstreffen von Assisi 1986 und 2002, zu denen Vertreter der Weltreligionen eingeladen waren, um für den Frieden in der Welt zu beten. Gerade die Katholiken in Deutschland dürfen dankbar sein, dass es Papst Johannes Paul II. gab. Die Wiedervereinigung unseres Vaterlandes wäre ohne ihn wohl undenkbar. Seine ökumenischen Bemühungen waren vielleicht nicht spektakulär, aber getragen vom langen Atem der Leidenschaft, vor allem auch gegenüber den Schwesterkirchen östlicher Traditionen. Sein Aufruf, die Kirche müsse »mit zwei Lungenflügeln« atmen, ist zum Slogan geworden. So war die Unterzeichnung der *Gemeinsamen Erklärung zur Rechtfertigungslehre* in Augsburg 1999 für ihn selbst ein »Meilenstein«. (6) Nicht verschweigen möchte ich den kostbaren Beitrag, den der Papst für die ›Kultur des Lebens‹ geleistet hat, auch wenn sein Standpunkt in Sachen Lebensschutz und Beratungspflicht in Deutschland nicht von allen geteilt wurde und wird: Da jedes Menschenleben *donum vitae,* Geschenk des Lebens, ist, gab es für Papst Johannes Paul II. in dieser Frage keine Kompromisse. Wenn die Wahrheit auf dem Spiel stand, scheute der Papst den Konflikt nicht. Offen für das Gespräch mit allen Menschen guten Willens, bedeutete seine Art, Dialog zu führen, auch, seinen Gesprächspartnern in den Mantel der Wahrheit zu helfen: ihnen Jesus Christus »anzubieten«. So gesehen, könnte man dem heiligen Papst Johannes Paul II. auch den Beinamen geben: Zeuge der Wahrheit.

Jedenfalls ist der Papst ein Zeichen der Einheit, das die Kirche zusammenhält und ihre Apostolizität garantiert. In einer Zeit, in der das Charisma weit größere Sympathien zu genießen scheint als das Amt, wird man trotzdem feststellen dürfen: Die Kirche braucht beide: Charisma und Amt. Das Amt ohne Charisma kann lähmen und entmutigen und die Begeisterung auslöschen. Doch das Charisma ohne Amt kann sich von heilsamer Unruhe zu einem Flächenbrand entfesseln und jedes lebensnotwendige Ordnungsgefüge zunichtemachen.

So gehören nicht nur Amt und Charisma zusammen, sondern auch Petrus und Paulus. Obwohl die beiden Apostel Schwierigkeiten miteinander hatten, haben sie konsequent an der Einheit festgehalten. Im Martyrium wurde diese Einheit besiegelt. Noch im zweiten Jahrhundert hat sich die römische Kirche immer auf Petrus und Paulus berufen. Gemäß Irenäus von Lyon (um 135 – 200) haben Petrus und Paulus die Gemeinde in Rom gegründet. Später erfolgte eine einseitige Verlagerung auf Petrus. Es ist an der Zeit, die vor allem durch die reformatorischen Kirchen aufgegriffenen Anliegen des Paulus im ökumenischen Sinn aufzugreifen und verstärkt zur Bereicherung der einen Kirche beizutragen.

Petrus und Paulus – nicht nur eins bei der Gründung der Gemeinde und im Martyrium in Rom: In der Urkirche war man überzeugt: *Ubi Petrus et Paulus, ibi ecclesia.* Wo Petrus und Paulus sind, da ist die Kirche. **(7)**

fn.

1. Cicero: Pro Rabirio perduellionis reo 16 (Teubner, S. 63).
2. Wertvolle Hinweise gibt Joachim Gnilka: Petrus und Rom. Das Petrusbild in den ersten zwei Jahrhunderten. Freiburg u. a. 2002, bes. S. 31-76; Simon der Jünger Jesu.
3. Seit dem Annuario Pontificio 2006 fehlt der Titel ›Patriarch des Abendlandes‹. Papst Benedikt XVI. hat auf diesen Titel verzichtet, was aber seine Lehr- und Jurisdiktionsgewalt nicht schmälern sollte.
4. Davon erzählt das ›Martyrium des hl. Apostels Petrus‹ (sog. Ps.-Linus), Kap. 6 (Ende 2. Jh.). Es ist bequem zugänglich in Klaus Berger (Hg.): Das Neue Testament und frühchristliche Schriften. Frankfurt a. M. u. a. 1999, S. 1267-1286, hier: S. 1276 f. Buch und Film (vgl. S. 27) beziehen sich auf diese legendarische Begebenheit.
5. Friedrich Schiller: Wallenstein. Ein dramatisches Gedicht. Theil 2: Wallensteins Tod, 2. Aufzug. Tübingen 1800.
6. Papst Johannes Paul II.: Angelusgebet am 31. Oktober 1999.
7. Vgl. hierzu Ambrosius: Explanatio psalmorum XII, Ps. 40, cap. 30 (CSEL 64, S. 250) sowie Tertullian: De praescriptione haereticorum 36 (CCSL 1, S. 216).

ABBILDUNG 19

Deckendekoration der Kammer 3 *(Cripta dei Santi)* in der Katakombe SS. Marcellino e Pietro, spätes 4. Jh. (Wilpert, Taf. 252)

Die Darstellung zeigt Christus zwischen den Aposteln Paulus und Petrus *(oben)* sowie *(darunter)* das Christus-Lamm zwischen vier Katakomben-Heiligen mit Palmzweigen (vgl. Offb 7,9).

ABBILDUNG 20

Apostel Paulus, Phantombild des LKA Nordrhein-Westfalen, 2008.

ABBILDUNG 21

Christus; Ausschnitt aus der Deckendekoration der Kammer 3 *(Cripta dei Santi)* in der Katakombe SS. Marcellino e Pietro, spätes 4. Jh. (Wilpert, Taf. 253).

Der Mutter guter Rat: »Was er euch sagt, das tut!«

Was passiert denn hier? Schalom Ben-Chorin (1913 – 1999), jüdischen Glaubens, aber ein ausgewiesener Freund des Christentums, ist entsetzt: Der junge, anscheinend ziemlich gereizte Rabbi beleidigt seine leibliche Mutter aufs Schwerste. Unvorstellbar …

Ob Gläser klingen oder klirren, das ist ein wesentlicher Unterschied: Wenn Gläser klingen, denken wir an fröhliche Feste, ans ›Prosit der Gemütlichkeit‹. Wenn Gläser klirren, erinnern wir uns an Scherben. Doch auch das muss nicht unbedingt ein Unglück sein: Scherben bringen Glück, sagen wir, und damit sind wir mitten im Polterabend oder in einer jüdischen Hochzeit. Dort ist es Brauch, dass der Bräutigam ein Glas oder einen wertvollen Gegenstand mit seinen Füßen zertritt und damit unbrauchbar macht. Die ganze Hochzeitsgesellschaft ruft: »*Mazal tov!*« Das heißt: Einen guten Stern! Oder übertragen: Viel Glück!

Diese symbolische Handlung bedeutet: Selbst am Tag der größten Freude, bei der Hochzeit, darf man den schlimmsten Tag nicht vergessen: für das Volk Israel die Zerstörung des Jerusalemer Tempels. Auf das frisch vermählte Ehepaar übertragen: Die Hochzeit bewährt sich erst in den Tiefpunkten des Lebens. Im Jiddischen sagt man nicht *mazal tov*, sondern: *masel tov*. Wir wünschen euch viel Massel!

Wie anders fühlt sich die Situation in Kana an? Den Neuvermählten war die Hochzeit gehörig vermasselt. Sie saßen im Schlamassel: Denn der Wein war ausgegangen. Warum fühlt sich Maria dafür verantwortlich? Litt die Gottesmutter an einem unheilbaren Helfersyndrom? Ein erneuter Blick auf die jüdischen Hochzeitsbräuche mag die Intervention Marias erklären: Die Gäste waren nicht nur eingeladen zum Mitfeiern, die einzelnen Familien hatten auch Pflichten: entweder Geschenke mitzubringen oder sich um Essen und Trinken zu kümmern. Wenn Maria auf den knappen Wein hinweist, dann dürfen wir darauf schließen, dass die Familie um Jesus sich verpflichtet hatte, für ausreichend Wein zu sorgen. Doch sie hatte sich verschätzt. Auf Kosten der Eheleute: Sie hatten kein Massel. Im Gegenteil: Die ganze Gesellschaft saß im Schlamassel. Der Wein ging zur Neige.

Situationen, in denen uns gleichsam der Wein ausgeht und wir nichts mehr bieten können, sind uns nicht unbekannt.

Wenn die Ehefrau oder der Ehemann auf einmal merken, dass ihnen die Liebe ausgeht: Sie reiben sich nur noch aneinander, finden kein gutes Wort mehr füreinander und ärgern sich über die Macken des anderen: Sie haben sich »leer geliebt«. Dem Vater, der Mutter geht die Geduld aus mit ihren Kindern: Sie sind müde und möchten endlich ihre verdiente Ruhe. Nach einem anstrengenden Arbeitstag geht ihnen die Luft aus. Bei manchen nimmt das dramatische Formen an: Sie sind nicht nur »zerlebt«, sie fühlen sich ausgebrannt. Selbst Kindern und Jugendlichen sind solche Erfahrungen nicht fremd: Ihre Terminkalender sind oft prall gefüllt. Von früh bis spät sind sie auf Achse. Sie wollen etwas erleben. Die einen tappen in die Falle von Drogen und Süchten, andere schlagen ihre Zeit nur tot. Im Nachhinein stellen sie fest: Ich habe mich »verlebt«.

Schauen wir auch auf die älteren Menschen: Sie verlieren an Kraft und können nicht mehr mithalten. Nerven und Kräfte sind aufgezehrt. Wir könnten so fortfahren. Denn jeder stößt einmal an seine Grenzen. Dass wir ausgepumpt sind und erschöpft, verbraucht wie die Weinvorräte – daran kommt keiner vorbei. Die Energie fehlt uns, die Freude und der Mut. Leer sind wir – wie die Weinkrüge von Kana.

Was können wir in solcher Lage tun? Bisweilen braucht es nur ein falsches Wort, eine falsche Bewegung, eine unvorsichtige Bemerkung, dann gehen wir hoch oder brechen zusammen. Oder wir geben auf, stecken den Kopf in den Sand – reicher um die Einsicht, dass das Leben halt so ist, dass einem nichts, aber auch gar nichts geschenkt wird. Oder wir versuchen es mit einer ganz anderen Methode: Wir reißen uns am Riemen, erdulden alles und merken, dass wir doch wieder auf der Nase landen. Was auf der Strecke bleibt: die tiefe innere Freude, die mehr ist als *keep smiling*, wo alles zum Heulen ist. Es geht um eine Freude, die ausstrahlt. Diese Freude kann man nicht produzieren.

Das ›Zeichen‹ der Hochzeit zu Kana führt uns hier auf eine bemerkenswerte Fährte. Maria soll uns dabei als ›Pfadfinderin‹ dienen. Sprechen wir ihr die Worte nach, die sie an Jesus richtet: »Sie haben keinen Wein mehr« (Joh 2,3). – »Herr, erschöpft und müde sind wir, unten sitzen wir im Loch. Die Liebe ist mir ausgegangen, die Geduld, das Verständnis. Ich bin mit meiner Kraft am Ende.«

So hat es Maria ausgesprochen. Jetzt dürfen wir aber nicht erwarten, dass damit alles gelöst ist. Maria bekommt eine schroffe Zurückweisung. Seiner eigenen Mutter fährt Jesus über den Mund: »Was willst du von mir, Frau?« (Joh 2,4) – Jesus ist kein Wunderdoktor, den man in der Not bestellt. Er ist kein Lückenbüßer, der unsere Versäumnisse und Fehlentscheidungen einfach überspielt. Mit ihm beginnt kein sorgloses Leben. Er nimmt die Lasten nicht ab, aber er hilft sie tragen. Wenn unsere Möglichkeiten ausgeschöpft sind, dann »kommt seine Stunde«. Wieder taucht Maria auf: »Was er euch sagt, das tut!«(Joh 2,5).

In der Situation der Erschöpfung, wenn wir nichts mehr haben, woraus wir schöpfen können, da gibt er uns sein Wort: »Füllt die Krüge mit Wasser!« (Joh 2,7) – Schon dieses Wort zu hören, schafft Hoffnung: »Füllt die Krüge mit Wasser!« – Ich stelle mir vor, die steinernen Krüge von Kana sind die Krüge Gottes, seine für uns Menschen offene Liebe. »Füllt die Krüge mit Wasser!«, das ist die Einladung an mich, mein Wasser hineinzufüllen.

Von diesem Wasser haben wir alle genug. Denn wir alle kochen doch nur mit Wasser: mit dem Wasser unserer süchtigen Liebe, die oft so brüchig ist; mit dem Wasser unserer Geduld, die oft reißt wie ein hauchdünner Faden; mit dem Wasser unseres Verstehens, dem es oft an Anteilnahme fehlt. »Schüttet alles hinein, wirklich alles!«: Euer gebrechliches Versuchen und Mühen, euer Misslingen und euer enttäuschtes Herz! Alles könnt Ihr hineingießen in die Krüge seiner Liebe – vor ihm betend, bekennend, klagend, weinend es aussprechen oder nur stumm hinhalten.

»Und sie füllten sie bis zum Rand« (Joh 2,7). Was käme da in Bewegung, wenn wir es machten wie die Diener von Kana und wirklich anfingen, die Krüge zu füllen mit unserem Wasser! Was könnten wir da alles wegschütten, – wie viel Lustlosigkeit und Halbheit, wie viel Engherzigkeit und Erstarrung! Das wäre doch eine wirkliche Hoch-Zeit, wenn wir im Vertrauen auf Gottes Wort unsere wässrigen Ungenießbarkeiten wandeln ließen, um dann ganz Neues daraus zu schöpfen: den Wein seiner Freude. Und die Menge in Kana war beachtlich: Es waren etwa 600 Liter. Der Bibeltheologe und Kirchenlehrer Hieronymus wurde einmal gefragt: Haben eigentlich die Hochzeitsgäste 600 Liter Wein getrunken? Nein, erwiderte Hieronymus, wir trinken noch heute davon.

Es stimmt: Noch heute trinken wir davon. Wenn es auch oft unspektakulär und leise geschieht, die Wandlung von Kana ereignet sich Tag für Tag. Menschen, die am Ende waren, stehen wieder auf. Liebe, die erloschen ist, fängt wieder zu brennen an. Unverständnis entdeckt den anderen neu. Alte lernen damit leben, dass ihre Schritte und ihr Einfluss kleiner werden. Überall dort, wo wir unsere Krüge mit dem Wasser unseres Lebens füllen und sie von ihm segnen lassen, da wandelt sich etwas.

Das erste Zeichen, das Jesus in Kana wirkte, war mehr, als dass er dem Brautpaar aus dem Schlamassel hilft. Bitten wir den Herrn darum, dass er bei der Eucharistie Brot und Wein wandle; bitten wir ihn, dass er unser Leben wandle. Und bitten wir ihn auch darum, dass Kana nicht nur in Galiläa liegt, sondern bei uns geschieht –hier und jetzt!

ABBILDUNG 22

Hochzeit zu Kana, Katakombe SS. Marcellino e Pietro (Wilpert, Taf. 57).

Übrigens: Schalom Ben-Chorins Unmut über Jesu Verhalten seiner Mutter gegenüber (vgl. Schalom Ben-Chorin: Mutter Mirjam. Gütersloh 2006, S. 84 f.) teilten selbst die Kirchenväter (vgl. Augustinus: In Iohannis Evangelium Tract. 8 [CCL 36, S. 87]). Wirklich schleudert Jesus seiner Mutter eine Redewendung des *Koine-Griechischen* ins Gesicht (griech.: *tí emoì kai soí*; wörtl.: Was [habe] ich mit dir; dt.: Bleib mir bloß vom Hals: Joh 2,4), die sonst nur im Zusammenhang mit Dämonen Verwendung findet (vgl. Mk 1,24 u. ö.).

Warum? Das Johannes-Evangelium legt häufig größten Wert darauf, Jesus souverän entscheiden zu lassen; gegen ›Berufungsbeschleunigungen‹ setzt sich Jesus gerne zur Wehr (vgl. Joh 7,3 f.)!

> JESUS NIMMT DIE LASTEN NICHT AB, ABER ER HILFT, SIE ZU TRAGEN.

Wer solche Verwandte hat …

Hier fürchtet sich jemand. Oder besser: Hier fürchtet jemand für einen anderen, – den eigenen Sohn, den eigenen Bruder.

Dreht da einer durch? Muss man ihn erden?

Das Unverständnis Jesus gegenüber reicht jedenfalls bis in die Kernfamilie.

Und der ›Vater‹ – zumindest der irdische – scheint bereits zu fehlen …

Es gibt Texte der Heiligen Schrift, die sind nicht zu fassen. Das gilt nicht nur für heute, sondern auch für die Verwandten Jesu damals: »Er ist von Sinnen!« (Mk 3,21). Da kommen selbst die Angehörigen nicht mehr mit. Der Mann aus Nazaret *ver-rückt* die Maßstäbe so sehr, dass man ihn für verrückt erklärt.

Doch damit nicht genug! Es folgt ein weiterer ›Hammer‹: Da scheint sich eine große Koalition aus Schriftgelehrten und Jesu Angehörigen anzubahnen. Denn darin sind die beiden Gruppen sich einig: Jesus bricht den Frieden, er wirft ein schlechtes Licht auf seine Familie, er verführt das Volk durch Zauberei und unlautere Mittel. Besessenheit und Teufelspakt werden ebenfalls im offenen Angriff der Schriftgelehrten als Vorwürfe erhoben. Gegen diese Verblendung hat Jesus anzukämpfen, mit ihr muss er sich auseinandersetzen. Jesus nimmt den Kampf auf. Der angeblich Besessene lässt sich auf den Widerstreit ein, indem er die von Krankheit und Dämonen Besessenen befreit. Mit den heilsamen Begegnungen, die in Heilungswundern gipfeln können, weist Jesus sich als der Stärkere aus. Das Reich Gottes ist im Kommen, die Endzeit bricht an.

In den österlichen Wochen haben wir dieses ›Duell‹ besungen und gefeiert, das sich zuspitzt am Kreuz, im Zweikampf zwischen Tod und Leben. Das »Kreuzige ihn!« muss schließlich dem Halleluja weichen. Der Tod hat keine Macht mehr über Jesus Christus, der Weg, Wahrheit und Leben ist.

Auch wenn die Großmacht des Bösen und des Todes unterlegen ist, heißt das noch lange nicht, dass wir in paradiesischen Zuständen leben. Wir müssen uns als Christen in einer Welt zurechtfinden, in der die Macht des Bösen, des Dämonischen sich noch immer zu behaupten versucht. Es sind Kräfte am Werk, die das Reich Gottes zurückdrängen wollen. Diese Mächte dürfen und müssen wir beim Namen nennen. Wir dürfen sie nicht verharmlosen. Genauso wenig sollten wir uns so auf sie konzentrieren, dass wir den guten Gott aus dem Auge verlieren. Evangelium ist in erster Linie Frohbotschaft, keine Drohbotschaft!

Wie können wir das Böse, ja den Bösen zurückdrängen, um Jesus Christus und seine Frohe Botschaft stärker zur Geltung zu bringen? Jesus gibt die Antwort mit: »Wer den Willen Gottes tut, der ist für mich Bruder, Schwester und Mutter« (Mk 3,35).

Das heißt: Das Beziehungsnetz, das Jesus knüpft, geht über Blutsverwandtschaft und Vitamin B weit hinaus. Mit seinen harten und klärenden Worten, die unserem Harmoniebedürfnis überhaupt nicht entgegenkommen, fällt er – menschlich gesehen – aus der Rolle. Er fällt aus der Rolle, die ihm seine Familie und Freunde, die Leute seines Heimatortes gegeben haben. Er sollte die Rolle des freundlichen, netten und rhetorisch ansprechenden Zimmermannssohnes spielen; die Rolle hätte vielleicht so funktionieren sollen, dass er das Geschäft seines

Vaters weitergeführt hätte. Aber dazu war Jesus nicht auf dieser Welt. Jesus hatte eine andere Rolle, einen Part, der ihm ›von oben‹, von seinem himmlischen Vater zugewiesen war. Die menschliche Mutter Maria war schon lange vorgewarnt: »Ein Schwert wird durch deine Seele dringen« (vgl. Lk 2,35). Nun wird diese Prophezeiung zum Ernstfall: Jesus grenzt sich ab. Er vollzieht einen Seitenwechsel. Er setzt nicht auf die etablierte Verwandtschaft, sondern auf eine neue Gemeinschaft, auf die, »die im Kreis um ihn herumsaßen: Das hier sind meine Mutter und meine Brüder« (Mk 3,34).

Die Worte, die Jesus unmittelbar nach dem Osterfestkreis an uns richtet, sind sperrig. Sie stoßen auf, sind vielleicht sogar anstößig. Aber das ist gut so. Denn sie entlassen uns in den Alltag des Kirchenjahres mit der Frage, die sich immer wieder neu stellt: »Für wen haltet ihr mich?« – So wenig die Zugehörigkeit zum Volk Israel eine Heilsgewissheit gab, so wenig dürfen auch wir von unseren Taufscheinen her uns der Einbindung in die neue Familie Jesu sicher sein. Papier ist bekanntlich geduldig, und der Herr kann ungeduldig werden, wenn wir uns nicht entscheiden, wenn wir nicht aus der Kraft des Heiligen Geistes für die Frohbotschaft brennen. Und übrigens: Auch der böse Feind lacht sich ins Fäustchen, wenn wir uns in der Kirche immer mehr streiten und spalten! Ernste Worte also, die heute auf der ›Speisekarte‹ des Evangeliums stehen. Aber es muss ja nicht immer Kaviar sein!

ABBILDUNG 23
Familienszene (Ausschnitt), Priscilla-Katakombe, Ende 3. Jh. (Wilpert, Taf. 79).

ABBILDUNG 24
Lucas Cranach d. Ä.: Heilige Sippe. Sog. ›Torgauer Altar‹, 1509, Städelsches Kunstinstitut Frankfurt a. M.

WUSSTEN SIE ...

... dass diese unscheinbare Erzählung weitreichende Rückschlüsse zulässt?

Sollte sich hier ein ganz anderer Konflikt verbergen? Schließlich hatte sich die irdische Familie Jesu unter dem Eindruck der Osterereignisse zu Jesus, dem Christus, bekannt: Die Mutter und weitere Verwandte standen beim Kreuz, der ›Herrenbruder‹ Jakobus – von Paulus unter den Erstzeugen der Auferstehung genannt (1 Kor 15,7) – avancierte gar zum ersten Leiter der Jerusalemer Urgemeinde. Weitere Verwandte Jesu folgten ihm in dieser Funktion!

Es besteht Grund zu der Annahme, dass Jesu zentraler Ausspruch (»Wer den Willen Gottes tut, der ist für mich Bruder und Schwester und Mutter«, Mk 3,35) eventuellen Absichten seiner irdischen Familie entgegengehalten wird: Jesu Sache soll gerade nicht (etwa im Blick auf genealogisch legitimierte Priesterdynastien des Stammes Levi) als quasi christliches ›Kalifat‹ fortgeführt werden. Die *Familia Dei* zählt, nicht die *Familia hominis*! (Vgl. etwa Hans von Campenhausen: Die Nachfolge des Jakobus. Zur Frage eines urchristlichen Kalifats. In: Ders.: Aus der Frühzeit des Christentums. Tübingen 1963, S. 134-151)

... dass diese unscheinbare Erzählung genealogische Spekulationen auslöste?

Das ganze Mittelalter hindurch beschäftigte man sich intensiv mit der Plausibilisierung biblischer Angaben zur Verwandtschaft Jesu. Die entsprechende Diskussion firmiert unter dem Thema ›Die heilige Sippe‹.

Das unten stehende Gemälde von Lucas Cranach d. Ä. (1509) repräsentiert den gängigen Typus. Es zeigt:

Mitteltafel: Maria; links daneben: Josef; rechts daneben: Anna mit dem Jesus-Knaben; darüber: Annas drei Männer; davor: zwei sog. ›Brüder Jesu‹ (Kinder der Maria Kleophas).
Linker Altarflügel: Maria Kleophas, eine Halbschwester Marias, mit Ehemann Alphäus und Kindern.
Rechter Altarflügel: Maria Salome, eine weitere Halbschwester Marias, mit ihrem Ehemann Zebedäus und deren zwei Kindern, nämlich Johannes der Evangelist und Jakobus der Ältere.

Es versteht sich, dass diese Überlegungen aller Wahrscheinlichkeit nach jedes historischen Grundes entbehren.

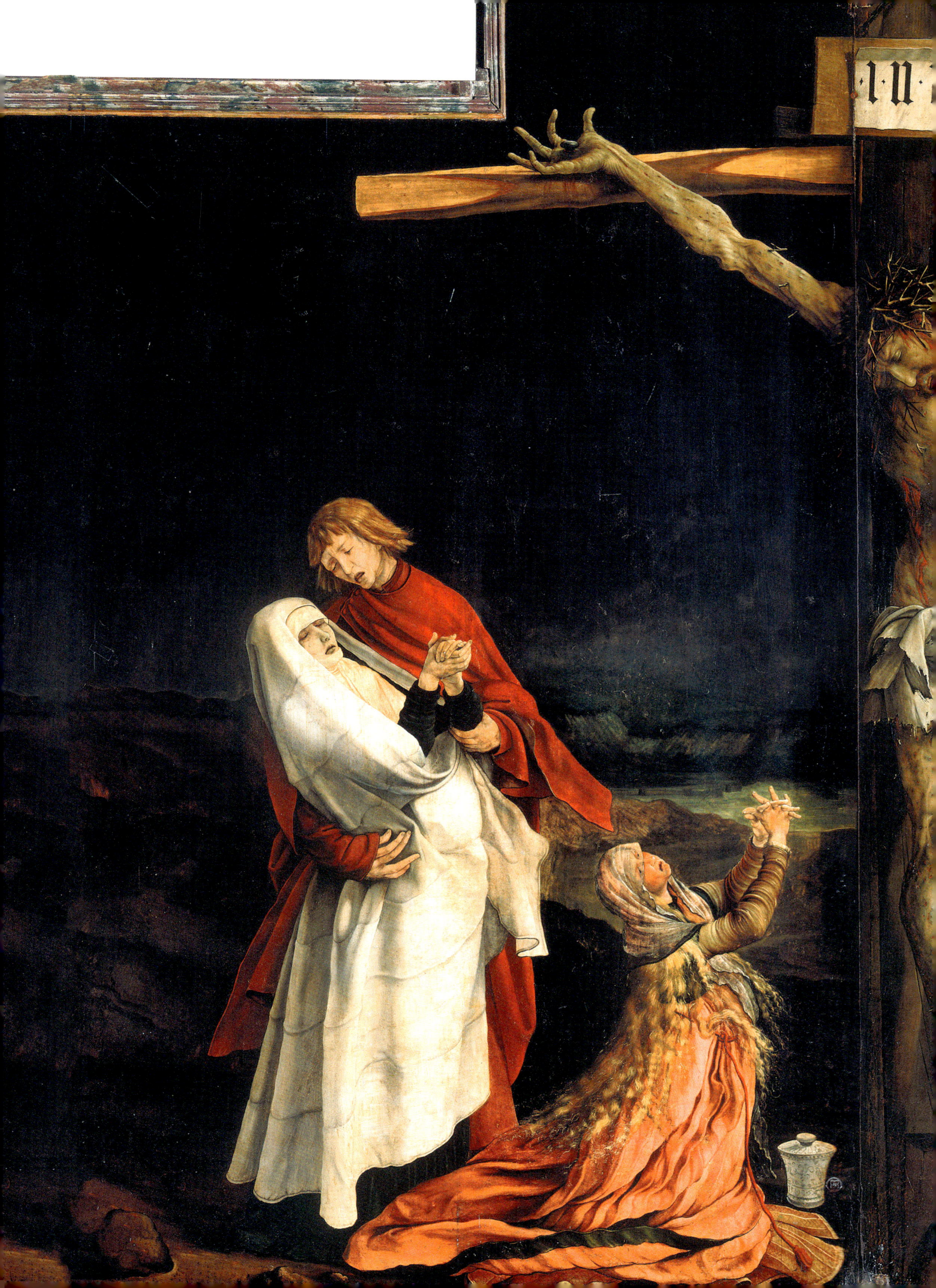

Frauen unterm Kreuz

Das konnte gefährlich werden. Wann hätten misstrauische Machthaber nicht Ausschau gehalten nach Komplizen und Sympathisanten politisch Verurteilter und Hingerichteter? Die Männer, ungleich gefährdeter, verdrückten sich. Nur einer blieb ... und die Frauen!

Eine Frau liegt im Krankenhaus. Nach einer schweren Operation entdeckt sie über ihrem Bett ein Kreuz. Sie will danach greifen. Aber es gelingt ihr nicht. Sie ist zu schwach. Nach wiederholten Versuchen hält sie es schließlich in der Hand. Es entgleitet ihr aber, das Kreuz fällt zu Boden und zerbricht. Die Frau schreit auf. Eine Krankenschwester kommt. Sie sieht, was passiert ist, und sagt: »Beunruhigen Sie sich nicht! Das ist nicht so schlimm. Wir haben mehr davon.«

Was ist das Kreuz? Ein religiöser Gebrauchsartikel, den wir auf Lager haben und nach Bedarf aus der Schublade holen? Ein Schmuckstück für die Dekoration der Wohnung oder das Dekolleté der Brust? Oder ein Gegenstand, nach dem wir greifen und an dem wir uns festklammern?

Das Kreuz ist keine religiöse Erfindung, keine fixe Idee, auf die Jesus gekommen ist, um auf spektakuläre Weise sein Leben zu beschließen. Das Kreuz ist ein Stück unserer Existenz. Seit es für Jesus auf Golgota eingerammt wurde, steht es mitten im Leben als Realität. Zeiten unter dem Kreuz sind weder romantisch noch erbaulich. Die Wirklichkeit einer Kreuzigung war so grausam, dass man lieber weiterging, anstatt stehen zu bleiben, dass man lieber wegschaute, als zuzusehen. Unter dem Kreuz stehen war schon immer schwer. Heute ist es nicht leichter geworden. Ich erinnere an den ersten Kruzifixstreit 1995, als die Gemüter von der Frage erhitzt wurden, ob es unseren Schülern zuzumuten sei, unter dem Kreuz zu lernen. Gerade in der Fastenzeit mutet die Kirche uns den Blick auf das Kreuz bewusst zu, um noch tiefer zu erfassen, was mit Menschen unter dem Kreuz geschieht.

Wenn wir im Johannes-Evangelium blättern, dann treffen wir auf zwei Gruppen von Menschen, die sich beim Kreuz aufhalten: Es sind zwei Vierergruppen (vgl. Joh 19,16b-30). Da sind zunächst die vier Soldaten, die vom Recht her die Kleider des Gekreuzigten beanspruchen dürfen (vgl. Joh 19,23). Die Soldaten nehmen sich ihren Teil und gehen dabei erstaunlich gerecht und klug vor. Die Gewänder werden durch vier geteilt, und das Problem um den nahtlosen Leibrock wird gelöst durch ein Würfelspiel. Die Soldaten nehmen sich ihren gerechten Teil, mehr ist vom Gekreuzigten nicht zu holen! Er war ja nicht betucht. Wir würden sagen: arm wie eine Kirchenmaus. Hinter diesem mehr äußeren Geschehen steckt ein tiefer symbolischer Sinn: Die vier Soldaten sind ein Bild dafür, dass die Botschaft vom Kreuz in alle vier Himmelsrichtungen getragen wird, übrigens durch römische Soldaten, nicht durch das auserwählte Volk der Juden, sondern durch die Besatzungsmacht der Heiden. Noch eine weitere Antwort hat die Kleiderfrage parat: Es geht um das Untergewand, das »ohne

Naht von oben ganz durchgewoben« war. (Joh 19,23) Wer die jüdische Tradition etwas kennt, hört hier genauer hin: Einen ungenähten Rock soll schon Adam getragen haben, und später Mose. Auch der Hohepriester trägt ein Kleid aus einem Stück. Dahinter steckt eine Botschaft: Jesus ist der wahre Hohepriester. Er ist der neue Adam, der wahre Mensch. Und er ist der neue Mose, der das Volk befreit und hinausführt in die Weite des Gelobten Landes. Das Kleid ist von oben durchgewebt. Das heißt: In Jesus Christus wird die ganze Welt von oben her neu durchwebt, durchdrungen, verwandelt und geheilt. Der Leibrock bleibt ganz, er wird nicht zerschnitten, während ein anderes Tuch, der Vorhang des Tempels, mitten auseinanderreißt (vgl. Lk 23,45).

Nun zur zweiten Vierergruppe: Von den Personen wird zunächst nur gesagt, dass sie stehen. Die stehen, sind vier Frauen: Maria, die Mutter Jesu, und deren Schwester; Maria, die Frau des Klopas, und Maria von Magdala (vgl. Joh 19,25). Während sich die Männer verflüchtigt haben, stehen die vier Frauen da wie eine Eins. Wenn sie sich unter das Kreuz stellen, wollen sie sagen: Wir stehen zum Gekreuzigten. Die Frauen sind bei der Wahrheit geblieben. Sie haben die Wahrheit weder verleugnet wie Petrus noch verraten wie Judas. Sie haben sich der Wahrheit gestellt, bis zum Tod.

Stehen bleiben, wenn alles geht, ist eine große Tugend. Das wissen Menschen, die in einer Freundschaft herb enttäuscht und in der Liebe betrogen wurden. Wenn alles zum Davonlaufen ist, trotzdem bleiben: alle Achtung! Stehen bleiben, wenn nichts mehr zu machen ist, das ist stark. Es gibt Menschen, die beistehen, wenn jemand am Ende ist und nicht mehr kann. Es gibt Menschen, die zueinanderstehen, auch wenn dies schier unerträgliche Opfer mit sich bringt. Wird nicht gerade dadurch eine Liebe reif und tief, wenn sie durch Krise und Krankheit gegangen ist?

Bei der Priesterweihe wird dem Kandidaten das Wort gesagt: Stelle dein Leben unter das Geheimnis des Kreuzes! Damit wird dem Neupriester sein Standort zugewiesen. Sakramentale Platzanweisung: Du stehst unter dem Kreuz. Über den Priester dürfen wir den Kreis weiterziehen: Es ist bewundernswert, wie viele Ordensschwestern den Frauen unter dem Kreuz nahe sind. Wie damals auf Golgota, so stehen sie auf den Kalvarienbergen unter den Kreuzen der Menschen: Da ist das Kreuz des Alters, der Krankheit und des Sterbens. Sie stellen sich unter dieses Kreuz und helfen anderen, es zu tragen.

Da ist das Kreuz der Gemeinschaft, die manchmal belastend sein kann. Es gäbe manchen Grund zu gehen, aber sie bleiben und stellen ihr Leben unter das Geheimnis dieses Kreuzes.

Da ist das Kreuz einer Aufgabe, die sich jemand nicht selbst ausgesucht hat. Ich stelle mich diesem Kreuz und nehme seine Ecken und Kanten, seine Spitzen und sein Gewicht an.

Unter dem Kreuz entsteht Gemeinschaft. Die Erfahrung, geblieben zu sein, das Elend ausgehalten zu haben, dem schwierigen Menschen nicht ausgewichen zu sein, das alles stiftet Zusammengehörigkeit. Man braucht so etwas nicht zu zerreden oder auszudiskutieren. Man spürt es einfach.

Zwei Menschen haben es hautnah erlebt: Maria und der Jünger, den Jesus liebte. Sie sind beim Gekreuzigten geblieben, und der Blick seiner Liebe kreuzte sie (vgl. Joh 19,26-27). Wie immer wir dieses Zueinander, das aus dem gegenseitigen Anvertrauen erwächst, auch deuten mögen, unter dem Kreuz schlägt die Stunde Jesu, seine Stunde, die die Stunde der Kirche ist. Maria adoptiert den Jünger, und der Jünger bekommt eine neue Mutter.

Maria erscheint im Johannes-Evangelium nur zweimal: Bei der Hochzeit zu Kana stößt sie die Wandlung an von Wasser zu Wein (vgl. Joh 2,1-12), unter dem Kreuz bekommt diese Wandlung ihre letzte Tiefe: Selbst der Tod wird verwandelt ins Leben. In Kana war Maria für Jesus eine Art Pforte, um in die Welt einzutreten. Unter dem Kreuz ist Maria die Pforte, durch die er in die Herrlichkeit des Vaters eingeht. Deshalb kann er sagen: »Es ist vollbracht« (Joh 19,30).

In der Kapelle der Burg Xavier (Navarra / Spanien) hängt ein Kreuz aus dem 12. Jahrhundert. Obwohl Jesus leidet, lächelt er. Lassen wir uns von dem lächelnden Jesus anziehen, wenn wir in der Fastenzeit und am Karfreitag das Kreuz verehren. Bleiben wir ›kreuz-fidel‹, das heißt: dem Kreuze treu! Schauen wir auf den lächelnden Gekreuzigten und lassen wir uns von ihm verwandeln: Herr Jesus Christus, in deinem Antlitz will ich mich verlieren. Nimm mich hinein in dein Erlöst-Sein und lass mich immer wieder erkennen und spüren, dass mein Kreuz an Bedeutung verliert, wenn ich unter deinem liebenden Blick stehe. Hilf mir, dass ich trotz mancher Schwierigkeiten in meinem Leben noch lächeln kann, weil ich weiß, dass du in mir lächelst. Lass mich die Menschen sehen, wie du sie siehst, damit an meinem Leben sichtbar wird, was es heißt, mit Gott versöhnt, erlöst und im Glauben an die Auferstehung zu leben. Amen.

4 FRAUEN

... STEHEN BEIM KREUZ JESU – UND DER JÜNGER, DEN JESUS LIEBTE. SO SCHILDERT ES DAS JOHANNES-EVANGELIUM.

Auch viele Frauen waren dort (Mt 27,54-56)

Jesus aber schrie noch einmal mit lauter Stimme. Dann hauchte er den Geist aus. Und siehe, der Vorhang riss im Tempel von oben bis unten entzwei. Die Erde bebte und die Felsen spalteten sich. Die Gräber öffneten sich und die Leiber vieler Heiligen, die entschlafen waren, wurden auferweckt. Nach der Auferstehung Jesu verließen sie ihre Gräber, kamen in die Heilige Stadt und erschienen vielen. Als der Hauptmann und die Männer, die mit ihm zusammen Jesus bewachten, das Erdbeben bemerkten und sahen, was geschah, erschraken sie sehr und sagten: Wahrhaftig, Gottes Sohn war dieser! Auch viele Frauen waren dort und sahen von Weitem zu; sie waren Jesus von Galiläa aus nachgefolgt und hatten ihm gedient. Zu ihnen gehörten Maria aus Magdala, Maria, die Mutter des Jakobus und des Josef, und die Mutter der Söhne des Zebedäus.

Sie hatten ihm gedient (Mk 15,37-41)

Jesus aber schrie mit lauter Stimme. Dann hauchte er den Geist aus. Da riss der Vorhang im Tempel in zwei Teile von oben bis unten. Als der Hauptmann, der Jesus gegenüberstand, ihn auf diese Weise sterben sah, sagte er: Wahrhaftig, dieser Mensch war Gottes Sohn. Auch einige Frauen sahen von Weitem zu, darunter Maria aus Magdala, Maria, die Mutter von Jakobus dem Kleinen und Joses, sowie Salome; sie waren Jesus schon in Galiläa nachgefolgt und hatten ihm gedient. Noch viele andere Frauen waren dabei, die mit ihm nach Jerusalem hinaufgezogen waren.

Sie sahen es mit an (Lk 23,47-49)

Die Sonne verdunkelte sich. Der Vorhang im Tempel riss mitten entzwei. Und Jesus rief mit lauter Stimme: Vater, in deine Hände lege ich meinen Geist. Mit diesen Worten hauchte er den Geist aus. Als der Hauptmann sah, was geschehen war, pries er Gott und sagte: Wirklich, dieser Mensch war ein Gerechter. Und alle, die zu diesem Schauspiel herbeigeströmt waren und sahen, was sich ereignet hatte, schlugen sich an die Brust und gingen weg. Alle seine Bekannten aber standen in einiger Entfernung, auch die Frauen, die ihm von Galiläa aus nachgefolgt waren und die dies mit ansahen.

Bei dem Kreuz Jesu standen … (Joh 19,25-28)

Bei dem Kreuz Jesu standen seine Mutter und die Schwester seiner Mutter, Maria, die Frau des Klopas, und Maria von Magdala. Als Jesus die Mutter sah und bei ihr den Jünger, den er liebte, sagte er zur Mutter: Frau, siehe, dein Sohn! Dann sagte er zu dem Jünger: Siehe, deine Mutter! Und von jener Stunde an nahm sie der Jünger zu sich. Danach, da Jesus wusste, dass nun alles vollbracht war, sagte er, damit sich die Schrift erfüllte: Mich dürstet.

WUSSTEN SIE …

… dass die Kreuzigung jahrhundertelang kein Thema der christlichen Ikonographie war?

Christliche Ikonographie entwickelt sich ohnehin langsam. Das Bilderverbot des AT (Ex 20,1-6 u. a.) wurde zwar selbst in den jüdischen Katakomben nicht strikt beachtet, dennoch ließ man jüdischer- wie christlicherseits lange Jahrhunderte äußerste Vorsicht walten.

Überdies galt das Kreuz als *skándalon* (Ärgernis, Fallstrick). Um mit Paulus zu formulieren: den Juden ein Fallstrick, den Heiden eine Dummheit (vgl. 1 Kor 1,22 f.). Noch die Mosaiken des 5. und 6. Jh. in den Basiliken Ravennas vermeiden Darstellungen des Gekreuzigten, obwohl Konstantins legendärer Sieg an der *Milvischen Brücke* im Zeichen des Kreuzes gelang.

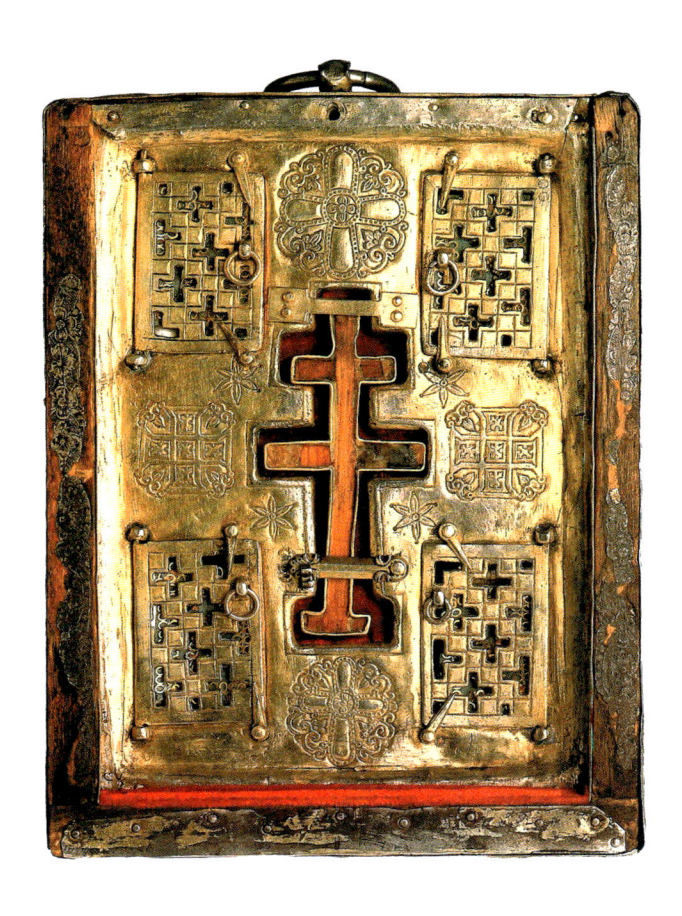

… dass Partikel des ›wahren Kreuzes‹ Jesu bis heute aufbewahrt werden?

Hartnäckig hält sich bis heute die Annahme, aus den weltweit verstreuten Splittern des Kreuzes Jesu Christi könne man die Arche Noach bauen.

Daran ist so viel richtig, dass nicht jeder einschlägig verehrte Splitter tatsächlich Echtheit beanspruchen kann. Jener Splitter, den die sog. *Staurothek* in der Heilig-Kreuz-Kirche, Donauwörth, bis heute zeigt *(Abbildung oben),* kann das mit großer Wahrscheinlichkeit. Er stammt vom byzantinischen Kaiserhof in Konstantinopel und wurde durch Graf Mangold von Werd schon um 1030 nach Donauwörth gestiftet. Graf Mangold hatte ihn (als Geschenk für diplomatische Verdienste?) erhalten.

Apostel Thomas: Patron der Zweifler

Mit den Menschen ist das so eine Sache. Manchmal heften sie ihresgleichen ein Etikett an, das zu tilgen schier unmöglich ist.

Dem Apostel Thomas ist es so ergangen. Sprichwörtlich beinahe die Redewendung vom ›ungläubigen Thomas‹.

Das Evangelium ist da ganz anderer Ansicht! Nirgendwo sonst im Neuen Testament findet sich ein Glaubensbekenntnis, das seines übertrifft:

»Mein Herr und mein Gott!« (Joh 20,28)

Das ist der wunde Punkt bei Thomas: Glauben möchte er, aber gleichzeitig sehen. Man hat oft gesagt, dieser Thomas sei eine Vorwegnahme des aufgeklärten Menschen der Neuzeit. Ob uns am Beispiel des Thomas wirklich nur die Kapitulation eines Skeptikers vorgeführt werden soll? Ich meine, es geht um viel mehr. Der feierliche Schlusssatz drückt das eigentliche Anliegen aus: »Selig sind, die nicht sehen und doch glauben.« (Joh 20,29) Damit setzt der Auferstandene seinem Denker Thomas ein ›Wundmal‹. Wen preist Jesus selig?

Den Schlüssel für eine Antwort liefert uns ein Blick in die Zeit, als Johannes sein Evangelium verfasste. Wir schreiben das Jahr 90 nach Christus, also etwa 60 Jahre nach Ostern. Das Christentum hatte sich schon weit ausgebreitet. Rund um das Mittelmeer gab es christliche Gemeinden mit Menschen, die das Osterevangelium kannten, aber den Auferstandenen nicht mehr persönlich erfahren hatten. Genau dies ist der wunde Punkt, der den Christen am Ende des 1. Jahrhunderts zu schaffen machte: Konnte das, was Jesus gelehrt und gelebt hatte, konnte der Glaube, den er seinen Jüngern eingepflanzt hatte, weitergehen auch bei Menschen, die Jesus nie mit eigenen Augen gesehen, nie mit eigenen Ohren gehört, nie mit eigenen Händen berührt hatten? Oder musste man damit rechnen, dass die ›Sache Jesu‹ nach zwei, drei Generationen abbröckeln würde, weil die Gleichgültigkeit und das Vergessen stärker waren als die Kraft des Anfangs?

Die Christen an der ersten Jahrhundertwende hatten also ein Problem. Und dieses Problem wird in der Gestalt des Thomas gleichsam verdichtet. Wir wissen, dass er in der entscheidenden Stunde nicht dabei ist, als die Kirche aus der Taufe gehoben wird. Er ist nicht dabei, als Jesus seinen Jünger *schalom*, den Frieden, zuspricht. Er ist nicht dabei, als der Auferstandene ihnen den Heiligen Geist schenkt und damit das österliche Sakrament der Vergebung, von dem wir leben, um neu anzufangen. Thomas steht für die Christen, die den Anfang, die Gnade der ersten Stunde, nicht mehr erlebt haben. Ist Thomas deshalb benachteiligt? Die Antwort des Johannes lautet: Nein. Er ist nicht benachteiligt. Denn er hat die Versammlung der Zeugen, die Woche für Woche zusammenkommt: eine Schatztruhe geistlicher Erfahrung, die Thomas geschenkt wird. Eigentlich hätte ihm das genügen müssen. Aber er ist damit nicht zufrieden. So geht die Geschichte weiter. Er bekommt tatsächlich die Gelegenheit, den Herrn persönlich zu sehen. Im Text heißt es: »Acht Tage darauf waren die Jünger wieder versammelt, und Thomas war dabei.«

Thomas hat keine Ich-AG gegründet, um in den Osterglauben hineinzuwachsen. Ostern hat sich ihm erschlossen in einer GmbH: in der apostolischen Gemeinschaft mit begründeter Hoffnung. Viele Ich-AGs

GESTALTEN DES NEUEN TESTAMENTS

müssen bald Bankrott anmelden, nicht nur in der Wirtschaft, auch im Glauben.

So weitet die Gestalt des Thomas unseren Blick auf das Problem unserer Zukunft. Es geht um die Weitergabe des Glaubens, um unsere Mission. »Selig, die nicht sehen und doch glauben« will sagen: »Selig sind die, die zwar nicht in der ersten Stunde mit dabei waren, die aber den Zeugen der Auferstehung Glauben schenken.«

Wo finde ich heute solche Zeugen? Wo finde ich Zeugen, die miteinander aus der Auferstehung Jesu Christi leben und sich in seinem Geist versammeln? Eine Kennkarte dafür ist die Gemeinde, wie sie die Apostelgeschichte beschreibt (vgl. Apg 2,43-47; 4,32-35). Die ihr angehören, sind verbunden wie die Glieder eines Leibes. Sie teilen das Brot miteinander und leben zusammen in Freude und Reinheit des Herzens. Sie sind ein Herz und eine Seele. Dieses Miteinander ist der stärkste Osterbeweis, den es geben kann. Und genau da kommen wir wieder zum ›Sehen‹ zurück. Gerade die Menschen von heute wollen etwas sehen von unserem Glauben. Sie wollen sehen, wo wir das auch leben, was wir lehren. Sie wollen sehen, wie es bestellt ist um das große Wort der Liebe, das wir als Christen so gern im Mund führen. Sie wollen sehen, ob wir glaubwürdig sind. Was sehen die Menschen bei uns?

Wir sind gut beraten, unsere Suche nach dem Glauben an Thomas zu orientieren: Thomas ist seinen Weg nicht allein gegangen. Er wollte es nicht ›solo‹ machen. So hat er seine Gemeinschaft nicht abgeschrieben, noch hat er sich innerlich von ihr distanziert, er hat auch keine ›Thomas-Ich-AG‹ gegründet, sondern Halt gesucht in der ›kirchlichen GmbH‹, der Gemeinschaft mit begründeter Hoffnung. Weil er seine Fragen und Zweifel in die Gemeinschaft gebracht hat und ihnen dort auf den Grund gegangen ist, hat sein Osterglaube einen Grund gefunden: den Grund, der in den Wunden liegt.

Ich wünsche auch uns den Mut, einander unsere Wunden zu zeigen, unsere offenen Flanken und Schwachstellen. Gerade an diesem Punkt gibt es für uns alle noch viel zu tun. Packen wir's an!

WUSSTEN SIE ...

... dass sich um Thomas seltsame Legenden ranken?

Eine geheimnisvolle Andeutung wahrscheinlich esoterischer Herkunft berichtet von der Existenz eines Mannes, der Jesus zum Verwechseln ähnlich sah, deswegen (scherzhaft?) als sein ›Zwillingsbruder‹ apostrophiert wurde – und identifiziert ihn mit dem Apostel Thomas, Mitglied des Zwölferkreises, aber wenigstens laut Johannes-Evangelium (Joh 11,16; 20,24; 21,2), mit dem griechischen Ruf- (oder Spitz-?) Namen *Didymos* (aram. *taumá; tomá;* lat. *geminus;* dt. Zwilling) versehen. Eben diesen sprichwörtlich ›ungläubigen‹, später angeblich als ›Missionar Indiens‹ wirkenden Thomas (Joh 20,26-29) erheben ihm zugeschriebene Schriften – darunter das apokryphe, aber altehrwürdige ›Thomas-Evangelium‹ (aus dem 1. Jh.) – zum ›Herrenbruder‹ Judas-Thomas: »Dies sind die Worte Jesu, des Lebendigen. Sie waren bis jetzt verborgen. Didymos Judas Thomas hat sie aufgeschrieben.« *(Klaus Berger [Hg.]: Thomas-Evangelium. In: Das Neue Testament und frühchristliche Schriften. Frankfurt a. M. 1999, S. 647)*

Im zweisprachigen Grenzland Galiläa (aramäische Muttersprache / griechische *Koine* als Verständigungssprache), bekanntlich Heimat der ›Herrenbrüder‹, wäre das denkbar; und Bestätigung fände es durch lateinische Quellen des Mittelalters, welche von den esoterisch-gnostischen Thomas-Traditionen unabhängig scheinen.

»Bei Pseudo-Isidor von Sevilla, *De vita et obidu utriusque testamenti sanctorum* [›Leben und Sterben der Heiligen beider Testamente‹], findet sich Kap. 75 die Bemerkung: Thomas Christi didymus nominatus est iuxta latinam linguam Christi geminus. Und das in mehreren mittelalterlichen Handschriften erhaltene *Breviarium apostolorum* [...] gibt zu dem Beinamen des Apostels Thomas Didymus die Erklärung: hoc est Christi similis [das ist der, der Christus zum Verwechseln ähnlich sah].« *(Josef Blinzler: Die Brüder und Schwestern Jesu. Stuttgart 1967, S. 32)*

Selbstverständlich bezweifelt die exegetische Forschung – wie könnte es bei einer Gestalt dieses Beinamens anders sein – besagte Andeutung mit sehr guten Gründen.

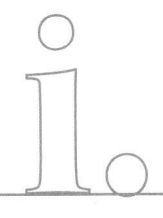

ABBILDUNG 25

Fresko aus der Unterkirche des Klosters *Hosios Lukas* (Griechenland) mit einer Szene zu Joh 20,24-29: Im Kreise der Apostel legt der ›ungläubige Thomas‹ seine Hand in die Seitenwunde des Auferstandenen; das Fresko entstand gegen Ende des 10. Jh.

Judas Iskariot: Gescheitert

Man tue dem Mann kein Unrecht! Wenn irgendeiner als unerwünschte Person gilt, dann er: Judas aus Kariot in Judäa. Freilich: Dass er ein geldgieriger Verräter war, sagt die Bibel nirgends ausdrücklich. Er übergab Jesus … mit Gottes Willen?

Begegnungen können zum Drama werden. Sie können ein Leben entscheidend prägen. Diese Erfahrung gilt für alle, die in den Dunstkreis des Herrn geraten. Eine besondere Note bekommt sie für Judas Iskariot, eine der rätselhaftesten Gestalten in der Heiligen Schrift. Was wäre aus ihm geworden, wäre er dem Mann aus Nazaret nie begegnet? Mit Sicherheit würden wir jetzt nicht über ihn sprechen. Er wäre einer der vielen Namenlosen der Geschichte, längst dem Vergessen anheimgefallen. So aber wird sein Name seit fast zweitausend Jahren immer wieder genannt. Sein Name hat keinen guten Klang, denn Judas Iskariot ist als Verräter in die Geschichte eingegangen.(1) Was aber hat es auf sich mit diesem Sohn des Simon aus Kariot? Was wissen wir eigentlich über ihn? Wie werden wir ihm gerecht? Was können und müssen wir für uns selber lernen, wenn wir auf ihn schauen?

Wer Judas Iskariot verstehen will, muss den in den Blick nehmen, für den mindestens zwölf Männer, aber natürlich sehr viel mehr Frauen und Männer viel, ja alles aufgegeben haben – darunter Judas Iskariot. Was war in ihm vorgegangen, als er zum ersten Mal Jesus aus Nazaret begegnete und seine Einladung zur Nachfolge hörte? Auch wenn uns das Seelenleben des Judas verschlossen bleibt, wissen wir, dass er sich mit den anderen auf den Weg machte und Jesus begleitete. Wie die anderen – und doch aus seiner ureigenen Perspektive – hat er Jesus beobachtet. Er hat erlebt, wie sein Meister mit den Menschen redete, wie er sich ihnen widmete und sich auf sie einließ. Er wurde Zeuge seines heilenden Wirkens. Judas durfte als Augen- und Ohrenzeuge miterleben, wie Menschen in der Begegnung mit Jesus eine Wandlung durchmachten, ja geradezu neue Menschen wurden. Das hat sicher alle sehr beeindruckt, auch Judas Iskariot.

Aber vielleicht blieben da noch Wünsche offen: Hatte Judas von dieser faszinierenden

26

Persönlichkeit etwas anderes erwartet? Träumte er davon, mit diesem Mann, der die Massen des Volkes anziehen, elektrisieren und in gewisser Weise sogar ›verzaubern‹ konnte, einen Aufstand gegen die römische Besatzungsmacht zu organisieren? Konnte er die entwaffnende Lauterkeit und die herausfordernde Ehrlichkeit des Mannes aus Nazaret neben sich nicht ertragen, weil sie ihm seine Schwäche, seine Anfälligkeit für materiellen Reichtum, deutlich machte? Wollte er andererseits Jesus verlocken, ja sogar zwingen, die politischen Verhältnisse zu ändern? Von außen unter Druck gesetzt, so mag Judas gedacht haben, müsste Jesus dann doch reagieren und endlich zeigen, was er aufzubieten hat, wenn es brenzlig wird: »mehr als zwölf Legionen Engel« (Mt 26,53).

Auch wenn wir in einem Dickicht von Fragen auf Vermutungen angewiesen sind, dürfte Eines doch sicher sein: Judas blieb der tiefste Sinn der Botschaft Jesu Christi verschlossen. Weil seine eigenen Vorstellungen vom Messias auf Dauer unvereinbar waren mit den Gedanken, die Jesus darlegte und lebte, ist wohl in ihm mehr und mehr der Entschluss gereift, ihn nicht nur zu verlassen, sondern auszuliefern.

Wir kennen den weiteren Verlauf. Judas wechselt die Seiten. Er bietet denen seine Kooperation an, die Jesus aus dem Verkehr ziehen wollen. Er verrät den, der ihn Freund nennt. Ein Kuss wird zum Erkennungssignal – das Zeichen der Liebe wird ins Gegenteil verkehrt (vgl. Mt 26,48-50).

Einen Menschen ausschließlich nach Berichten seiner Gegner zu beurteilen ist gefährlich. Aber dass Judas – wohl einer der intelligentesten Jünger in Jesu Gefolge, gleichsam der ›Finanzminister‹ der Jesus-Gruppe – zum Einfallstor für Jesu Feinde wurde, daran kommen wir nicht vorbei. Dreißig Schekel oder Silberstücke (vgl. Mt 26,15; Sach 11,12) waren exakt der Preis, der damals für einen erwachsenen männlichen Sklaven bezahlt werden musste. Der einstige Freund verkauft seinen Meister, der sich, wie Paulus der ersten Christengemeinde auf europäischem Boden im mazedonischen Philippi in Erinnerung ruft, zum Sklaven aller gemacht hatte (vgl. Phil 2,5-11, bes. 7).

Vielleicht hatte Judas wie viele Überläufer in der Geschichte die Hoffnung, dass mit dieser äußerst fragwürdigen Tat ein sozialer Aufstieg verbunden sei. Vielleicht redete er sich ein, dass der Wundertäter Jesus während des Prozesses seine Macht offenbaren und das Volk gegen die verhassten römischen Besatzer einen würde. Doch schon wenige Stunden später war klar: Keinem war daran gelegen, Jesus die Möglichkeit zu geben, seine Sendung öffentlich zu verteidigen, im Gegenteil, man wollte mit ihm kurzen Prozess machen. Als Judas das erkennt, »reute ihn seine Tat« (Mt 27,3). Er möchte das Geld zurückgeben, aber die Hohenpriester und die Ältesten nehmen es nicht an. Nach Judas' Selbstmord kaufen sie davon einen Acker »als Begräbnisplatz für die Fremden« (Mt 27,7), auf dem vermutlich auch Judas begraben wird (vgl. Mt 27,3-10). Dies ist das Ende eines Menschen, der sich in Schuld verstrickt hatte und keinen Ausweg mehr sah …

Was geht mich, was geht uns Judas an? Eine Frage, die ärgerlich machen kann. In Judas begegnet uns eine erschreckende Möglichkeit und eine furchtbare Realität menschlicher Existenz: Wer die Wahrheit sucht, kann sich auch täuschen, kann seine persönlichen Wünsche mit der Wahrheit verwechseln und sich und andere ins Unglück stürzen. Andererseits gilt: Wahrheit ist kein Besitz. Wahrheit ist ein Wetzstein. Wir müssen uns mit ihr auseinandersetzen, denn seit Jesu Wirken auf Erden ist Wahrheit für uns Christen keine philosophische Größe, sondern eine Person, an der sich die Geister scheiden.

Als Menschen sind wir bestimmt zur Verwirklichung des Lebens in ungezwungener Freiheit, in aufrichtiger Liebe, in wohlwollender Zuwendung, in ungeheuchelter Treue, in der Bereitschaft offenen und selbstlosen Hörens und Ringens um gegenseitiges Verständnis, doch menschliche Schwäche und aufrührerischer Eigenwille können diese Haltungen in ihr schreckliches Gegenteil verkehren. Erinnern wir uns, was der greise Simeon mit dem neugeborenen Messias im Arm voraussagte: »Siehe, dieser ist dazu

> **JUDAS MÖCHTE DAS GLÜCK, DAS ER SICH AUSMALTE, ERZWINGEN.**

> **HAVE RABBI! AMICE, AD QUOD VENISTI?**
>
> **SEI GEGRÜSST, RABBI! FREUND, DAZU BIST DU GEKOMMEN?**
>
> Mt 26,49 f.

ABBILDUNG 26

Opferung des Isaak, Priscilla-Katakombe, spätes 3. Jh. (Wilpert, Taf. 78).

Seit frühchristlicher Zeit wird das Geschick Isaaks als *Vor-Bild* (Typos) des Geschicks Jesu Christi (Anti-Typos) verstanden.

Der Text des Alten Testaments bietet dafür allen Anlass: nicht nur, dass Isaak das Holz für den Opferaltar selbst trägt, wie Jesus sein Kreuz. Beide werden obendrein als ›geliebter Sohn‹ tituliert (Gen 22,2; Mk 1,11). Womöglich glaubte Judas Iskariot, diese Szenerie der *Bindung Isaaks* (Gen 22,9) herbeiführen zu müssen, damit Gott auch im Falle Jesu rettend eingreift und das Opfer verhindert.

ABBILDUNG 27 (FOLGENDE DOPPELSEITE)

Dreißig tyrische Silberschekel, der sog. Judas-Lohn; © epd-bild/Thomas Rohnke.

bestimmt, dass in Israel viele zu Fall kommen und aufgerichtet werden« (Lk 2,34).

Judas ist an der personifizierten Wahrheit gescheitert. Als Jesus seine Erwartungen nicht erfüllt, versucht er es gewissermaßen mit der Brechstange: Judas möchte das Glück, das er sich ausmalte, erzwingen. Mit dem Kuss will er sagen: Jesus, tu doch was, zeig deine Größe und Macht! – »Damit aber macht er einen anderen Menschen unfrei und wird damit zum Verräter am innersten Kern der Botschaft Jesu. Denn immer dort, wo ein Mensch einem anderen – und sei es mit besten Absichten – seinen Willen aufzwingt, immer dann degradiert er den Menschen zur fremd gelenkten Marionette. … Das ist der eigentliche Verrat, der Verrat am Besten, was einem Menschen mitgegeben wurde und für den auch die Botschaft Jesu steht – der Verrat an der Freiheit und damit zugleich ein Verrat an sich selbst! … Kein Mensch ist dazu geboren, die unerfüllten Träume und Wünsche eines anderen umzusetzen, sondern einzig und allein dazu, frei unter Gottes blauem Himmel seine je eigene Lebensmelodie zu finden und zu singen.«

Steckt nicht auch in uns manchmal etwas von Judas, auch wenn es nicht bis zum Letzten des Verrates gehen muss? Dies lässt sich an konkreten Lebensstationen abfragen: Was ist aus dem Treueversprechen geworden, auf das ein anderer glaubte bauen zu können? Was blieb von »heißen Schwüren der Liebe«, wenn diese Liebe ernstlich auf die Probe gestellt wurde, wenn der Himmel nicht mehr voller Geigen hing und der Partner / die Partnerin auf einmal ganz neue, ungewohnte Töne anschlug? Menschen, die einander »zum Fressen gern« hatten, würden sich später buchstäblich gerne fressen. Haben Wunschbilder, mit rosaroter Brille entworfen, und zu steile Erwartungen uns vielleicht daran gehindert, uns der notwendigen Entwicklung zu stellen und das Leben so anzunehmen, wie es ist? Haben sie es vereitelt, dass wir uns offen und sensibel auf Wandlungen und Veränderungen einlassen? Und schließlich global gesehen: Haben nicht fanatische Weltverbesserer, oft im philosophischen Gewand, unendlich viel Leid über die Menschen gebracht, ja wie viele wurden, von Ideologien verführt, zu Extremisten und Terroristen? Doch kehren wir auch vor unserer Haustür: Wie viel Verleugnung und Verrat an Gottes barmherziger Liebe geschah und geschieht noch heute in der Kirche durch »ewig fromme, die das trennende suchen«, wie es ein lebender deutsche Dichter mit iranischen Wurzeln benennt; durch rückwärtsgewandte Christen, die in Verklärung längst überholter kirchlicher Zustände das Rad der Geschichte zurückdrehen wollen – unter Verkennung der Probleme und Nöte von heute / oder heutiger …! Auch gegen die Versuchung des Geldes scheinen manch führende Personen in der Kirche nicht gefeit zu sein. Aber der Himmel lässt sich nicht kaufen.

Noch Eines sollten wir im Blick auf Judas bedenken. Wenn Petrus, der Jesus dreimal verleugnete, nicht den Strick nahm wie Judas, dann mag das wohl damit zusammenhängen, dass Petrus im Moment seines Verrates – denn das war es auch hier – noch der Blick seines Freundes und Herrn ins Herz fiel. Dieser Augenblick war Gnade. Die darauf folgenden Reue-Tränen hatten erlösende Wirkung. Judas aber konnte nicht weinen. Zwar hat er den Hohenpriestern noch gebeichtet: »Ich habe gesündigt, ich habe euch einen unschuldigen Menschen ausgeliefert.« Doch er blieb mit seiner Schuld allein: »Was geht das uns an? Das ist deine Sache« (Mt 27,4), lautete die brüske Abfuhr der Priester. In seiner Verzweiflung sah Judas keinen Ausweg mehr, nur noch den Strick. Auf taube Ohren stoßen, mutterseelenallein gelassen sein: Das ist der Anfang vom Ende.

Wie steht es mit uns, mit mir? Bleibe ich mit meiner Schuld allein? Habe ich jemanden, mit dem ich ganz offen über alles reden kann, auch über meine dunklen und zwielichtigen Seiten? Kann ich mich vor Gott ausweinen? Zugleich ist das Schicksal des Judas eine Anfrage an mich und an alle, die wir Kirche Christi sein wollen: Zeigen wir etwas von der immer offenen Tür zum Haus des barmherzigen Vaters? Vermitteln wir Menschen, die am Ende sind, wirklich das Gefühl, dass sie bei uns neu anfangen dürfen, dass sie zu Gott und seiner Kirche zurückkehren können, was immer sie verbrochen haben mögen? Warum gibt es unter den durch Opferaussagen und Indizien überführten Tätern so viele, die sich nicht zu ihrer Schuld bekennen? Wir sollten Türen nicht zuschlagen, sondern immer einen Spalt breit offen halten. Die ›Pastoral der angelehnten Tür‹ gibt Gescheiterten und schuldig Gewordenen die Möglichkeit, zu bereuen, hilfesuchend die Hand auszustrecken und dem ersten Wort, das von Jesus im ältesten Evangelium, dem des Evangelisten Markus, überliefert ist, zu vertrauen: »Kehrt um und glaubt an das Evangelium« (Mk 1,15). Diese

30
SILBERLINGE

DREISSIG TYRISCHE SILBERSCHEKEL (GRIECH. ΑΡΓΥΡΙΑ) ERHIELT JUDAS, DER MANN AUS KARIOT IN JUDÄA, FÜR SEINE ›ÜBERGABE‹ JESU AN DIE VERTRETER DER JÜDISCHEN STAATSGEWALT.
DIESE SUMME ENTSPRICHT EINER HEUTIGEN KAUFKRAFT VON ETWA 10.000 €.

Art von Pastoral könnten wir auch unter dem Stichwort ›Barmherzigkeit‹ zusammenfassen, die von Papst Franziskus – nicht zuletzt durch die Ausrufung des *außerordentlichen Heiligen Jahres der Barmherzigkeit* (2015 – 2016) [4] – immer wieder ins Licht gehoben wird. Kardinal Walter Kasper (geb. 1933) umschreibt die heutige Herausforderung so: »Wir stehen vor der Aufgabe, die Barmherzigkeit aus ihrem Aschenputtel-Dasein, in das sie in der traditionellen Theologie geraten war, wieder herauszuholen. Das muss geschehen, ohne dem banalen und verharmlosenden Bild vom ›Lieben Gott‹ zu verfallen, das Gott zum gutmütigen Kumpel macht und die Heiligkeit Gottes nicht mehr ernst nimmt. Die Barmherzigkeit muss als die Gott eigene Gerechtigkeit und als seine Heiligkeit verstanden werden. … Es gilt, das Bild eines sympathischen Gottes zu zeichnen.« [5]

Was Gott wohl mit dem verzweifelten Leben des Judas gemacht hat? Wir wissen es nicht. Aber auf Eines dürfen wir vertrauen: Es gibt keine noch so große Schuld, die, wenn sie aufrichtig bereut wird, von Gott nicht vergeben werden könnte. Gott liebt uns – auch im Scheitern. [6] Diese theologische Erkenntnis muss allerdings noch – bildlich gesprochen – durchbuchstabiert werden. Denn Jahrhunderte lang maß und mitunter bis heute misst die Kirche mit zweierlei Maß, ahndet ähnliche Vergehen unterschiedlich, je nach der innerkirchlichen Stellung des Schuldigen. Von außen betrachtet scheint bisweilen kirchliche Praxis auch strenger zu sein, als Jesu Handeln es uns zeigt. Wenn ich mich mit Judas und seinem Schicksal ernsthaft auseinandersetze, kann ich davor nicht die Augen verschließen.

Andererseits kann ein Leben mit Jesus regelrecht dramatische Züge annehmen, wie uns der Blick in zahlreiche Heiligenbiographien lehrt. Und dennoch: Aus dem Drama braucht keine Tragödie zu werden. Denn wir dürfen darauf setzen, dass Gott auch auf krummen Zeilen gerade schreiben kann (vgl. Paul Claudel), mögen sie noch so ungleich und fragmentarisch sein.

fn.

1 Vgl. wertvolle Anregungen bei Wolfgang Fenske: Brauchte Gott den Verräter? Die Gestalt des Judas in Theologie, Unterricht und Gottesdienst. Göttingen 1999.

2 Udo Zelinka: Judas. Oder: Vom Verrat der Freiheit. In: Michael Feldmann (Hg.): Biblische Gestalten der Passion. Predigten zur Fastenzeit. Paderborn 1999, S. 13-26, hier: S. 20.

3 Vgl. Said: ich, jesus von nazareth. Mit einem Nachwort von Erich Garhammer. Echter 2018.

4 Papst Franziskus: Der Name Gottes ist Barmherzigkeit. Ein Gespräch mit Andrea Tornielli. 2. Aufl. München 2016: »Die Botschaft Jesu ist die Barmherzigkeit. Für mich, und das sage ich in aller Demut, ist dies die stärkste Botschaft des Herrn.« (S. 9)

5 Walter Kardinal Kasper: Barmherzigkeit. Grundbegriff des Evangeliums. Schlüssel christlichen Lebens. Freiburg u. a. 2012, S. 22.

6 Vgl. dazu die anregenden Ausführungen von Gotthard Fuchs / Jürgen Werbick: Scheitern und Glauben. Vom christlichen Umgang mit Niederlagen. Freiburg u. a. 1991, bes. S. 43-67, 80-88.

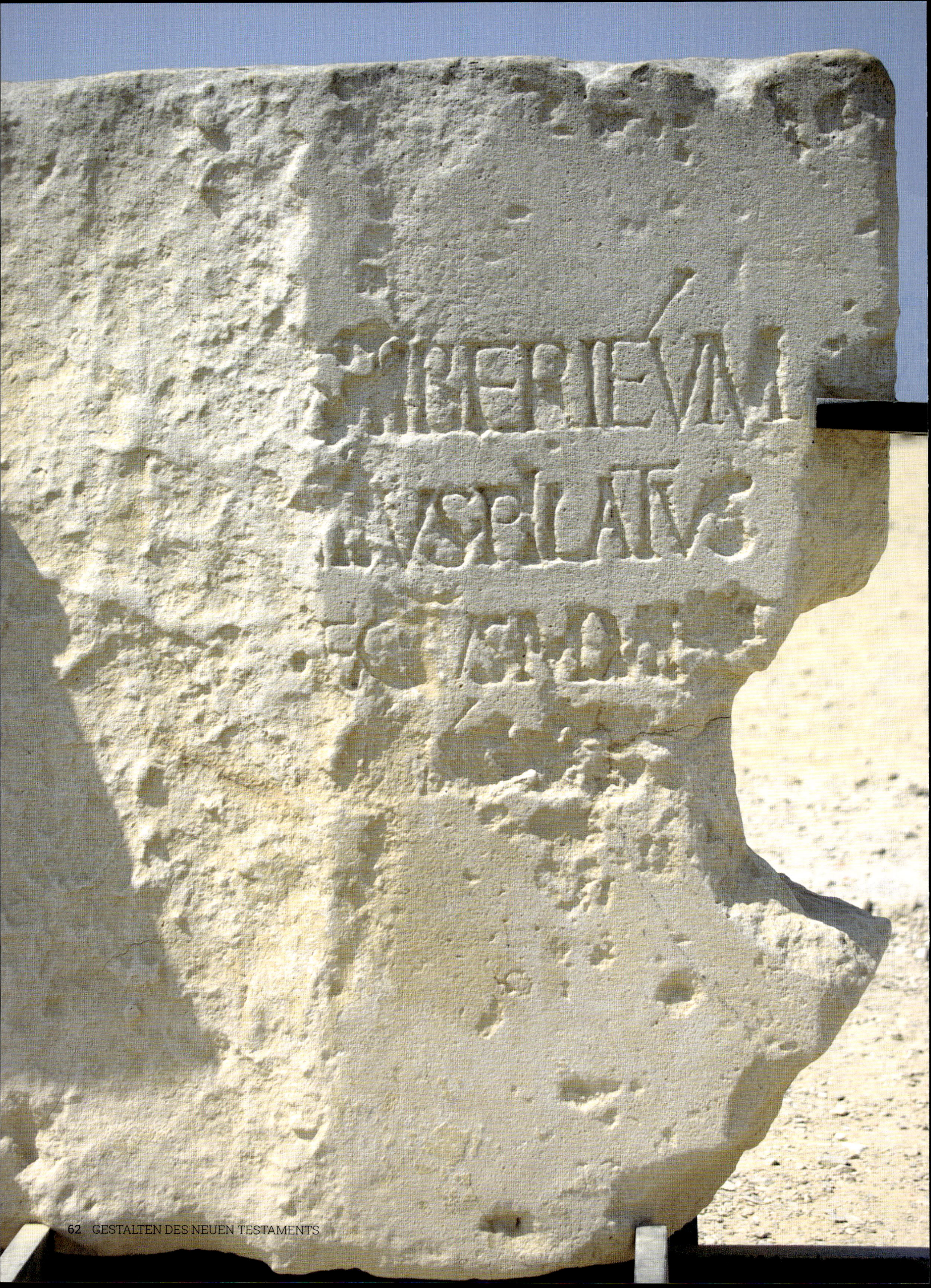

Pontius Pilatus:
Der Freund der Mächtigen

Da kommt einer zu gut weg! Das muss in aller Deutlichkeit gesagt werden: Pontius Pilatus ließ Jesus kreuzigen, nicht die Führer des jüdischen Volkes! Ihm kam das Ganze gerade eben Recht: Flugs wandelte er die religiöse Anklage in eine politische um. Ein Dissident weniger, eine Warnung an alle ...

Er war gewiss keiner der Großen der Weltgeschichte. Trotzdem kommt sein Name in der Chronik der Menschheit öfter vor als der eines mächtigen Kaisers, bedeutenden Erfinders oder hochrangigen Künstlers. Sein Name hat es bis ins Glaubensbekenntnis geschafft. Die Rede ist von Pontius Pilatus (Präfekt 26 – 36 n.Chr.). **(1)** In der Amtszeit dieses höchsten römischen Beamten in Palästina wurde in Jerusalem jenes Todesurteil gefällt, das die Hinrichtung des Jesus von Nazaret möglich machte. Der römische Geschichtsschreiber Tacitus (58 – 120 n.Chr. formulierte einst – wie eine nüchterne Aktennotiz – den inhaltsschweren Satz: »Unter der Regierung des Kaisers Tiberius wurde durch den Prokurator Pontius Pilatus dieser Christus hingerichtet.« **(2)** Pontius Pilatus ist paradoxerweise der einzige Name, der neben Jesus Christus und seiner Mutter Maria durch die Jahrhunderte hinweg im *Credo* der Kirche konserviert wurde. Da findet sich keine der großen alt- und neutestamentlichen Gestalten, kein Abraham, kein Mose, kein Elija oder Johannes der Täufer; da suchen wir auch die Widersacher Jesu vergeblich, wir finden weder Herodes noch Kajaphas, weder die Pharisäer noch Judas Iskariot; ja nicht einmal der Satan, der in Judas fuhr, findet Erwähnung – nur diese unglückselige Gestalt ist für alle Zeit verewigt: »gekreuzigt unter Pontius Pilatus«. Heute fragen wir uns: Wer war dieser Pontius Pilatus, der eine so unglückliche und zwielichtige, aber auch eine so entscheidende Rolle im Verhör und bei der Verurteilung Jesu spielte?

Werfen wir zunächst einen Blick auf seine Stellung und sein Amt. Das Land Palästina war 63 v.Chr. von den Römern erobert worden und stand seither unter deren Herrschaft. Solch unfreie Länder hatten alljährlich beträchtliche Tributzahlungen an die Besatzermacht zu leisten. Der römische Kaiser Tiberius (42 v.Chr. – 37 n.Chr.), der in der Zeit von 14 bis 37 nach Christus regierte, entsandte im Jahr 26 Pontius Pilatus als seinen Prokurator in die Provinz Judäa. Zeitgenössische Dokumente schildern diesen römischen Statthalter, der aus dem niederen römischen Adel stammte, als hart und bestechlich, als obrigkeitshörig auf der einen und gewissenlos opportunistisch auf der anderen Seite. Pilatus gilt als Funktionär, der den römischen Machtanspruch konsequent und auch nicht gerade zimperlich durchzusetzen vermochte. In seiner Amtsführung ist er sozusagen ›kaiserlicher als der Kaiser‹. Zudem sagt man Pilatus eine besondere Judenfeindlichkeit nach. Er, der aufgeklärte, in griechischer Philosophie geschulte Römer sieht in Menschen, die an einen Gott glaubten, noch dazu, wenn sie politisch den Kürzeren gezogen hatten, bestenfalls ›arme Irre‹. Dennoch war er nicht so naiv, das Aggressionspotential, das in einem solchen Glauben lag, zu unterschätzen. Als daher die Hohepriester Jesus aus Nazaret zu ihm bringen, handelt Pilatus taktisch klug, indem er Herodes in das Verfahren einbezieht. Der gemeinsame Gegner schweißt Herodes und Pilatus zusammen: »An diesem Tag wurden Herodes und Pilatus Freunde; vorher waren sie Feinde gewesen.« (Lk 23,12)

Der Prozess selbst, der ihm ausgerechnet in der emotional aufgeheizten Zeit des Paschafestes, an dem die Befreiung von der Fremdherrschaft Ägyptens gefeiert wurde, aufgedrängt wird, ist Pilatus äußerst zuwider. Am liebsten würde er sich die ganze Affäre vom Leibe halten, aber das ist kaum möglich, ohne das Gesicht zu verlieren. So kommt es ihm ganz gelegen, dass sich König Herodes anlässlich des Paschafestes in Jerusalem aufhält. Ihm wurden schon vor einiger Zeit Sonderrechte eingeräumt – darunter auch das Recht, Todesurteile zu fällen und auch gleich vollstrecken zu lassen. Also erscheint Herodes für Pilatus als passender Stellvertreter, zumal es ja um ein spezifisch jüdisches Problem geht. Mit dem Schachzug, Jesus Herodes zu übergeben, schlägt er in seinen Augen zwei Fliegen mit einer Klappe: Er entzieht sich elegant der Verantwortung in dieser heiklen Geschichte, und er kann sich den politischen Feind Herodes gewogen machen, indem er seiner Macht schmeichelt. Doch die Rechnung geht so nicht auf: Der gesichtslose Funktionär, der Bürokrat eines durchorganisierten Weltreiches wird zur Entscheidung gezwungen. Pilatus kommt aus dieser Nummer nicht heraus. Er muss Stellung beziehen.

Die Entscheidungsfrage lautet: »Was ist Wahrheit?« (Joh 18,38). So fragt Pilatus mit müder Skepsis, als der Wortwechsel mit dem geschundenen Angeklagten seinen Höhepunkt erreicht. Was ist Wahrheit? Darüber ließe sich lange unterhalten und ausgiebig streiten, ein Spitzengespräch zwischen zwei Personen, die unterschiedlicher nicht sein können: ein rabbinisch geschulter Zimmermann, ›der Menschensohn‹, Auge in Auge mit dem abgebrühten Soldaten und prominenten Politiker, Statthalter des mächtigsten Mannes der Erde. Aber Pilatus ist nicht interessiert. Die *Pax Romana* wahren – die römische Art der Befriedung des Weltreiches –, darin sieht er seine Verpflichtung. Pilatus möchte auf seinem Richterstuhl nicht philosophieren. Zudem fehlt dafür die Zeit. Denn es muss schnell gehen mit der Urteilsverkündung. Die bevorstehenden Festtage sind brisant genug, bis dahin soll der Fall erledigt sein. Deshalb fackelt Pilatus nicht lange. Gleichzeitig hat er wohl auch geahnt: Jesus und er werden in der Frage nach der Wahrheit nicht zusammenkommen.

Dass sich Pontius Pilatus die Hände in Unschuld wäscht, verdankt er der rosaroten Brille der Evangelisten. In Wirklichkeit ist er alles andere als ein Unschuldslamm, berühmt und berüchtigt wegen seiner Skrupellosigkeit und Brutalität. Wiederholt provoziert er die Juden, z. B. durch die dreiste Verwendung von Vermögen aus dem Tempelschatz für eine öffentliche Wasserleitung oder durch das Niedermetzeln einer großen Pilgergruppe der Samariter.

Zu allem Überfluss wird es gerade für Pilatus noch in anderer Hinsicht eng: Vor kurzem wurde sein einflussreicher Freund und Gönner Sejan (20 v. Chr. – 31 n. Chr.) in Rom hingerichtet – wegen eines Putschversuchs gegen Kaiser Tiberius. Dem Machtpolitiker ist klar: Jetzt darf ich mir keinen Fehler erlauben, sonst ist auch mein Ende besiegelt. In diese heikle Situation fällt der Prozess gegen Jesus von Nazaret. Dass aus den Reihen der Juden Führerpersönlichkeiten auftraten, ist nichts Neues. Der römische Geschichtsschreiber Flavius Josephus (37 – nach 100 n. Chr.) erzählt von mehreren »Räuberkönigen«, die zum Aufstand

QUOD SCRIPSI, SCRIPSI!
WAS ICH GESCHRIEBEN HABE, HABE ICH GESCHRIEBEN!

Joh 19,22

geblasen haben. Alle teilten das gleiche Schicksal: Koste es, was es wolle – sie mussten gefunden, gefangen und gekreuzigt werden. In dieser Reihe sieht Pilatus jetzt auch Jesus.

Der Richter sucht nach einer griffigen Anklage, daher steuert er gleich ins Zentrum: »Bist du der König der Juden?« (Joh 18,33). Welche Vorstellung steht hinter dieser Frage aus dem Mund eines Vizekönigs, eines Kaiser-Stellvertreters?

Ein König, das ist für Pilatus einer, der ohne mit der Wimper zu zucken alles durchsetzt, was ihm nützlich erscheint. Ein König, das ist für ihn ein Herrscher – einer, der die Macht hat und sie fest umklammert, damit sie ihm niemand mehr entreißen kann. Ein König ist einer, der über genügend Gefolgschaftsleute, vor allem Militär verfügt, um Fakten zu schaffen und der Geschichte seinen Stempel aufzudrücken.

Jesus aber versucht, Pilatus auf eine andere Fährte zu führen: »Mein Königtum ist nicht von dieser Welt. Wenn mein Königtum von dieser Welt wäre, würden meine Leute kämpfen, damit ich den Juden nicht ausgeliefert würde. Nun aber ist mein Königtum nicht von hier.« (Joh 18,36) Sagen nicht auch wir oft mit beinahe mitleidigem Unterton: »Der ist wohl nicht von dieser Welt«? Damit drücken wir aus, dass jemand zwar edel denken mag, aber doch ein fast naives Verhalten an den Tag legt. Nicht von dieser Welt, das heißt für Jesus: Sein Königtum ist keine Macht, unter der viele in dieser Welt leiden: eine Herrschaft der Gewalt, der Intrigen, der bösen Machtspielchen, von Ausbeutung und Ungerechtigkeit.

Jesus Christus hat ein eigenes Regierungsprogramm: »Ich bin dazu geboren und dazu in die Welt gekommen, dass ich für die Wahrheit Zeugnis ablege. Jeder, der aus der Wahrheit ist, hört auf meine Stimme.« (Joh 18,37) Er verbindet die Machtfrage mit der Wahrheitsfrage – jetzt wird es Pontius Pilatus zu viel. Er bricht das Gespräch ab, auf Spitzfindigkeiten will sich der Realpolitiker nicht einlassen. Der Statthalter des Kaisers delegiert das Urteil an das Volk; suggestiv fragt er: »Wollt ihr also, dass ich euch den König der Juden freilasse?« (Joh 18,39) Doch die lautesten Schreier fordern die Begnadigung eines Räubers.

Vor einigen Jahren hat die ARD eine Themenwoche der Frage gewidmet: Wie gehen wir um mit Sterben und Tod? Spielfilme, Dokumentationen und Talk-Shows zeigten die unterschiedlichsten Facetten auf. Die Debatte wurde, soweit ich sie verfolgte, sensibel und kompetent geführt. Doch eine Aussage gab mir zu denken. Ein Arzt, der durch einen sog. Medikamenten-Cocktail todkranken Menschen zum Sterben hilft, sagte: »Es gibt keine verbindliche Moral für alle. Jeder hat seine eigene Ethik.«

Rückt uns diese Frage um aktive Sterbehilfe nicht ganz in die Nähe der Frage des Pilatus: Was ist Wahrheit? Gibt es überhaupt eine absolute Wahrheit? Oder bastelt sich jeder seine eigene Wahrheit zurecht – seine eigene Ethik, mit der er dann das Urteil fällt über Leben und Tod? Merken wir, wie schnell wir selbst in die Rolle des Pontius Pilatus schlüpfen? Dass wir aus sog. ›humanitären Gründen‹ unsere Hände in Unschuld waschen, wenn wir uns gleichzeitig ein Urteil anmaßen darüber, wann das Leben eines Menschen *aus-gelebt* ist? Es wird gefährlich, wenn jemand behauptet: Es ist mein Leben, so ist es auch mein Tod. Als Christen müssen wir gegenhalten: Wir sind nicht Herren des Lebens, das Leben ist nur Leihgabe, uns anvertraut auf Zeit. Gott ist es, dem wir das Leben zurückgeben, wenn die Zeit dafür gekommen ist. Er ist unser König, er hat die Hoheit über Leben und Tod. Daran dürfen wir nicht rütteln.

Romano Guardini (1885 – 1968), einer der großen Theologen des vergangenen Jahrhunderts, hat die Entscheidungssituation, wie sie sich in der Begegnung zwischen Jesus und Pilatus zugespitzt hat, im Laufe seines Lebens immer mehr als die

BEI CHRISTUS JESUS, DER VOR PONTIUS PILATUS DAS GUTE BEKENNTNIS ABGELEGT HAT

1 Tim 6,13

DICIT EI PILATUS QUID EST VERITAS

PILATUS SAGTE ZU IHM: WAS IST WAHRHEIT?

Joh 18,38

entscheidende Herausforderung für den neuzeitlichen Menschen erkannt. In seinem Werk *Theologische Briefe an einen Freund* schreibt er: »Auf einmal erhebt sich hinter alledem, was Menschenwesen und Menschengeschichte heißt, ein ungeheurer, nie zum Abschluss kommender Rechtsvorgang. Der Sohn Gottes meldet sich zum Zeugen und spricht sein Zeugnis. … Der Mann auf dem Richterstuhl aber, mit dessen Wort für den Augenblick die Entscheidung fallen soll, ist ein schwächlicher, liberaler Skeptiker und zuckt die Achseln: ›Wahrheit – was ist das?‹ Nie ist mir so wie in diesem Zusammenhang klar geworden, wie bis in die Wurzeln falsch die Vorstellung vom Dasein, von der Welt als ›Natur‹, vom Menschen als in ihr sich entwickelndes autonomes Wesen usw. ist. Wie mit Augen glaubte ich zu sehen, warum der Schaden des Daseins unheilbar, warum das schlechte Gewissen unaufhebbar ist, solange dieser Grundzustand nicht erkannt und ihm nicht standgehalten wird. Und mir wurde auch klar, wo die Grundgefahr der Theologie liegt: dass sie sich in diesen Charakter hineinziehen lässt.« **(3)**

Eine Theologie, die sich keinem Wahrheitsanspruch mehr verpflichtet fühlt, mag auf den ersten Blick als erfrischend undogmatisch erscheinen; doch gehört solch ausgehöhlter, gleichsam entkernter Glaube zu den schlimmsten Verführungen. Denn er wird zum religiös verschleierten, beliebig benutzbaren Spielraum der unterschiedlichsten Machtinteressen. Die behauptete Autonomie, die Selbstbestimmung und Selbstverwirklichung, hat, wo sie von der Wahrheit abgekoppelt wurde, noch nirgends zur Freiheit des Menschen geführt – im Gegenteil: Sie führt in neue und schlimmere Abhängigkeiten.

»Was ist Wahrheit?« – Die Pilatusfrage wird zur persönlichen Entscheidungsfrage. Sie muss uns existentiell nahegehen, uns beunruhigen. Betrachten wir einen historischen Moment, die Messe *Pro Eligendo Romano Pontifice* am 18. April 2005, mit der die Zeit der Trauer um Papst Johannes Paul II. abschloss und zugleich ein neues Kapitel der Kirchengeschichte aufgeschlagen wurde: Dem Gottesdienst stand Joseph Ratzinger als damaliger Kardinal-Dekan vor und stellte der Zeit folgende Diagnose aus:

»Einen klaren Glauben nach dem Credo der Kirche zu haben, wird oft mit dem Etikett des Fundamentalismus belegt; während der Relativismus, also das Sichtreibenlassen von jedem Widerstreit der Meinungen, als die einzige Haltung erscheint, die auf der Höhe der heutigen Zeit ist. Es entsteht eine Diktatur des Relativismus, der nichts anderes als endgültig anerkennt und als letzten Maßstab nur das eigene Ich und seine Wünsche gelten lässt. Wir hingegen haben einen anderen Maßstab: den Sohn Gottes, den wahren Menschen. Er ist das Maß des wahren Humanismus. ›Erwachsen‹ ist nicht ein Glaube, der den Wellen der Mode und letzten Neuerungen folgt; erwachsen und reif ist ein Glaube, der tief in der Freundschaft mit Christus wurzelt. Es ist diese Freundschaft, die uns für alles offen macht, was gut ist, und die uns die Richtschnur der Unterscheidung zwischen wahr und falsch, zwischen Betrug und Wahrheit schenkt.« **(4)**

In der Fastenzeit, in der wir uns für die Feier der drei österlichen Tage bereiten, stellt sich auch uns die Frage: Was ist Wahrheit? Die Skepsis des Pilatus ist das Schicksal einer Welt, die wahrheitslos geworden ist: einer Welt, die nur noch funktionieren will; einer Welt und Kirche voller seelenloser Funktionäre. Gott bewahre uns davor! Denken wir aber auch immer daran: Die rechte Lehre ist nicht alles. Jesu Regierungsprogramm ist weniger eine Lehre oder ein System, es ist Leben. Der rechte Glaube entfaltet nur dort seine Kraft, wo er *glaub-würdig* gelebt wird. Oder anders gesagt: Orthodoxie braucht Orthopraxis, um lebensrelevant zu werden. Deshalb muss es allen, die durch das Sakrament der Taufe ›Königskinder‹ Gottes geworden sind, ein Herzensanliegen sein, sein Reich, seine Botschaft der Umkehr und Vergebung auszubreiten – in alle unsere Lebensbereiche hinein. Denn Rechtgläubigkeit, Buchstabentreue bleibt leblos und starr, erst im Handeln nach dem Wort Gottes wird der Glaube zu Fleisch und Blut. Rechtgläubigkeit ruft förmlich nach Glaubwürdigkeit. Wie sagte Christus-König schon zu Nikodemus: »Wer aber die Wahrheit tut, kommt zum Licht« (Joh 3,21).

---

1 Wertvolle Informationen liefert Alexander Demandt: Hände in Unschuld. Pontius Pilatus in der Geschichte. Freiburg u. a. 2001.
2 Tacitus: Annales 15,44.
3 Romano Guardini: Theologische Briefe an einen Freund. Einsichten an der Grenze des Lebens. 2. Aufl. München 2017, S. 61.
4 Zitiert nach George Weigel: Das Projekt Benedikt. Der neue Papst und die globale Perspektive der katholischen Kirche. München 2006, S. 159.

ABBILDUNG 28

Pilatusstein (Kopie), Caesarea. Das Original befindet sich im Israel Museum, Jerusalem (Inventarnr. 61-529).

Die Inschrift auf dem sog. *Pilatusstein* verdankt ihre Erhaltung Umbauarbeiten des 4. Jh. im römischen Theater von Caesarea Maritima. Sie wurde dabei zum Bestandteil einer Treppe.

Ihre Berühmtheit rührt von der Tatsache her, dass sie den einzigen epigrafischen Nachweis für Pontius Pilatus bildet; dieser fungierte in den Jahren von 26 – 36 n. Chr. als Präfekt des Kaisers Tiberius in der römischen Provinz Judäa.

Herodes und Kajaphas: Thron und Altar

Die Machtverhältnisse lagen kompliziert im Palästina der Zeit Jesu. Römische Besatzungsmacht, ambitionierter Territorialfürst, jüdische Tempelaristokratie und bibelkundige Meinungsführer kämpften um Deutungshoheit.

Eines freilich einte: vermeintliche Dissidenten …

Jesus von Nazaret wird der Prozess gemacht. Gott steht vor dem Gericht der Menschen. Verschieden sind die Rollen, die Verantwortliche spielen, um den Heiland ums Leben zu bringen. Heute soll es um Herodes (um 20 v. Chr. – 39 n. Chr.) und Kajaphas (Hohepriester 18 – 36 n. Chr.) gehen – die Unbekanntesten unter den Protagonisten des Verfahrens. Und doch sind es diese beiden, die Jesus schließlich auf dem Gewissen haben. An ihnen entscheidet sich der ganze Prozess. So stehen sie vor uns: der König und der Hohepriester, der weltliche Landesherr und der geistliche Oberhirte, Thron und Altar. Es lohnt sich, die beiden näher kennenzulernen. **(1)**

Zuerst möchte ich von einem historischen Gegenstück des Jesus-Prozesses in der jüngeren Vergangenheit erzählen. Das Tribunal tagt ebenfalls in Jerusalem, nur 1930 Jahre später. Adolf Eichmann (1906 – 1962), der »Schreibtischtäter« (Hannah Arendt), der die Vernichtung von mehr als sechs Millionen jüdischen Menschen perfekt organisierte, sitzt auf der Anklagebank. Der eingefleischte Antisemit zählt zu den Hauptverantwortlichen für die *Shoa*, den *Holocaust*, für den qualvollen Tod von Millionen Männern, Frauen und Kindern. 1961 wird ihm in Jerusalem der Prozess gemacht.

Als Berichterstatterin nimmt die Philosophin Hannah Arendt (1906 – 1975) an der Gerichtsverhandlung teil. Eigentlich erwartet sie, einer blutrünstigen Bestie zu begegnen, einem brutalen Unmenschen. Aber dann schaut sie näher hin – und siehe da: Das ist kein Monster, sondern ein ganz normaler Mensch. Unter anderen Umständen, erklärt er, wäre er wohl Arzt geworden, doch könne er kein Blut sehen. Grundsätze, so gab er an, habe er keine; doch habe er stets gewissenhaft seine Pflicht erfüllt. Der Psychiater, der Eichmann untersucht hat, hält ihn für einen »vollkommen normalen Menschen, normaler, als ich selbst mir vorkomme«. Auch Hannah Arendt erscheint er weder hasserfüllt noch wahnsinnig noch blutrünstig, obwohl er wohl all diese Eigenschaften besaß, denn in einem Interview, das er einem ehemaligen SS-Mann vor seiner Verhaftung gab, sagt er: »Hätten wir von 10,3 Millionen Juden 10,3 Millionen Juden getötet, dann wäre ich befriedigt und würde sagen, gut, wir haben einen Feind vernichtet. … Ich war kein normaler Befehlsempfänger, dann wäre ich ein Trottel gewesen, sondern ich habe mitgedacht, ich war ein Idealist.« **(2)** Was aber Arendt entdeckt, sind hohle Gedankenlosigkeit und innere Leere. Das Buch, das sie im Nachhinein über diesen Prozess schreibt, trägt den Titel *Eichmann in Jerusalem. Ein Bericht von der Banalität des Bösen.* **(3)** Darin vertritt Arendt die These, nur das Gute könne Tiefe besitzen und deshalb im Wortsinn radikal sein, also aus dem Wurzelgrund des Menschen kommen. Das Böse indes sei nicht radikal, nur extrem. Es erscheine oft im Gewand des Banalen, doch gerade deshalb ist die Welt so voll des Bösen. Zeitlich scheinbar weit entfernt vom Prozess Jesu, stecken wir doch schon mittendrin. Denn hier steht einer vor Gericht, der mit der Menschlichkeit Gottes ganz und gar ernst machte, so sehr, dass er sich, wie es im Philipperbrief heißt, »entäußerte und wie ein Sklave wurde – den Menschen gleich« (vgl. Phil 2,7). Er hat gezeigt, dass Gott radikale Menschenfreundlichkeit ist: Der Weg Gottes ist der Mensch! Warum musste gerade Jesus von Nazaret zum Tod verurteilt werden? Weil Herodes und Kajaphas in ihrer Machtbesessenheit entschieden zu kurz gedacht haben, weil sie sich nicht berühren ließen von der faszinierenden Botschaft Jesu, weil ihnen die Sicherung ihres irdischen, auf wenige Jahre begrenzten ›Reiches‹ näher lag als das Vertrauen auf ein grenzenloses Reich der Liebe und des Friedens, in dem jeder Mensch – und zwar wirklich jeder! – zu seinem Recht kommt. So bietet uns die Bibel auf ihre Art einen Bericht von der Banalität des Bösen.

Unser Blick richtet sich zunächst auf den weltlichen Landesherrn: König Herodes ist nicht zu verwechseln mit seinem Vater gleichen Namens, der in der Kindheit Jesu bereits eine unrühmliche Rolle spielte: Die Geschichte von den Sterndeutern und dem Kindermord zu Betlehem, der in Analogie zur Ermordung der Erstgeborenen zu Zeiten des Pharao geschildert wird, spricht Bände.

Bei Jesu Passion haben wir es mit Herodes Antipas zu tun; er war Vierfürst *(Tetrarch)* von Galiläa und residierte in Tiberias, also in der Heimat Jesu. Anders als von seinem Vater sind von ihm kaum Scheußlichkeiten überliefert. Kriege hat er eher selten und wenn, dann ungeschickt geführt. Dagegen schätzte er Prachtbauten; das Heilige Land ist bis heute voll von seinen ehrgeizigen, zu Stein gewordenen Projekten. Man kann sich diesen Herodes durchaus als einen etwas faulen, aber eher liberalen Genussmenschen vorstellen. Heute säße er vielleicht den ganzen Tag mit der Fernbedienung vor dem Fernsehgerät und zappte sich von Programm zu Programm. Richard Strauß (1864 – 1949) hat ihm in seiner Oper *Salome* ein Denkmal gesetzt: Dort besingt er arienweise Wein, Essen und Erotik. Vor allem aber liebte er es, Frauen beim Tanzen zuzuschauen und sich dabei zu ergötzen. Genau da setzt der Evangelist Markus mit seiner Erzählung an, die so orientalisch anmutet, dass sie reichlich Opernstoff bietet (Mk 6,17-29). **(4)** Sie endet damit, dass Johannes, der große Prophet vom Jordan, Opfer eines vollmundigen Versprechens wird, das Herodes bei seiner Geburtstagsparty gab.

Später bekommt Herodes in Jerusalem nochmals eine Chance, überlegt vorzugehen, tiefer zu sehen als nur die Oberfläche, und wieder versagt er. Pontius Pilatus, der römische Statthalter, will sich die Affäre um diesen Jesus von Nazaret vom Hals schaffen. Deshalb mimt er den großzügigen Machthaber und schickt ihn zur Begutachtung zu Herodes, der zum Paschafest in Jerusalem weilt; denn schließlich konnte es nicht schaden, dem König ab und zu gleichsam *pro forma* das Gefühl der einstigen Macht zu geben. Und ein wenig fromm war der König ja auch, das gehörte dazu. Pilatus war ein erprobter Soldat und Menschenkenner, er wusste, wie man mit ›Pappkönigen‹ umging. Und tatsächlich: Herodes ist über jede Abwechslung froh, und da er sich recht gut in der Religion seiner Väter auskannte, freute er sich sehr, »als er Jesus sah; schon lange hatte er sich gewünscht, ihn zu sehen, denn er hatte von ihm gehört. Nun hoffte er, ein von ihm gewirktes Zeichen zu sehen.« (Lk 23,8)

Ein Wunder ist für ihn so viel wert wie ein Tanzspektakel. Aber ein Wunder passiert nicht, weil das einzige Wunder, das wirklich hätte geschehen können, die Verwandlung dieses Monarchen gewesen wäre! Entsprechend hohl werden die »vielen Fragen« (Lk 23,9) des Herodes geklungen haben, auf die Jesus nicht einmal antwortet. Und nicht verwunderlich ist schließlich: Herodes' Freude kippt um in Ablehnung, denn bei Menschen ohne inneren Halt führt schon ein bloßer Hauch von Gegenwind zu abruptem Richtungswechsel. So ist Herodes in der Passionsgeschichte auch der Einzige, von dem es heißt, er habe Jesus offen seine Verachtung gezeigt (vgl. Lk 23,11): Er, der in Prachtentfaltung seinen Lebensinhalt sah, schickt Jesus mit einem Prunkgewand zu Pilatus zurück – als Karikatur eines Königs.

So verspielt der Vierfürst zweimal seine Chance: In Johannes und in Jesus begegnet ihm die Wahrheit; beide Male steht kurzzeitig auf der Kippe, ob ihre mahnenden Stimmen das Ohr seines Gewissens erreichen, doch dann obsiegt seine Trägheit, und er lässt die beiden, die ihm den Spiegel vorhielten, töten – weniger aus Bosheit als aus Oberflächlichkeit. Von Jesus ist ein Wort zu Herodes Antipas überliefert: fein gekleidet, aber darunter ein Schilfrohr, das im Winde

> # GEHT UND SAGT DIESEM FUCHS: SIEHE, ICH TREIBE DÄMONEN AUS UND VOLLBRINGE HEILUNGEN
>
> Botschaft Jesu
> an Herodes Antipas
> Lk 13,32

ABBILDUNG 29

Der zweite (herodianische) Tempel mit Palast des Herodes (oben rechts). Freiluftmodell der Stadt Jerusalem im Jahr 66 n. Chr. (Holy-Land-Modell im Israel Museum, Jerusalem).

ABBILDUNG 30

Bronzemünze des Herodes Antipas, Umschrift: ΗΡΩΔΟΥ ΤΕΤΡΑΡΧΟΥ mit Palmzweig; Kunsthistorisches Museum Wien (Vitrine 8).

ABBILDUNG 31

Sog. *Haus des Kajaphas,* Jerusalem; Fotoabzug eines Negativs aus dem Jahr 1900 (Library of Congress, Washington/DC, LC-DIG-matpc-00700).

schwankt (vgl. Mt 11,7-9). Sein Leben als wirklich königliches Leben bleibt am Ende ungelebt. Nicht Jesus im Purpurmantel, sondern Herodes ist die Karikatur eines Königs.

Nach Herodes schauen wir nun auf Kajaphas, den Hohepriester: kein Müßiggänger und Genussmensch wie Herodes, sondern ehrgeizig und realistisch. Er hatte sich auf der Karriereleiter zielstrebig hochgearbeitet, nachdem er wohl – wie sein Beiname Kajaphas, das heißt ›Befrager‹, andeutet – als eine Art Untersuchungsrichter in religiösen Angelegenheiten begonnen hatte. Wenigstens hierin ist er sich bis zuletzt treu geblieben. Das Amt des Hohepriesters war zu der Zeit zum Spielball der römischen Besatzer verkommen. Kajaphas erreichte es durch kluge Heiratspolitik. Sein einflussreicher Schwiegervater Hannas (Hohepriester 6 – 15 n. Chr.), der selbst einmal das Amt bekleidet hatte, förderte ihn fortan nach Kräften. In einer Zeit, in der man im Durchschnitt nur wenige Jahre Hohepriester war, konnte Kajaphas sich 18 Jahre lang im Amt halten. Als geschickter Diplomat und gewiefter Taktiker, der er war, wusste er, was er wollte. Kajaphas verhielt sich wie ein echter ›Realpolitiker‹.

Selbst in ökonomischen Dingen mischte Kajaphas kräftig mit. Nach rabbinischer Überlieferung gehörten seinem Schwiegervater wohl Kaufhallen auf dem Tempelberg, in denen die Wallfahrer, die zu den Festen nach Jerusalem pilgerten, mit Opfertieren, Tempelgeld und anderen Andachts-Gegenständen versorgt wurden. Der Tempel, für den Kajaphas die oberste Verantwortung trug, war gleichsam das Fort Knox seines Volkes, in dem auch der Staatsschatz gelagert war; ferner war der Tempel das Wirtschaftszentrum Israels, in dem ein Großteil des Bruttosozialprodukts umgesetzt wurde; und schließlich galt ihm als ewigem Denkmal jüdischer Größe der ganze Stolz seines Volkes. Nur eines war bei vielen religiösen Funktionären in Vergessenheit geraten: der Tempel als Heiligtum des lebendigen Gottes.

Auf dieses Manko hatte Jesus immer wieder hingewiesen und fand dafür drastische Worte: »Mein Haus soll ein Haus des Gebetes sein. Ihr aber habt daraus eine Räuberhöhle gemacht.« (Lk 19,46) Das war ein Frontalangriff auf das religiöse Establishment, allen voran auf die Priester. So ist die Annahme begründet, dass die sog. Tempelreinigung der Auslöser für den Plan war, Jesus zu beseitigen. Kajaphas, so können wir annehmen, fühlt sich bedroht, sein sorgsam eingefädeltes Machtgefüge wird durch diesen charismatischen Aufrührer aus Nazaret unterwandert, das Volk schließt sich ihm an, hört ihm zu – dadurch wird es unberechenbar. Und außerdem: Was wäre, wenn dieser Galiläer recht hat: Wenn auch Gott nicht berechenbar wäre bis in die kleinsten Münzen des Tempelgeldes? Wenn Gott Wärme und Weite in Person wäre, wie Jesus behauptet? Wenn Gott wirklich wollte, dass die Menschen sich ändern? Doch hat wohl auch Kajaphas solche Überlegungen in den Wind geschlagen und verspielte wie Herodes seine Chance zur Umkehr. Er ließ sich nicht den Spiegel vorhalten, sondern vernichtete mit Jesus den, der in der Nachfolge der Propheten, ja mehr noch aus unmittelbarem Erleben den lebendigen Gott verkündete. So bleibt auch Kajaphas' Leben – ein wirklich priesterliches Leben – am Ende ungelebt. Und Jesu Urteil fällt in aller Trauer über so viel Verstocktheit deutlich aus: »Weh Euch, … ihr Heuchler! Ihr seid wie getünchte Gräber, die von außen schön aussehen, innen aber voll sind von Knochen der Toten und aller Unreinheit« (Mt 23,27). Dies hält auch uns den Spiegel hin: Wie sieht unser inneres, geistliches Leben aus? Wie steht es um unseren kirchlichen ›Betrieb‹? Leben wir so, als ob es Gott nicht gäbe?

Schwankendes Rohr und übertünchtes Grab: Das sind die Bilder, mit denen Jesus die Mächtigen seiner Zeit, Herodes und Kajaphas, beschreibt. Warum musste er gerade solchen mittelmäßigen Menschen zum Opfer fallen – einem vergnügungssüchtigen Monarchen und einem klerikalen Karrieristen? Genau deshalb, weil das Geheimnis des Bösen die Gewohnheit ist, die alltägliche Banalität.

400 Jahre vor Christi Tod hat sich der Philosoph Platon (428 – 348 v. Chr.) gefragt, was wohl geschehen würde, wenn der vollkommen Gerechte auf Erden erschiene. Und gab darauf die Antwort: Die Menschen würden ihn geißeln, blenden und kreuzigen. Weil ihre Augen sich so gewöhnt haben an das graue Zwielicht des Alltags, dass jeder Versuch, in der Wahrheit zu leben, dass jeder Mensch, der Licht ausstrahlt, ihnen nur Angst und Hass einjagt. **(5)**

Ja, wir Menschen halten das Licht nicht aus, weil uns das graue Zwielicht des Alltags angenehmer ist. Nicht weil die Menschen zuinnerst grausam wären, halten sie sich das Gute vom Leibe, sondern weil sie zu bequem sind. Herodes und Kajaphas in mir erkennen, heißt auch fragen: Wo ertappe ich mich bei ähnlichem Rollenverhalten – auch und gerade in der Kirche? Wie viel Oberflächlichkeit und Banalität bestimmen unser kirchliches Leben? Wie oft setzen wir mehr auf äußeren Schein als auf das innere Sein! Wie viel Ängste blockieren uns, wenn es um geistliche Erneuerung und notwendige Reformen im Sinne des Evangeliums geht! Herodes und Kajaphas sind Muster, die anteilig in jedem von uns weiterleben. Eines jedenfalls verbindet uns mit beiden: Jede und jeder von uns ist gesalbt mit dem Chrisam, mit dem in der Antike Könige wie Herodes und Priester wie Kajaphas gesalbt wurden. Bei uns geschah das in der Taufe, und der Spender des Sakramentes hat damals – selbst wenn wir es noch nicht bewusst hören konnten – sinngemäß zu uns gesagt: »Du, kleiner Christ, bist berufen zum König und zum Priester.«

Als sie Jesus begegneten, haben Herodes und Kajaphas ihre Berufung verspielt: aus Faulheit, aus Angst, aus Machtbesessenheit. In der Begegnung mit Jesus Christus können wir jedoch unsere Berufung neu entdecken: gegen Banalität und Oberflächlichkeit, gegen den äußeren Schein, den mausgrauen Durchschnitt und den Impuls, nach Schwächeren zu suchen, die uns ausgeliefert sind, anzukämpfen. Eine gute Gelegenheit, Jesus Christus und seiner Frohen Botschaft auf den Grund zu gehen, ist die Fastenzeit. Daher: Christ, erkenne deine Würde! **(6)**

fm.

1 Zur Vertiefung vgl. Jos Rosenthal: Der Prozess Jesu. 18 Stunden bis zur Hinrichtung. Mainz 2003.

2 Zit. nach Katja Riedel: Adolf Eichmann. Organisator des Massentods. Focus online (11.04.2011).

3 Hannah Arendt: Eichmann in Jerusalem. Ein Bericht von der Banalität des Bösen (engl. 1963; dt. 1964). Seit 1986 ist die im Piper-Verlag erschienene deutsche Textausgabe um einen kritischen Essay des Historikers Hans Mommsen erweitert.

4 Eine etwas kürzere Variante der Hinrichtung des Täufers findet sich in Mt 14,3-12; vgl. Lk 3,19 f.

5 Vgl. Platon: Politeia II,361E.

6 Vgl. Leo der Große, Sermo 21,2.

Banalität des Bösen?

> Er, der über die bitteren Wogen des Meeres schreitet,
> er, der den toten Samen der Erde Leben verleiht,
> er, der die Bande des Todes
> zu lösen vermag
> und nach dem dritten Tag den Bruder
> aus dem Dunkel
> der Schwester Marta wieder lebendig zugeführt,
> er wird, so glaube ich, auch Damasus aus dem Staube erwecken.

Inschrift in der Familiengrablege von Papst Damasus
in der S. Callisto-Katakombe (ICVR IV, 12418)

Lazarus: Jesu toter Freund

Beliebtes Spottwort unter Eingeweihten: »Wozu den Lazarus auferwecken, wenn er doch wieder sterben wird?«

Weit vorbei! Dem Evangelisten Johannes geht es vielmehr um eine erzählerische Vorwegnahme des Schicksals Jesu von Nazaret. Und um die Vermittlung von tiefer Glaubenshoffnung.

Man feiert wieder zu Betanien (Joh 12) – wie einstmals in Kana (Joh 2): Vorschein und Zeichen des Reiches Gottes!

Das Wochend-Journal der *Augsburger Allgemeinen* titelte: »Bio für alle – Ökoboom. Die Nachfrage steigt und steigt und macht aus der runzligen Rübe von einst ein Massenprodukt« (Ausgabe vom 8. März 2008). Der Bioboom ist mehr als Mode. *Bios* heißt übersetzt Leben. Es ist die Sehnsucht nach Leben, die uns Menschen treibt, mehr Geld auszugeben, damit Leben gesund ist und zugleich Freude macht. ›Bio‹ war einmal Inbegriff für Wollpullover, Jutetaschen, runzlige Äpfel und Konsumverzicht. Doch das ist ein Klischee von gestern. »Bio ist heute nicht mehr Askese, sondern sinnlicher Genuss«, sagt das Marktforschungsinstitut *Rheingold*. »Wir erleben eine Rückbesinnung auf die großen Werte wie das Leben und die Liebe. Das macht Bio-Angebote generell attraktiv.« Die Biowelle hat Hochkonjunktur: nicht nur bei den Lebensmitteln, sondern auch in der Textilindustrie und in der Naturkosmetik. Schön will man sein, und dabei natürlich und gesund.

Um Leben und Liebe geht es auch in Betanien, ganz in der Nähe von Jerusalem, am Ölberg, auf der Straße nach Jericho. Betanien liegt nur 15 Stadien von Jerusalem entfernt, d. h. knapp drei Kilometer vor den Toren der Stadt. In diesem Dorf gab es Pilgerhospize und Pensionen für Leute, die noch etwas ausruhen wollten, ehe sie sich dem Trubel der Stadt aussetzten. In Betanien hatte Jesus Freunde. Wenn er auf dem Weg nach Jerusalem war, kehrte er gern ein im Haus von Lazarus, Maria und Marta. Nach Kafarnaum in Galiläa war Betanien so etwas wie eine ›zweite Heimat‹, dort konnte der Sohn Gottes auch ganz Mensch sein. In Betanien erfuhr Jesus, was Leben und Liebe ist.

Einmal wird er hineingezogen in einen ›Zickenkrieg‹ zwischen Marta und Maria, wer denn wohl die Lieblingsschwester, die ›Nummer eins‹ an seiner Seite sei. Ein andermal wird Jesus im Haus eines Aussätzigen namens Simon von einer Frau gesalbt in einer Weise, die sinnlicher nicht sein könnte: Alle Register der Zärtlichkeit setzt sie ein, ihre langen Haare dienen als Handtuch, der Duft inspiriert die Phantasie, Jesus sei hier in eine Beauty-Farm oder ein Wellness-Center geraten, von noch prickelnderen Assoziationen ganz zu schweigen. Für Jesus ist Betanien ein Ort, wo er konfrontiert wird mit dem, was Menschsein ausmacht, mit Leben und Liebe. Er scheint sich nicht unwohl gefühlt zu haben.

Wo gelebt wird und geliebt, darf man das Sterben nicht verschweigen. Bei Betanien liegt auch das Grab des Lazarus. Die Christen haben dort eine Kapelle errichtet, später wurde daraus eine Moschee. Mit Jesus und den beiden Schwestern Marta und Maria besuchen wir das Grab des Lazarus. Zwar streicht Johannes in seinem Evangelium besonders die göttlichen Züge Jesu heraus, doch verschweigt er gerade in Betanien nicht, dass der Sohn Gottes menschliche Seiten hatte und zeigte. Für Jesus war Lazarus ein Freund. Lazarus steht nicht in der Liste der Apostel, er hatte kein Amt in der Hauskirche von Betanien. Seine Berufung war einfach: Jesu Freund zu sein. Es verwundert nicht, dass sein Tod Jesus tief erschüttert. Der die Seligpreisung von den Weinenden proklamierte, lamentiert mit den Klagenden, die um Lazarus trauern. Jesus weint mit den Weinenden. »Seht, wie lieb er ihn hatte« (Joh 11,36). Jesus teilt das Menschsein in allen Facetten. Die Grenze des Todes ist auch für ihn keine Bagatelle.

»Komm und sieh!« (Joh 11,34). Der Einladung, die an Jesus ergeht, folgen auch wir. So stehen wir mit Jesus am Grab und hören seine Stimme: »Lazarus, komm heraus!« (Joh 11,43). Jesus ruft einen Toten ins Leben zurück. Unvorstellbar! Unglaublich! Ein Wunder, das alles übertrifft, was Jesus vorher getan hat. Ging es beim ersten Zeichen auf der Hochzeit in Kana darum, Wasser in Wein zu verwandeln, um die Festeslaune nicht zu verderben, so ist das letzte und siebte Zeichen, das Wunder an Lazarus, Erfüllung und Vollendung alles Bisherigen: Es geht um Leben und Tod, der Tod zieht den Kürzeren, Lazarus kehrt ins Leben zurück.

Wer allerdings dabei stehen bleibt, greift zu kurz. Es geht nicht nur um unser biologisches Leben. Weniger um *bios*, sondern um *zoë*, nicht um die Quantität des Lebens, sondern um seine Qualität, um ein neues, unverlierbares Leben, das quer steht zur Grenze, die das körperliche Sterben setzt. Manchmal ist ein Mensch schon tot, obwohl er äußerlich atmet und das Herz im richtigen Rhythmus schlägt.

Da bleibt ein Kind dumm, weil der Lehrer es weder fördert noch fordert. – Da kann ein Mann seine Gefühle nicht äußern, weil er es nicht gelernt hat, sein Herz zu öffnen nach dem Motto: ›Ein Junge ist stark, er weint nicht.‹ – Da entfaltet eine Frau ihre Fähigkeiten nicht, weil andere sagen: ›Du bist für die Kinder da und gehörst in die Küche‹. – Da werden Senioren mit dem Alter nicht fertig und fühlen sich aufs Abstellgleis gesetzt, weil Jüngere sagen: ›Ich bin mittlerweile volljährig und erwachsen.‹

Ist hier nicht etwas zu spüren von dem, was es bedeutet, tot zu sein, obgleich man biologisch am Leben ist? Das ist Sterben mitten im Leben. Und kennen wir nicht auch, gleichsam als Umkehrung, die andere Seite: Festgefahrenes kommt in Bewegung, Sterbendes wird lebendig, Tote stehen auf?

Da lerne ich jemanden kennen, der mir etwas zutraut und mich ermutigt: Geh aus dir heraus! Du kannst es! Da ist jemand, der mit Lob nicht geizt und mir zeigt, dass ich ihm wichtig bin: Komm heraus! Ich brauche dich! – Da finde ich einen, der mich an die Hand nimmt und mir Wegbegleiter ist. Ich kann dem Leben wieder trauen, nicht in großen Sprüngen, aber mit kleinen Schritten: Komm heraus! Ich geh mit dir! Auch das ist Auferstehung, Aufstehen zum Leben, herausgehen aus uns selbst, aus den Gräbern, die wir uns selbst geschaufelt haben, obwohl wir eigentlich mitten im Leben stehen.

Wenn man die Jahreskrippe anschaut, die an der Pforte des Klosters *Maria Stern* in Augsburg steht und gerade die Szene von Lazarus in Betanien zeigt, dann fällt einem ein Detail auf, das für sich spricht: An der Auferweckung des Lazarus sind zwei Männer beteiligt, die für das Wunder bedeutsam sind. Einer löst die Binden am Fuß, der andere ist am Kopf zu Gange, um das Gesicht des Lazarus freizulegen. Lazarus lebt wieder, aber er ist noch nicht frei. Er ist eingebunden, gefesselt, so dass er erst wieder laufen lernen muss. Sein Gesicht ist verhüllt, versteckt hinter Masken und Rollen, die es täglich zu spielen gilt. Die Auferweckung ist erst abgeschlossen, als Lazarus von seinen Binden erlöst und von seiner Maske befreit ist. Erst dann kann er wieder eigenständig stehen und gehen, erst dann kann er die Welt mit neuen Augen sehen. Ist das nicht ein schönes Bild, was unsere Aufgabe füreinander ist: Gott, der Freund des Lebens, braucht uns als Geburtshelfer des Lebens. Er braucht keine Maskenbildner, sondern Bindenlöser, Menschen, die einander helfen, dass Fesseln aufgehen und Masken fallen, damit wir uns mit offenen Augen anschauen und ehrlich begegnen können. Wir brauchen uns nicht einwickeln in schöne Formeln und Floskeln, wir sollten einander behutsam auswickeln, damit das wahre

4 TAGE

VIER TAGE LIEGT LAZARUS SCHON IM GRAB (JOH 11,17.39). RABBINISCHEM VERSTÄNDNIS ZUFOLGE IST ER DAMIT UNWIDERRUFLICH TOT.

Gesicht zum Vorschein kommt. »Komm und sieh!« – so werden wir nach Betanien ans Grab des Lazarus gebeten. »Kommt und seht!« (Joh 1,39): Mit diesen Worten hat Jesus die Menschen eingeladen, die sich für sein Leben interessierten. »Kommt und seht!« Das ist auch das Angebot, das die Kirche den Menschen bis heute macht. Wir sind nicht zu einem Gräberbesuch eingeladen, sondern in ein Haus, in dem gelebt wird und geliebt, aber auch gestorben und auferweckt. Ein Ort, der wie Betanien ist, wo Jesus gern Quartier genommen hat. Maria, Marta und Lazarus haben immer wieder nach Jesus geschaut.

Im Schauen auf Jesus – im Anschauen seines Gesichtes – wird sich unser Leben wandeln. Wenn wir noch mehr auf Christus schauen und weniger auf uns, bekommt unser Leben, persönlich und gemeinschaftlich, ein neues, sympathisches, einladendes Gesicht. Der Theologe Wassili Rosanow (1856–1919) schreibt: »Das abendländische Christentum ging an dem, was an Christus die Hauptsache ist, völlig vorüber. Es akzeptierte seine Worte, bemerkte aber sein Antlitz nicht. Nur dem Osten war es gegeben, das Antlitz Christi aufzunehmen. Und der Osten sah, dass es von unendlicher Schönheit und Traurigkeit war.«

Jesus Christus, voll unendlicher Schönheit und Traurigkeit, Bild der Liebe Gottes, die keine Angst hat vor dem Tod, damit wir durch ihn leben. Geheimnis des Glaubens!

ABBILDUNG 32
Auferweckung des Lazarus, Arcosolgrab – Ausschnitt, Domitilla-Katakombe, Nr. 50 (Wilpert, Taf. 248).

ABBILDUNG 33
Eingang zum sog. Grab des Lazarus in Betanien. Aufnahme aus dem Jahr 1906 *(Andrew E. Breen: A diary of my life in the Holy Land. Rochester / NY 1906, S. 367).*

ABBILDUNG 34
Eingang zum sog. Grab des Lazarus in Betanien im Jahr 2012.

In Naïn:
Die Tränen einer Mutter

Kein schwerer Schlag, nein, ein Schicksalsschlag! Man bedenke doch: Soziale Sicherungssysteme kannte die Gesellschaft der Zeit Jesu nicht. Kinder waren – zumal für verwitwete Frauen – Zukunftsvorsorge. Und dann das. Aber Jesus macht seinem Namen alle Ehre: ›Gott rettet‹ …

Heute sind wir in der Gegend von Naïn. *Naïn* heißt auf Deutsch ›die Liebliche‹. Doch die Stimmung ist alles andere als lieblich. In der lieblich verträumten Stadt hat der Tod ein Opfer gefunden. Eine lange Menschenschlange von Trauernden verlässt die Stadt. Der Trauerzug zeigt, dass auch in den Mauern dieser Stadt der Tod zu Hause ist. Der Tod wohnt überall, wo Leben ist. Denn, ob wir es wahrhaben wollen oder nicht: Auch das Sterben ist ein Teil des Lebens.

Die Juden empfanden vor einem Toten tiefe Ehrfurcht. Der menschliche Körper war und ist für sie ein Werk Gottes, als sein Ebenbild geschaffen. Zur Zeit Jesu wurde der Leichnam gesalbt und in ein Leintuch gehüllt. Über das Antlitz des Toten legte man ein Schweißtuch. Übrigens hat auch Papst Johannes Paul II. (1920 – 2005) ausdrücklich verfügt, dass man ihm nach seiner öffentlichen Aufbahrung vor der Schließung des Sarges ein Schweißtuch auf das Gesicht legen sollte. Hände und Füße des Toten wurden mit Binden umwickelt. Das Begräbnis fand gewöhnlich noch am Sterbetag statt, am späten Nachmittag, aus klimatischen Gründen. Einen Sarg gab es selten. Meist wurde der Tote auf einer offenen Bahre zu Grabe getragen. Ob der Schmerz groß war oder sich in Grenzen hielt, immer wurde laut geklagt. Das gehörte zum Ritus. Sogenannte ›Klagefrauen‹ konnten angemietet und bezahlte Flötenspieler bestellt werden. Was da in Naïn geschieht, ist also nichts Außergewöhnliches: ein Begräbnis mit viel Volk, wohl auch deshalb, weil der Verstorbene jung war, noch dazu der einzige Sohn seiner Mutter, die nun ganz allein ist als Witwe. Der Tod des einzigen Sohnes muss für die Frau ein schwerer Schlag gewesen sein. Hier hat sich das Sprichwort erfüllt: Ein Partner geht von der Seite, ein Kind geht vom Herzen. Als Witwe damals ohnehin schutzlos und schwach, ohne männliche Stütze, ist sie auch sozial arm dran. Heute würde man sie sicher zur Gruppe der Hartz-IV-Empfänger zählen. Die Leute im Trauerzug konnten die Frau vielleicht trösten, doch helfen konnten sie ihr nicht. Die Größe des Elends spiegelt sich wider in der Länge des Trauerzuges: »Viele Menschen aus der Stadt begleiteten sie.«

Der Leichenzug ist das eine; das andere ist der Weg Jesu: »Und es geschah danach, dass er in eine Stadt namens Naïn kam; seine Jünger und eine große Volksmenge

74 GESTALTEN DES NEUEN TESTAMENTS

folgten ihm.« (Lk 7,11) Ich kann mir das gut vorstellen: Zwei Prozessionen begegnen sich. Hier der Zug des Todes, dort der Zug des Lebens. Der Tote, dessen Namen wir nicht kennen, wird aus der Stadt herausgetragen. Das Leben, das Jesus von Nazaret heißt, geht in die Stadt hinein. Was geschieht in diesem Augenblick, wenn beide Züge aufeinandertreffen? Sie weichen einander nicht aus. Tod und Leben stellen sich. Der Zug des Lebens tritt nicht pietätvoll einige Schritte zurück, um den Zug des Todes passieren zu lassen. Der Zug des Lebens lässt sich auch nicht mitreißen in den Sog des Todes. Er schließt sich den Trauernden nicht an. Im Gegenteil: Der Zug des Lebens bringt den Zug des Todes zum Stehen. Genau an dieser Stelle halten wir inne: Tod und Leben begegnen sich. Die Bahre des toten jungen Mannes wird zur Wiege des Lebens. Wie ist das zu verstehen?

Schauen wir zunächst auf das dunkle Schicksal einer Witwe in der damaligen Zeit. Es bedeutete, völlig mittellos zu sein, abhängig zu sein vom Wohlwollen und von der Barmherzigkeit anderer. Soll man es der Frau verdenken, dass sie sich an den Sohn klammert wie als Ersatz für ihren verstorbenen Partner? Mag sein, dass er ihr Trost und Stütze ist in den Stunden der Traurigkeit. Mag sein, dass sie darauf zählt, dass er sie schützt und stützt, wenn sie selbst alt ist und nicht mehr kann. Ich habe doch ein Recht darauf, ich habe mir doch sonst nichts gegönnt im Leben. Das alles ist verständlich, menschlich wenigstens. Doch kann es nicht auch sein, dass ihre Erwartungen, ihr ganzer Umgang, alle Fürsorge und Nähe, die sie in ihren Sohn investiert, dafür mitverantwortlich sind, dass der junge Mann am Ende tot ist, weil er nie zum eigenen Leben kam, weder Freiheit verspürt hat, sein Leben selbst zu gestalten, noch das Zutrauen, den eigenen Weg sich bahnen zu dürfen? Der Sohn, das ewige Kind, wird zum Garanten der Zukunft. Das könnte ihn ums

UND JESUS GAB IHN SEINER MUTTER ZURÜCK
Lk 7,15

Leben gebracht haben. Der Sohn, die Tochter, nach Jahren gerechnet längst erwachsen, aber eigentlich nie entscheidungsfähig geworden: Kommt uns das nicht bekannt vor – nicht nur in unseren Familien, sondern auch in der Kirche? Jedenfalls liegt es nahe, im jungen Mann von Naïn und seinem Verhältnis zur Mutter Ähnlichkeiten zum eigenen Leben zu entdecken.

Was macht Jesus? Er schlägt einen klaren, sogar barschen Ton an: Fast taktlos wirkt es, wenn er zur Witwe, die vor wenigen Stunden erst ihren einzigen Sohn verloren hat, sagt: »Weine nicht!« (Lk 7,13). Und ebenso entschlossen spricht er den Toten an: »Jüngling«, sagt Jesus, nicht Kindlein oder Sohn oder Mädchen, sondern ganz energisch: »Jüngling, ich sage dir: Steh auf!« (Lk 7,14). Das heißt: »Merke, wie viel an Können, an Stärke, an eigenem Herz, Verstand und Willen in dir selbst liegt. Du bist jetzt alt genug, um dein Leben in die Hand zu nehmen. Du brauchst dich nicht mehr durchs Leben tragen zu lassen wie auf einer Totenbahre, die dir vielleicht bequem vorkam als Bett der Verwöhnung, die dich aber krank gemacht hat. Du kannst auf zwei Beinen stehen. Wach auf, steh auf und geh!«

Wohin soll der junge Mann nun gehen? Soll er sich dem Zug des Lebens anschließen, beruft ihn Jesus gar in seine engere Nachfolge? Nein. Sicher hätte Jesus junge Kräfte in seiner Gruppe gut gebrauchen können. Doch er tut es nicht. Er gibt den Sohn seiner Mutter zurück. Ist das nicht ein schönes Bild für unser Leben? Jesus will nicht die Trennung, die Spaltung, das Sektiererische. Der junge Mann bleibt der Mutter treu, er bleibt in der Gemeinschaft mit ihr. Doch die Bindung an sie schnürt dem jungen Mann nicht mehr den Lebensatem ab, er erstickt nicht mehr an der Wucht der Witwe, am Über-Ich der Mutter, sondern darf selbst aufatmen und durchatmen. Er ist nicht mehr das Mamakind, das alles fragen muss, sondern der erwachsene Sohn, der seine eigenen Akzente setzen darf und dennoch seine alleinstehende Mutter trägt und stützt. Zur tiefsten Deutungsebene stoßen wir vor, wenn wir bei den Kirchenvätern in die Schule gehen. Besonders der hl. Augustinus (354–430) sieht in der Witwe die Mutter Kirche, die um ihre Söhne und Töchter trauert, die sie verlassen haben. Mit der Witwe von Naïn hofft sie, dass Jesus Christus deren Weg kreuzt, den toten Sohn, die tote Tochter auferweckt und ihn / sie der Mutter Kirche zurückgibt. Hier kommen autobiographische Züge ins Spiel: Auch Monika, die Mutter von Augustinus, war Witwe, und ihr Sohn hatte sich in jungen Jahren weit von Gott entfernt. Monika tat ein Zweifaches: Sie weinte und betete. In den *Confessiones* schreibt ihr Sohn Augustinus: »Sie hatte mich beweint wie einen Toten, aber einen Sohn zum Auferwecken, und mich auf der Bahre ihres Sinnens und Denkens dir entgegengetragen, damit du zum Sohn der Witwe sagen würdest: ›Jüngling, ich sage dir, steh auf‹ (Lk 7,14) und er zurück ins Leben käme und zu reden anfinge und du ihn seiner Mutter wiedergäbest.« Schon früher hatte Monika einen Bischof aufgesucht, um sich wegen Augustinus beraten zu lassen. Der Bischof drängte nicht, sondern mahnte zur Geduld. Monika sollte warten, bis für Augustinus die Zeit reif geworden sei. Dann fügte er hinzu: »Nur bete für ihn zum Herrn. So wahr du jetzt am Leben bist, – es ist unmöglich, dass ein Sohn solcher Tränen verlorengeht.« Wir wissen, dass der Bischof Recht behalten sollte. Habe auch ich vielleicht einen Menschen, für den ich gerade nichts anderes tun kann als weinen und beten? Wenn ja, dann wollen wir ihn bei diesem Gottesdienst besonders bedenken.

ABBILDUNG 35

Grab der Calendina mit der Inschrift: *Calendina, du wirst leben*. Die abgebildeten Motive *(Taube mit Ölzweig, Gen 8,11; Paradiesesbaum mit Schlange, Gen 3; Lamm Joh 1,29 und Offb 7,10)* illustrieren den Glauben an eine Errettung aus dem Tod durch Jesus Christus, das Lamm Gottes.

ABBILDUNG 36

Milly Steger, Auferstehender Jüngling, 1920, Städel Museum, Frankfurt a. M.

Heilung der Unheilbaren

Heute den einen eine Beleidigung ihres Intellekts, den anderen sicherer Beweis ihres Glaubens: Heilungswunder!

Die frühe christliche Tradition sah das nüchterner: ›Christus medicus‹ – Christus ist der Arzt schlechthin. Denn er heilt mit Vollmacht (griech. δύναμις), nicht durch bloße Kunst.

Und er heilt zeichenhaft. Hier schenkt er Gesundheit, dort ewiges Leben in Fülle ...

Eingebettet in den Bericht von der Auferweckung der Tochter des Jairus überliefern die drei ersten Evangelisten die kurze Geschichte einer Krankenheilung. Miteinander geschickt verwoben, erzählen beide Wunder auf je eigene Weise von der heilenden und Leben stiftenden Macht Jesu. In dem großangelegten Bericht von der Tochter des Jairus geschieht die Heilung der seit zwölf Jahren an Blutungen leidenden Frau geradezu en passant. Es lohnt sich, dem Schicksal dieser Frau nachzuspüren (Mk 5,25-34 parr.).

In einigen markanten Zügen wird die Frau charakterisiert: eine Gestalt, die das Drama und den Schmerz menschlicher Existenz einfängt. Seit zwölf Jahren leidet sie an Blutungen, und niemand kann sie heilen. Nach Markus hat sie »ihr ganzes Vermögen für Ärzte aufgewendet« (vgl. Mk 5, 26) – aber ohne Erfolg. Das Leiden dieser Frau beeinträchtigte nicht nur ihr körperliches Wohlergehen; es machte ihren ganzen Lebensweg zu einem Leidensweg. Wer kann die inneren Qualen dieser Frau ermessen?

Eine solche Blutung war für eine Frau zur Zeit Jesu besonders degradierend, weil sie nach jüdischem Gesetz unrein machte. Unreinheit hatte nicht nur den Ausschluss vom Gottesdienst zur Folge, sondern bedeutete Unberührbarkeit im buchstäblichen

Frau, sei selbstbewusst!

Sinn: vollkommene Isolierung innerhalb der Familie und Gesellschaft. Wer eine Unreine berührte oder sich von ihr berühren ließ, wurde selbst unrein. So kommt zur körperlichen Krankheit noch soziale Ächtung hinzu, der Zwang, vor der Nähe anderer ausweichen zu müssen und jedem mit Worten und Gesten verständlich zu machen: »Rühr' mich nicht an!« Dabei wünscht sich der Mensch nichts sehnlicher als Nähe und Geborgenheit! Aber damit nicht genug: Muss diese Frau, deren Name uns übrigens vorenthalten bleibt, nicht auch das Gefühl des Ausfließens, des Sich-selbst-Verlierens gehabt haben? Blut ist doch Träger menschlichen Lebens! Kannte sie die Angst, vollkommen auszubluten, all ihre Lebenskraft wegzugeben?

Nichtsdestotrotz hat die Frau nicht aufgegeben. Sie will nicht Invalide sein auf Lebenszeit. Mitten in der Menschenmasse, die auf Jesus wartet, bahnt sie sich ihren Weg, weil sie denkt: »Wenn ich auch nur sein Gewand berühre, werde ich geheilt.« (Mk 5,28) Was sie zu Jesus hindrängt ist nicht die Neugier der meisten Schaulustigen, die morgen der nächsten Sensation nachlaufen. Es ist ihr persönlicher Wunsch, nicht mehr von einem Doktor zum anderen laufen zu müssen. Hinter dieser Frau verbirgt sich der Prototyp vieler kranker Frauen – gestern wie heute. Sie war bei allen Ärzten, aber für sie braucht es mehr Kenntnisse und mehr Einfühlungsvermögen, als diese ihr bieten können. Jesus heilt sie, als die Ärzte am Ende sind. Ihre Krankheit ist physisch. Aber hinter der physischen Manifestation können psychische Wurzeln vergraben liegen. Direkt geht es aus dem Text nicht hervor, aber wir dürfen es voraussetzen in einer Zeit, in der die Medizin die psychosomatische Basis vieler Krankheiten entdeckt hat.

So heilt Jesus nicht nur von den Blutungen. Er ist an der ganzen Person interessiert. Dadurch, dass er sich von der ›unreinen‹ Frau berühren lässt, zeigt er überdeutlich, was er von Tabus, Vorurteilen und Diskriminierungen hält: Er durchbricht sie. Jesus nimmt die Frau ernst. Er schämt sich der Berührung nicht und möchte, dass sich auch die Frau seiner nicht schäme. Aus der Anrede »Meine Tochter, dein Glaube hat dir geholfen. Geh in Frieden!« (Mk 5,34) sprechen seine Annahme und Wertschätzung, die ihr ein vollkommen neues Selbstwertgefühl vermittelt und sie gleichzeitig in der Gesellschaft rehabilitiert. Was Jesus der Frau sagt, ist die Ermutigung: Fühle dich nicht wertlos! Du bist eine Person, die es wert ist, geheilt zu werden, wert, dass ich auf sie aufmerksam bin! Du bist kein Aschenputtel. Also, steh auf und steh zu dir als Frau!

Darin liegt das eigentliche Wunder. Jesus ist kein Heiland, von dem gleichsam geheime Kräfte ausgehen, und der in seiner göttlichen Macht alles Leid um uns herum wegzaubert. Selbstverständlich könnte er das! Aber er wählt einen anderen Weg. Er ist der Gottmensch, der sich ganz persönlich den Menschen zuneigt. An dieser fast nur eingeschoben wirkenden Heilung leuchtet also ein Gottesbild auf, das etwas ungemein Tröstliches an sich hat: Gott nimmt einen jeden Menschen wahr – wie schüchtern, vielleicht sogar »zitternd vor Furcht« (Mk 5,33) wir uns ihm auch nähern. Gott lässt sich auf unsere Schicksale ein. Er trägt jedes Kreuz mit und belädt sich mit uns Menschen. Aber diese heilende Begegnung kommt nur zustande, wenn der Mensch sich ebenso auf Gott einlässt. Es geht darum, uns ihm hinzuhalten – ohne kosmetische Seelentricks. Dann wird er vielleicht auch uns zuteil – Jesu heilender Zuspruch: »Dein Glaube hat dir geholfen. Geh in Frieden« (Mk 5,34).

100 %

SIE SPÜRTE IN IHREM LEIB, DASS SIE VON IHREM LEIDEN GEHEILT WAR. IM SELBEN AUGENBLICK FÜHLTE JESUS, DASS EINE KRAFT VON IHM AUSSTRÖMTE.

Mk 5,29 f.

Rabbuni, ich möchte sehen können!

»Wenn du ein Herz hast, wirf das Auge fort, und du wirst sehen.« – Dieses asiatische Sprichwort sagt uns, was ›schauen‹ ist. Zwar endet dieses kurze Sprichwort mit dem Wörtchen ›sehen‹, aber es ist eindeutig hinbezogen auf das Herz. Wenn du ein Herz hast, wirf das Auge fort, und du wirst sehen. Das Auge kann fortgeworfen werden, wo das Herz schlägt. Schauen ist anders und mehr als bloßes Sehen. Es ist mehr und anders als ein Aufnehmen von bloßen Sinneseindrücken, als ein Aufsammeln von Geschehenem. Das Knipsen von Fotos und Aufzeichnen von Videos, das Aufzählen von vielem, was man gesehen hat im Museum, auf der Ausstellung, auf einer Reise – das alles ist nicht Schauen.

Die Heilung des blinden Bartimäus (Mk 10,46-52) ist mehr als ein medizinisches Wunder. Unsere Sprache verrät, was eigentlich damit gemeint ist. Sie weiß um das breite Spektrum dessen, was blind sein bedeuten kann: Wenn wir z. B. Jugendliche hören, die von jemandem sprechen, der es »auf keinem Auge blickt«, während ein anderer ihrem Urteil nach »den vollen Durchblick schiebt«. Da geht es um viel mehr als um das Funktionieren der Augen. Wir sprechen davon, dass »uns die Augen aufgegangen sind« oder dass einer »mit Blindheit geschlagen ist«. Einem anderen »fällt es wie Schuppen von den Augen«. Wir erinnern uns an Situationen mit Menschen, die »blind waren vor lauter Wut«. Da ist einer »weitsichtig«, ohne dass dies mit seiner Brille zu tun hat. Wir durchleben Momente, die »aussichtslos« scheinen.

Der letzte Satz des Evangeliums lautet: »Er konnte wieder sehen, und er folgte Jesus auf seinem Weg.« In ihm ist ein Wunder geschehen, nicht nur an seinen Augen. Er ist ein Schauender geworden. Sein Leben und seine Lebenssicht haben sich geändert. Es hat Perspektive, neuen Durchblick, bekommen. Könnte ein solches Wunder nicht auch heute geschehen?

Wie oft sind wir blind und wollen die Wirklichkeit nicht sehen, wie sie ist! Vielleicht können wir sie auch nicht anschauen, weil sie uns überfordern würde. Wir weigern uns, in unser Inneres zu blicken. Denn da könnte ja manches hochkommen, was unangenehm ist und das Bild zerstört, das wir uns von uns gemacht haben und – was noch schwerer wiegt – das andere sich von uns gemacht haben. Da könnte Dunkles hochkommen und Unverdautes, Verächtliches und Krankes. Da verschließen wir lieber unsere Augen und setzen die rosarote Brille auf, um nicht alles in seiner Schärfe anschauen zu müssen. Jesus ist anders. Er provoziert. Er fordert Bartimäus heraus, den Blick in den Spiegel der Wahrheit zu wagen: »Sag mir: Was soll ich dir tun?« – Sag mir, wo dein Blindsein liegt! Was verstellt dir den Blick? – »Rabbuni, Meister«, antwortet der Blinde, »ich möchte sehen können.« Das ist weit mehr als der persönliche Wunsch eines Einzelnen, es ist die Sehnsucht der

38

ABBILDUNG 37
Heilung des Gelähmten, Heilung der chronisch kranken Frau, Katakombe SS. Marcellino e Pietro, Ende 4. Jh. (Wilpert, Taf. 98).

ABBILDUNG 38
Heilung des Blinden, Katakombe SS. Marcellino e Pietro, Ende 4. Jh. (Wilpert, Taf. 129-1).

ABBILDUNG 39
Heilung der chronisch kranken Frau, Katakombe SS. Marcellino e Pietro, Ende 4. Jh. (nach Fink/Asamer, Abb. 63c)

Menschheit: Sehen können! Ein Ziel haben! Die Wirklichkeit sehen, wie sie ist – im Lichte Gottes!

Ich lade Sie ein, an sich das Wunder des Schauens geschehen zu lassen. Ich mache Ihnen einen bescheidenen alltäglichen Vorschlag. Vielleicht haben Sie eine Rose zu Hause. Wenn Sie sich ganz bewusst auf sie einlassen, werden Sie vieles entdecken – das eigene Leben neu lesen lernen. In der Vergänglichkeit lernen wir ihre Schönheit kennen. Sie ist täglich anders. Gestern war sie noch streng und verschlossen, heute gleicht sie einer zärtlichen Frau in großer Abendrobe, morgen oder übermorgen ist sie eine Trauernde, Weinende, dann eine Abschiednehmende. An jedem Tag ist die Rose anders. Anders schön. Anders Rose.

Das Wunder der Rose erschließt sich nur dem, der in die Sehschule des Schauens gegangen ist. Schauen: Das ist ruhig werden, eintauchen, versinken; eins werden mit dem Geschauten. Im Schauen sind Herz und Blick eins. Dieses Einssein von Herz und Blick ist Liebe. Deshalb kann ein Kind unter dem Blick seiner Mutter ganz frei sein, es selbst sein, sich freilassen und freispielen. Schauen ist der Blick, der freigibt und nicht klammert; der Blick, unter dem wir uns öffnen und verschenken dürfen. So ereignet sich Begegnung. Wenn uns ein solcher Blick der Liebe trifft, dann sind wir glücklich. Es gibt auch andere Blicke, die keine Begegnung ermöglichen: Blicke, denen wir ausweichen, die wir fürchten, vor denen wir uns schämen und rot werden. Solche Blicke verschließen. Sie verbreiten Kälte und Distanz. Kenne ich solche Blicke wie der blinde Bettler Bartimäus, der nicht nur um Almosen bettelte, sondern auch um Ansehen und Anerkennung?

Diesen Augenblick, ehrlich und ernst angeschaut zu werden, hat Jesus ihm geschenkt. Das war ein Wunder angesichts der Menschenmenge, die Jesus umringte. Aber wir wissen auch, warum: Eine frühe Handschrift hat in den Wunsch des Blinden ein kleines Wörtchen eingefügt – ein Wort, das eine unerhörte Verwandlung bewirkt; Bartimäus sagt nicht mehr nur: »Ich möchte sehen können.« Er bittet: »Ich möchte *dich* sehen können.« Ist das nicht eine wunderschöne Deutung, eine Interpretation über das irdisch-äußerliche Sehen hinaus in ein Hinüberschauen auf ein Leben, das uns Johannes so beschreibt: »Wir werden ihn sehen, wie er ist« (1 Joh 3,3)?

Auch das gehört zu dem Wunder, das an Bartimäus geschah: Gott sehen dürfen im eigenen Leben. Wie das Kind sich freilässt und freispielt unter dem Blick der Mutter, so können wir uns freilassen unter dem Blick Gottes. Wir können Menschen und Dinge freilassen im Wissen darum, dass wir sie nicht verloren, sondern neu gewonnen haben: unter Gottes Blick. Wir können Vergangenheit ohne Scham und Bitterkeit anschauen und gelassen den Blick in die Zukunft wagen, weil uns eine neue Sicht geschenkt ist, auch wenn wir nicht alles wissen, was uns die nächsten Monate und Jahre bringen werden. Aber Eines wissen wir: Gott hat einen weiteren Blick als wir. Mit seinem Weitblick dürfen wir es wagen. Der blinde Bartimäus hat es gewagt. Wir Kurzsichtigen dürfen es auch.

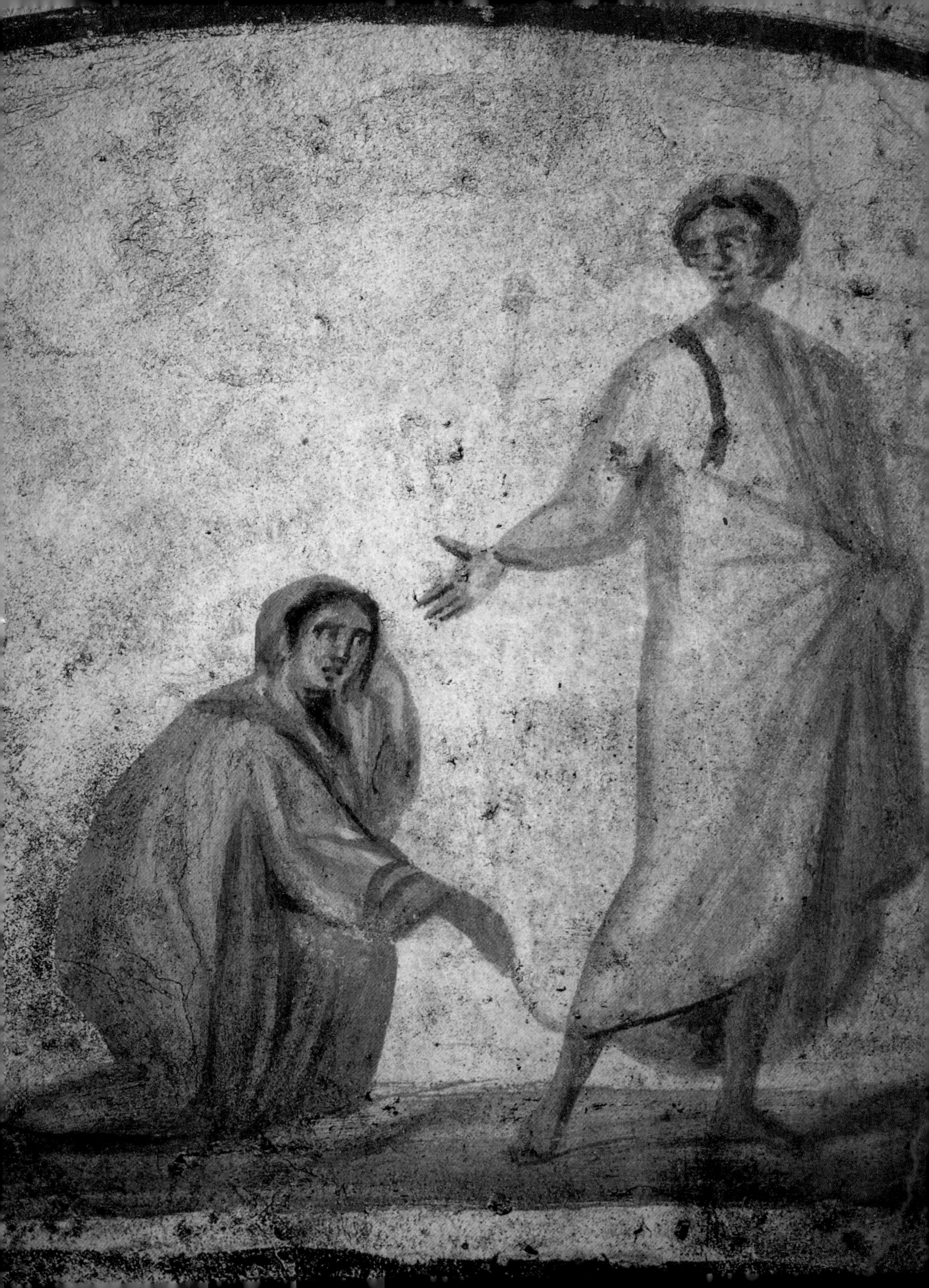

Jesus und die Samariterin

Alles eine Frage der Konfession! Die Samariter sind JHWH-Gläubige wie die Juden, aber mit eigenen Glaubens- und Kulttraditionen. Ihr heiliger Berg ist der Garizim, ihre Heilige Schrift bilden nur die fünf Bücher Mose. Für Jesu Zeitgenossen Grund genug, sie scheel anzusehen.

»Deine Brunnen sind deine Tagebücher, o Israel«, schreibt Nelly Sachs (1891 – 1970) in einem ihrer schönsten Gedichte. Und sie wiederholt es, wenn sie fortfährt: »Deine Tagebücher sind in die leuchtenden Augen der Wüste geschrieben.« Eine Formulierung, die damit spielt, dass in der hebräischen Sprache ein und dasselbe Wort für zwei ganz verschiedene Dinge steht: für den Brunnen und für das Auge. »Deine Brunnen sind deine Tagebücher, o Israel. Und deine Tagebücher sind in die leuchtenden Augen der Wüste geschrieben.«

In der Tat lässt sich Israels Geschichte beschreiben als Weg von Wasserstelle zu Wasserstelle. In den Psalmen wird dieses Gehen mit dem Herrn immer wieder besungen. Die Wüstenwanderer leben von der Zuversicht, dass es trotz aller Durststrecken die Hoffnung auf Wasser gibt: »Ziehen sie durch das trostlose Tal, wird es für sie zum Quellgrund, und Frühregen hüllt es in Segen« (Ps 84,7). Diese Erfahrung ist freilich nur denen vergönnt, die imstande sind, auf die Unterströmungen der Wüste zu achten, die immer wieder den kühnen Versuch unternehmen, die Trockenheit der Wüste zu durchbohren in der Hoffnung, dass sich in der Tiefe eine Quelle erschließt, aus der lebendiges Wasser sprudelt. Damit haben wir uns dem Brunnen angenähert.

Erstens: Schon im Alten Testament sind die Brunnen markante Stationen der Geschichte Gottes mit den Menschen. Brunnen sind Begegnungsort und Treffpunkt; manche Hochzeit hat sich am Brunnen angebahnt. An einem Brunnen sieht Abrahams Knecht für dessen Sohn Isaak die zukünftige Frau Rebekka. Auch Jakob trifft die schöne Rahel zum ersten Mal an einem Brunnen. Wieder ist es ein Brunnen, an dem Mose und seine spätere Frau Zippora miteinander anbandeln. Der Brunnen ist wie ein Thema mit Variationen. Doch nicht immer sind die Brunnengeschichten Liebesromanzen, oft sind sie auch ein Spiegel für erbitterte Kämpfe um Wasserstellen. Der Kampf ums Wasser – ist das nicht eine prophetische Ahnung dessen, was dem globalen Dorf, unserer veruntreuten Welt, in Zukunft bevorstehen könnte?

Zweitens: Jedenfalls sind Brunnen nicht nur Quellen des Wassers, sondern auch Garanten des Lebens. Bereits in der Vätergeschichte sind Brunnen jene Orte, an denen sich Gott als Lebensspender erweist. Wer erinnert sich nicht an Hagar, die Magd Sarais, Abrahams Frau? Als Hagar vor Sarai in die Wüste flieht und das Wasser in ihrem Schlauch zu Ende geht, sind auch ihre psychischen Reserven und ihr Nervenkostüm bald erschöpft. Scheinbar von Gott und der Welt verlassen, mutterseelenallein, sieht sie für sich und das Kind, das sie von Abraham erwartet, nur noch einen Weg: den Tod. Da öffnet ihr Gott auf den Wink eines Engels hin die Augen: Sie erblickt einen Brunnen mit Wasser. Sie schöpft das Wasser. Und mit dem Wasser schöpft sie auch neue Hoffnung für sich und ihr Kind: Hoffnung, dass es schon irgendwie weitergeht, Hoffnung auf Leben. Die Oase dieser neuen Hoffnung, inmitten der Wüste ihres Lebens, nennt Hagar »den Brunnen des Lebendigen, der nach mir schaut« (Gen 16,14). Mit diesem Namen nimmt Hagar vorweg, was später Nelly Sachs in ihrem Gedicht aufgreift, wenn sie in den Brunnen »leuchtende Augen« der Wüste sieht. Und gleichzeitig klingt in diesem Namen etwas mit, was das Geheimnis eines jeden Brunnens einfängt: Ort des Lebendigen, der nach mir schaut.

Sicher sind wir oft eher geneigt, uns mit den Wüstensituationen zu beschäftigen. Es liegt ja nahe und ist verständlich, dass Trockenheit uns belastet und wir Ausgebranntsein als bedrängend erleben. Aber gibt es auf unserem Weg nicht auch jene Brunnenstationen, an denen wir aufleben und überleben? Wissen wir nicht auch um Brunnen, an denen der Lebendige nach uns schaut, Orte und Zeiten, wo wir auftanken können, Menschen, bei denen wir Kraft und Trost schöpfen, Gott, der noch als Quelle sprudelt, wenn der Tank unserer Seele auf Reserve steht? Das und vieles andere mehr sind für mich Brunnen, leuchtende Augen in den ausgetrockneten und wüsten Strichen meiner Lebenslandschaft.

Drittens: Auf einen solchen Brunnen ist auch eine Frau gestoßen, die aus Samarien kam (Joh 4,1-42). Es ist der Brunnen des Vaters Jakob, aus dem schon seine Herden getrunken haben. Im Jakobsbrunnen gehen wir der Geschichte Israels auf den Grund. Ein Stück Tradition wird lebendig, denn jedes Schöpfen aus diesem Brunnen ist eine Art Eintauchen in die Tradition des Volkes, in seinen Ursprung und in seine Herkunft.

Dass es sich um eine Verwandlungsgeschichte handelt, zeigt eine Bemerkung, die Johannes am Rande macht, hinter der aber mehr steckt als eine Fußnote: Wir schreiben die sechste Stunde (vgl. Joh 4,6). Das heißt: Es ist Mittag. Die Sonne steht im Zenit, der Tag wendet sich, der Mittag als Wendezeit. Auch im Inneren der Frau ist Bewegung. Am Brunnen erfährt die Frau die Wende ihres Lebens. Zunächst macht es sie nur stutzig, wenn der Jude Jesus sie, die Samaritanerin,

---

SEINE STIMME WAR WIE DAS RAUSCHEN VON WASSERMASSEN.
Offb 1,15

---

um einen Schluck Wasser bittet. Schließlich kennt sie die Traditionen ihres und seines Volkes, die so etwas eigentlich nicht zulassen. Doch aus dem betroffenen Aufmerken wird mehr, als Jesus ihr sagt: »Wenn du wüsstest, worin die Gabe Gottes besteht und wer es ist, der zu dir sagt: Gib mir zu trinken!, dann hättest du ihn gebeten und er hätte dir lebendiges Wasser gegeben.« (Joh 4,10). Da zeichnet sich in ihr eine Ahnung ab, dass sie in Jesus jemanden getroffen hat, der neues Wasser gibt, der selbst zum Brunnen wird, aus dem lebendiges Wasser quillt.

So bittet sie ihn, ihr von diesem Wasser zu geben. Als Jesus ihr schließlich sagt: »Geh, ruf deinen Mann und komm wieder her«, und sie ihm gegenüber bekennt: »Ich habe keinen Mann«, von da an nimmt das Gespräch die entscheidende Wende. Jesus schaut mit der Frau in den Brunnen. Er konfrontiert sie mit ihrer Vergangenheit. »Fünf Männer hast du gehabt«, sagt Jesus der Frau auf den Kopf zu, »und der, den du jetzt hast, ist nicht dein Mann« (vgl. Joh 4,16-18). Der Brunnen wird zum Spiegel der Wahrheit. Im Brunnen kommt die Frau ihrem Leben auf den Grund. Sie erkennt ihr Problem und schaut ihm ins Auge: ihrer Sehnsucht nach Glück, ihrem Durst nach Liebe, ihrem Wunsch, angenommen und geborgen zu sein.

Die Frau muss hinuntersteigen in die Tiefe ihres eigenen Selbst, ihr Gestern spiegeln lassen auf dem Grund des Brunnens, um dann aufsteigen zu können in ein neues Morgen, für das es sich zu leben lohnt. Sechs Liebesaffären hat sie hinter sich, aber keine Erfüllung gefunden. Am Brunnen begegnet sie Jesus, dem ›siebten Mann‹, der ihren Durst stillt, die Erfüllung, auf die sie gewartet hat. Jesus wird für die Frau zum »Brunnen des Lebendigen, der nach ihr schaut«. Wie sehr die Begegnung mit Jesus die Frau verwandelt hat, zeigt die Randnotiz: »Die Frau ließ ihren Wasserkrug stehen« (Joh 4,28). Von jetzt an braucht sie den Krug nicht mehr.

Sie muss nicht mehr zum Brunnen gehen, seitdem sie mit Jesus in Verbindung steht. Er selbst ist nun für sie der Jungbrunnen des Lebens.

Viertens: Diese Geschichte ist fast zweitausend Jahre alt. Doch sie gehört zu den Geschichten, die eine Einladung sind an uns: Wir können in sie hinabsteigen wie in einen Brunnen. Ganz ungefährlich ist ein solcher Einstieg freilich nicht. Denn am Brunnengrund stoßen wir vielleicht auf unsere eigene Geschichte, woher wir kommen und wohin wir gehen:

Wo ist in meinem Leben der lebendige Brunnen, der mir eine neue Beziehung zu Gott und zu mir selbst erschließen kann?

Welche Stufen muss ich hinabsteigen in den Brunnen meiner Vergangenheit, um meinem Leben neuen Tiefgang und neues Leben zu geben?

Welchen Krug kann ich getrost stehen lassen, weil ich nicht mehr schöpfen muss aus Ersatzbefriedigungen und Kurzzeiterlebnissen?

Welche scheinbar handfesten Sicherheiten sollte ich aufgeben, um die wahre Quelle des lebendigen Wassers anzuzapfen, das meinen Durst wirklich löscht?

Ich wünsche uns, dass wir in Jesus den Brunnen des Lebendigen entdecken, der nach uns schaut und von dem es heißt: »Seine Stimme war wie das Rauschen von Wassermassen« (Offb 1,15). Lassen wir uns hineinziehen in diese mächtige und zugleich weiche Bewegung des Wassers! Lassen wir uns in Jesus hineinziehen, in das reinigende und frische Wasser des Lebens!

ABBILDUNG 40

Jesus und die Samariterin am Brunnen, Cubiculum der Haupttreppe, Praetextatus-Katakombe (Wilpert Taf. 19).

Das Fresko stammt aus dem frühen 3. Jh. und ist Teil eines christologischen Zyklus (Heilung der chronisch kranken Frau, Auferweckung des Lazarus, Guter Hirte).

Der barmherzige Vater und die verlorenen Söhne

Wenig Spielraum, begrenztes Personal, treffsichere Dialoge, stimmiges Kolorit: Das zeichnet sie aus, – die Texte von weltliterarischem Format.

Das Lukas-Evangelium enthält mindestens einen davon: die Parabel vom barmherzigen Vater, dem verlorenen Sohn, seinem verständnislosen Bruder.

Zwei Äste aus ein und demselben Stamm! In unterschiedliche Richtungen streben sie …

Gewünscht, sie fänden beide ihr Glück.

Späte Überlieferungen wissen von Lukas zu berichten, dass er nicht Arzt, sondern Maler gewesen sei. Mag diese Nachricht auch legendär sein, so trifft sie doch einen Wesenszug dieses Evangelisten. Wie kein anderer Schriftsteller des Neuen Testaments versteht er es, in lebendigen Szenen zu erzählen, gleichsam zu malen, in einprägsamen Bildern eine Entwicklung einzufangen und so anschaulicher zu vermitteln, als es noch so ausgeklügelte Begriffe jemals vermögen. Lukas wusste wohl besser, als wir es heute wahrhaben wollen, dass es Dinge gibt, die man nicht abstrakt sagen, sondern nur als Erzählung ins Wort bringen kann. Denken wir an die Frage nach der Nächstenliebe, die mit der Erzählung vom barmherzigen Samariter beantwortet wird. Schauen wir auf die Frage nach der Auferstehung im Leben der ersten Christen, dann versucht Lukas den Osterglauben mit der Emmausgeschichte ›auszumalen‹. Und was dabei auffällt: Immer wieder sind es Weggeschichten, die Lukas erzählt. »Weg« ist das Leben immer, ob man stehenbleibt oder weitergeht; ob man hetzt oder ruhig dahinwandert; ob man verfolgt wird oder jagt; ob man sich verirrt oder heimfindet; ob es aufwärts oder abwärts geht; ob man sich auf Holzwegen, Abwegen, Umwegen oder Heimwegen befindet. Eine der herrlichsten Umweg- und Heimweggeschichten haben wir eben gehört: das Gleichnis vom barmherzigen Vater und seinen beiden Söhnen (Lk 15,11-32). Wir wollen versuchen, uns diese Geschichte wie einen Bilderzyklus vorzustellen.

Das erste Bild ist sehr unruhig, geradezu turbulent: *Abkehr des Sohnes*. Der jüngere Sohn fordert von seinem Vater sein Erbe. Das war ein Drittel des gesamten Besitzes des Vaters. Dem älteren Sohn kam ja das Vorrecht zu, den doppelten Anteil zu erhalten. Der jüngere Sohn verlangt also das, was ihm zusteht. Für jüdische Ohren war ein solches Ansinnen sehr ungewöhnlich, wenn nicht gar unverfroren. Das Erbe dem Sohn noch zu Lebzeiten zu vermachen, war zwar möglich, die Nutznießung des Besitzes war aber dem Vater bis zum Tod vorbehalten. So schießt der jüngere Sohn weit über sein Ziel hinaus: Er will abgefunden werden. Ob es ihm wohl daheim zu eng geworden war? Jedenfalls will er erst einmal fort – ins Ausland, um sich selbst zu verwirklichen.

Wie oft erleben wir heute, dass ein Sohn oder eine Tochter den Eltern aufkündigen und emigrieren. Es muss nicht einmal ein wirklicher Auszug aus dem Elternhaus sein. Oft ist es eine innere Emigration, Entfremdung. – »Mit euch kann man ja sowieso nicht reden.« – Manchmal scheint es, dass eine ganze Generation sich von der Vaterbindung löst und sich neue, ganz andere Wege sucht. »Vaterlose Gesellschaft« (Alexander Mitscherlich) hat man das schon genannt oder »Verlust des Vaters«.

Ist es da verwunderlich, dass mit dem Vaterbild auch das Gottesbild zu wackeln beginnt? Vielleicht trug unser Gottesbild wirklich manchmal etwas altväterliche Züge: Einen solchen Vater kann man ehren – er ist ja jenseits von Gut und Böse; man kann ihn auch belächeln – als Opa mit dem langen Bart; es soll sogar noch Menschen geben, die ihn fürchten – als unberechenbaren Faktor. Doch, Hand aufs Herz, kann man einen solchen Gott auch achten und vor allem lieben?

Jesus hat uns den Vater zurückgebracht. Er hat das verzerrte Gottesbild abgelehnt, das sich die damaligen Hüter der religiösen Ordnung und Sitte gemacht hatten. Er hat ihn abgelöst – diesen Gott, der nichts anderes zu tun hatte, als über Gesetze und Pflichtgebote zu wachen, und den man möglichst schlau zu umgehen versuchte. Der Gott Jesu Christi ist anders: ein Vater, der dem Sohn die Freiheit lässt. Er gewährt ihm seine Mündigkeit und gönnt ihm seinen eigenen Weg. Was das für einen Vater bedeutet, der an seinem Sohn hängt, brauche ich nicht zu erklären: Der Verzicht auf ein Drittel des Besitzes ist schon hart genug, noch schwerer aber wiegt der Verlust des noch größeren Reichtums: des geliebten Sohnes. Ein schmerzlicher Verlust und eine herbe Enttäuschung. Trotzdem wagt der Vater unsere Abkehr, dieses erste Bild des Tauziehens und Abnabelns.

Das zweite Bild, das ich aufhängen möchte, ist in ganz dunklen Farben gehalten: Einkehr des Sohnes. Der Sohn sitzt in einem finstern Loch. Der erträumte Höhenflug endet mit einem blamablen Tiefschlag. Er ist in eine ausweglose Situation hineingeschlittert. Durch das Schweinehüten schließt er sich selbst aus der religiösen Gemeinschaft aus, heißt es doch für einen Juden: »Verflucht sei der Mann, der Schweine hütet.«

Doch genau hier, am unteren Tiefpunkt, da geschieht die Wende: Sollte der Sohn an das Psalmwort gedacht haben: »Aus der Tiefe rufe ich, Herr, zu dir, höre doch meine Stimme« (Ps 130,1)? Als er sich nur noch mit ungetrockneten Schoten des Johannisbrotbaumes, d. h. Schweinefutter, ernähren kann, da erfüllt sich das jüdische Sprichwort: »Wenn die Israeliten Johannisbrot nötig haben, dann kehren sie um zu Gott.« Lukas kommentiert es so: Der Sohn »begann nachzudenken«. In der Erinnerung taucht das Bild vom verlorenen Vater wieder auf: »Ich will zu meinem Vater gehen.«

»Der Sohn begann nachzudenken.« Beginnen auch wir, wieder nachzudenken! Dort, wo wir das Empfinden haben: Keiner will uns mehr verstehen. Dort, wo ich hilflos dasitze und keinen finde, dem ich mich einmal ganz offenbaren kann. Dort, wo ich mich nicht für den verantwortlich wusste, den ich mir einst vertraut machen durfte. Dort, wo ich in meinen Gebeten und Gedanken überall war, nur nicht bei dem, dem sie eigentlich galten: Gott.

Und wir haben die Zuversicht: Selbst in unsere dunkelste Zisterne gelangt noch ein Lichtstrahl des Vaters hinab. In ihm ist Verstehen und Vergeben. Brechen wir auf, und gehen wir zu unserem Vater! Was uns dort erwartet, zeigt das dritte Bild: Es ist in freundlichen, schimmernden Farben gemalt. Einfach ein frohes Bild. Es tut gut, sich davor aufzuhalten. Man wird selber froh dabei. Es trägt den Titel: Rückkehr des Sohnes.

DER VATER GEWÄHRT SEINEN SÖHNEN MÜNDIGKEIT UND GÖNNT BEIDEN IHREN EIGENEN WEG

Der Vater sieht ihn schon von ferne. Doch wie geht der Satz weiter? Er sah ihn von weitem … und lief ihm entgegen … und küsste ihn und umarmte ihn. So sprudeln die Antworten! Der Vater in der Geschichte, d. h. Gott selbst, hat Mitleid mit dem zerlumpten und heimatlosen Menschen. Er wartet nicht, bis sein Sohn alles »gebeichtet« hat. »Vater, ich habe mich gegen den Himmel und gegen dich versündigt; ich bin nicht mehr wert, dein Sohn zu heißen.« Doch die Liebe des Vaters kommt der Reue des Sohnes zuvor: »Holt schnell das beste Gewand und zieht es ihm an! … Denn mein Sohn war tot und lebt wieder!« – Hier wird nicht nur von Versöhnung geredet, hier geschieht sie – ohne Schuldbekenntnis, ohne Bewährungsprobe, ohne Bußwerke, ohne Demütigung.

Der Vater wartet nicht hinter den Mauern seines Hauses, um den Sohn in die Knie zu zwingen, er läuft ihm entgegen. Gerade das Bußsakrament ist ein solches Entgegenkommen des barmherzigen Vaters. Wir haben keine öffentliche Buße mehr, bei der sich jeder vor den anderen freilegen muss. Die Begegnung mit dem Beichtvater geschieht im Vorhof der Öffentlichkeit. Es wäre schön, wenn wir dieses Entgegenkommen des barmherzigen Vaters auch als solches wieder entdecken könnten. Umgekehrt dürfen Sie sicher sein: Nichts ist für einen Priester beglückender, als einem Bruder oder einer Schwester in Gottes Namen die Vergebung der Sünden zuzusprechen, – eine Vergebung, nicht gnädig von oben herab nach abgeschlossener Bilanz, sondern bescheiden im Wissen darum, immer wieder selbst das Entgegenkommen des barmherzigen Vaters nötig zu haben. Bei der Bischofssynode 1983 über Versöhnung und Buße in der Sendung der Kirche heute meldeten sich mehrere afrikanische Bischöfe zu Wort: »In der Umkehr muss die Freude über die Versöhnung zum Ausdruck kommen. Buße und Versöhnung müssen gefeiert werden, dürfen nicht erlitten werden.«

Das Gleichnis gibt den afrikanischen Bischöfen recht, wenn es vom Haus des Vaters heißt: »Sie begannen, ein fröhliches Fest zu feiern.« In die Fröhlichkeit dieses Bildes mischt sich noch ein Schatten. Es heißt, dass der ältere Sohn sich beschwert, dass er nicht einmal einen Ziegenbock zum Feiern mit seinen Freunden bekommen habe (vgl. Lk 15,29). Der Vater antwortet nicht, indem er ihm Recht gibt oder sagt, er hätte jederzeit einen Ziegenbock haben können. Er beschreitet eine ganz andere Ebene: »Mein Kind, du bist doch immer bei mir!« Damit ist gesagt: Das Schlimme am Fortsein des jüngeren Sohnes war, dass er jede Beziehung abgebrochen hatte, dass nichts mehr ging zwischen Vater und Sohn. Und darum charakterisiert das Wort aus dem Alten Testament »Warum kehrt ihr mir den Rücken zu und nicht das Angesicht?« (Jer 2,27) das Eigentliche der Sünde: Gottes Liebe die kalte Schulter zeigen. Noch etwas verdient Beachtung: Wie unter dem Schein der Bravheit, der Ordentlichkeit, der Gewohnheit furchtbare Abgründe sein können. Der ältere Sohn ist ein Mustersohn, der jahraus, jahrein seine Arbeit ordentlich tut. Doch dann zeigt sich plötzlich, dass er voller negativer Gefühle steckt: Er hat es verlernt, »mein Bruder« zu sagen. Stattdessen hält er dem Vater vor: »Dieser dein Sohn da«.

Er steckt voll böser Vermutungen, dass der jüngere Bruder sein Geld mit Dirnen durchgebracht habe – woher will er das wissen, oder ist das seine schlechte Phantasie? Aber vor allem: Er hat die ganze Zeit in der Auffassung gelebt, dass ihm der Vater nichts gönne, – der Vater, der dann sagt: »Aber Kind, alles, was mein ist, ist doch dein.«

Diese Beobachtungen über die Schattenseite des fröhlichen Bildes sollten wir nicht ausblenden: Stehen wir selbst auf der Seite des »getreuen und rechten« Sohnes oder der »Vorzeigetochter«, die dem Vater treu gedient und ihre Pflichten erfüllt haben? Ist das vielleicht sogar noch mehr unsere Rolle? Die Rolle der Insider-Christen, der Leistungsstarken, die sich den Glauben etwas kosten lassen? Und kommt uns die Großzügigkeit des Vaters nicht etwas vorschnell vor, zu großzügig, zu blauäugig, zu geschenkt? Haben wir nicht auch oft Angst, dass da ja jeder kommen könnte? Haben wir nicht unsere Erfahrungen, wie Gutmütigkeit ausgenützt wird? Haben wir nicht das Bedürfnis, Gott zu warnen? Stecken wir ordentliche Christen nicht allzu schnell in der Rolle dieses »rechten Sohnes«, der genau nachrechnen kann, wie weit Gott gehen darf?

Wir sollten Gott nicht vorschreiben, wie weit er gehen darf. Er ist schon bis zum Äußersten gegangen. In der Lesung hat es uns Paulus geschrieben: »Er hat den, der keine Sünde kannte, für uns zur Sünde gemacht, damit wir in ihm Gerechtigkeit Gottes würden« (2 Kor 5,21). All unsere Sünden, die Abwege und Holzwege des jüngeren Sohnes, aber auch die Rechnungen und Bilanzen seines älteren Bruders, sind gleichsam hineinprojiziert ins Kreuz, wo der Vater seinen eigenen Sohn zur Sünde gemacht hat. Hans Urs von Balthasar (1905 – 1988) wagt einen noch kühneren Vergleich: »Du (Jesus) willst dieses Meer von unfehlbar tödlichen Giften austrinken? Willst dein erhabenes Herz verwandeln in eine Kläranlage der Welt?«

Jesus als Kläranlage der Welt – so weit ist der Vater gegangen. So weit ist er uns Menschen entgegengelaufen. Wer in einer Familie oder Gemeinschaft leben darf, die aus der Vergebung heraus lebt, der weiß: Er kann zurück, was immer er ausgefressen hat. Wer in seinem Leben Gott als barmherzigen Vater erlebt hat, der weiß, dass er in offene Arme läuft trotz allen Versagens. Wer vielleicht manchmal an der Kirche zweifelt, der sei ermuntert, sie als Haus des barmherzigen Vaters neu zu entdecken – die Familie als Hauskirche, die Ordens- oder Priesterkommunität als Gemeinschaft der Versöhnung, die Amtsträger als barmherzige, ja mütterliche Väter. Das Buch Deuteronomium hält es in einem wunderschönen Wort für uns fest: »In der Wüste hat der Herr, dein Gott, dich auf dem ganzen Weg getragen, wie ein Vater seinen Sohn trägt« (Dtn 1,31). Lassen wir uns von ihm tragen, zurück ins Haus des barmherzigen Vaters. Das wird ein Fest sein.

> DA GING ER ZU EINEM BÜRGER DES LANDES UND DRÄNGTE SICH IHM AUF; DER SCHICKTE IHN AUFS FELD ZUM SCHWEINEHÜTEN. ER HÄTTE GERN SEINEN HUNGER MIT DEN FUTTERSCHOTEN GESTILLT, DIE DIE SCHWEINE FRASSEN; ABER NIEMAND GAB IHM DAVON. DA GING ER IN SICH.
>
> Lk 15,15-17

ZITATQUELLE
Rainer Maria Rilke: Die Aufzeichnungen des Malte Laurids Brigge. In: Ders.: Werke. Bd. III.1: Prosa. Hg. Ernst Zinn. Frankfurt a. M. 1980, S. 107-346, hier: S. 338, 345, 346.

Man wird mich schwer davon überzeugen, daß die Geschichte des verlorenen Sohnes nicht die Legende dessen ist, der nicht geliebt werden wollte.

Die Aufzeichnungen des Malte Laurids Brigge

Wir wissen nicht, ob er blieb; wir wissen nur, daß er wiederkam.

Rainer Maria Rilke, 1910

Was wußten sie, wer er war. Er war jetzt furchtbar schwer zu lieben, und er fühlte, dass nur Einer dazu imstande sei. Der aber wollte noch nicht.

04.

INHALTE

Der Weihnachts- und Osterfestkreis

Ein aufgeklärt-lineares Geschichtsbild ist genauso wenig Sache des Christentums wie ein Geschichtsbild säkular-dialektischen Zuschnitts.

Im Gegenteil: Das Christentum denkt in großen Bögen zwischen Schöpfung, Erlösung und Vollendung.

Vergegenwärtigend nachvollzogen wird es in der Liturgie des Jahreskreises.

Zwei Festkreise stechen heraus: der Weihnachtsfestkreis (mit der Vorbereitungszeit des Advents) und der Osterfestkreis (mit dem abschließenden Pfingsten).

ADVENTSZEIT

04.01
Mit Liedern auf dem Weg **88**

WEIHNACHTSZEIT

04.02
Wann fängt Weihnachten an? **94**

04.03
Transeamus: Der Grenzgänger-Gott **96**

04.04
Das abgekürzte Wort **98**

04.05
Neujahr: Was bedeutet Glück? **102**

OSTERZEIT

04.06
Chrisam-Messe:
Ihr seid Christi Wohlgeruch **104**

04.07
Das letzte Abendmahl:
Stunde der Testamentseröffnung **106**

04.08
Karfreitag:
Consummatum est **108**

04.09
Ostern:
Das leere Grab **112**

04.10
Ostermontag:
Wieder ist Gott reisefertig **114**

PFINGSTEN

04.11
Geistvergessenheit ist
Gottvergessenheit **116**

IMPRESSIONEN

Die Weissagung des Bileam

Der schillernden Gestalt des Sehers Bileam (des ›Propheten mit dem Esel‹, vgl. Num 22,21-34) legt das Alte Testament diese folgenschwere Prophezeiung in den Mund: »Ich sehe ihn, aber nicht jetzt, ich erblicke ihn, aber nicht in der Nähe: Ein Stern geht in Jakob auf, ein Zepter erhebt sich in Israel.« (Num 24,17)

Schon die frühen Christen deuteten diesen Ausspruch auf den Messias (griech. *Christós*) Jesus von Nazaret. In einer Schriftstelle aus dem Buch Sacharja sahen sie diese Weissagung bestätigt: »Sieh da, ein Mann, Spross *(LXX: Aufgang)* ist sein Name.« (Sach 6,12)

Das Frühjudentum seinerseits erblickte diesen Messias in Simon Bar Kochba (dt. ›Simon Sohn des Sterns‹), dessen Aufstand (132 – 135 n. Chr.) von den Römern blutig niedergeschlagen wurde.

Für große Teile des rabbinischen Judentums war die messianische Hoffnung damit endgültig diskreditiert.

Die Weissagung des Micha

Eine Weissagung des Propheten Micha flankiert die Bileams-Prophezeiung: »Aber du, Betlehem-Efrata, bist zwar klein unter den Sippen Judas, aus dir wird mir einer hervorgehen, der über Israel herrschen soll. ... Er wird auftreten und ihr Hirt sein in der Kraft des HERRN, in der Hoheit des Namens des HERRN, seines Gottes.« (Mi 5,1.3)

Im Neuen Testament berufen sich das Matthäus-Evangelium (vgl. Mt 2,5f.) und das Johannes-Evangelium (vgl. Joh 7,41f.) auch auf diese Weissagung.

Das rabbinische Judentum wiederum schenkt ihr nach der Katastrophe Bar Kochbas keine Beachtung mehr. Schon Origines merkt um 246 gallig an: »Diese Lehre (des Micha) verbreitete sich auch unter der Mehrzahl der Juden. ... Nach der Ankunft Christi aber bemühten sich einige, die Annahme zu zerstören, dass über seine Geburt von alters her geweissagt worden sei, und beseitigten daher eine solche Lehre im Volk.« *(Origenes: Contra Celsum 1,51 [FC 50.1, S. 301 ff.])*

ABBILDUNG 41

Bileam, der Stern, die Jungfrau mit dem Jesuskind, Priscilla-Katakombe (Wilpert, Taf. 22).

Diese Abbildung ist das älteste erhaltene Marienbild überhaupt (!). Es entstand wohl vor 250 n. Chr. Außergewöhnlich erscheint auch die theologische Dimension (Verheißung – Erfüllung) der Illustration; um diese Zeit dominierten szenische Momentaufnahmen die Katakombenkunst.

Mit Liedern auf dem Weg ...

Kirchenlieder sind unverzichtbar, – Vorschein der himmlischen Liturgie und mitreißender Ausdruck der ›participatio actuosa‹ (SC 30) gleichermaßen.

So viel ist klar. Weniger klar ist, dass Lieder auch eine Trost-Botschaft transportieren, die es auszulegen gilt.

›Liedpredigten‹ haben eine dementsprechend lange Tradition. Sie gilt es wieder zu entdecken.

Die Kirchen der Reformation hatten sie gar nicht erst vernachlässigt.

Wachet auf, ruft uns die Stimme (GL 554)

Ich möchte Sie in den nächsten Minuten mit auf eine Reise nehmen. Ich lade Sie ein, mir in eine Kleinstadt in Westfalen zu folgen, zu einem Ausflug in die Stadt Unna. Wir schreiben das Jahr 1597. Ein lauer Sommerabend. Pfarrer Philipp Nicolai (1556 – 1608) sitzt in seiner Stube. Draußen in den Gassen der Stadt ist es ruhig und dunkel geworden. Hier von seinem Fenster aus blickt er direkt auf den Friedhof, der die große Stadtkirche von Unna umgibt. Auf einmal hört er Lärm, Schritte, Stimmen, einen Schrei. Fünf, sechs oder sieben Menschen eilen herbei, andere folgen. Es pocht an seiner Tür. Philipp Nicolai springt auf: »Haben Sie es schon gehört, Herr Pfarrer, wissen Sie es auch schon? Gott steh uns bei! Der Stadtgraben liegt voll mit toten Ratten.« Betretene Gesichter, immer mehr Menschen kommen in der Gasse zusammen. Tote Ratten im Stadtgraben – was das bedeutet, weiß jeder hier. Der schwarze Tod ist im Anmarsch, die Pest. Seit mehr als 100 Jahren zieht sie quer durch Europa, schickt ihre Vorboten: Zuerst sterben immer die Tiere. Philipp Nicolai will es nicht glauben, noch nicht, nicht so schnell, er läuft los, will es mit eigenen Augen sehen, vielleicht hat nur jemand Panik gemacht. Aber nein: Es gibt keinen Zweifel. Wenige Sekunden später sieht er es selbst: Der Stadtgraben liegt voll mit toten Ratten. Jetzt ist alles andere nur eine Frage von Tagen. Wenige Wochen später schreibt Pfarrer Nicolai an seinen Bruder: »Die Pest wütet furchtbar hier in der Stadt; täglich werden zwischen 14 und 20 Menschen beerdigt. Meinem lieben Kollegen habe ich vor ein paar Tagen die Leichenpredigt gehalten. Der Küster besucht die Kranken und ich predige. Ich bin durch Gottes Gnaden noch ganz gesund, wenn ich gleich von Häusern, die von der Pest angesteckt sind, fast umlagert bin und auf dem Kirchhof wohne. Beinahe 800 Menschen hat die Pest in dieser Stadt schon getötet.« Es vergehen viele Wochen. Ein Drittel der Bevölkerung Unnas, etwa 1.400 Menschen, rafft die Pest in jenem Winter 1597 / 1598 hinweg. Wie können Menschen das aushalten? Mütter, Väter, Ehepartner, Freunde? Wie geht damit ein Pfarrer um, der über Wochen hinweg jeden Tag zwanzig Menschen beerdigen muss? Woher kommt Trost in solchen Zeiten? Philipp Nicolai ist 41 Jahre alt. Er hat schon viel durchgemacht in seinem Leben, musste sich mehr als einmal durchbeißen: damals nach dem frühen Tod seiner Mutter, dann später im Studium, wo er sich das Essen für die nächste Woche oft selbst verdienen musste. In Unna starb seine Schwester, unmittelbar nachdem er dort als Pfarrer eingeführt wurde: die Schwester, die ihn – einen ursprünglich ehelos lebenden

88 DER WEIHNACHTS- UND OSTERFESTKREIS

evangelischen Pfarrer – versorgt hatte. Neben diesen Schicksalsschlägen prägen Pfarrer Nicolai die Glaubenskämpfe unter den Christen verschiedener Konfessionen. Lutheraner, Reformierte und Katholiken sind sich spinnefeind, sie bekämpfen sich bis aufs Blut. Pfarrer Nicolai bleibt nicht außen vor. Er nimmt kein Blatt vor den Mund. Er streitet für die Lehre Luthers, attackiert seine Gegner heftig und nicht immer fair. So macht er sich viele Feinde – bis dahin, dass er steckbrieflich als ›Papst-Hasser‹ gesucht wird. Dennoch: Die Monate, als Nicolai die Pestepidemie mit den Bewohnern der Stadt Unna durchstehen musste, übersteigen alles, was er bis dahin erlebt hatte. Des Streitens war er müde geworden. Nicolai geht in sich. Abende und Nächte verbringt er bei Kerzenschein in seiner Studierstube. Er liest in der Bibel; dort findet er Halt und Trost. Er fängt zu schreiben an: ein Büchlein mit dem Titel *Freudenspiegel des ewigen Lebens* (1599). Nicolai hatte weder Musik noch Poesie studiert. Über seine polemischen Streitschriften redet heute niemand mehr, aber die beiden einzigen Lieder aus dem *Freudenspiegel des ewigen Lebens* sind zum ökumenischen Liedgut geworden: *Wachet auf, ruft uns die Stimme* (GL 554) und *Wie schön leuchtet der Morgenstern* (GL 357). Lauschen wir noch einmal hinein in die Melodie des Liedes! – Orgelspiel –

Die Lust am Streiten war dem Pfarrer bei seinem schweren Dienst vergangen. Stattdessen entdeckt er neu, was der Kern des christlichen Glaubens ist. Als die Not am größten ist, kommt Gott ihm am nächsten.

Philipp Nicolai muss erst die tiefsten Tiefen durchmessen, bevor er wegkommt von den konfessionellen Streitigkeiten und inspiriert wird zu den ›königlichen‹ Liedern, die bis heute Generationen von Menschen trösten. Hier erschließt sich uns das Grundgesetz des Glaubens an Gott, der im Kommen ist: Nie ist die Kirche mehr eine singende und musizierende als in Not und Bedrängnis. Je mehr Sterbende Pfarrer Nicolai bis an das Tor zur Ewigkeit begleiten und je mehr Hinterbliebene er trösten muss, umso mehr weitet sich der Blick auf das himmlische Jerusalem: »Zion hört die Wächter singen, das Herz tut ihr vor Freude springen, sie wachet und steht eilend auf.«

In dem Lied *Wachet auf, ruft uns die Stimme* hat Nicolai übrigens eine Widmung versteckt: Die Anfangsbuchstaben der drei Strophen, von hinten nach vorn gelesen, ergeben *GZW*, – die Initialen für Graf zu Waldeck. Graf Wilhelm Ernst von Waldeck war ein aufgeweckter Junge, den Nicolai als Lehrer zu erziehen hatte. Dieser Knabe, der dem evangelischen Pfarrer ans Herz gewachsen war, starb bereits im Alter von nur 13 Jahren. Nicolai selbst hatte keine Kinder. Er heiratete erst viel später die Witwe eines Pfarrerskollegen und starb mit 52 Jahren. Um den jungen Grafen trauerte er wie um einen eigenen Sohn. Aber »Leid ist ein heiliger Engel« (Adalbert Stifter). Nicolais Glaube war so gereift, dass er den Jungen als einen Menschen sah, der schon weiter war als er selbst: als einen, der in die Auferstehung vorausgegangen war, für den Advent Ernstfall und Wirklichkeit in einem wurde.

Ich weiß nicht, wie es Ihnen geht. Aber ich spüre, dass die Worte und auch die Töne dieses Liedes mich schon hier und jetzt berühren und verändern. Dieser Aufbruchsstimmung kann ich mich nicht entziehen. Spätestens in der dritten Strophe keimt etwas auf von der endzeitlichen Freude und vom Jubel in meinem Herzen, ruft es auch in mir: »Gloria sei dir gesungen«. Das ist mein Wunsch für uns alle in diesem Advent. Suchen wir jetzt nach den Zeichen des Lebens! Hört hin, schaut hin, wacht auf! Vergrabt euch nicht in der Trübsal, sondern entdeckt die kleinen Strahlen der Hoffnung direkt vor eurer Haustür. Entdeckt die Sterne der Zuversicht, die dort aufgehen, wo niemand sie erwartet. Pater Alfred Delp (1907 – 1945) machte ähnliche Erfahrungen wie Pfarrer Philipp Nicolai. Die Worte, die er mit gefesselten Händen in der Gefängniszelle schrieb, lesen sich wie eine Deutung unseres Liedes: »Wir wollen nicht müde werden, dem Stern der Verheißung zu folgen und den singenden Engeln ihr Gloria zuzugestehen, sei es auch in unseren dunkelsten Nächten, unter Leiden, Schmerzen und Tränen. Der Herr hat durch sein Hereintreten in unsere Armut alle menschliche Not auf sich genommen, unser Leid geadelt.« Wir wissen für den Advent im Kalender und in unserem persönlichen Leben: Leiden und Tod haben nicht das letzte Wort. Das letzte Wort ist Leben. »Des jauchzen wir und singen wir das Halleluja für und für.«

Es kommt ein Schiff geladen (GL 236)

Kennen Sie die Sängerin Lale Andersen (1905 – 1972)? Im Zweiten Weltkrieg hat sie Weltberühmtheit erlangt durch das wehmütige Liebeslied *Lili Marleen*. Nach dem Krieg konnte sie noch einmal einen großen Erfolg landen mit dem Schlager: *Ein Schiff wird kommen*. Darin besingt Lale Andersen ein Mädchen aus Piräus, das Abend für Abend am Hafen steht und auf das Schiff wartet, das eines Tages den bringen wird, der sie glücklich macht. Wunderschön zu Herzen gehend beschreibt das Lied ihre Sehnsucht und ihre Hoffnung auf das Kommen dessen, der ihrem Leben Inhalt gibt:

Ein Schiff wird kommen,
und das bringt mir den einen,
den ich so lieb wie keinen
und der mich glücklich macht.
Ein Schiff wird kommen
und meinen Traum erfüllen
und meine Sehnsucht stillen,
die Sehnsucht mancher Nacht.

Dieses Lied könnte eine Art anonymes Adventslied sein, denn ohne davon zu sprechen, besingt es die Hoffnung, dass einer kommen wird, der die große Liebe bringt und glücklich macht: das Traumschiff mit dem Traummann an Bord!

Schon im 14. Jahrhundert hat einer das Lied von einem Schiff angestimmt, das eine teure Last trägt, dessen Segel die Liebe und dessen Mast der Heilige Geist ist: *Es kommt ein Schiff, geladen bis an sein höchsten Bord* (GL 236). Dieses Lied zählt zu den ganz alten und besonders geheimnisvollen Gesängen zum Advent. Wenn im Gotteslob steht, ein gewisser Daniel Sudermann habe den Text bearbeitet, dann weist diese Notiz darauf hin, dass er die Vorlage eines anderen benutzt hat. Wer war der eigentliche Autor? Die Forschung fand heraus, dass es ein Dominikanerpater aus dem Elsass war:

Johannes Tauler. Er wurde um 1300 in der Nähe von Straßburg geboren. Am 15. Juni 1361 starb er im Dominikanerinnenkloster St. Nikolaus am Gießen, ebenfalls in Straßburg. Sein Grabstein steht bis heute in der dortigen Predigerkirche. Über dem Leben des Johannes Tauler steht das Motto: »Gott wohnt in ihm als ein süßes Saitenspiel.« Das Lied dieses großen Mystikers wurde zunächst von der Geschichte verschluckt, ehe es Daniel Sudermann im Jahre 1626 zwischen anderen Manuskripten erneut ans Tageslicht hob. Nach eingehender Bearbeitung veröffentlichte er es mit der Bemerkung: »Ein uralter Gesang, gefunden unter den Schriften des Herrn Tauler, etwas verständlicher gemacht.«

Es kommt ein Schiff, geladen bis an sein höchsten Bord. Diese Beschreibung löst in mir weitere Assoziationen aus: Beladen sind an den Samstagen im Advent die Frauen und Männer auf den Einkaufsmeilen unserer Städte. Schwer bepackt mit Tüten und Taschen schleppen sie ihre Geschenke nach Hause, damit an Heiligabend die Bescherung schön wird. Andere denken an die schönen Bescherungen, die ihnen das Leben aufgebürdet hat: Lasten und Sorgen, wahrgenommene und unbewusste, ausgesprochene und totgeschwiegene, selbstgeschnürte und von außen auferlegte Päckchen und schwere Pakete tragen wir mit uns herum. Gerade im Advent ist unser Lebensschiff schwer beladen: Ungeklärtes, Unerledigtes, Belastendes im wahrsten Sinne des Wortes. Geladen bis an sein höchsten Bord, voll bis an den Rand kommt auch das Schiff daher, das wir im Lied besingen. Der gebürtige Straßburger Johannes Tauler hat sicher mehr als ein Schiff auf dem Rhein fahren sehen. Denn sowohl in Köln, wo er Philosophie und Theologie studiert hat, als auch in Basel, wo er sich gezwungenermaßen einige Jahre niederlassen musste, prägte der Rhein das Straßenbild entscheidend mit. So wird er die Schiffe beobachtet haben, die in den Hafen einliefen, beladen mit Stoffen, Silber, Gewürzen und edlen Hölzern. Dieser spannende Augenblick, wenn die Handelsschiffe anlegen, hat ihn angeregt, das Lied zu dichten. Das Schiff, geladen bis an sein höchsten Bord: Wir wissen, wen der Mystiker damit gemeint hat. Das Schiff steht für Maria, die hochschwanger ist. Sie trägt den Sohn Gottes in ihrem Leib. Der Schiffsrumpf, beladen mit einer kostbaren Fracht, ist die Mutter Gottes. So ist das Lied vom Schiff eigentlich ein Marienlied. Dass Johannes Tauler das Schiff und den Mutterleib miteinander in Verbindung bringt, verwundert nicht, wenn man bedenkt, dass der Priester und Dichter den größten Teil seines Wirkens in Frauenklöstern zugebracht hat. Gerade bei den Ordensschwestern konnte er mit diesem Vergleich auf offene Ohren und tiefes Verständnis im Herzen rechnen. Schon in der zweiten Strophe weitet sich die Botschaft des Liedes über die Marienverehrung hinaus. Auf einmal kommt ein ganz anderes Schiff ins Spiel: das Schiff der Kirche, das »des Vaters ewig's Wort« durch den Fluss der Geschichte transportiert und ins Meer der Welt trägt. Denn wo anders sollte gelten, dass die Liebe das Segel und der Mast der Heilige Geist sei, als in der Kirche? Zu Lebzeiten Taulers war dieses Schiff zu stiller Fahrt gezwungen, deshalb singen wir nicht ohne Grund: »Das Schiff geht still im Triebe.« Warum? Zwei Fürsten stritten sich um die Kaiserwürde: Ludwig der Bayer (1282 – 1347) und Friedrich der Schöne (1289 – 1330). Der Papst stand auf der Seite von Friedrich dem Schönen mit der Konsequenz, dass er über alle Gebiete, die den Bayern als Kaiser anerkannten, den Bann (Interdikt) verhängte. Wir können uns heute kaum vorstellen, was das für die Menschen damals bedeutet hat: Auf Anweisung des Papstes schwiegen die Glocken, der öffentliche Gottesdienst war untersagt. Nur die Sterbesakramente wurden gereicht. Das religiöse Leben brach de facto zusammen. Zu diesen vom Papst bestraften Gebieten gehörte auch Straßburg. So verließ Johannes Tauler die turbulente Stadt und zog für einige Jahre ins stille Basel. Statt stolz auf große Fahrt zu gehen, dümpelte das Schiff der Kirche gemächlich vor sich hin: Es ging eben wirklich »still im Triebe«. Doch mit einem Mal ist es aus mit der stillen Triebsamkeit: Das Schiff geht vor Anker. Die kostbare Ladung kommt von Bord. Das Lied wechselt seinen Charakter: Nun beschäftigt es sich nicht mehr mit Maria und bewegt sich auch nicht mehr auf der Ebene der Kirche. Das Bild wird Wirklichkeit: »Das Wort will Fleisch uns werden, der Sohn ist uns gesandt.« Wie aus dem Marienlied ein Kirchenlied wurde, so wandelt es sich nun von der adventlichen Erwartung zur weihnachtlichen Erfüllung: »Zu Betlehem geboren im Stall ein Kindelein. Gibt sich für uns verloren: Gelobet muss es sein.«

Gott wird Mensch! Als Johannes Tauler sein Lied dichtete, hatte er nicht nur Handelsschiffe im Blick. Denn 1348 wütete im Rheingebiet die Pest. Allein in Straßburg wurden 16.000 Menschen vom ›schwarzen Tod‹ dahingerafft. Was hat das Schiff geladen? So hat Tauler sich gefragt. Waren es Totenschiffe, mit Pestleichen gefüllt? Mit seinem Lied vom Schiff gibt er eine Antwort, die aufhorchen lässt: Das Schiff hat nicht den Tod an Bord, sondern das Leben in Fülle. Doch dieses Leben in Fülle ist schon überschattet von Leiden und Tod. Die Schatten des Karfreitags fallen bereits in den Stall von Betlehem. Das Kind in der Krippe ist nur zu begreifen von seinem Ende her, von Jesus am Kreuz. Deshalb genügt es nicht, den holden Knaben im lockigen Haar zu umarmen und zu küssen. Wer ehrlich Weihnachten feiern will, »muss vorher mit ihm leiden groß Pein und Marter viel«. Gerade dieser Gedanke ist den Menschen seiner Zeit sicher zu Herzen gegangen: Sie wussten, was Leid und Tod bedeutet. Sie kannten die Spannungen zwischen Papst und Kaiser, und einfache Leute wurden dadurch zerrieben, wenn sie von den Sakramenten ausgeschlossen waren; und sie hatten erfahren, wie unbarmherzig eine Epidemie plötzlich eingreifen kann ins Leben. Doch das ist nicht alles: Das Schiff bringt nicht den Tod, sondern Leben. Im Blick auf Jesus dichtet Tauler, dass wir mit ihm »geistlich auferstehn, das ewig Leben erben, wie an ihm ist geschehn.« So schließt sich unser Bogen, der sich aufgespannt hat von Maria zur Kirche. Es kommt ein Schiff geladen bis an sein höchsten Bord: »Jesus ist unser Bruder, das liebe Kindelein.« Der Traum von Lale Andersen ist also längst in Erfüllung gegangen: vor zweitausend Jahren. Irgendwie war Lale Andersen spät dran, als sie sang:

Ein Schiff wird kommen
und das bringt mir den einen,
den ich so lieb wie keinen
und der mich glücklich macht.
Ein Schiff wird kommen
und meinen Traum erfüllen
und meine Sehnsucht stillen,
die Sehnsucht mancher Nacht.

Maria durch ein Dornwald ging (GL 224)

Die Wüste gehört zu den klassischen Orten im Advent. Das hängt zusammen mit biblischen Vorgaben; es spiegelt sich wider in vielen Krippendarstellungen. Das Lied, das uns heute durch den Gottesdienst begleitet, passt in diese adventliche Geographie. Um das Jahr 1600 ist es entstanden. Wir kennen weder den Dichter noch den Komponisten mit Namen, doch wir wissen die Region: das Eichsfeld in Thüringen. Statt einer Wüste gibt es hier einen Dornwald.

Der dornige Weg ist auch heute noch als Redewendung in unserer Sprache verankert, wenngleich er aus einer waldreicheren Zeit stammt ohne ausgebautes Straßennetz, in der dornige Wege noch zum alltäglichen Leben gehörten. Im Lied vom Dornwald singen wir nicht nur von Maria und Jesus; wir singen auch von uns: von unserem Weg durch den Dornwald einer verwundeten Welt, vom Dornwald, den wir auf unserem Lebensweg bestehen müssen. Dass eine Schwangerschaft ein dorniger Weg sein kann, müsste jetzt eigentlich eine Frau oder ein Arzt erzählen – wenigstens was die biologischen Aspekte anbelangt. Im Fall Marias und vieler anderer Frauen kommen noch weitere Dornen dazu: Verunsicherung und Misstrauen im engsten Familienkreis, das volle Spektrum zwischen peinlichem Tratsch und gesellschaftlicher Ächtung je nach Umfeld und Situierung; mittlerweile auch bei uns wieder ins Bewusstsein gerückt: die wirtschaftlichen Sorgen und die ethische Frage, wie es denn steht, wenn ein Kind mit Behinderung das Licht der Welt erblicken soll. So ist der Dornwald nicht nur eine passende Inkulturation der Wüste in die Waldländer Europas, auch in geistlicher Hinsicht bietet der Dornwald interessante Anknüpfungspunkte. Der Dornwald setzt sich zusammen aus vielen einzelnen Pflanzen. Bin ich eine davon? Fruchtlos, trocken und starr schon seit Jahren? Machen wir anderen und uns selbst das Leben schwer, indem wir ›pieksen‹, Stacheln zeigen, sobald uns jemand nahe kommt, oder durch die Verbreitung einer allgemeinen Stimmung von Trostlosigkeit und Resignation? Wie wirken wir als Kirche speziell auf Kinder, Jugendliche, junge Paare, Schwangere, Alleinerziehende?

Maria durch ein Dornwald ging: Es gibt Wegstrecken, die einem Dornwald gleichen, in dem man sich verletzt und sich an den Dornen, an widrigen Lebensumständen wund reißt. Da gibt es Tränen und ungelebtes Leben: Mangel an Beziehung und Freundschaft, Mangel an Sinnerfüllung und auch Mangel an Gottvertrauen. Finden wir uns nicht auch oft wieder in diesem Bild vom Leben? Das lebendige Grün von früher ist abhandengekommen. Die Lebenskraft ist weg. Schon seit sieben Jahren hat der Wald des Lebens kein Laub mehr getragen. Wann ist diese trockene Phase endlich vorbei? Wann wird es endlich wieder Frühling in meinem Leben? Sieben ist ein Symbol für eine lange Zeit, d. h. für einen langen und langwierigen Prozess, der auf ein Ziel hinstrebt. Aus der bildhaften Erzählung des Alten Testamentes erfahren wir, dass Gott in sieben Tagen die Welt vollendet hat. Doch durch den Menschen wurde die Schöpfung verdorben. Adam und Eva haben das Paradies verspielt. Um die Geschichte zu drehen, braucht es einen neuen Adam und eine neue Eva. Von uns aus können wir das Blatt nicht wenden, es bleibt uns nur die Bitte: *Kyrie eleison,* Herr erbarme dich.

Werfen wir einen Blick in die Heilige Schrift: Durch den Menschen wurde die Schöpfung verdorben, sie wird zum Ort der Dornen und Disteln. Der Garten geht verloren, die Erde ist ein Ort der »Mühsal«, sie beginnt »Dornen und Disteln« zu tragen (Gen 2,17 f.). Durch die Sünde des Menschen, der sich aufschwingen wollte zu Gott, hat die Welt ihren Charakter als Garten verloren. Stattdessen ist sie zum Dornwald verwildert. Seither können sie ungehindert wachsen: die ›Dornen‹ des Stolzes, der Selbstgerechtigkeit, der Eigenmächtigkeit und der Selbstverherrlichung des Menschen. Die Gefahr besteht, dass sich der Mensch immer mehr in diesen ›Dornwald‹ hineinverirrt und sich darin heillos verstrickt. Aber Gott lässt den Menschen im Gestrüpp nicht allein. Den treuesten seiner Diener, Mose, ruft er heraus aus einem brennenden Dornbusch. Das heißt: Inmitten einer dornigen Welt, mitten im Gestrüpp, in das sich der Mensch verfangen kann, ist und bleibt Gott gegenwärtig. Er macht die Finsternis hell. Aus dem Dornbusch leuchtet er, aber die Dornen verbrennen nicht. Das Bild vom Dornbusch ist eine Art Kompass für den Gang der Heilsgeschichte. Gott hat kein Gefallen an stacheligen Disteln, er liebt köstliche Trauben: »An jenem Tag gibt es einen prächtigen Weinberg. Besingt ihn in einem Lied! Ich, der Herr, bin sein Wächter, immer wieder bewässere ich ihn. Damit niemand ihm schadet, bewache ich ihn bei Tag und bei Nacht. Ich habe jetzt keinen Zorn mehr. Fände ich Dornen und Disteln daran, ich würde sie alle bekämpfen. Ich würde sie alle zusammen verbrennen, es sei denn, man sucht bei mir Schutz und schließt mit mir Frieden, ja Frieden mit mir. In künftigen Tagen schlägt Jakob wieder Wurzel, Israel blüht und gedeiht, und der Erdkreis füllt sich mit Früchten« (Jes 27,2-6).

Von der Erfüllung dieser Verheißung singt das Adventslied. Allerdings erfüllt sich die Hoffnung anders als erwartet: Nicht ein machtvoller Gott interveniert, sondern ein »zarter Zweig«, der »aus dem trockenen Baumstumpf Isais hervorsprießt« (Jes 11, 1.6f.). Der zarte Zweig, das kleine Kind, wird von einer Jungfrau ausgetragen, in der die Kirche Maria erkennt, die reine »Magd des Herrn«, die deshalb immer wieder als »edler Rosengarten« und »Rose ohne Dornen« besungen wird. Durch Maria, die Ja zu diesem Plan gesagt hat, konnte Gott sich einen Weg bahnen durch den Dornwald der Welt.

Während Maria mit dem Jesuskind den Dornwald durchquert, erblüht das Gestrüpp: »Da haben die Dornen Rosen getragen«. Aus dem Dornwald wird ein Rosengarten. »Es ist ein Ros entsprungen aus einer Wurzel zart« (GL 243). Wohlgemerkt: Es sind die Dornen selbst, die Rosen tragen. Das heißt: Wir müssen uns dem Gestrüpp, den Disteln stellen, alles zu Gott vorbringen, damit er es wandeln kann zu neuer geistlicher Frucht.

Noch eine Frage bleibt offen: Hat sich Jesus in seiner ›unvorsichtigen‹ Liebe zu uns Menschen nicht selbst in deren ›Dornwald‹ hineinverstrickt, so dass diese Dornen ihn sogar begleiten bis zum Ende seines irdischen Lebensweges? »Sie setzten ihm eine Krone von Dornen auf, die sie geflochten hatten« (Mk 15,17). Die Macht des Bösen scheint nicht gebrochen zu sein. Sind die Rosen der Weihnacht womöglich nur eine Episode in der endlosen Geschichte vom Dornwald menschlicher Schuld? Nein, dürfen wir als Christen voller Hoffnung antworten. Die Welt bleibt ein Dornwald und ist kein Paradies. Auch in der Kirche wird es Disteln und Dornen geben, neben dem guten Weizen wird das Unkraut wachsen. Aber seit Jesus Christus, das Leben in Fülle, von der Krippe bis zum Kreuz unseren menschlichen Weg geteilt und ihm in seiner Auferstehung ein Ziel gegeben hat, ist gegen den Tod ein Kraut gewachsen. Auch aus dem Gestrüpp unserer Sünde und Schuld kann eine Rose wachsen. Diese Rose der Hoffnung duftet auch heute. Sie treibt an, gibt Kraft in Zeiten der Dornen, wenn Stacheln schmerzen. Doch der Duft der Hoffnung treibt zum Weitergehen. Lebenskraft ist der Duft der Rose, wenn sie riecht nach Frieden, nach Gerechtigkeit und Liebe. Und dieser Duft lässt nicht mehr los: Sehnsucht nach einer Welt voll göttlichen Rosendufts. So schließen wir mit einem Gedicht von Kurt Marti (1921 – 2017), *Der Rat der Rose*:

> Bleib aufrecht / Rät die Rose
> Zeig Dornen / Sei stolz
> Beuge dich nur / Der Liebe.

Jesus ist aufrecht geblieben bis zum Kreuz. Er hat sich nur der Liebe gebeugt. Deshalb tragen die Dornen Rosen – Rosen, die nicht totzukriegen sind.

Die Nacht ist vorgedrungen (GL 220)

Die Zeitansage muss stimmen. Pünktlichkeit ist die Tugend der Könige. Die Uhr muss genau gehen, damit man rechtzeitig da ist in der Schule, bei der Arbeit, zum Arztbesuch, am Bahnhof. Denn spätestens seit Gorbatschow wissen wir: Wer zu spät kommt, den bestraft das Leben. Manche Leute stellen deshalb ihre Uhren immer ein paar Minuten vor, um ja nicht zu spät zu kommen. Mit einer Zeitansage ganz anderer Art wartet das heutige Adventslied auf: *Die Nacht ist vorgedrungen.* Jochen Klepper (1903 – 1942) knüpft an ein Wort an, das der hl. Paulus an die Gemeinde von Rom geschrieben hat: »Bedenkt die gegenwärtige Zeit. Die Stunde ist gekommen, vom Schlaf aufzustehen. Denn jetzt ist das Heil uns näher als zu der Zeit, da wir gläubig wurden. Die Nacht ist vorgerückt, der Tag ist nahe. Darum lasst uns ablegen die Werke der Finsternis und anlegen die Waffen des Lichts« (Röm 13,11-12). Mit dieser Zeitansage hat Jochen Klepper die Bibel sprachfähig gemacht. »Bedenkt die gegenwärtige Zeit!« Was ist das für eine Zeit für die Welt: Erdbeben in Haiti, Hochwasser in Pakistan und Albanien, … Was ist das für eine Zeit für die Politik: der Euro in der Krise, die Angst vor internationalem Terrorismus, … Was ist das für eine Zeit für die Kirche: unsere Kinder- und Jugendarbeit unter Missbrauchsverdacht, Würdenträger, die ihrem Namen keine Ehre machen, Glaubwürdigkeitsverlust, … Und auch ganz persönlich werden wir ein Lied davon singen können: Die Nacht ist vorgedrungen. Wir können aus Erfahrung sprechen, was das heißt: »wer zur Nacht geweinet«. Manchmal verfinstert sich die Sonne mitten am Tag, die Nacht bricht herein. Und wenn wir nach einem schweren Schicksalsschlag auch Gott nicht mehr als Lichtblick sehen können, dann haben wir es nicht nur mit einer Sonnenfinsternis zu tun, dann leiden wir an der Gottesfinsternis.

Dem Dichter Jochen Klepper war wohl ähnlich zumute, als er am Samstag vor dem 4. Advent, dem 18. Dezember 1937, sein Lied geschrieben hat. Es ist ein Lied, in dem es nie richtig Tag wird. Dass er den Text beginnt mit den Worten »die Nacht«, ist kein Zufall. Er lebt in einer Zeit, da die Nacht immer undurchdringlicher wird und noch längst kein Morgenstern in Sicht ist. Später wird Elie Wiesel (1928 – 2017) seinen Erinnerungen an die schrecklichen Todeslager den Titel geben: *Die Nacht.* – Wer ist Jochen Klepper? Jochen Klepper ist ein Mensch, der das Dunkel kannte und der um die Nacht wusste, die Gott uns zumuten kann. Die menschenverachtende Nacht des Nationalsozialismus hat Klepper am eigenen Leib erfahren und durchlitten. Er ist eine Persönlichkeit, in deren Biographie sich die großen Ereignisse der damaligen Geschichte widerspiegeln. Jochen Klepper stammt aus einem evangelischen Pfarrhaus in Beuthen, hat aber seine eigene theologische Laufbahn abgebrochen, um sich mehr dem literarischen und journalistischen Metier zuzuwenden. 1931 heiratet er die um 13 Jahre ältere Witwe Johanna Gerstel-Stein, eine Frau jüdischer Herkunft, und lebt seither mit ihr und ihren beiden Töchtern in Berlin. Diese Heirat reicht aus, um ihn in die Walze des braunen Regimes hineinzuziehen und in Lebensgefahr zu bringen. Sein antisemitisch eingestellter Vater bricht alle Verbindungen zu seinem Sohn ab, seine Existenz als Theologe und Schriftsteller ist bedroht: Wegen der Ehe mit einer Jüdin verliert er zunächst seine Arbeitsstelle beim Rundfunk, der Vertrag mit dem Ullstein-Verlag wird gekündigt aus demselben Grund. Schließlich wird er auch aus der Reichsschrifttumskammer ausgeschlossen, was einem Veröffentlichungsverbot gleichkommt, obwohl Adolf Hitler kurz zuvor seinen Roman *Der Vater* über den preußischen Soldatenkönig Friedrich I. als Weihnachtsgabe an Freunde verschenkt hatte. Der Familie Klepper wird die Lebensgrundlage entzogen.

Ein Jahr, nachdem er sein Adventslied gedichtet hat, brennen am 9. November 1938 in Deutschland die Synagogen. Jüdische Männer und Frauen werden enteignet, deportiert, ermordet. Papst Pius XI. (1857 – 1939) schreibt seine Enzyklika *Mit brennender Sorge,* während das KZ Buchenwald ausgebaut wird, um für die sog. ›Endlösung‹ vorbereitet zu sein. Wie hoffnungsfroh klingt da sein Lied von der Nacht, in die ein Lichtstrahl scheint: »Noch manche Nacht wird fallen auf Menschenleid und Schuld. Doch wandert nun mit allen der Stern der Gotteshuld.«

Jochen Klepper steht vor der gnadenlosen Alternative: Entweder er verlässt seine Frau, die er liebt und als seine ›Rettung‹ bezeichnet, und überlässt sie mitsamt den beiden Töchtern dem unentrinnbaren Tod; oder aber er bleibt an der Seite seiner Frau und wird womöglich mit ihr den Todeslagern ausgeliefert. Die Möglichkeit der Flucht, die sie später noch versuchen, wird Adolf Eichmann ihnen verschließen. Frau Klepper und ihre Töchter müssen den Judenstern tragen. Der großen Tochter gelingt es zwar noch, nach Schweden auszureisen, für den Rest der Familie Klepper zieht sich der Knoten aber immer mehr zu.

Als im Advent 1942 die Deportation ins Vernichtungslager unausweichlich ansteht, entschließen sich die Kleppers, gemeinsam aus dem Leben zu scheiden. In der Nacht zum 11. Dezember 1942 begehen die drei Selbstmord.

Die Nacht ist vorgedrungen, stockdunkel, aussichtslos. Am Vorabend seines Todes notiert Jochen Klepper hoffnungsvoll in sein Tagebuch: »Wir gehen heute Nacht gemeinsam in den Tod. Über uns steht in den letzten Stunden das Bild des segnenden Christus, der um uns ringt. In dessen Anblick endet unser Leben.«

Trug Klepper auch in dieser schwärzesten Nacht noch die gleiche Gewissheit im Herzen wie am Ende seines Liedes, das er fünf Jahre zuvor geschrieben hatte?

Gott will im Dunkel wohnen und hat es doch erhellt.
Als wollte er belohnen, so richtet er die Welt.
Der sich den Erdkreis baute, der lässt den Sünder nicht.
Wer hier dem Sohn vertraute, kommt dort aus dem Gericht.

Wir wissen die Antwort nicht. Aber wir dürfen wegen des Selbstmords den Stab über Jochen Klepper nicht brechen. »Über uns steht das Bild des segnenden Christus, der um uns ringt. In dessen Anblick endet unser Leben.« Diese Tagebuchnotiz zeigt, dass Klepper um Schuld und Sünde wusste, wenn jemand seinem Leben selbst ein Ende setzt. Wenn er dennoch den segnenden Christus im Blick hat, dann meint er nicht, dass der Selbstmord von Christus abgesegnet sei, sondern dass es Einen gibt, der über der schutzlosen Familie Klepper seine bergende Hand wie ein Dach ausbreitet und sie in seine Obhut nimmt – trotz allem. Für die Familie Klepper ist der Advent 1942 zum Ernstfall geworden. Beten wir darum, dass sie bei Jesus angekommen sind, dass er ihren Hinübergang mitgetragen hat, wie es in einem Gedicht von Jochen Klepper heißt, das er 1938 zu Papier gebracht hat:

Ja, ich will euch tragen bis zum Alter hin.
Und ihr sollt einst sagen, dass ich gnädig bin.
Ihr sollt nicht ergrauen, ohne dass ich's weiß,
müsst dem Vater trauen, Kinder sein als Greis.
Ist mein Wort gegeben, will ich es auch tun,
will euch milde heben: Ihr dürft stille ruhn.
Stets will ich euch tragen recht nach Retterart.
Wer sah mich versagen, wo gebetet ward?
Denkt der vor'gen Zeiten, wie, der Väter Schar
voller Huld zu leiten, ich am Werke war.
Denkt der frühern Jahre, wie auf eurem Pfad
euch das Wunderbare immer noch genaht.
Lasst nun euer Fragen, Hilfe ist genug.
Ja, ich will euch tragen, wie ich immer trug.

ABBILDUNG 42

Grablege des Silvester, Coemeterium Jordanorum an der Via Salaria, 3. Jh. (Wilpert, Taf. 183-1).

Das Buch in Händen des Verstorbenen trägt eine Aufschrift in Alltagslatein: RORMITIO SILVESTRE (eigentl.: DORMITIO SILVESTRI – Ruhestätte des Silvester). Die gesamte Illustration steht für die tastenden Anfänge einer neuen, spezifisch christlichen Bildersprache; sie bezieht sich auf die paulinische Rede vom »Buch des Lebens« (Phil 4,3).

ABBILDUNG 43

Bukolische Landschaft, Domitilla-Katakombe, frühes 3. Jh. (Wilpert, Taf. 6).

Diese Illustration ist eher in einem paganbukolischen Kontext zu verstehen; sie verklärt Alltagszenen der anstrengenden und gefährlichen Hirtenwelt. Ihr Stil ist abstrakt-minimalistisch, – Kennzeichen des Geschmacks der Oberschicht des 3. Jh.

Wann fängt Weihnachten an?

Man sei versichert: keine banale Frage, keine simple Antwort. Weihnachten ist mehr als ein bloßes Familienfest, – gruppiert um eine große Anzahl arbeitsfreier Tage. Und Weihnachten beginnt nicht in den Auslagen der Schaufenster! Sondern ...

Diese Frage ist der Titel eines Gedichtes von Rolf Krenzer (1936 – 2007): *Wann fängt Weihnachten an?* Für viele fängt Weihnachten viel früher an als im Kalender, spätestens am ersten Advent. Weihnachten fängt an, wenn wir die ersten Lebkuchen verzehren und Plätzchen kosten; wenn das Weihnachtsgeld auf dem Konto verbucht ist; wenn der Chef zur Weihnachtsfeier einlädt, meistens schon Wochen vor dem Fest. Der Advent hätte eigentlich Schutzfunktion: Der Advent schützt Weihnachten, dass es nicht zu früh kommt; und Weihnachten braucht den Advent wie einen Vorbau, damit wir uns vorbereiten können auf die Ankunft des Herrn.

Wann fängt Weihnachten an? Eigentlich erst heute, am *Heiligen Abend,* in der *Heiligen Nacht.* Heute, hier und jetzt fängt Weihnachten an: die »stille Nacht, heilige Nacht«, die wir besingen.

Wie aber kann Heiliges erfahren werden zwischen Kommerz, Konsum und Kitsch? Wie können wir den Heiligen spüren, wenn so vieles um uns herum entheiligt ist, wenn wir uns bewusst machen, dass wir in einer vielfach entzauberten und ziemlich religionslos gewordenen Umwelt leben? Ehrlich gefragt: Wie viele unserer Zeitgenossen akzeptieren noch etwas als unfassbar, unendlich, unverfügbar, als Tabu, das nicht zerdiskutiert werden kann, als tiefgründiges und absolutes Geheimnis? Es ist nicht leicht, über die *Heilige Nacht* zu sprechen. Heilig – das waren früher Gott oder Götzen und deren Erscheinungen, auch Kirche, Vaterland, Ehe und Treue. Vieles davon scheint heute relativ zu sein. Was ist noch heilig? Religiöse Gefühle werden sogar müde belächelt und offen verletzt. Seit es nicht mehr besonders aufregend ist, sexuelle Tabus zu brechen, gehört es in manchen künstlerischen Produktionen fast schon zur Normalität, das zu entweihen, was anderen – vor allem uns Christen – heilig ist. Mit dem Islam geht man in Deutschland bisher noch einigermaßen respektvoll um: ob aus Überzeugung oder mehr aus Angst und Vorsicht, das sei dahingestellt.

Obwohl in unserer Zeit nicht mehr viel heilig ist, feiern wir heute die *Heilige Nacht*. Worauf kommt es uns an? »Auf den Sohn Gottes, der Mensch wurde, auf seine Geburt«, sagt Karl Rahner: »Alles andere an diesem Fest lebt davon, oder es stirbt und wird zur Illusion. Weihnachten heißt: Er ist gekommen. Er hat die Nacht hell gemacht. Er hat die Nacht unserer Finsternisse, die Nacht unserer Unbegreiflichkeiten, die grausame Nacht unserer Ängste und Hoffnungslosigkeiten zur Weihnacht, zur Heiligen Nacht gemacht.« **(1)**

Dass wir uns heute Abend auf den Weg gemacht haben, um Gottesdienst zu feiern, ist schon ein Zeichen für die Heiligkeit dieser Nacht. Schauen wir in die erste *Heilige Nacht!* Die Bewohner von Betlehem haben geschlafen, und die Hoteliers und Pensionsbesitzer, die aus dem Schlaf gerissen wurden, wollten sich nicht stören lassen. Keine Spur von Heiliger Nacht! Die Einzigen, die wach blieben und mobil, waren die Hirten auf dem Feld. Sie sind ganz Ohr für die Botschaft der Engel, für den Hymnus des Friedens, den sie anstimmen. Sie hören von der Geburt eines Kindes, das in Nacht und Nebel geboren wird, mitten in der Fremde, ohne schützendes Dach über dem Kopf. Keine Frau in anderen Umständen möchte unter solchen Umständen ihr Kind zur Welt bringen, so ausgeliefert, so unerwünscht, so schutzlos. Und doch: So widrig die Umstände auch sein mögen, die Geburt eines Kindes ist immer ein heiliger Moment. So wird uns in dieser Nacht ins Herz das Evangelium geschrieben: Ein Kind ist uns geboren, ein neuer Mensch wird uns geschenkt. Wir stimmen ein in den gemischten Chor von Engeln und Hirten, von Himmel und Erde, wenn wir das Gloria ebenso intonieren wie das *Transeamus usque Bethlehem*. In jeder Kirche, wo jetzt gefeiert wird, ist Betlehem, Heilige Nacht und heiliger Boden.

Denn es geht nicht nur um irgendeinen neuen Erdenbürger, es geht um Gottes Geburt. Weihnachten ist weder Traum noch Mythos. Weihnachten ist ein festes Datum, ein historischer Augenblick. Der Allerheiligste betritt die Welt als Kind. Wer kann das verstehen? Der große Gott – so klein. Der Allmächtige – so wehrlos. Der Ewige – ausgesetzt in unsere Zeit und Geschichte. Der Grenzenlose – der sich ein Limit setzt und in die Grenzen des Menschen begibt.

Schonungslos deckt es ein Weihnachtslied aus dem 16. Jahrhundert auf: Dort in der Krippe liegt das Kind »elend, nackt und bloß, entäußert sich all seiner Gewalt, wird niedrig und gering.« (GL 247, Str. 3)

Wie anders sind wir Menschen da veranlagt? Wir wollen uns einen Namen machen als Herr oder Frau *Gernegroß*; heute hingegen feiern wir die Geburt von Gott *Gerneklein*. Das ist der tiefste Sinn der *Heiligen Nacht*: die Geburt von Gott *Gerneklein!* Gott *Gerneklein* ermöglicht es, den Menschen groß zu machen und heilig. Jeder Mensch ist heilig, wie klein und krank, schwach und zerbrechlich, jung oder alt oder angeknackst er auch sein mag. Diese Nacht sagt es uns. Jeder Mensch hat Würde von Gott, denn der Allerheiligste selbst wurde einer von uns.

Wahrhaft *Heilige Nacht:* Im Heiligen Kind sind wir alle geheiligt, all unser Leben, all unser Sorgen, geheiligt das Gelingen und das Versagen. – Geheiligt selbst unser Scheitern, alle Grenzen, auf die wir stoßen. – Geheiligt wir alle, die wir heute Gottesdienst feiern, aber auch jene, die ans Krankenbett gefesselt sind oder aus anderen Gründen nicht dabei sind.

Jeder Mensch ist geheiligt von Gott: egal, wer er ist; wo und wie er lebt; egal, welche Lebenslinien und Lebensbrüche er mitbringt; egal, was er vorweisen kann; egal, welcher Religion er angehört. Ohne andere missionieren oder gar eingemeinden zu wollen in die Gemeinschaft der Christen, dürfen wir sagen: Vor Gott ist jede und jeder geheiligt, weil Jesus der Heiland aller Menschen ist.

Die *Heilige Nacht* verpflichtet. Wenn es Tag wird, dürfen wir nicht vergessen, was in dieser Nacht geschah. Wir bezeugen, dass wir die Geburt des Heilands gefeiert haben. So wird die *Heilige Nacht* heilsam – im wahrsten Sinn des Wortes. Die Heilige Nacht heilt Wunden als Nacht des Friedens und der Versöhnung. Die *Heilige Nacht* hinterlässt in unseren Herzen Spuren. Spuren, die Antwort geben auf die Frage des Dichters Rolf Krenzer:

Wann fängt Weihnachten an?

Wenn der Schwache dem Starken die Schwäche vergibt, / wenn der Starke die Kräfte des Schwachen liebt, / wenn der Habewas mit dem Habenichts teilt, / wenn der Laute bei dem Stummen verweilt / und begreift, was der Stumme ihm sagen will, / wenn das Leise laut wird und das Laute still, / wenn das Bedeutungsvolle bedeutungslos, / das scheinbar Unwichtige wichtig wird und groß, / wenn mitten im Dunkel ein winziges Licht / Geborgenheit, helles Leben verspricht, / und du zögerst nicht, sondern du gehst, / so wie du bist, darauf zu, / dann, ja dann / fängt Weihnachten an. **(2)**

Ich wünsche uns allen eine gesegnete Heilige Nacht!

> DAS IST DER TIEFSTE SINN DER HEILIGEN NACHT: DIE GEBURT VON GOTT GERNEKLEIN!

1 Karl Rahner: Was Weihnachten bedeutet. Hg. Andreas R. Batlogg / Peter Sucha. Freiburg 2014, S. 16 f.; der gesamte Text Karl Rahners findet sich in der Fassung des Erstdrucks aus dem Jahr 1951 unter der Überschrift ›Seitdem ich euer Bruder wurde …‹ in *Praedica Verbum* 124 (2019), S. 577–582.

2 Rolf Krenzer: Wann fängt Weihnachten an? In: Ders. u. a.: Die schönsten Geschichten zur Advents- und Weihnachtszeit. Für Gemeinde und Familie. Freiburg 1992, S. 115.

Transeamus! Der Grenzgänger-Gott

Gut, dass es die Bettelorden gab! Wäre es nach Kaiser Friedrich Barbarossa (gest. 1190) gegangen, spielten die Hirten in der Weihnachtsgeschichte kaum noch eine Rolle.

Der Kaiser hielt es mit den Königen. Wir lieben auch die Hirten ...

ABBILDUNG 44, SEITE 94
Madonna mit Kind (Ausschnitt aus der Huldigung der Magier), Domitilla-Katakombe, 4. Jh. (Wilpert, Taf. 141).

ABBILDUNG 45
Bukolische Hirtenszene (keine Darstellung des Guten Hirten!), Domitilla-Katakombe, 4. Jh. (Wilpert, Taf. 122-2).

Transeamus! Uns klingt noch das Lied im Ohr, das wir eben gehört haben: der Ausruf der Hirten, so wie er in der lateinischen Bibelübersetzung der *Vulgata* lautet, einem beliebten schlesischen Chorwerk aus dem 18. Jahrhundert entnommen: *Transeamus usque Bethlehem et videamus hoc verbum quod factum est.* In der Einheitsübersetzung lesen wir: »Lasst uns nach Betlehem gehen, um das Ereignis zu sehen, das uns der Herr kundgetan hat.« (Lk 2,15)

Transeamus! Auf, lasst uns gehen! Da war sicher auch Neugier dabei. Aber wenn das alles ist? Es steckt mehr dahinter. Wenn es bloß um eine Sensation gegangen wäre, wären die Hirten von Betlehem längst vergessen. Wenn es um die Organisation einer Fete gegangen wäre, war Gott schlecht beraten mit seinem Event-Manager. Es war nämlich nichts organisiert für eine standesgemäße Geburt des Gottessohns.

Aber darum geht es nicht: Die aufbrechenden Hirten sind die ersten Evangelisten von Weihnachten. Sie verlassen ihre angestammten Plätze, die Hirtenfelder, und eilen zur Krippe. Fortan wird es im Leben Jesu immer wieder so sein: Wo Jesus auftritt, kommen Menschen in Bewegung, sie brechen auf, folgen ihm nach. Entweder ist er es, der ruft, wie bei den ersten Jüngern Simon und Andreas (Mk 1,16-20), oder Menschen stoßen sich selbst in die Rippen und folgen ihm, bis er sich ihnen zuwendet und sie persönlich anspricht (Joh 1,35-51).

Evangelium setzt nicht nur in Bewegung, Evangelium ist Bewegung auf dem »Neuen Weg« (Apg 9,2), seit der ersten Weihnachtsnacht bis heute ungebrochen.

Transeamus! Die Dynamik, die im Anfang liegt, hat ihre Kraft nicht verloren. Denn die Hirten waren eigentlich nicht die Ersten, die sich selbst aufforderten und sagten: Auf, lasst uns gehen! Der Erste, der zum Aufbruch bläst, ist der dreifaltige Gott höchstpersönlich. Es ist gleichsam der göttliche Thronrat, der mit sich selbst zu Rate geht, ein innergöttliches Gespräch, aus dem der Beschluss erwächst, der die Welt aus allen Angeln hebt: *Transeamus!* Lasst uns gehen – mitten in die Welt, unter die Menschen, den Menschen in allem gleich außer der Sünde. Deshalb liegt in diesem *Transeamus* ein Schwung, der nicht erlahmt und sich nicht totläuft.

Gottes Aufbruch zu uns Menschen: Diese Melodie durchzieht mit vielen Variationen die Seiten der Heiligen Schrift. Gott kommt auf uns Menschen zu. Er bleibt keine kalte Majestät hinter den Sternen, er teilt sich uns mit: Offenbarung ist Gottes Selbstmitteilung. Und so geht die Melodie vom Aufbruch weiter: Abraham lässt seine gesicherte Umgebung zurück, Mose wird zum Anführer und Retter eines ganzen Volkes, das aufbricht, auszieht, hinüberzieht: durchs Schilfmeer und über den Jordan. *Transeamus!*

Es ist eigentlich nichts Besonderes in der Bibel, aufzubrechen und loszuziehen. Aber in der Weihnachtsnacht ist etwas geschehen, was doch ganz anders ist, einmalig und neu: Gott geht so auf uns Menschen zu, dass er in den Menschen eingeht. Die Kategorien der Trennung zwischen Gott und Mensch geraten ins Wanken, die Grenzen fangen zu fließen an. Ignatius von Loyola (1491 – 1556) spricht von einem liebenden Selbstgespräch, das Vater, Sohn und Heiliger Geist miteinander führen und in dem sie schließlich einmütig übereinkommen: »Kommt, lasst uns gehen zu den Menschen!« *(Ignatius von Loyola: Geistliche Übungen, Nr. 107) Transeamus!* Gott geht an die Grenze, die gezogen ist zwischen ihm selbst und uns Menschen. In Jesus von Nazaret wird Gott zum Grenzgänger. Er geht bis an die Grenze, er verausgabt sich an die Menschen, ohne sich in die Menschheit zu verlieren. Indem er ganz Mensch wird, bleibt er zugleich ganz Gott: wahrer Gott und wahrer Mensch.

Aber wie geht das – an die Grenzen gehen? Sind Grenzen nicht auch Sicherheitslinien? Brauchen wir Menschen nicht geradezu einen gebührenden Sicherheitsabstand gegenüber Gott? Was ist, wenn Gott sich so naht, dass die Grenzen verschwimmen zwischen oben und unten, zwischen Himmel und Erde, Zeit und Ewigkeit? Wird da der Mensch nicht schnell in seiner Freiheit erdrückt, weil neben Gott nichts bestehen kann? Oder die umgekehrte Möglichkeit: Wird Gott, der sich uns Menschen gleichmacht, nicht vom Menschen ›eingemeindet‹, verschluckt, dass er nur noch Bruder ist und nicht mehr Herr der Geschichte?

Das ist das Großartige, wenn Gott an die Grenze geht: Er kommt in der ihm eigenen Weise, so zurückhaltend, so sanft, so zärtlich, dass wir Menschen es ertragen können. Er fällt nicht mit der Tür ins Haus, bricht nicht ein in unser Lebenshaus, er drängt sich nicht auf, er klammert nicht, er überfordert uns nicht – wie wir Menschen es manchmal tun, wenn wir die Intimsphäre nicht achten, Tabus brechen und Menschen ausziehen bis auf die Haut, obwohl sie es nicht wollen.

Gott geht an die Grenze, aber er überschreitet sie nicht. Er achtet sie. Gott respektiert unsere Freiheit. Das ist seine Methode, und deshalb naht er sich so menschlich, wie jeder von uns ins Leben hineinwächst: als Kind. Bischof Klaus Hemmerle (1929 – 1994) hat es einmal so formuliert: »Mensch werden heißt Kind werden. Der Weg zum Menschsein führt über das Kind. Es ist Gottes eigener Weg. Gottes Sohn ist Mensch geworden, indem er Kind wurde. Das Kind in der Krippe lädt uns ein, mit ihm Mensch zu sein und von ihm göttliches Leben zu empfangen.«

Transeamus! Auf, lasst uns gehen! An Weihnachten ist Gott aus sich herausgegangen. Er ist nicht bei sich im Himmel geblieben, er hat sich an die »Peripherie« gewagt, würde Papst Franziskus sagen. Er ist auf die Erde gekommen – an die Peripherie der Galaxien; er ist in die Randgebiete der Menschen gegangen – in einen kleinen Winkel der damals bekannten Welt; und er ist selbst Mensch geworden. Wenn Gott so aus sich herausgegangen ist, dann ruft Weihnachten uns zu: Mensch, komm auch du heraus!

Da ist einer, der mir etwas zutraut, der mit Lob und ehrlicher Anerkennung nicht geizt. Das tut mir einfach gut! Ich beginne, neu zu leben. – Da ist einer, der mir Gehör und Verständnis schenkt. Ich erfahre es als herrliches Geschenk, dass ich einem Menschen so wichtig bin. Ich lebe auf. – Da ist einer, der hat ein Kapitel bitterer Lebenserfahrung hinter sich. Es ist schwer, alles aufzuarbeiten und langsam aus Trauer und Enttäuschung herauszufinden. Da findet er einen, der ihn auf dem mühsamen Weg an der Hand nimmt. Und er spürt, dass die Einladung des Weihnachtsengels Wirklichkeit wird: »Fürchte dich nicht!« Wenn auch nur in kleinen Schritten – doch es geht weiter! Ich kann dem Leben wieder trauen und auf Gott und Menschen bauen.

Transeamus! Auf, lasst uns nach Betlehem gehen und das Ereignis sehen, dass der Herr verkünden ließ. Das Wort ist Fleisch geworden, Gott wurde Kind. Kommt, lasset uns anbeten!

IN PRINCIPIO ERAT UERBUM
ET UERBUM ERAT APUD DM
ET DS ERAT UERBUM
HOC ERAT IN PRINCIPIO APUD
OMNIA PER IPSUM FACTA SU
ET SINE IPSO FACTUM EST NI
QUOD FACTUM EST IN IPSO UI
ET UITA ERAT LUX HOMINU
ET LUX IN TENEBRIS LUCET
ET TENEBRAE EAM NON CON P
HENDERUNT
FUIT HOMO MISSUS A DO
CUI NOMEN ERAT IOHANN
HIC UENIT IN TESTIMONIUM
UT TESTIMONIUM PERHIBE
DE LUMINE
UT OMNES CREDERENT PER I
NON ERAT ILLE LUX
SED TESTIMONIUM PERHI

Das abgekürzte Wort

Er ist bei Predigern gefürchtet: der Logos-Prolog des Johannes-Evangeliums! Hymnische Sprache, ausgefeilte Präexistenz-Christologie — und nicht zuletzt der unlängst im Familienkreis begangene Heilige Abend fordern Verkünder und Hörer des Wortes gleichermaßen.

Wie fängt das Johannes-Evangelium an? »Im Anfang war das *Wort*.« (Joh 1,1) Was fangen wir damit an? Können wir überhaupt etwas damit anfangen? Wir drücken es am liebsten anders aus: »Im Anfang war die *Tat*.« So steht es schon in Johann Wolfgang von Goethes (1749 – 1832) Drama *Faust*, dem Inbegriff neuzeitlichen Strebens und Selbstbewusstseins. Es ist eine erregende Szene, die der große Dichter und Denker da beschreibt: Faust übt sich im Übersetzen, er denkt nach über dieses Evangelium vom Anfang: »Auf einmal sehe ich Rat und schreibe getrost: Im Anfang war die Tat.« Doch unmittelbar nachdem das »getrost« geschrieben war, erscheint der Teufel auf der Bühne: Es ist vom Bösen, wenn die Welt – und auch die Kirche! – ein Produkt der eigenen Tat werden, wenn der Mensch sich selbst zum Macher aufschwingt. Wie es in einem anderen berühmten Text des Klassikers von Weimar über den Titan Prometheus heißt: »Hier sitz' ich, forme Menschen nach meinem Bilde …« – Ein »gemachter Mann«! Doch wehe ihm, wenn er merkt, dass alles nur Mache war! Geben wir doch zu: Alles, was wir zum Leben brauchen, besonders das Kostbarste, die Liebe, können wir uns nur schenken lassen. Wer nämlich nur sich selbst liebt, liebt nicht wirklich, sondern ist narzisstisch verkrümmt. Wenn am Anfang die menschliche Tat steht, dann wissen wir am Ende nicht mehr, wo wir aufhören müssen. Dies zeigen uns aktuelle Diskussionen: Wo beginnt menschliches Leben, und wo hört es auf? Was tun mit Embryonen, von denen man glaubt, dass es Menschen mit Behinderung werden? Was tun mit Pflegebedürftigen, die jahrelang dahinvegetieren? Da kann die Versuchung aufkommen: »Das ist doch kein Leben. Da müssen wir ›nachhelfen‹!«

Doch wir wissen es spätestens seit dem vergangenen Jahrhundert: Eine solche Argumentation führt in die Sackgasse, der Mensch wird schnell zum Täter und zurück bleiben – Berge von Opfern. Der menschlichen Tat, die allzu rasch pervertiert in Sünde und Schuld, muss etwas vorausgehen: ein Wort, das erlöst und befreit. Es braucht das göttliche Wort: »Im Anfang war das Wort.«

Einmal gesprochen, ist dieses Wort für immer in der Welt, es kehrt »nicht leer zu mir« zurück, wie es beim Propheten Jesaja (55,11) heißt. Gottes Wort ist gesetzt, es ist ein Faktum *(Verbum caro factum est)* – über Weihnachten hinaus. Wenn unser beliebtes Fest seinen Sinn bewahren soll, dann nur unter dieser Voraussetzung: »Im Anfang war das Wort.« Man kann im Ernst nicht Weihnachten feiern, ohne von Gott zu reden. Wir haben uns dieses Fest nicht selbst ausgedacht wie Silvester oder den 1. Mai oder den 3. Oktober. »Im Anfang war das

Wort«: Dieses Wort kommt nicht *aus uns*, sondern *zu uns*. Wir verdanken es nicht unserer menschlichen Tat, sondern dem göttlichen Willen. Wir können es nicht machen, sondern wir dürfen es empfangen, es uns sagen lassen. »Im Anfang war das Wort, und das Wort war bei Gott, und das Wort war Gott« (Joh 1,1).

Gott war und ist das Wort. Wie ist das zu verstehen? Der nunmehr emeritierte Papst Benedikt XVI. hat in der Christmette 2006 eine interessante Deutung vorgelegt. Er sprach vom sog. »abgekürzten Wort«. An Weihnachten habe Gott sein Wort kurz gemacht, es gleichsam abgekürzt. Keine langen Prophetenpredigten, keine historischen Schriftrollen, kein diffiziles Geflecht von Geboten und Gesetzen werden angeboten. Stattdessen hat Gott sein Wort kurz gehalten. Das göttliche Wort ist klein geworden: »Der Sohn ist das Wort, der Logos; das ewige Wort hat sich klein gemacht – so klein, dass es in eine Krippe passt. Es hat sich zum Kind gemacht, damit uns das Wort fassbar werde.« Das Kind kann noch nicht sprechen, doch ist es DAS Wort, Frohe Botschaft, Evangelium. Und zugleich gilt: Immer wenn ein kleiner Mensch das Licht der Welt erblickt, kommt Gottes Licht in die Welt. Ist das nicht die große Klammer für die Ökumene und ein Anknüpfungspunkt für den Dialog der Religionen? Gottes Wort ist schlicht, kurz und knapp, so »dass es in eine Krippe passt«. Diese Botschaft ist an keine Konfession gebunden. Kardinal Henri de Lubac (1896 – 1991) folgert daraus: »In dieser einfachen Wahrheit, in der tatsächlich der ganze christliche Glaube enthalten und zusammengefasst ist, kommen alle Christen überein.«

Gottes »abgekürztes Wort« bietet aber noch eine weitere Tönung. In einer katholischen Bibelübersetzung aus dem Jahr 1763 finden wir das »abgekürzte Wort« im Zusammenhang mit Röm 9,28: »Dann wird Gott das Wort vollenden und abkürzen in Gerechtigkeit: Dann wird der Herr ein abgekürztes Wort machen auf Erden.« – Es handelt sich dabei um eine Übersetzung aus der lateinischen Bibel, der sog. *Vulgata: Verbum enim consummans et abbrevians in aequitate, quia verbum breviatum faciet Dominus super terram.*

Diese Schattierung des abgekürzten Wortes entspricht dem Anfang des Hebräerbriefes: »Viele Male und auf vielerlei Weise hat Gott einst zu den Vätern gesprochen durch die Propheten; in dieser Endzeit aber hat er zu uns gesprochen durch den Sohn« (Hebr 1,1f.). Das heißt: Alle Worte der Heiligen Schrift streben auf Jesus Christus zu. Auf ihn hin konzentrieren sie sich, in ihm erfüllen sie sich, und von ihm her werden sie verwandelt. Von Jesus Christus her wird die Bedeutung des Ersten Bundes erschlossen, im wahrsten Sinn des Wortes aufgehoben, in ein neues Licht gesetzt.

Hören wir noch einmal Papst Benedikt: »Das Wort, das Gott uns in den Büchern der Heiligen Schrift mitteilt, war lang geworden im Lauf der Zeit. Lang und unübersichtlich. Jesus hat das Wort kurz gemacht – uns seine tiefste Einfachheit und Einheit wieder gezeigt.« Das ist die Botschaft von Weihnachten: »Gott ist nicht mehr weit entfernt. Er hat sich zum Kind gemacht für uns. Er hat sich zu unserem Nächsten gemacht und so auch das Bild des Menschen wieder hergestellt.« Nicht umsonst heißt die Zusammenfassung, die Kurzformel der christlichen Liebe: »Du sollst den Herrn, deinen Gott, lieben mit allen deinen Kräften; und du sollst deinen Nächsten lieben wie dich selbst« (vgl. Mk 12,30).

Gott hat das Wort kurz gemacht. Doch Abkürzen ist etwas anderes als Verkürzen. *Abbreviatio* ist nicht *reductio*. Oft laufen wir Gefahr, aus eigenem Antrieb, durch eigene Tat das Wort Gottes zu verkürzen, seine Bedeutung zu reduzieren, es zu verstümmeln und so seiner Kraft zu berauben:

Wer im Sohn Gottes nur ein Menschenkind sieht, verkürzt die Botschaft von Weihnachten.

Wer die Bibel nur als Begründungshilfe zur Verbesserung der Erde heranzieht, verkürzt die Rede vom Himmelreich.

Wer die Heilige Schrift mit dem Seziermesser zerlegt, reduziert das Wort Gottes auf pures Menschenwort.

Der von Papst Franziskus zum *Wort-Gottes-Tag* ausgerufene 3. Sonntag im Jahreskreis (1) ist eine große Chance, das Wort Gottes in seiner Tiefe und Fülle als Schatz sowohl für unsere Gemeinden als auch für das persönliche Glaubensleben neu zu heben.

Einen Schlüssel dafür gibt uns der heilige Augustinus in die Hand. Er unterscheidet zwischen Wort und Stimme. Es gibt so viele Stimmen, auch in der Kirche, aber nur das eine Wort: jenes, das Gott in eine Krippe gelegt hat. Der heilige Augustinus hat dabei scharfsinnig auf den Punkt gebracht, was der Unterschied ist zwischen Wort und Stimme: »Nimm das Wort weg, was bleibt von der Stimme? Wo kein Gedanke ist, herrscht sinnloser Lärm. Die Stimme ohne Wort schlägt zwar ans Ohr, doch das Herz baut sie nicht auf.« Immer bleibt die Stimme, so führt er weiter aus, dem Sinn, der Bedeutung des Wortes untergeordnet. Denn »der Klang der Stimme trägt den Sinn des Wortes zu dir, um sogleich zu verhallen. Das Wort hingegen, das der Laut zu dir gebracht hat, ist schon in deinem Herzen, ohne mein Herz verlassen zu haben.« (2)

Stimmen sind mächtig und verstummen wieder; sie können laut sein und auch wieder verklingen. Was bleibt, ist das Wort: Gott hat es in die Wiege gelegt, ohne dass es sein Herz verlassen hat. Machen wir unser Herz zur Wiege, darin wir das Wort wiegen und wägen, es bewegen und tragen. Weihnachten ist das Wiegenfest jenes Wortes, »das Fleisch geworden ist und unter uns gewohnt hat« (vgl. Joh 1,14), in uns – Menschen mit Herzen aus Fleisch!

> DAS WORT,
> DAS GOTT UNS
> IN DEN BÜCHERN
> DER HEILIGEN SCHRIFT
> MITTEILT,
> WAR LANG GEWORDEN
> IM LAUF DER ZEIT.
> LANG UND
> UNÜBERSICHTLICH.
> JESUS HAT DAS WORT
> KURZ GEMACHT –
> UNS SEINE TIEFSTE
> EINFACHHEIT UND
> EINHEIT
> WIEDER GEZEIGT.
>
> Papst Benedikt XVI.

1 Papst Franziskus: Motu proprio *Aperuit illis*, 30. September 2019.
2 Augustinus: Sermo 293,3 (PL 38, Sp. 128 f.).

ABBILDUNG 46
Anfang des Johannes-Evangeliums im *St. Cuthbert Gospel* (auch: *Stonyhurst Gospel)*, British Library London, Ende 7. Jh.

Das *St. Cuthbert Gospel* gilt als ältestes erhaltenes, gebundenes Buch weltweit.

ABBILDUNG 47
Christus; Ausschnitt aus der Deckendekoration der Kammer 3 *(Cripta dei Santi)* in der Katakombe SS. Marcellino e Pietro, spätes 4. Jh. (Wilpert, Taf. 253).

Die Darstellung Christi entspricht dem Typus der *Traditio legis* (Übergabe des Gesetzes): Christus sitzt auf einem Thron und hält in der Linken einen entfalteten *Rotulus* (Buchrolle).

Auch die Darstellung des Lammes (unten) findet sich später häufig in Abbildungen des Typs *Traditio legis*.

ABGEKÜRZTES | WORT

Neujahr: Was bedeutet Glück?

Weisheit findet sich in jeder kulturellen Tradition. Eine wahre Fundgrube bilden dabei die Schriften des chinesischen Daoismus: Glück erzeugt Unglück und Unglück Glück!

Beispiel gefällig: Ein rechtschaffener Mann lebte nahe der Grenze ...

Liebe Schwestern und Brüder! Haben Sie heute schon ein Glücksschwein aus Marzipan verschenkt, einen Glücksklee oder einen Glückscent, um anderen ein glückliches Neues Jahr zu wünschen?

Glück – das ist ein hohes Gut. Das wurde mir bewusst, als vor einigen Jahren in der Zeitung vom Besuch des Glücksministers von Bhutan berichtet wurde. Das ist kein Scherz. Das kleine asiatische Königreich Buthan – mitten im Himalaja zwischen China und Indien gelegen – hat einen eigenen Glücksminister. Er heißt Karma Ura und hat im März 2018 Deutschland bereist. Sein Credo lautet: »Bruttonationalglück ist wichtiger als Bruttoinlandsprodukt.« Oder zugespitzt formuliert: Glück ist wichtiger als Wirtschaft. Seiner Überzeugung nach orientiere das Bruttonationalglück die Gesellschaft in Richtung tiefer Zufriedenheit, aber jedwede Gesellschaft wolle sie anders erreichen. Manche messen sie am materiellen Wohlstand, andere an der Gleichheit, wieder andere an der Bildung. Doch niemand hat eine Blaupause für sein individuelles Leben.

Als ich vom Glücksministerium in Bhutan hörte, war ich – ehrlich gesagt – zunächst versucht, den Kopf zu schütteln. Doch dann habe ich weiter nachgedacht und stelle mir mit Ihnen heute an Neujahr die Frage: Was meinen wir eigentlich, wenn wir uns ein »glückliches Neues Jahr« wünschen?

Wir könnten es uns einfach machen: Glück kann man nämlich messen. Die Mediziner sagen: Der Zustand des Glücks basiert auf der Ausbreitung von Endorphin. Endorphin bewirkt, dass vermehrt der Neurotransmitter Dopamin im Körper verteilt wird. Das wachsende Empfinden von Glück, Freude und Zuversicht wird also auf eine verstärkte Ausschüttung von Dopamin zurückgeführt. Aber damit ist unsere Frage nicht wirklich beantwortet. Oder wollen wir uns ernsthaft angewöhnen, einander zu wünschen, dass er / sie viele Glückshormone ausschütten möge? So oberflächlich die Rede vom Glücklichsein manchmal klingen mag, die Heilige Schrift nimmt Glück sehr ernst: Über 100-mal kommen die Begriffe ›Glück‹ und ›glücklich‹ in der Bibel vor. Es fällt auf, dass Glück eng mit gelingendem Leben verknüpft wird. So lesen wir: »Glücklich ist, wer einen Freund gewonnen hat«, oder: »Glücklich, wer um eine kluge Frau – wir können auch sagen, um einen guten Mann – weiß«, oder: »Glücklich ist, wer Freude hat an seinen Kindern« (Sir 25). Über das auserwählte Volk heißt es: »Das Volk von Juda und Israel war zahlreich wie der Sand am Meer. Es hatte zu essen und zu trinken und war glücklich.« (1 Kön 4,20) Bausteine des Glücks sind elementare Dinge des Lebens wie Nahrung, Obdach, Freundschaft, intakte familiäre Beziehungen oder eine große Liebe. Wenn wir uns ein glückliches Neues Jahr wünschen, dann flechten wir darin ein, dass wir in den kommenden Wochen und Monaten über genügend solcher Bausteine des Glücks verfügen.

Doch selbst eine solche Sicht des Glücks greift noch zu kurz. Denn Glück hat auch zu tun mit einer lebendigen Beziehung zu Gott. »Der Herr war mit Josef und so glückte ihm alles« (Gen 39,2), heißt es schon im ersten Buch der Bibel. Wer auf das Wort des Herrn achtet, findet Glück: »Wohl dem, der auf ihn vertraut!«, steht in der Sammlung der Sprichwörter (Spr 16,20). Und im Buch der Psalmen beten wir: »Glücklich das Volk, dessen Gott der Herr ist.« (Ps 33,12)

Glück kann man weder kaufen noch selbst machen: Wie viele andere wesentliche Dinge im Leben ist Glück vor allem Geschenk. Es wurzelt in Gott. Aus Gottes Sicht glückt das Leben auch dann, wenn landläufige Attribute des Glücks scheinbar fehlen. So gibt Bert Brecht (1898 – 1956) – nicht unbedingt ein großer Gläubiger – mit einem Augenzwinkern den Rat:

»Ja, renn nur nach dem Glück
doch renne nicht zu sehr
denn alle rennen nach dem Glück
das Glück rennt hinterher.«

Nein, ich muss nicht dem Glück hinterherhetzen und es doch immer wieder verpassen. Denn das Glück erschöpft sich nicht in materiellen Gütern oder äußerlicher Lustbefriedigung. Auch dann, wenn ich nicht das Glückslos ziehe, wenn ich mich nicht im Media-Markt glücklich kaufe oder bei Zalando vor Glück schreie, ich kann dennoch glücklich sein. Warum? Weil Gott mein Leben füllt, weil ER die Erfüllung ist von Zeit und Ewigkeit.

Den Schlüssel dafür liefert uns die Stelle aus dem Galaterbrief, die wir in der Lesung hörten: »Als aber die Zeit erfüllt war, sandte Gott seinen Sohn, … damit er die freikaufe, die unter dem Gesetz stehen, und damit wir die Sohnschaft erlangen. … Daher bist du nicht mehr Sklave, sondern Sohn; bist du aber Sohn, dann auch Erbe, Erbe durch Gott« (Gal 4,4-7). Damit ist unser Glück beschrieben. Der Glücksfall der Geschichte ist Gottes Menschwerdung. Seither sind wir Töchter und Söhne Gottes, in uns schlummert das Potential zu Freiheit und Glück.

Steile Worte am ersten Tag des Jahres, werden Sie vielleicht denken. Doch sie lassen sich herunterbrechen für den Weg durchs neue Jahr: Schauen wir dazu noch einmal auf das Himalaja-Königreich Bhutan, wo die Politik nach dem Bruttonationalglück ausgerichtet wird. Das Land fragt seine Bürger regelmäßig nach ihrem Wohlbefinden; eine eigene Kommission unterzieht wirtschaftliche Projekte einem sog. ›Glückscheck‹. Schadet ein Bauvorhaben etwa der Umwelt, dann wird es verworfen – wirtschaftlicher Nutzen hin oder her.

Ob ein solcher Glückscheck in Deutschland so möglich wäre, bezweifle ich. Aber für unser persönliches Handeln könnte er im neuen Jahr ein wertvolles Kriterium sein. Macht mich ein Wunsch, eine Wahl, eine Entscheidung auf Dauer glücklicher? Ich persönlich nehme mir dabei gern Ignatius von Loyola (1491 – 1556) zum Vorbild. Bevor er Entscheidungen traf, pflegte er sich zu fragen: Bringt mir eine Option auf Dauer und nicht nur für den Moment ›Trost‹ oder ›Untrost‹, ›Misstrost‹? Untrost bedeutet innere Unruhe, Hoffnungslosigkeit, Trockenheit, Getrenntsein von Gott, den Mitmenschen und mir selbst, Lähmung und Stillstand. Trost hingegen bewirkt das Gegenteil: innere Harmonie, Gleichklang und Freude, Freiheit und Mündigkeit, Frieden und Lebensdynamik. Echten Trost erfahre ich, wenn ich mit Gott unterwegs bin. Für Trost dürfen wir auch Glück sagen.

Ob wir hierzulande ein Glücksministerium brauchen, überlasse ich Ihnen, liebe Schwestern und Brüder. Was wir uns als Kirche im neuen Jahr vornehmen sollten, ist aber, einander Trost und Glück zuzusprechen. Trösten ist ja ein Grunddienst der Seelsorge, wie es schon bei Deuterojesaja heißt: »Tröstet, tröstet mein Volk« (Jes 40). Und das Brot des Lebens, die Hostie, ist kein Glückskeks, aber Lebensmittel und Unterpfand für das letzte, große Glück, das uns niemand nehmen kann: »Medizin der Unsterblichkeit und Gegengift gegen den Tod«, wie Ignatius von Antiochien (gest. um 115) schrieb *(Epistula ad Ephesios 20, PG 5, Sp. 661).* Dass wir in unseren Pfarreien immer noch regelmäßig von diesem Brot des Lebens kosten dürfen, ist für mich ein Glücksfall. Schon allein deshalb haben wir allen Grund, uns heute ein glückliches Neues Jahr zu wünschen.

UND DAS BROT DES LEBENS, DIE HOSTIE, IST KEIN GLÜCKSKEKS

ABBILDUNG 48

Deckendekoration, Domitilla-Katakombe, 3. Jh. (Wilpert, Taf. 12).

Chinesische Weisheit

Ein rechtschaffener Mann lebte nahe der Grenze. Ohne Grund entlief ihm sein Pferd auf das Gebiet der Barbaren. Alle bedauerten ihn. Sein Vater sprach: »Wer weiß, ob das nicht Glück bringt?« Mehrere Monate später kam sein Pferd zurück mit einer Gruppe Barbarenpferde. Alle beglückwünschten ihn. Sein Vater sprach: »Wer weiß, ob das nicht Unglück bringt?« Ein reiches Haus hat gute Pferde, und der Sohn stieg mit Freuden auf. Dabei fiel er und brach sich ein Bein. Alle bedauerten ihn. Sein Vater sprach: »Wer weiß, ob das nicht Glück bringt?« Ein Jahr später fielen die Barbaren über die Grenze ein. Die erwachsenen Männer bespannten ihre Bögen und zogen in den Kampf. Neun von zehn Grenzbewohnern wurden dabei getötet, mit Ausnahme des Sohnes wegen seines gebrochenen Beins. Vater und Sohn waren geschützt und überlebten beide.

Parabeln aus dem Huainanzi, 18. Kapitel (2. Jh. v. Chr.); Übs. nach: Les grands traités du Huainan zi. Paris 1993, S. 208-209

Chrisam-Messe: Ihr seid Christi Wohlgeruch

49

Da trat einer auf, den alle kannten – in Nazaret, in Galiläa. Die Schriftrolle nahm er und fand: »Der Geist des Herrn ruht auf mir; denn er hat mich gesalbt« (Lk 4,18; vgl. Jes 61,1).

Richtig: Er war der Gesalbte, der Messias, der Christós. Das glauben wir.

Und wie oft vergessen wir: dass wir Christen seinen Namen tragen, Gesalbte sind wie Er.

Die Regel des hl. Benedikt (um 480 – 547) gehört zu den großen Büchern des Abendlandes. Sie hat nicht nur das Leben vieler Generationen von Ordensleuten bis heute bestimmt; sie zählt auch zu den Stempeln, die der Kultur des christlichen Abendlandes eingeprägt wurden. Die Benediktsregel beginnt mit einem Prolog, und darin steht der Satz: »Lasst uns endlich aufstehen, die Schrift weckt uns.«

Es gibt Stunden, in denen dieses ›Erweckungswort‹ in besonderer Eindringlichkeit an unser Ohr und vor allem in unser Herz dringen will: »Lasst uns endlich aufstehen; die Schrift weckt uns.« Eine solche Stunde ist heute am Prolog der drei österlichen Tage vom Leiden, Sterben und von der Auferstehung Jesu Christi. Alle und jeden Einzelnen heiße ich willkommen in dieser »sakramentalen Bruderschaft« (PO 8), wie das *Zweite Vatikanische Konzil* das Presbyterium eines Bistums nennt. Für einen Bischof ist es ein sprechendes Zeichen der Verbundenheit mit seinen Priestern, die aus allen Richtungen der Diözese im Dom zusammenkommen, um die Chrisam-Messe mitzufeiern, ihr Treueversprechen zu erneuern und die Begegnung mit dem Bischof und den Mitbrüdern zu suchen. Auf diese Weise setzen die Priester (und Diakone) die Einladung aus der Benediktsregel schon durch ihre Anreise um: »Lasst uns endlich aufstehen; die Schrift weckt uns und sagt: Die Stunde ist gekommen, vom Schlaf aufzustehen.« Würden wir jedoch bei dieser wörtlichen Anwendung des Wortes aus der Benediktsregel stehen bleiben, dann hätten wir nur an der Oberfläche gekratzt. »Die Stunde ist gekommen, vom Schlaf aufzustehen«, bedeutet mehr als: Morgenstund' hat Gold im Mund. Es geht darum, wieder einen neuen Anfang zu setzen, sich ›aufzumachen‹ im doppelten Sinn des Wortes: sich zu öffnen für die Schrift, die uns wecken will, und aufzubrechen nach dem Neuland, das es unter den Pflug zu nehmen gilt. So ist die Erneuerung der Weiheversprechen keine Pflichtübung, sondern eine Liebeserklärung an den, dem wir unsere Berufung verdanken. Immer wieder kommt mir das tröstende Wort aus dem Alten Testament in den Sinn, mit dem Jahwe sein müde gewordenes und deprimiertes Volk aufgerichtet hat: »Ich werde an die Liebe deiner Brautzeit denken« (Jer 2,2). Diesen Zuspruch gibt der Herr uns, jedem Einzelnen ganz persönlich, wenn wir unser »Adsum«, unser »Ich bin bereit«, voreinander und miteinander sprechen. Ist es nicht eine mächtige Ermutigung, dass aus dem »Adsum« ein »Adsumus« wird, aus dem einsamen Solisten ein kräftiger Chor, aus dem Einzelkämpfer auf oft verlorenem Posten eine Mannschaft mit einem gemeinsamen Ziel? Baut es uns nicht auf, dass wir gerade bei der Chrisam-Messe hautnah spüren dürfen: Ich bin mit meiner Berufung nicht allein. Neben mir stehen noch andere in der gleichen Reihe. Mögen die Priester nicht nur bei diesem Anlass so eng zusammenstehen, sondern auch in den alltäglichen Sorgen und Belastungen des Dienstes zueinander halten, einander beistehen und als aufmerksame und feinfühlige Brüder aufeinander Acht geben. Schon der hl. Paulus hat gesagt: »Achtet auf eure Berufung, Brüder!« (1 Kor 1,26). Und an Timotheus richtete er die Bitte: »Entfache die Gnade Gottes wieder, die dir durch die Auflegung meiner Hände zuteilgeworden ist. Denn Gott hat uns nicht einen Geist der Verzagtheit gegeben, sondern den Geist der Kraft, der Liebe und der Besonnenheit« (2 Tim 1,6f.).

Ich weiß, dass diese hehren Worte oft die tägliche Erfahrung zu widerlegen scheint. Ich bin mir auch bewusst, dass manche Priester und Diakone den Eindruck haben, eher im Steinbruch als im Weinberg des Herrn eingesetzt zu sein. Dennoch gibt es einen Weg, um den uns Anvertrauten »Schmuck zu geben statt Schmutz, Freudenöl statt Trauerkleid, Jubellied statt Verzweiflung« (Jes 61,3a). Liebe Mitbrüder, habt keine Angst! Ihr müsst nichts Neues *tun,* ihr sollt vielmehr in ganz neuer Weise *sein!* Wichtiger als das, was wir tun, ist das, was wir sind. Wie sollen wir das verstehen?

Lasst es mich an einer Begebenheit verdeutlichen. Zwei christliche Missionare, die sich in Indien vergeblich abgemüht hatten, Menschen für Christus zu gewinnen, wandten sich in ihrer Ratlosigkeit an Mahatma Gandhi (1869 – 1948) und fragten, was sie falsch gemacht hätten. Gandhi gab zur Antwort: »Ihr müsstet mehr nach der Bergpredigt duften.« Damit ist etwas angesprochen, was schon Paulus von seinem missionarischen Wirken sagte: »Gott verbreitet durch uns den Duft der Erkenntnis Christi an allen Orten. ... Denn wir sind Christi Wohlgeruch für Gott unter denen, die gerettet werden, wie unter denen, die verloren gehen« (2 Kor 2,14f.). Wonach duften wir eigentlich? Die Weihrauchschwaden in den Kirchenschiffen und das edle Aftershave in den Pfarrbüros sind noch kein Garantiesiegel dafür, dass wir Christi Wohlgeruch sind.

Pater Rupert Mayer (1876 – 1945), der Apostel Münchens, war ein Wohlgeruch Christi weit über die Grenzen der Bayernmetropole hinaus. Wer ihm begegnete, kam mit Christus in Berührung. In seiner Nähe konnte man den Geist des Evangeliums einatmen wie einen lebensspendenden Duft. Wie hat er das geschafft? Hören wir Pater Rupert Mayer selbst: »Es muss Wärme von uns ausgehen, den Menschen muss es in unserer Nähe wohl sein, und sie müssen fühlen, dass der Grund dazu in unserer Verbindung mit Gott liegt.«

Das ist der ›Knackpunkt‹: die Verbindung zum Herrn. Nur wenn wir mit ihm verbunden sind, können wir ihn auch ausstrahlen. Ansonsten blenden wir uns selbst. Nur wenn der Herr den ersten Platz einnimmt, bekommt das andere den rechten Rang: die Menschen, die ganz nahe mit uns leben und arbeiten; die Frauen und Männer, die wir seelsorglich begleiten; die Aufgaben und Pflichten, die uns binden; die Hobbys, die uns Ausgleich bieten sollen; die ganz menschlichen Bedürfnisse und Sehnsüchte, um die auch ein Priester weiß und wissen darf.

IHR MÜSSTET MEHR NACH DER BERGPREDIGT DUFTEN.

Mahatma Gandhi

Je tiefer und enger wir mit Christus verbunden sind, umso mehr und intensiver werden wir seinen ›Duft‹ verbreiten. Könnte es vielleicht an der mangelnden Vertrautheit mit Christus liegen, dass es in der Kirche insgesamt, aber auch in unseren Gemeinden oft so dicke Luft gibt, Luft, die abgestanden ist und stickig?! Könnte es auch an uns selber liegen, wenn es bei uns manchmal ›stinkt‹, wenn andere uns den Rücken kehren, weil sie bei uns nicht frei durchatmen können?! Liebe Brüder, wir sollen Christi Wohlgeruch sein.

Unter diesem Anspruch steht unser Sein und unsere Sendung, noch ehe wir große Aktionen planen und Projekte starten. Wo immer wir uns bemühen, Christi Duft zu verbreiten, da wird um uns herum ein Kraftfeld des neuen Lebens entstehen, das die Menschen hineinzieht in den Dunstkreis des Herrn. Wie würde es duften, wenn sich Christi Wohlgeruch ausbreitete ausgehend von uns Priestern und Diakonen auf die vielen hauptberuflichen und ehrenamtlichen Mitarbeiterinnen und Mitarbeiter bis hinein in unsere Pfarrgemeinden, Orden, geistlichen Gemeinschaften, Gruppen, Kreise und nicht zuletzt in die Familien! Eine Welt, in der nicht nur giftige Stickoxyde die Luft verschmutzen und Krankheiten erregen, sondern auch geistige Gifte die Atmosphäre belasten und zersetzend wirken auf die Seelen besonders der Kinder und Jugendlichen – diese Welt braucht Christi Wohlgeruch, sie braucht Priester mit Ausstrahlung. In ihrem Dunstkreis fühlen sich die Menschen wohl.

Die Öle, die heute geweiht werden, sind ein Zeichen der Ermutigung. Denn seltsamerweise sind die Ölbäume am fruchtbarsten, wenn sie auf steinigem und dürrem Boden wachsen. Das Buch *Ijob* kennt sogar »Ölbäche aus dem Felsen« (Ijob 29,6). Auch der steinige Boden, auf dem viele von uns arbeiten müssen, wird einmal Früchte bringen.

Nach dem Gottesdienst werden Vertreter der einzelnen Dekanate die Öle holen und sie hinaustragen in das ganze Bistum. Tragen wir nicht nur das duftende Öl in verschlossenen Koffern! Öffnen wir unsere Herzen für Christus, damit wir selbst Boten des Herrn werden, die seinen Wohlgeruch verbreiten, den Duft der Wahrheit, des Lebens und der Liebe. Dafür lohnt es sich wirklich, vom Schlaf aufzustehen. Die Schrift weckt uns: Ihr seid Christi Wohlgeruch.

ABBILDUNG 49

Gefäße mit Heiligen Ölen.

In der sog. *Chrisam-Messe* weiht der Bischof die heiligen Öle für sein gesamtes Bistum: den duftenden *Chrisam* für die Salbung nach der Taufe, für die Firmung, die Weihe des Bischofs und des Priesters, auch für die Weihe von Kirchen und Altären, – das *Katechumenenöl* für die Salbung vor der Taufe, – das *Krankenöl* für das Sakrament der Krankensalbung.

Wegen seiner wohltuenden Wirkungen ist das Öl in der Heiligen Schrift Sinnbild für Gesundheit, Freude, Kraft des Geistes, Glück des Friedens (Ps 45,8; 23,5; 104,15; Jes 61,3).

Könige, Priester, Propheten und v. a. der Messias wurden (oder galten als) gesalbt.

ABBILDUNG 50 (NACHFOLGENDE SEITE)

Christus im Kreis der Apostel, Domitilla-Katakombe, Anfang 4. Jh. (Wilpert, Taf. 148-2).

Das letzte Abendmahl: Stunde der Testamentseröffnung

Missverständnisse brauchen gar nicht erst aufzukommen: Das letzte Abendmahl war keinesfalls die erste Messfeier! Das Johannes-Evangelium schiebt derartigen Debatten einen Riegel vor: Um Jesu Abschied geht es, um sein Vermächtnis ...

»Jesus wusste, dass seine Stunde gekommen war« (Joh 13,1). Wenn ein Mensch spürt, dass seine Stunde kommt, da er für lange Zeit oder für immer Abschied nehmen muss, dann lässt er seine Familie und seine Freunde noch einmal zusammenrufen. Und in dieser Stunde versucht er, den Menschen seines Vertrauens in aller Dichte noch einmal das mitzuteilen, was ihm selbst im Leben wichtig und wesentlich war. So wird eine Mutter vielleicht sagen: »Mein Kind, pass auf dieses oder jenes auf.« Ein Freund fürs Leben wird aus tiefer Dankbarkeit heraus ansprechen dürfen, was ihm die Verbindung zum anderen bedeutet hat. Ein Geistlicher wird ›seiner‹ Gemeinde ein Wort mitgeben, das ihr Stock und Stab sein soll für ihren weiteren Weg. Die Stunde des Abschieds – eine Stunde des Dankes und der Wertschätzung, aber immer auch eine Stunde des Schmerzes und der Zerbrechlichkeit. Was bleibt zurück? Vielleicht ein wertvoller Gegenstand, ein Buch, ein Brief, ein Schmuckstück, ein Rosenkranz – etwas, was dem Menschen lieb und teuer war.

»Jesus wusste, dass seine Stunde gekommen war.« – Wer sie schon in Kana auf der Hochzeit erwartete, wurde enttäuscht: »Meine Stunde ist noch nicht gekommen.« Wer sie bei theologischen Streitgesprächen erhoffte, wurde eines Besseren belehrt: Seine Stunde war noch nicht gekommen. Doch heute ist sie gekommen, – seine Stunde, da Jesus seine Jünger zu einem Mahl versammelt. Wir sind es, die mit dem Herrn beim Abendmahl sitzen. »Als seine Stunde gekommen war, aus dieser Welt zum Vater heimzukehren« (Joh 13,1), hinterließ er seinen Freunden sein Testament. Jesu Freunde: Das sind wir. »Ich nenne euch nicht mehr Knechte (und Mägde), ich nenne euch Freunde.« Die heutige Stunde, – eine Stunde des Abschieds, kein Abschied mit leeren Händen, ein Abschied mit vollem Herzen: die Stunde einer Testamentseröffnung: »Tut dies zu meinem Gedächtnis.« Heute Abend wird das Neue Testament eröffnet, und ich darf Ihnen versichern: Keiner wird leer ausgehen. Jeder ist zum Erben bestellt. Doch das Testament fordert mutige Erben, keine Nachlassverwalter, sondern Zukunftsbereiter. Wie ist das zu verstehen?

Wir haben soeben das Evangelium von der Fußwaschung gehört. Es war damals Sklavendienst, dem anderen die Füße zu waschen. Jesus hat den Mut, diese Ordnung umzukehren. Das Sich-Beugen zum Sklavendienst ist Zeichen seiner Freiheit. Dies ist das Erste in Jesu Testament: *Mut zum Dienen*.

»Wie stehst du zu ihr oder ihm?« So fragen wir einander. Dabei spielen die unterschiedlichen Positionen eine wichtige Rolle. Wo stehst du: Höher? Tiefer? Auf gleicher Ebene? Bist du Kaplan oder Pfarrer, Professor oder Domkapitular, Monsignore oder Prälat, Bischof oder gar Kardinal? Bist du Postulantin oder Novizin, Junioratsschwester oder Silberjubilarin, Hausoberin oder Provinzoberin, Generalrätin oder gar Generaloberin? Wir tragen – beim kleinsten Titel – nicht nur den Kopf hoch, sondern auch die Nase. Und Hochnäsige waschen den anderen lieber den Kopf als die Füße.

Jesus hatte den Mut zum Dienen. Er ist heruntergestiegen auf die unterste Stufe. Er bückt sich tief nach unten, tiefer als die Jünger stehen oder sitzen. Es ist die wehrlose Liebe Gottes, die das tut. Die Liebe lässt sich nicht gnädig herab, sie ist schon unten. Wohlgemerkt: Es geht um die nackten Füße, nicht etwa um das feine Schuhwerk. Schuhe putzen – das ist schon allerhand. Wer lässt sich schon gern zum Stiefelputzer machen? Doch hier sind es nicht nur die Schuhe, sondern die Füße, mit denen wir auf der Erde stehen, die dreckig sind und stinken. Man muss sich bücken, wenn man sie waschen will, sehr tief, bis auf den Boden. Das ist peinlich, das fällt aus dem Rahmen.

Jesus rückt uns auf den Leib, peinlich dicht, hautnah ohne Berührungsängste. Das hat Konsequenzen für unseren Mut zum Dienen. Wir erwarten Jesus oft irgendwo oben im Himmel, und wir finden ihn unten auf dem Boden. Er ist nicht auf dem ersten, sondern auf dem letzten Platz, und das nicht nur auf Zeit! Der letzte Platz ist der Platz seines Lebens. Jesus lässt das Unterste und Niedrigste nicht unerledigt. Er ist sich für nichts zu schade. Sein Mut zum Dienen geht bis zum Kreuz. Danke allen, die sich mühen, diesen ›Dienstweg Jesu‹ nachzugehen. Durch ihren Dienst bauen und tragen Sie die Gemeinschaft.

Wenn wir auf die Reaktion der Gegenseite schauen, dann kommt der zweite Teil von Jesu Testament in den Blick: *Mut, sich bedienen zu lassen*. Petrus greift sich an den Kopf, weil es ihm einfach nicht einleuchten will, was Jesus ihm hier (an)tut: »Was, du willst mir die Füße waschen?« (Joh 13,6). Jesus erklärt es ihm: »Wenn ich dich nicht wasche, hast du keine Gemeinschaft mit mir« (Joh 13,8). Gemeinschaft entsteht durch Geben, aber auch durch Nehmen. Denn niemand von uns kann alles geben. Keiner ist das Universalgenie, keiner ein Tausendsassa. Wir brauchen voreinander nicht Theater spielen. Wir dürfen auch bereit sein, uns – im rechten Sinn – bedienen zu lassen: Mut, sich bedienen zu lassen, d. h. sich selbst und anderen einzugestehen: »Ich brauche dich. Bei dir kann ich mich aussprechen. Von dir kann ich zehren. Du tankst mich auf.« Oder mit dem hl. Papst Johannes XXIII. gesprochen: »Nimm dich selbst nicht so wichtig! Lass zu, dass auch andere dich mittragen auf deinem Weg!« Eine solche Einstellung wirkt entlastend. *Mut zum Dienen – Mut, sich bedienen zu lassen*: Das ist nur scheinbar ein Widerspruch. Das Testament Jesu umfasst beides und verweist auf eine Ebene, die tiefer liegt. In der Stunde am Kreuz wird sie offenbar: *Mut, sich ganz hinzugeben.*

Es geht nicht mehr nur um eine wertvolle Sache, um die ›Sache Jesu‹, es geht um Jesus selbst. Er gibt nicht nur etwas von sich, ein Andenken, ein gutes Wort. Er setzt sich selbst aufs Spiel in unseren Händen. Wir haben Jesus in der Hand, im wahrsten Sinn des Wortes: Das Brot – es ist mein Leib für euch. Das ist der neue Bund in meinem Blut (vgl. 1 Kor 11,24 f.). »Eine größere Liebe hat niemand, als wer sein Leben hingibt für seine Freunde« (Joh 15,13). Sich hingeben an einen Menschen, an Gott: Wie leicht ist es dahingesagt, und wie viel wird dabei gelitten! Wer es ernst meint mit der Hingabe, dem bleibt auch die Verwundung nicht erspart. Nicht umsonst ist einer der tiefsten Schmerzen der Liebeskummer. Wer Zuneigung und Liebe will, muss gleichzeitig die eigene Verwundung zulassen. Anders geht es nicht. Sonst ist die Liebe nicht echt. Und weil das Christentum so viel von Liebe spricht, muss es auch so viel von Verwundung reden. Es verbirgt die Achillesferse nicht, wie in den alten Mythen der Unbezwingbarkeit; es lässt die Wunde zu und zeigt sie. Mehr noch: Ohne Wunden wird man gar nicht richtig Mensch. Deshalb brauchen wir uns als Christen, als Ordensleute, als Priester unserer Wunden nicht zu schämen. In Jesus sehen wir: Der Glaube an ihn ist nicht knallhart, ganz kühl und gnadenlos. Im Gegenteil: Jesus lässt sich verwunden, nicht nur körperlich am Kreuz, auch seelisch in seiner Angst: »Jetzt ist meine Seele erschüttert. Was soll ich sagen? Vater, rette mich aus dieser Stunde? Aber deshalb bin ich in diese Stunde gekommen. Vater, verherrliche deinen Namen!« (Joh 12,27 f.).

Auch dies gehört zur Stunde Jesu, in sein Testament. Vom Abendmahlssaal führt der Weg zum Ölberg. *Getsemani* (aramäisch) heißt übersetzt: ›die Ölpresse‹. In Getsemani steht Jesus am Ort der Kelter. Dort ringt er mit seinem Vater, was denn dessen Wille sei. Er kommt ins Schwitzen, wie wir, wenn wir an unsere Ölbergsstunden denken: »Vater, rette mich aus dieser Stunde!« In Getsemani ereignet sich noch etwas: Jesu Stunde wird zur Stunde der Kirche. Und gerade als ihre Stunde kommt, schläft die Kirche ein: Petrus, der Erste, das Amt; Johannes, der Nächste, der Lieblingsjünger, und Jakobus, der Treue, der sich so sehr darum mühte, dass die jüdische Tradition gewahrt blieb. Die Kirche der ersten Stunde ist eingeschlafen: »Konntet ihr nicht einmal eine Stunde mit mir wachen?« (Mt 26,40)

Der Herr soll uns nicht schlafend antreffen. Auch in dieser Kirche wollen wir heute Nacht mit ihm wachen und beten. Es wäre schön, wenn sich der eine oder andere von Ihnen noch ein wenig Zeit nehmen könnte, um dazubleiben, um wachend bei ihm zu sein, einfach da zu sein mit ihm und für ihn – als kleines Zeichen der Treue.

Viele tragen einen Ring der Treue: einen Ehering oder Professring, manche auch einen Bischofsring. Es ist bezeichnend, dass die italienische Sprache dasselbe Wort gebraucht für den Ring der Treue und den Glauben: *la fede*. Das schlägt die Brücke zu einem eindrucksvollen Symbol göttlicher und menschlicher Treue, das der Künstler Egino Weinert (1920 – 2012) geschaffen hat. Aus 200 Professringen verstorbener Ordensschwestern gestaltete er eine kleine Monstranz. Jeder einzelne Ring ist ein Hinweis auf das lebenslange Bemühen eines Menschen, Christus treu zu sein. Jeder einzelne Ring weist aber auch hin auf die Nahrung dieser Treue: das Brot des Lebens, Jesus Christus selbst, der den Mut hatte, sich ganz hinzugeben. Der Dienst der Schwestern, die diese Ringe einst trugen, lebte aus der Kraft der Eucharistie und nahm täglich neu Maß an der Hingabe und Treue dessen, der sich in seinen Erdentagen für die Menschen verzehrte und sich als Testament von uns im Sakrament selbst verzehren lässt.

Ein Zeichen für diese Hingabe können auch wir setzen. Es geht darum, dass unser ganzes Leben immer mehr zu einer Monstranz wird für die Gegenwart Jesu in unserer Welt. Ihr seid meine Freunde, sagt Jesus uns an diesem Abend, in dieser Stunde, die seine Stunde ist: die Stunde des Testaments, seine Stunde für uns. Machen wir unser Herz weit, damit es auch unsere Stunde wird für ihn.

Zweitausend Jahre sind es fast,
seit du die Welt verlassen hast,
du Opferlamm des Lebens!
Du gabst den Armen ihren Gott.
Du littest durch der Reichen Spott.
Du tatest es vergebens!
Du sahst Gewalt und Polizei.
Du wolltest alle Menschen frei
und Frieden auf der Erde.
Du wusstest, wie das Elend tut,
und wolltest alle Menschen gut,
damit es schöner werde!
Du warst ein Revolutionär
und machtest dir das Leben schwer
mit Schiebern und Gelehrten.
Du hast die Freiheit stets beschützt
und doch den Menschen nichts genützt.
Du kamst an die Verkehrten!
Du kämpftest tapfer gegen sie
und gegen Staat und Industrie
und die gesamte Meute.
Bis man an dir, weil nichts verfing,
Justizmord, kurzerhand, beging.
Es war genau wie heute.
Die Menschen wurden nicht gescheit.
Am wenigsten die Christenheit,
trotz allem Händefalten.
Du hattest sie vergeblich lieb.
Und starbst umsonst. Und alles blieb
beim Alten.

Erich Kästner, 1930

Karfreitag: Consummatum est

Es war geschehen. Sie hatten es getan. Wer? Das weiß man nicht genau. Sie eben. Damals.

Es geschieht noch immer. Sie tun es jetzt wieder. Wer? Das wechselt. Aber immer sie. Heute.

Seit damals aber – ist es vollbracht: Consummatum est …

Dem Revolutionär Jesus zum Geburtstag

Erich Kästner, 1930

Zweitausend Jahre sind es fast,
seit du die Welt verlassen hast,
du Opferlamm des Lebens!
Du gabst den Armen ihren Gott.
Du littest durch der Reichen Spott.
Du tatest es vergebens!
Du sahst Gewalt und Polizei.
Du wolltest alle Menschen frei
und Frieden auf der Erde.
Du wusstest, wie das Elend tut,
und wolltest alle Menschen gut,
damit es schöner werde!
Du warst ein Revolutionär
und machtest dir das Leben schwer
mit Schiebern und Gelehrten.
Du hast die Freiheit stets beschützt
und doch den Menschen nichts genützt.
Du kamst an die Verkehrten!
Du kämpftest tapfer gegen sie
und gegen Staat und Industrie
und die gesamte Meute.
Bis man an dir, weil nichts verfing,
Justizmord, kurzerhand, beging.
Es war genau wie heute.
Die Menschen wurden nicht gescheit.
Am wenigsten die Christenheit,
trotz allem Händefalten.
Du hattest sie vergeblich lieb.
Und starbst umsonst. Und alles blieb
beim Alten.

Erich Kästner: Gesammelte Schriften. Zürich 1959, Bd. 1, S. 207 f.

Diese kritischen Zeilen von Erich Kästner (1899 – 1974) klingen in unseren Ohren vielleicht geschmacklos, zumal am Karfreitag: Wird doch in kabarettistischem Ton der Einsatz Jesu für die Armen und Unterdrückten aufs Korn genommen und schließlich den Christen vorgehalten, dass sie nicht gescheit geworden sind, trotz allem Händefalten: »Du hattest sie vergeblich lieb. Und starbst umsonst. Und alles blieb beim Alten.«

Blieb tatsächlich alles beim Alten? Ist Jesus wirklich umsonst gestorben? Über dem Kreuz steht ein anderes Wort: *Consummatum est* – »Es ist vollbracht« (Joh 19,30). In diesem Wort verdichtet sich noch einmal alles, was Jesus im Hinblick auf Freundschaft und Liebe gesprochen und gelebt hat: »Eine größere Liebe hat niemand, als wer sein Leben hingibt für seine Freunde« (Joh 15,13).

Wo geliebt wird, ist nichts vergeblich – auch wenn der äußere Erfolg ausbleibt.
Wo geliebt wird, ist nichts umsonst – auch wenn unsere Bemühungen ausweglos scheinen.
Wo wirklich geliebt wird, ist alles umsonst, gratis: Denn die Liebe zählt und rechnet nicht.
Wo Gottes Liebe ins Spiel kommt, da kann der Mensch nur gewinnen.

So schwingt im *consummatum est* noch ein Beiklang mit: *gratis est*. Es ist umsonst. Am Kreuz hat Gott sich zum Spielball der Menschen gemacht: Gottes Sohn in Menschenhand – angefangen vom Spektakel der Dornenkrönung bis zum Würfelspiel um das Gewand. Menschlich gesehen alles umsonst: Jesu Zeichen und Wunder, Jesu Worte und Reden, Jesu Liebe und Leben. Doch im Tiefsten geht es nicht um Possen und Späße, es ist ein Spiel um Leben und Tod, das Spiel der Liebe zwischen Gott und Mensch. Und dieses Spiel ist gratis, umsonst, es kostet nichts, ist reine Gnade. Gott umwirbt uns so, dass er Jesus in unsere Hände legt: Eine größere Liebe hat niemand, als wer sein Leben hingibt für seine Freunde.

Zu Jesu besten Freunden zählte Petrus, der Fels, der weich war wie Butter. Ein kleines Kohlenfeuer genügte, um die vollmundigen Treueschwüre von gestern zum Schmelzen zu bringen. Und der Hahn tat seinen Dienst: als Bote der Wahrheit. Die Stimme des Gewissens meldet sich zu Wort, wenn der Hahn kräht. Seit romanischer Zeit ist es Brauch, auf Kirchtürmen einen Hahn anzubringen, nicht nur als Anzeiger der

Windrichtung, sondern zur Erinnerung, dass Christen ihrem Herrn verpflichtet sind. So findet das Krähen des Hahns sein Echo bis in unsere Zeit.

Wie viele Hähne müssten krähen, um unser schüchternes Verschweigen dessen, was wir sind und sein sollen, ans Licht zu bringen?

Wie viele Hähne müssten krähen, um uns an unsere gebrochenen Versprechen und zerbrochenen Beziehungen zu erinnern?

Wie viele Hähne müssten krähen, um unsere Doppelzüngigkeit, unsere Heimlichtuerei, unsere Unehrlichkeit aufzudecken?

Wie viele Hähne müssten krähen, wenn unsere Liebesfähigkeit als Priester, als Ordenschrist(in), als Mann und Frau auf den Prüfstand kommt?

Wie viele Hähne müssten krähen, sobald es um die Einlösung unserer großen Versprechen geht: Armut, Gehorsam, Keuschheit, Einfachheit, Verfügbarkeit, Gemeinschaftsfähigkeit?

Am Kohlenfeuer hat sich Petrus schon innerlich von Jesus abgesetzt, sich von der Gemeinschaft der Apostel entfernt. Der Hahn bringt es auf den Punkt. Er kräht gleichsam nach Jesus und ruft in Petrus die Erinnerung an bessere Zeiten wach: Eine größere Liebe hat niemand, als wer sein Leben hingibt für seine Freunde.

Die Liebe, die Jesus meint, ist gratis. Mit Geld nicht zu bezahlen. Jesu Liebe lässt sich nicht kaufen, auch wenn er verraten und verkauft wurde für dreißig Silberstücke. Seine Liebe ist umsonst. Dass der Hahn kräht und nicht die Nachteule ihre große Stunde hat, ist kein Zufall. Der Hahn ist ein Frühaufsteher. Er entlarvt nicht nur den Verrat, er kündigt auch einen neuen Morgen an, den Lichtblick, der sich neu auftut in der Freundschaft zwischen Jesus und Petrus und der sich Ausdruck verschafft in den Tränen des Felsenmannes. Zugleich deutet sich im Hahnenschrei schon der Ostermorgen an, der Tag der Auferstehung, an dem das große Amen am Kreuz zum ersten Halleluja darüber wird, dass stärker als der Tod die Liebe ist.

Eine größere Liebe hat niemand, als wer sein Leben hingibt für seine Freunde. Von Mutter Teresa ist ein Wort überliefert, das sie sich zum Lebensmotto gemacht hat: Lieben, bis es wehtut. Lieben kann wehtun.

Das ahnt der verlassene Ehepartner, der nicht aufhört, Zeichen der Zuneigung an den geliebten Menschen auszusenden, obwohl sie unerwidert bleiben.

Das weiß die Ordensschwester, die ihre Liebe Jesus schenken möchte, aber gerade eine Zeit der Trockenheit und Kälte zu bestehen hat.

Das spürt der Mann, der seiner krebskranken Frau beisteht und sich mit ihr einüben muss in den endgültigen Abschied.

Das kennt die Altenpflegerin, die aufgeht in ihrem Beruf und sich schwertut, Zeit freizuschaufeln, um selbst weiter zu wachsen auf ihrem Weg zu Gott.

Das wissen alle, die erfahren haben, dass echte Liebe mit Passion zu tun hat, mit Jesu Leiden und Sterben am Kreuz. Der *Eine* ist gestorben, damit *Alle* leben können: gratis; umsonst ist er gestorben, aber nicht vergeblich, wie Erich Kästner meint.

Wir haben allen Grund, dem Dichter entgegenzuhalten: *Consummatum est* – Es ist vollbracht. Denn stärker als der Tod ist die Liebe.

ABBILDUNG 51 (VORHERGEHENDE SEITEN)
Jean-Léon Gérome: Consummatum est, 1867, Musée d'Orsay, Paris.

ABBILDUNG 52
Sündenfall: Adam und Eva unter dem Paradiesesbaum, Katakombe SS. Marcellino e Pietro, Ende 3. Jh. (Wilpert, Taf. 101).

ZITAT
Aus der Präfation zum Fest *Kreuzerhöhung*.

Vom Baum des Paradieses kam der Tod, vom Baum des Kreuzes erstand das Leben.

Ostern: Das leere Grab

> Christ ist erstanden
> von der Marter alle.
> Des solln wir alle froh sein;
> Christ will unser Trost sein.
> Kyrieleis.
>
> Ältester liturgischer Gesang in deutscher Sprache, um 1100

Unerhört! Wir singen Halleluja, der Evangelist Markus berichtet: »Da verließen sie das Grab und flohen; denn Schrecken und Entsetzen hatte sie gepackt. Und sie sagten niemand etwas davon; denn sie fürchteten sich« (Mk 16,8). Und bei Lukas lesen wir: »Sie fanden aber seinen Leichnam nicht« (Lk 24,23).

Ostern beginnt nicht mit Halleluja, sondern mit einem Verlust, der Angst und Schrecken einjagt. Jesu Leichnam ist weg. Die Frauen haben gesehen, wo und wie der reiche Pharisäer Josef von Arimathäa den toten Jesus bestattet hat. Sie kannten das Felsengrab, die Tücher, den Stein. Das alles haben sie beobachtet. Es hat sie geprägt und tiefe Spuren in ihnen hinterlassen. Am Ostermorgen ist alles noch da: das Felsengrab, die Tücher, der Stein. Aber der Leichnam fehlt. Das Erschütternde dieses Verlustes können wir uns am besten vorstellen, wenn wir uns in Angehörige versetzen, die einen lieben Menschen verlieren, ohne zu erfahren, was wirklich geschah. Vermisstenmeldungen sind oft schwerer zu verdauen als Todesanzeigen. Das wissen wir vom Krieg. Oder denken wir an Situationen, wenn der Körper eines Menschen für immer verschluckt wird von den Fluten eines Tsunami oder verlorengeht in den Abgründen eines Berges oder in den Tiefen des Meeres, wenn ein Flugzeug abstürzt, oder wenn ein Feuer alles Sterbliche, das einen Menschen ausmacht, verbrannt hat.

Mit dem Verlust des Körpers Jesu, mit dieser erschreckenden und ernüchternden Tatsache, fängt Ostern an. Damit beginnt auch unser Osterglaube. Der Ort, das Grab, in dem der Verstorbene bestattet wurde, ist bekannt. Der Termin der Beerdigung, der Abend vor dem Sabbat, ist eindeutig bestimmbar: geographisch und chronologisch ist alles klar. Aber sein Körper, der Leichnam, ist nicht da. Wo soll er sein? Bis heute weiß niemand, wo die Leiche Jesu geblieben ist. Der österliche Befund lautet einfach: ein leeres Grab.

Das Grab ist leer. Im Grab suchen wir den Gekreuzigten vergeblich. Der junge Mann im weißen Gewand auf der rechten Seite des Grabes redet zwar, aber er gibt keine Auskunft darüber, wo Jesus jetzt ist. Er ist kein Kriminalkommissar, er ist höchstens Pfadfinder. Er weist nur die Richtung: »Geht nach Galiläa! Er geht euch voraus!« (vgl. Mk 16,7). Bis heute hat sich daran nichts geändert: Jesu Leiche ist und bleibt verschwunden. Seine Anhänger sagen: Wir haben ihn gesehen und erkannt. Wir konnten mit ihm sprechen. Einer bekam sogar die Gelegenheit, ihn anzufassen. Und trotzdem: Ostern ist unfassbar, mit Händen nicht zu greifen, mit dem Hirn nicht zu begreifen. Der Auferstandene ist nicht zu fassen. Auch wenn wir das *Grabtuch von Turin* verehren, auch wenn viele nach Trier pilgern zum *Heiligen Rock,* auf dieser Erde gibt es keinen Ort, wo Jesu Körper berührbar wäre. In der

Grabeskirche zu Jerusalem ist sein Leichnam ebenso wenig anzutreffen wie an jedem anderen Ort der Welt.

Der Verlust der Leiche Jesu, das leere Grab, hat viel bewirkt für den Osterglauben. Wir sind keine Wallfahrer geworden, die den gekreuzigten Jesus an seinem Grab besuchen, dort Blumen und Lichter aufstellen, um davon getröstet wieder nach Hause zu gehen. Es gibt kein Jesus-Mausoleum. Die Frauen werden nicht eingeladen, aus dem Gartengrab eine Jesus-Gedenkstätte zu machen. Im Gegenteil: Sie werden nach Hause geschickt, nach Galiläa, dem Mittelpunkt ihres Lebens. Sie lernen, dass es seit Ostern nicht mehr um seinen irdischen Körper geht.

Der Leichnam Jesu ist weg, aber der Leib Christi ist da! Im Abendmahlsaal wird nicht nur der Tod, sondern auch die Auferstehung Jesu vorweggenommen. Am Grab erklingt die Stimme: Er ist nicht hier – im körperlichen Sinn. Doch in der Kirche hören wir die Stimme des Priesters: »Nehmt, das ist mein Leib!« – Das ist Ostern: Jesus lebt weiter, nicht nur in seinem Wort, in seiner ›Idee‹ vom Himmelreich, sondern der Auferstandene schafft sich einen Leib, die Eucharistie, was bei den Emmausjüngern (vgl. Lk 24,13-35) eindrucksvoll gezeigt wird. Im heutigen Evangelium haben wir es gehört. Diskussionen um das Wort der Schrift allein reichen nicht aus, erst in der Gemeinschaft des Brotbrechens erkennen sie den Auferstandenen (Lk 24,30.31.35). Der Auferstehungsglaube braucht auch den Leib der Kirche, wie wir bei Thomas sehen: Erst im Zwölferkreis findet er zum Glauben (vgl. Joh 20,24-29).

Der abwesende Leichnam Jesu wird gleichsam ersetzt durch den anwesenden Leib Christi in der Eucharistie. Er ist ganz da, *realiter praesens,* wirklich anwesend. Doch damit nicht genug: Leib Christi ist mehr als ein Stück Brot für das individuelle Seelenheil. Leib Christi sind wir selbst. Der hl.

SIE SAGTEN ZUEINANDER: WER KÖNNTE UNS DEN STEIN VOM EINGANG DES GRABES WEGWÄLZEN?

Mk 16,3

Augustinus sagt: »Wenn ihr der Leib Christi und seine Glieder seid, wird das Sakrament, das ihr selber seid, auf den Tisch des Herrn gelegt. Ihr empfangt das Sakrament, das ihr selber seid. Ihr antwortet auf das, was ihr empfangt mit ›Amen‹ und ihr unterzeichnet es, indem ihr darauf antwortet. Du hörst das Wort ›Der Leib Christi‹, und du antwortest: ›Amen‹. Sei also ein Glied Christi, damit dein Amen wahr sei.« *(Augustinus: Sermo 272)*

Der Leichnam Jesu ist weg, aber der Leib Christi ist da! Wir könnten auch sagen: Die Eucharistie ist da, die Kirche ist da! Sie ist »Zeichen und Werkzeug« (LG 1), dass der auferstandene Christus lebt, dass er die Geschichte bewegt und inspiriert, wie es das Zweite Vatikanische Konzil ausdrückt. Schauen wir noch auf die zweite Botschaft des Mannes an Jesu Grab: »Er geht euch voraus« (Mk 16,7). Der Auferstandene ist weiter als wir. Er ist vor uns. Er hat alles, was auf uns wartet, schon durchschritten und überschritten. Er hat die Abschlussprüfung des Sterbens mit Bravour bestanden.

Ist das nicht tröstlich? Da geht mir einer voraus – einer, der nicht nur etwas ausprobiert, sondern Ernst damit macht. Wo immer ich hingehe, wenn ich auch weggehe, der Auferstandene ist immer schon da. Wenn ich weggehe aus einer Beziehung, mich löse von einem Menschen, ja sogar von Gott – Jesus ist immer schon da mit seiner eigenen Erfahrung am Kreuz: »Mein Gott, mein Gott, warum hast du mich verlassen?« (Mk 15,34) Wenn ich herausgerissen werde aus meiner Schaffenskraft und ins Krankenhaus muss – Jesus ist uns schon vorausgegangen: Er hat alle unsere Krankheiten und Leiden in seinem Kreuz auf sich genommen. Wenn ich an einem Grabstein stehe und nachdenke über die Grenzen des eigenen Lebens, dann wird mir bewusst: Jesus ist mir auch hier voraus! Er ist schon vor mir hinabgestiegen in das Reich des Todes. Wenn ich selbst einmal ans Sterben denken muss, dann hoffe ich, Trost zu finden darin, dass Jesus schon weiter ist als ich: Er ist durch den Tod gegangen und lebt ganz neu. Sein Körper interessiert nicht mehr, sein Leib sprengt alle Grenzen, er wartet auf mich mit dem Geschenk des ewigen Lebens.

Wo immer es uns hin verschlägt, Jesus ist uns immer voraus. Er ist schon da und wartet auf uns. Jetzt wartet er auf uns in Galiläa, dort, wo wir leben, lieben und leiden. Die Gedichtsstrophe Karls von Gerok (1815 – 1890) bringt es auf den Punkt:

Komm mit auf Galiläas Fluren,
Da zeig' ich dir ein Paradies,
Da folgen wir den heil'gen Spuren,
Die Gottes Sohn auf Erden ließ;
Da lass den Herrn uns froh begrüßen
Und küssen seines Kleides Saum
Und selig ruhn zu seinen Füßen;
Komm, Seele, mit, es ist noch Raum!

ABBILDUNG 53

Felsengrab mit einem beweglichen, im Palästina der Zeit Jesu üblichen Verschlussstein.

ABBILDUNG 54

Vogel Phönix, S. Callisto-Katakombe, (nach Baruffa, S. 86; ICVR IV,10785).

Der mythische Vogel Phönix (altägypt. *Banu*) avancierte in der christlichen Antike zu einem Symbol der Auferstehung (vgl. Isidor von Sevilla, Etymologiae 12,7). Als Quelle gilt 1 Clem 25-27 *(Klaus Berger [Hg.]: Das Neue Testament und die frühchristlichen Schriften. Frankfurt a. M. 1999, S. 702).*

ABBILDUNG 55 (NACHFOLGENDE SEITE)

Christus (?) im Gespräch mit zwei Männern, Cyriaka-Katakombe, Mitte 4. Jh. (Wilpert, Taf. 205).

Wieder ist Gott reisefertig

Ein guter Schriftsteller, ein trauriger Anlass, ein beglückendes Ende! Einigermaßen versierte Bibelkenner und Bibelkennerinnen merken: Von Lukas ist die Rede, von Emmaus, von Erkennen und Bekennen: »Der Herr ist wirklich auferstanden« (Lk 24,34).

Es mutet schon seltsam an – dieses Wort der jüdischen Dichterin Nelly Sachs (1891 – 1970): »Wieder ist Gott reisefertig.« Die Rede vom reisefertigen Gott hat mir lange zu denken gegeben: Darf man überhaupt so von Gott reden – einem Gott in Bewegung? Hat man uns nicht das Gegenteil gelehrt: Gott als das stabile Fundament, den souverän Thronenden, auch wenn alles um ihn herum bebt? Kann es sein, dass Gott »seine Koffer packt«, um sich auf den Weg zu machen – auf den Weg mit uns?

Zum ersten Mal war es in der Wüste aus dem brennenden Dornbusch, dann beim Auszug aus Ägypten unter vielen Schwierigkeiten dem gelobten Land entgegen und schließlich in seinem Sohn Jesus Christus, der des Menschen Weggefährte wurde: Wie den Emmausjüngern, so hat sich Gott immer wieder den Menschen zugesellt. So hören wir aus den verschiedenen Variationen eine Melodie heraus, die uns zu Herzen geht. Gott spielt uns seine Liebesmelodie und nennt uns seinen Namen: »Ich bin der, der für euch da ist« (vgl. Ex 3,14). Ich bin reisefertig, um mit euch zu gehen.

Die Geschichte von Emmaus gehört nicht der Vergangenheit an. Sie ist Ihre Geschichte. Schlüpfen wir in die Rolle der Emmausjünger! Brechen wir auf zu einem geistlichen Spaziergang. An einigen Stellen ihres Weges halten wir inne, um darin unsere eigenen und unseres Gottes Fußspuren zu entdecken.

Zunächst halten wir vor den Toren der Stadt. Zwei geknickte Männer schleppen sich nach Hause, zurück in ihren Alltag, um ihr durch Jesus unterbrochenes früheres Leben wieder fortzusetzen. Alles ist zerplatzt wie eine Seifenblase. »Es waren eben doch nur Luftschlösser und Hirngespinste«, mögen sie gehadert haben. »Wir sind zusammen gezogen, haben alles geteilt, sichere Freundschaften aufgegeben. Und wir sind hereingefallen auf einen Schaumschläger, Nepper, Schlepper, Bauernfänger.« So stolpern die beiden dahin. Weggehen, einfach abhauen, anderswo sein, nur nicht da, wo sich das Herz vergebens verschwendet hat: Das kennen auch wir, wenn zwei Menschen einander sitzen lassen, wenn uns der Partner belügt und betrügt, wenn wir unablässig beten und uns anscheinend doch keiner hört.

Solche und ähnliche Erfahrungen bleiben wohl keinem erspart. Sie rufen in uns ein Gemisch von Gefühlen hervor: Verzweiflung und Trauer, Enttäuschung und Perspektivlosigkeit. Jeder und jede von uns mag in sich nachspüren, wie sich solche Erfahrungen anfühlen und welche Bilder dazu auftauchen …

Eine Mitarbeiterin in der Krankenhausseelsorge (Ingrid Weber-Gast) schreibt über die Ohnmacht ihres Glaubens im Angesicht des Todes: »In den allerschwersten Stunden hat der Glaube überhaupt keine Rolle mehr gespielt. Mein Verstand und mein Wille mochten ihn wohl weiterhin bejahen, aber für mein Herz war er unerreichbar. Er war

55

kein Trost, keine Antwort auf verzweifelnd quälende Fragen, keine Hilfe, wenn ich nicht mehr weiterwusste. Ja, im Gegenteil: Nicht der Glaube trug mich, sondern ich musste auch noch den Glauben tragen.« Eine solche ›Gottesfinsternis‹ macht auch die Schritte der Emmausjünger schwer. In Trauer versunken sind sie wie mit Blindheit geschlagen. Einen zerbrochenen Glauben haben sie mitzutragen. Ob der Fremde – unterwegs in ihrer Mitte – da ist oder nicht, scheint ihnen gleichgültig zu sein, bis es heißt: »Da blieben sie traurig stehen«. (Lk 24,17)

Mit ihnen machen auch wir Halt auf der zweiten Station unseres Weges. »Da blieben sie traurig stehen.« Wir halten inne und merken, dass ein Dritter mit uns geht. Er nimmt Anteil an unseren Gefühlen. Er teilt unsere Sorgen. Er hört in uns hinein und fragt aufmerksam nach: »Was sind das für Dinge, über die ihr auf eurem Weg miteinander redet?« – Dieselbe Frage stellt er uns: Worüber redet ihr miteinander? Worum kreisen eure Gespräche im Pfarrgemeinderat, in euren Ausschüssen, bei euren Kaffeekränzchen und Stammtischen? Hören wir wirklich wohlwollend auf den anderen – auch auf das, was unser Gegenüber nicht mehr in Worte bringen kann? Oder gehen wir im Grunde allein des Weges in Selbstgesprächen? Hören wir auf den Fremden, der reisefertig ist und sich uns zugesellen will?

Den beiden Jüngern sind Selbstgespräche zu wenig. Sie reden über Jesus. Und da geschieht es: Den beiden wird der gebeugte Rücken gehoben, ihr Herz schlägt einen anderen Takt. Denn der Unbekannte entschlüsselt ihnen das Rätsel des Messias, er bringt Licht in die Gerüchteküche der Ostererscheinungen, indem er ihnen das Verständnis der Heiligen Schriften erschließt, der Propheten und der Psalmen. Der Begleiter macht ›Bibelteilen unterwegs‹. Und er gestaltet das offenbar sehr spannend und anschaulich. Er erinnert, vertieft, deutet und legt ihnen dar, »was in der gesamten Schrift über ihn (Jesus) geschrieben steht« (Lk 24,27). Wir dürfen uns glücklich schätzen, dass uns Seelsorger, Lehrer und Katecheten geschickt werden, die uns das Wort der Schrift erschließen. Wir denken dankbar vor allem an die Priester, die ihr Herzblut für die Verkündigung des Evangeliums eingesetzt haben. Gott vergelte ihnen alle Mühen!

Im Bibelteilen auf unserem Lebensweg liegt übrigens eine große Chance für die Ökumene. Ich stelle mir immer wieder vor, dass katholische, evangelische und (wo möglich) auch orthodoxe Christen wie die Jünger damals miteinander nach Emmaus unterwegs sind. Und ich bin sicher, dass der göttliche Weggefährte mit von der Partie ist, wenn es uns nicht um Schattengefechte, sondern um den Kern unseres Glaubens geht, um das Teilen der *Frohen Botschaft*. Ich bin selbst als Sohn eines konfessionsverschiedenen Ehepaares aufgewachsen und schaue dankbar auf meine Eltern, die sich – in ihrer eigenen Kirche verwurzelt – auf einen gemeinsamen Lebensweg machten wie damals die Jünger von Emmaus. Im Angesicht Gottes haben sie sich täglich darüber ausgetauscht, was ihre Freuden und Leiden waren. Indem unsere Eltern ihr Leben und ihren Glauben teilten, haben wir Kinder ihre Ehe als konfessionsverbindend erleben dürfen.

Mit diesen Gedanken kommen wir mit den Jüngern in Emmaus an, der dritten Station unseres Weges. Bisher haben die beiden Männer nicht ans Essen gedacht. In Zeiten der Trauer und Niedergeschlagenheit bleibt der Appetit aus. Jetzt aber, nach diesem anregenden Gespräch, bekommen sie Hunger nach einem Stück Brot und Durst auf einen erfrischenden Schluck Wein. Sie bitten den Fremden zu Tisch: »Bleib doch bei uns!« – Aus rauchenden Köpfen und ausgelaugten Seelen werden brennende Herzen. Am Tisch bricht er das Brot und segnet den Wein. Am Tisch der Eucharistie erkennen sie im Fremden den *reisefertigen Gott*.

Überall da, wo der Tisch bereitet ist, den er gestiftet hat, überall wo zwei oder drei in seinem Namen sich versammeln und im sakramentalen Opfermahl der Liebe das Brot gebrochen wird, da beginnen die Augen des Glaubens sich zu öffnen, da ist am Weg unserer Geschichte eine Herberge errichtet, wenn auch nur ein Zelt, das wieder abgebrochen wird. Wie kurz die Einkehr bemessen sein kann, haben die Emmausjünger selbst erfahren. Auf einmal ist der Gastgeber nicht mehr da: »Da entschwand er ihren Blicken.« Dieser Satz bleibt geheimnisvoll. Wir lesen ihn gewöhnlich so, als habe sich Jesus von ihnen entfernt. Doch könnte man es nicht auch anders deuten? Einen Menschen uns gegenüber können wir noch sehen, auch die eigene Hand. Aber unsere Nase, unseren Mund …? In unser eigenes Auge können wir nicht sehen, weil es uns so nahe ist. Geschweige denn in unser Herz. Vielleicht entschwindet Jesus oft unseren Blicken, weil wir ihn überall suchen, nur nicht in uns selber, in unseren Herzen, wo er Platz nimmt in jeder heiligen Kommunion.

In diese Gedanken mischt sich noch ein Wermutstropfen. Ihn zu übergehen oder gar zu verschweigen, wäre unehrlich. Denn auf dem Feld der Ökumene sind wir noch auf dem Weg nach Emmaus. Noch haben wir das Ziel nicht erreicht, wo der gemeinsame Tisch des Brotes für uns gedeckt ist. Ich weiß, dass es sehr wehtun kann, wenn Menschen, die einander lieben, innig vereint sind und gleichzeitig beim Mahl der Liebe, das Jesus Christus gestiftet hat, getrennt bleiben. Diesen Schmerz gilt es auszuhalten und mit denen zu teilen, die ehrlich darunter leiden. Doch wir können das Mahl der Liebe erst dann feiern, wenn wir ganz vereint sind in der Wahrheit. Alles andere wäre Verrat an der Liebe«. Wie sich Jesu Liebe im Leiden erwiesen hat, so kommt auch die Liebe zur Einheit im Moment am Leiden an der Trennung nicht vorbei. Deshalb ist der gemeinsame Tisch des Herrn kein Mittel, um die Liebe zur Einheit zu vertiefen, sondern er wird einmal das Zeichen dafür sein, dass die Einheit in Liebe und Wahrheit ihr Ziel erreicht hat.

Dass ich eine solche Feier einmal selbst erleben darf, darauf hoffe ich und darauf freue ich mich. Aber das liegt weder in unserer Hand noch in unserem Ermessen. Denn wie schon damals in Emmaus, so decken nicht die Jünger den gemeinsamen Tisch, sondern der Herr. Und so bitte ich, dass wir uns die Einladung der Emmausjünger als gemeinsames Bittgebet zu eigen machen: »Bleibe bei uns; denn es wird Abend, der Tag hat sich schon geneigt!« (Lk 24,29)

Bleibe bei uns, damit wir Christen mit dir gehen und die Herausforderungen in der pluralistischen Gesellschaft miteinander angehen und gemeinsam bestehen.

Geh mit uns, damit wir in dir verbunden bleiben auf unserem gemeinsamen, manchmal so beschwerlichen Weg nach Emmaus, wo du den Tisch bereitest für Brot und Wein, für dich.

Jesus Christus, du reisefertiger Gott und Mensch, bilde unser Herz nach deinem Herzen!

Geistvergessenheit ist Gottvergessenheit

Weder geist- noch gottvergessen war man zu den frühesten Zeiten des Christentums.

Wohl aber zutiefst geprägt von Ehrfurcht und Berührungsängsten.

Heiliger Geist in Form einer Taube bei Gelegenheit der Taufe Jesu im Jordan – das ging eben noch an.

Aber Zungen wie von Feuer als Symbol des Heiligen Geistes wird man in den Katakomben vergeblich suchen.

Und Apostel benötigten keinen Heiligenschein – sie verbürgten das Heil.

Brausen, Sturm, Feuerzungen, Sprachenwunder. Wenn wir Pfingsten heute hier im Dom neben den Bericht der Apostelgeschichte stellen, klingt das Ganze recht bescheiden: Es braust allenfalls die Orgel, Singen ist derzeit nur mit Mundschutz erlaubt, Völkerscharen sind gerade nicht bei uns versammelt, und ob die Sprache, die wir in der Kirche sprechen, noch verstanden wird, sei auch dahingestellt. Aber wir würden Pfingsten nicht feiern, wenn es nur Vergangenheit wäre. Auch in der Bibel gibt es nicht nur das laute Pfingsten der »Kraft aus der Höhe«, der *Dynamis,* die wie Dynamit das enge Gehäuse der Jünger aufsprengt und sie dynamisch in die Öffentlichkeit treten lässt.

Neben dem spektakulären Pfingsten, wie es uns Lukas schildert, steht das stille Pfingsten, von dem Johannes im Evangelium erzählt. Hier geht alles viel verhaltener, unauffälliger, leiser zu. Nicht die Bühne der Weltöffentlichkeit ist der Ort der Kundgabe des Gottesgeistes, sondern der verschlossene Raum, in dem sich die Jünger versteckt hielten.

Und noch etwas: Während Pfingsten sich bei Lukas am 50. Tag nach dem Paschafest ereignet, einem Fest, an dem die Juden für die erste Ernte und das Geschenk der *10 Gebote* am Sinai danken, fällt bei Johannes alles auf einen Tag. Was war das für ein Tag: morgens das Wunder der Auferstehung, abends die Erscheinung des Auferstandenen!

Ich könnte mir denken, dass auch manchem von uns gerade heuer in Coronazeiten das verhaltene Pfingsten nähersteht als das laute Sturmesbrausen. Ereignet sich doch auch unser Leben mehr im Kleinräumigen, manchmal sogar Kleinkarierten; wird doch auch unser Christsein nicht nur öffentlich, sondern im kleinen Kreis, in unseren Hauskirchen, Familien, Kommunitäten und im Beruf entschieden.

Setzen wir uns unter die Jünger und versuchen wir, das Pfingstereignis, das zugleich Osterbegegnung ist, ein wenig mitzuerleben:

Shalom – »Der Friede sei mit euch.« So beginnt es – mit dem alltäglichen, in Israel üblichen Gruß – damals wie heute. Er enthält alles, was Menschen einander nur wünschen können. Gesundheit, Wohlstand, Freude, Glück, Heil, das alles ist *Shalom:* Der Friede sei mit euch. Doch Grußformeln können sich abnützen. Es kommt darauf an, wer sie spricht und wie er sie spricht. Aus Jesu Mund heißt das: Ihr braucht euch nicht mehr zu fürchten. Kommt heraus aus eurem Schneckenhaus. Ich bin es; ich, der für euch da ist.

»Der Friede sei mit euch« geht aber noch tiefer. Nicht umsonst sagt es Jesus zweimal: Der die Jünger zweimal grüßt, ist der, den sie in der Stunde seiner Not schmählich im Stich ließen. Die Jünger hatten ihren Meister und Freund allein hängen lassen – am Ölberg, im Prozess, am Kreuz. So fügt Johannes hinzu: Nach diesem Gruß zeigt er ihnen seine

Hände und seine Seite. Die Wunden sind noch da, aber sie sind verklärt.

Jetzt brauchen die Jünger nicht mehr rot zu werden, denn trotz allem ist ihnen gesagt: Der Friede sei mit euch. Das ist fast wie eine Absolution, die in die Sendung mündet: »Wie mich der Vater gesandt hat, so sende ich euch.« (Joh 20,21) Doch Jesus setzt noch eins drauf: Er haucht seine Freunde an, schenkt ihnen den langen Atem seines österlichen Lebens, indem er seinen Geist in sie hineinlegt: »Empfangt den Heiligen Geist!« (Joh 20,22) Das gibt den Entmutigten Rückenwind.

Ein Hauch ist etwas sehr Leises, Unaufdringliches, fast nicht zu hören. Auf das Leise im Leben hören müssen auch wir wieder lernen, die wir uns so an das Laute gewöhnt haben. Schon im Alten Bund musste einer in diese Schule gehen. Elija erfährt am Gottesberg Horeb die Gegenwart Jahwes. Zuerst kommt ein gewaltiger Sturm, dann ein mächtiges Erdbeben, schließlich zuckendes Feuer. Schließlich hört Elija ein sanftes Säuseln: die Stimme Gottes. Martin Buber nennt es die »Stimme eines verschwebenden Schweigens«. Und diese Stimme spricht das entscheidende Wort: »Empfangt den Heiligen Geist! Denen ihr die Sünden erlasst, denen sind sie erlassen; denen ihr sie behaltet, sind sie behalten.« (Joh 20,22f.) Damit berühren wir die tiefste Bedeutung des Grußes: »Der Friede sei mit euch.« Von dort her nehmen die Jünger ihren Anspruch: »Wir bitten euch an Christi Statt: Lasst euch mit Gott versöhnen.« (2 Kor 5,20)

Ich bin mir bewusst, dass manche von uns eine Schwellenangst daran hindert, sich diese Vergebung im Heiligen Geist zusprechen zu lassen. Wie viele Gesichter hat diese Angst: Scheu, sich seiner Schuld zu stellen, schlechte Erfahrungen bei früheren Beichten, Hemmungen vor der Armut eigener Worte, Furcht davor, man könnte beim Beichten etwas falsch machen, weil einem die Praxis schon jahrelang fehlt.

»Der Friede sei mit euch«, das wird uns an Pfingsten neu gesagt. Ich weiß, dass Vorbehalte nicht von heute auf morgen vergehen, aber man sollte sie auch nicht zur Entschuldigung dafür machen, sich auf dem Status quo auszuruhen. Wenn das Wort »Der Friede sei mit euch« nicht in der Unverbindlichkeit eines alltäglichen Grußes verrinnen soll, dann könnten wir vielleicht einen neuen Versuch wagen, unser belastetes Leben zu entlasten. Gott sei Dank erleben viele Katholiken diese Entlastung auch heute immer noch in der Beichte. Wenn sich der Priester in dieser äußerst sensiblen Situation demütig als Stimme des menschgewordenen Wortes sieht, kann er wahrhaft zur Schale werden, die die überfließende Gnade Gottes weitergibt.

»Der Friede sei mit euch.« Jesu österlicher Gruß stellt uns die Frage, ob wir den Heiligen Geist wirklich ernst nehmen als die fortlebende Gegenwart Christi in Kirche und Welt. Geistvergessenheit kann auch ein Zeichen sein für Gottvergessenheit, ja Gottlosigkeit. Geistvergessenheit im kirchlichen Leben hat fatale Wirkungen: Sie ist menschliche *Hybris,* Selbstüberschätzung, Größenwahn. Babel lässt grüßen, nach dem Motto: »Wir schaffen es – allein. Wir reformieren – allein.« Oder das andere Extrem: »Das haben wir schon immer so gemacht. Veränderungen nur über meine Leiche!« Wer so denkt, braucht keinen Heiligen Geist, auch wenn er in salbungsvollen Worten vom Heiligen Geist redet und predigt. Taufe, Firmung und Weihe haben mit Salbungen zu tun, doch salbungsvolle Worte danach reichen nicht aus. Man kann sogar theologisch über das innertrinitarische Liebesspiel der drei göttlichen Personen spekulieren und dem Heiligen Geist dabei eine wichtige Rolle zuteilen. Doch solch steile Theologie bleibt kraftlos, wenn sie sich nicht in die Niederungen des Lebens begibt und der Phantasie des Heiligen Geistes Raum zur Entfaltung gibt: Was bedeutet mir der Heilige Geist? Rechne ich mit seinen Überraschungen? Was traue ich ihm zu? Bete ich zu ihm? Gottes Geist treibt uns zur Zeugenschaft. Sonst bleibt alles tönernes Erz, geistlose Betriebsamkeit.

> Komm, Heiliger Geist,
> in unsere Kirche,
> in unsere Stadt,
> in unser Haus,
> in unsere Familien,
> in unsere Gemeinschaften,
> in unsere Herzen.
> Ohne dich lesen wir Bücher
> und werden nicht weise.
> Ohne dich reden wir lange
> und werden nicht eins.
> Ohne dich sehen wir nur Fälle,
> Zahlen und Fakten.
> Ohne dich zerfällt unser Leben
> in eine Reihe von sinnlosen Tagen.
> Ohne dich werden wir treulos.
> Ohne dich werden die Kirchen Museen.
> Ohne dich wird das Beten Geschwätz.
> Ohne dich finden wir keine Vergebung.
> Komm, Heiliger Geist, und sprich zu uns:
> Der Friede sei mit euch. Amen.

ABBILDUNG 56

Christus im Kreis der zwölf Apostel, *Krypta der Bäcker,* Domitilla-Katakombe, Ende 3. Jh. (Wilpert, Taf. 193).

Mit dieser Krypta ist eine bekannte Anekdote verbunden: Antonio Bosio (1575 – 1629), Pionier der christlichen Katakomben-Archäologie, verewigte sich mit seinem Namenszug im Scheitel der Wölbung, was heute noch schemenhaft erkennbar ist.

Mit 18 Jahren und nur in Begleitung von Pompeo Ugonio (um 1550 – 1614) war er am 10.12.1593 hier eingestiegen, um sich anschließend beinahe hoffnungslos zu verirren.

Aber die Leidenschaft für Katakomben-Malerei war unwiderruflich geweckt. Seine Verunzierung sei ihm verziehen …

Vgl. Antonio Bosio: Roma sotterranea. Rom 1632, S. 195

05.

Aus dem Englischen übersetzt
von Peter Christoph Düren

NORBERT
ZIMMERMANN

Christus medicus:
Heilungswunder

Dr. Norbert Zimmermann (geb. 1968), Wissenschaftlicher Direktor der ›Abteilung Rom des Deutschen Archäologischen Instituts‹, ist ausgewiesener Fachmann für die Erforschung der Katakomben.

In diesem Beitrag widmet er sich den dortigen Dekorationen, soweit sie neutestamentliche Heilungswunder zum Gegenstand haben.

Sein Fazit: Sie beschwören die göttliche Verheißung ewigen Lebens!

ABBILDUNG 57
Erweckung des Lazarus (mit *Virga*), Mosaik (!) in der Lünette eines Arkosol-Grabes, Domitilla-Katakombe (Gang H), 5. Jh.

im Bild

ERSTDRUCK

Norbert Zimmermann: The healing Christ in early Christian funeral art: the example of the frescoes at Domitilla catacomb / Rome. In: Miracles Revisited. New Testament Miracle Stories and their Concepts of Reality. Hg. S. Alkier / A. Weissenrieder. Berlin 2016, S. 251-274.

Der Aufsatz verdankt sich einem Beitrag Norbert Zimmermanns auf der Konferenz zum Thema *Healing Stories and Concepts of Reality from Antiquity to the Middle Ages at San Francisco Theological Seminary*, 16.-18. November 2011.

Seit ihrer Wiederentdeckung im 16. Jahrhundert wurden biblische Darstellungen der römischen Katakomben oft untersucht, handelt es sich doch bei ihnen um die ersten erhaltenen christlichen Bilder in der westlichen Kunst. Daher haben die Gelehrten diesen Bildern neutestamentlicher Wundergeschichten sowie der unterschiedlichen Art und Weise, wie Jesus in solchen Szenen im Zusammenhang mit dem Grab dargestellt wird, seit jeher viel Aufmerksamkeit gewidmet – hauptsächlich im Blick auf deren theologische Bedeutung. Wenn man die Ergebnisse der Forschung bis heute zusammenfasst und sich auf die Frage konzentriert, wie und warum neutestamentliche Wunder in dieser privaten Kunst thematisiert werden, können trotzdem einige neue Aspekte hinzugefügt und neue Schlussfolgerungen gezogen werden, insbesondere in Bezug auf die Vorstellung von Wirklichkeit, die diese Bilder ausdrücken. Dieser letzte Punkt, ein Schwerpunkt der Konferenz, liefert viel klarere Ergebnisse, wenn man sie im Gegensatz zu dem Konzept von Wirklichkeit betrachtet, das in der Bestattungskunst der heidnischen Welt im Umkreis der frühen Christen, die in den Katakomben begraben wurden, zum Ausdruck kommt. Folglich wird im letzten Abschnitt dieses Beitrags die Realität des Mythos mit der biblischen Realität in der Bestattungskunst verglichen; an dieser Stelle könnte man den bedeutendsten konzeptionellen Unterschied sehen. Als erster Schritt soll jedoch eine kurze Einführung das allgemeine Wesen der Katakombenkunst beleuchten. Der Hauptteil ist der Analyse der neutestamentlichen Wunder in der Katakombenmalerei gewidmet, in erster Linie in der Domitilla-Katakombe. Da wir Bilder betrachten, ist unser Ansatz ikonographisch, und die Methode ist bildtheoretisch ausgerichtet. [1]

Die römischen Katakomben sind die Friedhöfe der frühchristlichen Gemeinde zu Rom. [2] Seit dem frühen dritten Jahrhundert wurden sie fast 200 Jahre lang für Bestattungen verwendet. Nahezu 70 Katakomben wurden außerhalb der römischen Stadtmauer gefunden; sie bilden ein unterirdisches Netz von mehr als 150 Kilometern Katakombengängen und sicherlich Hunderttausenden Bestattungen. Verglichen mit dieser großen Zahl, bilden die etwa 400 bekannten bemalten Einheiten, entweder ganze Räume oder auch nur einzelne bemalte Gräber in den Galerien, eine relativ kleine Gruppe von Denkmälern: Statistisch gesehen entstanden jedes Jahr nur zwei Gemälde. [3] Immer noch sind nicht alle von ihnen angemessen veröffentlicht. [4] In jedem Fall dokumentieren sie den Ursprung und die erste Entwicklung einer christlichen Ikonographie im Westen: Während Denkmäler *sub divo* (unter freiem Himmel) zerstört wurden, bildet die Katakombenmalerei das fehlende Glied in der Kunstgeschichte zwischen 200 bis 400 n. Chr.

Ab dem frühen dritten Jahrhundert begannen Christen, die Gräber ihrer Verstorbenen mit Bildern ihres Glaubens und ihrer

---

Folgende Ausführungen wollen einige Aspekte zur römischen Katakombenmalerei beitragen, insbesondere in Bezug auf Malereien der *Domitilla-Katakombe*. Diese Katakombe ist das Ziel eines *START-Projekts* (Y282-G02) der österreichischen Wissenschaftsstiftung *Fonds zur Förderung der wissenschaftlichen Forschung* (FWF), die am Institut für Kulturgeschichte der Antike (IKAnt) der Österreichischen Akademie der Wissenschaften und in nationaler Zusammenarbeit mit dem Institut für Kunstgeschichte, Bauforschung und Denkmalpflege an der Technischen Universität Wien angesiedelt ist. Wir danken den Verantwortlichen der Päpstlichen Kommission für sakrale Archäologie in Rom *(Pontificia Commissione di Archeologia Sacra – PCAS)* für die Möglichkeit, mit dem monumentalen Werk der Vorbereitung eines Findbuches *(Repertorium)* seiner Gemälde, das fast druckbereit ist, vertraut zu werden.

1 Dies ist wichtig, nicht weil Texte nicht hilfreich sein könnten für ein Verständnis der Bilder, – was sie durchaus sind, aber nur in einem zweiten Schritt. Auf den ersten Blick kommunizieren alle diese Bilder direkt durch ihre visuellen Mittel, und es erscheint unnötig, nach zusätzlichen Aussagen zwischen den Zeilen zu suchen, wenn die Bedeutung offensichtlich ist. Zum methodischen Ansatz siehe: Engemann 1997.

2 Zur allgemeinen Einführung in die römischen Katakomben, ihren Ursprung, die Entwicklung und Forschungsgeschichte, siehe: Fiocchi Nicolai / Bisconti / Mazzoleni 1998; und Fiocchi Nicolai 2004.

3 Für eine vollständige Liste mit Nummerierung aller Katakombenmalereien und einer Übersicht über ihren ikonographischen Inhalt, siehe: Nestori 1993; zur Statistik, siehe: Zimmermann 2002, 41-44. Die ikonographischen Themen und deren Entwicklung werden in Bisconti 2000 diskutiert.

4 Die größte Sammlung von Katakombenmalereien ist immer noch: Wilpert 1903. Komplette Darstellungen ihrer Malereien existieren für die Katakomben der *heiligen Marcellinus und Petrus* sowie für

FIG. 1
Die Auferweckung des Lazarus, Katakombe San Callisto, Nr. 25 (Wilpert, Taf. 46-2).

Hoffnung auf Erlösung zu schmücken. Dabei wurden erstmals biblische Szenen als Teil privater Bestattungskultur um das Grab herum dargestellt. Einerseits wurden drei traditionelle heidnische Motive direkt in das christliche Bildrepertoire aufgenommen: der bukolische Hirte, der zum Guten Hirten gemäß dem Johannes-Evangelium wird, die Beter-Figur in der Oranten-Haltung, eine Personifikation der Menschen und Göttern geschuldeten Frömmigkeit, die zur christlichen Pietas (Frömmigkeit) oder zum Gebet wird, und die Mahlszenen, die sowohl zum realistischen Totenmahl für die bzw. mit den Hinterbliebenen wie auch zum ewigen Mahl werden. (5) Andererseits wurden für eine Gruppe von über 20 biblischen Szenen vollständig neue Ikonographien erfunden: Zur Darstellung kommen intensive Momente der Erlösung, Heilung oder Offenbarung, wie etwa Noah in seiner Arche, Moses, der Wasser aus dem Felsen schlägt, Abraham, der seinen Sohn Isaak opfert, oder Daniel zwischen den Löwen – alle aus dem Alten Testament; und – aus dem Neuen Testament – Christus, der Blinde und Lahme heilt, der Brot vermehrt und Wasser in Wein wandelt oder auch Lazarus wieder zum Leben erweckt, was zweifellos die passendste Szene im Umfeld der Grabkunst ist. (6) Christliche Sarkophage zeigen im Allgemeinen ein ganz ähnliches Repertoire an Szenen, datieren jedoch erst eine Generation später. (7) Während im dritten Jahrhundert häufiger Szenen aus dem Alten Testament dargestellt werden, wächst die Aufmerksamkeit ab der Zeit Konstantins (306 – 337 römischer Kaiser) für das Neue Testament. Im gleichen Zeitraum veränderte sich die Darstellung Christi von einem jungen Philosophen zu einem langhaarigen und bärtigen Vatergott, dargestellt mit allen Ehren kaiserlicher Ikonographie wie dem Thron oder dem *Nimbus* (Heiligenschein). (8) Die persönliche Darstellung der Verstorbenen wurde ab dem späten dritten Jahrhundert ein Hauptanliegen der Malereien, und die Maler entwickelten verschiedene Wege, um private Porträts mit Szenen der biblischen Erlösung zu verbinden. (9) Fast immer tauchen Oranten auf, die sehr oft die bestatteten Personen darstellen, aber es gab Porträts auch als Brustbilder in eckigen oder kreisrunden Rahmen sowie in Berufsdarstellungen oder als Bilder der gesamten Familie der Grabbesitzer. Schließlich wurden, wie später eigens gezeigt sei,

Anapo und *Commodilla,* siehe: Deckers / Seeliger / Mietke 1987, Deckers / Mietke / Weiland 1991 und Deckers / Mietke / Weiland 1994. Alle Malereien der Katakombe der *Via Latina* sind in Ferrua 1991 erschlossen, und für *Domitilla* siehe: Zimmermann / Tsamakda 2010.

5   Engemann 1997, 111-120.
6   Vgl. Nestori 1993, 189-218.
7   Koch 2000.
8   Deckers 1996.
9   Zu Porträts in der Katakombenmalerei siehe: Zimmermann 2007.
10 Ihm 1960.
11 Bisconti 2000, 236-237.
12 Zimmermann 2002, 260-264.
13 Szenen mit unsicherer Interpretation oder nur einer einzigen Darstellung wurden hier nicht aufgeführt; zu den absoluten Zahlen siehe: Zimmermann 2007, 156-157.
14 Nur Adam und Eva im Moment der Erbsünde bieten keine einfache Deutung im Grabkontext. In diesem speziellen Fall scheint die Interpretation aus der patristischen Literatur hilfreich zu sein. Hier wurden die Vorfahren so interpretiert, dass sie nicht nur die ersten Sünder waren, sondern auch die Ersten, die nach dem Jüngsten Gericht gerettet werden; sie sind beides: am Anfang der Geschichte und am Anfang der Erlösung, siehe: Dassmann 1973, 232-258.
15 Siehe: Speigl 1978; und Engemann 1997, 110.
16 Siehe: Zimmermann 2007, 156-158.

die privaten Porträts manchmal direkt in die biblischen Szenen integriert. Mit dem Bau christlicher Kirchen ab der Mitte des vierten Jahrhunderts wurde die römische Katakombenmalerei statt innovativ eher reflexiv, denn nun kopierte man die für die Apsiden konzipierten theologischen Bilder, z. B. Christus zwischen seinen zwölf Aposteln, und ordnete die weiteren Szenen in seitlichen Friesen an. Christliche Bilder ohne direkte biblische Quelle wurden zahlreicher, so etwa Christus, der auf einem Globus sitzt, bisweilen zwischen Petrus und Paulus. Mit Papst Damasus (366 – 384) wurden die Märtyrer in den Bildern zu Vermittlern und Patronen der Hoffnung auf Erlösung. Aber erst gegen Ende des vierten Jahrhunderts entstanden theologische Gemälde mit dem Charakter offizieller kirchlicher Kunst in den unterirdischen Kultzentren der Märtyrer. Glücklicherweise setzt zu Beginn des fünften Jahrhunderts, als die letzten Katakombenbilder entstehen, die Überlieferung in oberirdischen, monumentalen Kirchen ein. (10) Generell entstand der größte Teil der Katakombenmalerei als private Grabkunst, und ihre Bedeutung liegt im Inhalt sowie in ihrer Ikonographie und nicht so sehr im künstlerischen Wert. Man kann davon ausgehen, dass die *Fossoren,* die Ausgräber der unterirdischen Galerien und Gräber sowie Bestatter der Toten, oft auch die Maler waren. Daher ist es nicht überraschend, dass diese *Fossoren* von den ersten bis zu den letzten Katakombenmalereien häufig selbst im Bild erscheinen, entweder als Eigentümer oder auch Beschützer der Gräber. Eine letzte Szene sollte hier erwähnt werden – sie wird später besprochen: Orpheus, der mythische Sänger, der ab der Mitte des dritten Jahrhunderts mit Christus gleichgesetzt wird, singt und spielt die *Lyra* (Leier, antikes Zupfinstrument), beruhigt die wilden Tiere und präsentiert einen paradiesischen Frieden. (11) Zusammenfassend kann man sagen, dass die Katakombenmalerei als private Grabkunst zwei Hauptthemen hatte: die Selbstdarstellung der Verstorbenen und den Ausdruck ihrer Hoffnung auf Erlösung und christliches Leben nach dem Tod. Alle einzelnen Malereien sind Unikate und das Ergebnis von einem individuellen Kontakt zwischen einem privaten Auftraggeber einerseits und dem ausführenden Handwerker oder *Fossor* andererseits. (12)

Nach dieser kurzen Einführung werden wir als nächsten Schritt versuchen, den Grund für die Auswahl einer biblischen Geschichte für ein Bild und die Art und Weise, wie die Szene dargestellt wird, zu verstehen. Sowohl der Inhalt einer Geschichte als auch die Art der Darstellung leisten einen wichtigen Beitrag zur Interpretation einer Szene, ferner natürlich auch die Zusammenstellung von Szenen. Man kann ganz allgemein festhalten, dass mehr oder weniger alle Szenen einer gemeinsamen Semantik folgen. Denn alle veranschaulichen Momente dichter Heilsgeschichte: Sie erzählen Geschichten von Errettung aus Lebensgefahr, wie Daniel zwischen den Löwen, den drei Jünglingen im Feuerofen oder Moses, der auf den Felsen schlägt, damit aus ihm Wasser hervortritt. Einige erzählen von Wunderheilungen von einer Krankheit, wie beim Gelähmten oder beim Blinden, oder sie erzählen Wunder der unmittelbaren Erlösung vom Tod, wie bei Lazarus. Schließlich können sie auch Momente eines direkten Kontaktes zwischen Gott und den Menschen während einer Heilsoffenbarung abbilden, eine Rede oder Belehrung, wie Mose, der die Gesetzestafeln empfängt, oder die Samariterin am Jakobsbrunnen. In jedem Fall ist das Repertoire ziemlich begrenzt. Wir finden ungefähr elf Szenen aus dem gesamten Alten Testament (13), hier in der Reihenfolge ihres statistischen Auftretens: Moses schlägt Wasser aus dem Felsen (Ex 17,1-6, Num 20,1-11), die Geschichte des Jona (Jona 1-4), Daniel zwischen den Löwen (Dan 14), Noach in der Arche (Gen 7-8), Adam und Eva (Gen 3), Abraham opfert Isaak (Gen 22,1-18), die drei Jünglinge im Feuerofen (Dan 3,1-97), Ijob (Ijob 2,7-8), Mose zieht seine Sandalen aus (Ex 3), Mose empfängt das Gesetz (Ex 24), Susanna mit den alten Männern (Dan 13) und schließlich Bileam, der auf den Stern weist (Num 24,17). Das Konzept dieser Auswahl ist ziemlich klar, da die Handlung jeder Geschichte unmittelbar eine heilende ist. Die Bilder erzählen keine vollständige Geschichte, sondern beleuchten den auf die Erlösung bezogenen Inhalt. Die Erzählung ist immer auf einen sinnbildlichen Moment reduziert und beschränkt sich auf die wichtigsten Personen, normalerweise auf nur eine oder zwei. Zum Beispiel wurden die Löwen nicht dargestellt, während sie Daniel angreifen, sondern sie identifizieren als reine Attribute die dargestellte Szene. Aufgrund des statischen Charakters wurden die Bilder üblicherweise als symbolisch klassifiziert, weil sie sich der besseren Lesbarkeit wegen auf den wichtigsten Teil der Geschichte konzentrieren. In nur einem Fall, bei Adam und Eva, bleibt der Sinn auf den ersten Blick noch unklar. (14) Manchmal sind die Bilder noch deutlicher mit dem Grabeszusammenhang verbunden als die biblische Geschichte selbst: Während sich der Text der Geschichte von Jona auf die Menschen in Ninive und ihr Verhalten konzentriert, betont der Bilderzyklus mit drei und später vier Szenen von Jona einen sekundären Aspekt der Geschichte; der ruhende Jona, vor dem Fisch gerettet, liegt unter seinem Laubdach wie der schlafende Hirte *(Endymion).* (15) In diesem Fall wird sehr deutlich, dass die Motivation, warum die Geschichte ausgewählt und diese Ikonographie ersonnen wurde, nur zu einem Teil im biblischen Inhalt dieser Erzählung liegt. Trotzdem folgt sie weiterhin der gleichen Erlösungsthematik.

Die gleiche minimalistische Reduktion ist auch in den zwölf Szenen aus dem Neuen Testament zu beobachten; hier zunächst noch einmal in der Reihenfolge ihrer statistischen Häufigkeit. (16) Es ist nicht überraschend, dass Lazarus' Auferweckung (Joh 11,1–24) statistisch gesehen die wichtigste Szene mit 66 Darstellungen ist. Sein Rückruf ins Leben ist das sinnvollste Bild im Grabkontext, da es voller Hoffnung auf persönliche Erlösung ist; Christus selbst ruft seinen seit drei Tagen verstorbenen und schon übelriechenden Freund Lazarus zurück ins Leben – ein unvergleichlicher Akt der Erlösung und eine wunderbare Demonstration seiner Macht über den Tod. Die Darstellung dieser Geschichte konzentriert sich auf den wichtigsten Moment und beschränkt sich auf die notwendigsten

FIG. 2

Die Auferweckung des Lazarus, Domitilla-Katakombe, Nr. 73 (Wilpert, Taf. 192).

Personen: Christus und Lazarus. In der ersten bekannten Darstellung der Szene aus dem frühen dritten Jahrhundert in der Kalixtus-Katakombe **(17)** steht Jesus rechts vor dem Grabbau, eine *Virga* (eine Art Zauberstab) in der linken Hand haltend. Mit der rechten Hand vollzieht er einen Redegestus, mit dem er Lazarus ruft *(Fig. 1)*. Das Wunder ist gerade geschehen, und als Antwort tritt Lazarus aus seinem Grab heraus. Etwas später wurde eine etwas andere Szene zur Standard-Ikonographie dieses Wunders, mit Lazarus, der als Mumie im Eingang seines Grabes steht, und Christus, der seinen Kopf mit der Spitze der *Virga* in seiner Hand berührt *(Fig. 2)*. Der biblische Text ist wesentlich umfangreicher und erzählt viel mehr Details, wie beispielsweise die Anwesenheit der gesamten Familie sowie einige Gespräche zwischen den Familienmitgliedern und Jesus; aber der Redaktor der Bilder war ganz minimalistisch auf die wichtigsten Gestalten und Handlungen konzentriert. Die Verwandlung des schreitenden Lazarus zu einer Mumie ist sinnvoll, da die Verstorbenen als ganz ähnliche Mumien begraben wurden, so dass sie direkt und sichtbar am hoffnungsvollen Aspekt des Wunders teilnehmen konnten. Ein sehr wichtiges Detail ist eine Ergänzung, die durch den Redaktor des Bildes vorgenommen wurde, aber in den Textquellen fehlt: die *Virga*. Ihre entscheidende Bedeutung sei später betrachtet.

Die zweithäufigste Szene mit 37 Bildern ist die Brotvermehrung (Mt 15,32–39). Jesus steht als junger Mann normalerweise in der Mitte oder neben sieben Körben mit Brot und vollbringt das Wunder mit einer *Virga* in der Hand *(Fig. 3)*. Wieder steht er isoliert, und die Geschichte wird symbolisch reduziert, was noch deutlicher wird, wenn Christus als ein Lamm dargestellt wird, wie ein symbolisches Bild in der Commodilla-Katakombe zeigt. **(18)**

Die nächste Szene ist die Heilung des Gelähmten (Joh 5; Mt 9,5; Mk 2,9; Lk 5,23) mit 24 Darstellungen. Hier ist die Darstellung meist auf das reine Ergebnis des Wunders beschränkt: Der geheilte Lahme trägt sein Bett weg; Jesus muss nicht einmal anwesend sein *(Fig. 4)*.

Mit 18 Bildern wird auch die Anbetung der drei Sterndeuter häufig dargestellt (Mt 2). Normalerweise mit zwei oder vier symmetrisch angeordneten Magiern, aber auch mit Maria, die auf einer Seite Jesus auf den Knien hält, und den drei Weisen, die mit ihren Gaben von der anderen Seite her kommen; die Handlung ist der Moment der Anbetung selbst. Es scheint kaum denkbar, dass diese Szene, die deutlich an imperialen Bildern orientiert ist, vor der Zeit Konstantins geschaffen wurde. **(19)**

Eine Taufe wird zwölfmal dargestellt (Mt 3,13-17; Mk 1,1-9; Lk 3,21). Nur wenn die Taube und Johannes erscheinen, handelt es sich dabei um die Taufe Jesu. Wieder wird die Szene, selbst wenn es Wasser und eine Art Ufer gibt, reduziert, und sie ist von symbolischer Natur. Es ist interessant zu sehen, dass, wie einmal in der Domitilla-Katakombe, sogar Johannes der Täufer fehlen kann und die Szene auf das vom Himmel fallende Wasser und die Figur Christi beschränkt ist. **(20)**

Die Heilung eines Blinden wird in den Katakomben neunmal dargestellt (Lk 18,35-43; Mk 10,46-52; Joh 9,1-7). Normalerweise ist Jesus auf den Bildern größer als der Blinde und bewirkt die Heilung durch Berühren seiner Stirn, seines Kopfes oder seiner Augen. Die Bilder sind oft nicht gut erhalten, aber der Grund, warum man sich nicht

FIG. 3-5
Brotvermehrung, Domitilla-Katakombe, Nr. 77 (Wilpert, Taf. 240-1).
Heilung des Gelähmten, Domitilla-Katakombe, Nr. 77 (Wilpert, Taf. 239).
Loculuswand, Domitilla-Katakombe, Nr. 28 (Wilpert, Taf. 219-2).

entscheiden kann, welche der biblischen Erzählungen (nach Markus oder Johannes) dargestellt wird, ist wiederum die reduzierte Art der Darstellung.

Auch ziemlich oft, nämlich achtmal, wird Jesus zusammen mit der Samariterin (Joh 4) dargestellt. Der Grund, diese Geschichte im Grabkontext abzubilden, ist offensichtlich der Inhalt der Rede Jesu über das Wasser der Erlösung. Die Samariterin wurde – im Beispiel der Via-Latina-Katakombe – mit Ohrringen und einer aktuellen Haartracht dargestellt und ist ein Beispiel für ein Porträt der Verstorbenen, die innerhalb eines bedeutungsvollen Kontextes in direkten Kontakt mit Jesus gebracht wird. (21)

Siebenmal, in einer sehr passenden Verbindung mit der Brotvermehrung, wird das erste öffentliche Wunder Jesu in Kana, die Verwandlung von Wasser in Wein (Joh 2), dargestellt. Die einzelnen Bestandteile sind Jesus, die Weinamphoren und seine *Virga* (Zauberstab) als Zeichen der übernatürlichen Macht. Direkte eucharistische Darstellungen fehlen (22), es ist aber anzunehmen, dass der Kontext beider Wunder, also Brot und Wein, auf eine heilswirksame, eucharistische Weise interpretiert wurde.

Die Heilung der blutflüssigen Frau (Mt 9,18-22; Mk 5,25-34; Lk 8,43-48) wurde sechsmal entdeckt. Die Szene ist gekennzeichnet durch eine Frau, die neben Jesus kniet und sein Gewand berührt. Jesus vollbringt das Wunder normalerweise mit einer *Virga* in der Hand oder – seltener – allein mit seiner Hand. Für die Bedeutung der Szene scheint dies keinen Unterschied zu machen.

Die nächsten Szenen sind weniger als fünfmal vorhanden, und aufgrund ihrer seltenen Präsenz konnte man keine Standardikonographie finden. Die Verkündigung zeigt Maria sitzend, mit dem Engel, der ihr gegenüber gestikuliert (Lk 1); dies ist der Anfangsmoment der Erlösung. Es ist schwierig, die Heilung der Besessenen zu identifizieren (Mt 8,28-34; Mk 5,1-20; Lk 8,26-40) und die Heilung vom Aussatz (Mt 8,1-4; Mk 1,40-45). Beide Heilungen und auch die Heilung des Gelähmten und die der blutflüssigen Frau sind sehr ähnlich in ihrer Ikonographie. Einige Szenen sind aufgrund ihres Erhaltungszustandes kaum zu identifizieren, aber wir scheinen uns wieder eines anderen Problems bewusst zu werden: Der wichtige Punkt war die Darstellung einer Heilung, aber nicht unbedingt die unzweifelhafte Identifizierung eines ganz bestimmten Wunders. Natürlich hätte man präziser im ikonographischen Ausdruck sein können, aber das mangelnde Interesse daran weist darauf hin, dass wir einige Informationen verloren haben: Möglicherweise war es für die Familie des Verstorbenen keine Frage, welches Wunder gemeint war, oder wir sind einfach heutzutage mehr an Details interessiert als die Betrachter der Antike. Das Gemälde der Grabkammer Nr. 65 der Katakombe der Heiligen Marcellinus und Petrus (23) kann hier hilfreich sein: Die Hauptlünette (das halbkreisförmig gerahmte Wandfeld) zeigt drei ›weibliche Wunder‹, die für Frauen bewirkt wurden, und man hat zu Recht vermutet, dass dies auf den Umstand zurückzuführen ist, dass hier eine Frau bestattet wurde. Es scheint sinnvoll, mitunter persönliche Gründe und sehr persönliche Motivationen für die Auswahl einer Geschichte und dafür, den Inhalt auf eine bestimmte Weise ins Bild zu setzen, anzunehmen. Schließlich bilden zwei Bilder das Gleichnis von den klugen Jungfrauen ab; sie zeigen fünf Jungfrauen mit brennenden Lampen (Mt 25); auch das ist ein deutlich auf die Erlösung bezogener Inhalt.

Als Motivation für die Auswahl und Illustration der analysierten Szenen lässt sich eine klare Gemeinsamkeit feststellen, die überall vorhanden ist: Der Inhalt ist direkt heilswirksam: ein Wunder, eine göttliche Erscheinung oder eine Heilsverkündigung. Jesus ist oft persönlich anwesend (*Fig. 1, 2*), aber er kann auch fehlen, wie im Wunder des Gelähmten (*Fig. 3*). Wenn er anwesend ist, kann er sprechen oder handeln, entweder mit seiner Hand oder – häufiger – mit seiner *Virga*, einem nicht-biblischen Attribut seiner göttlichen Kraft. Die biblischen Geschichten, die ausgewählt wurden, um die Gräber zu schmücken, wurden auf einfachste Weise illustriert. Es handelt sind nicht um Bilderzählungen, denn sie beabsichtigen nicht, eine vollständige Geschichte zu erzählen. Im Gegenteil, sie erinnern den Betrachter auf symbolische Weise an ihren wichtigsten Inhalt. Die handelnden Gestalten sind auf die Hauptakteure reduziert, und man kann davon ausgehen, dass ein privates und individuelles Detail für die Ikonographie wichtiger war als der wörtliche Text. Die Aufmerksamkeit lag nicht auf der Spezifizierung eines bestimmten Wunders, sofern mehr als eine literarische Quelle in den synoptischen Texten vorhanden ist. Man kann sich vorstellen, dass im Redaktionsprozess der Bilder nicht unbedingt eine literarische Quelle dargestellt wurde, sondern dass vielmehr die mündliche Überlieferung der biblischen Erzählung berücksichtigt werden muss. (24)

In einem nächsten Schritt sei nun der Kontext der um die Gräber gemalten Szenen betrachtet, wobei wir uns auf die neutestamentlichen Heilungen fokussieren, exemplarisch auf jene einer bestimmten Katakombe: der von Domitilla. Aufgrund von Faktoren wie dem Erhaltungszustand oder aufgrund der ausgeprägten historischen Entwicklung hat jede Katakombe ihren eigenen, etwas anderen Charakter und eine spezifische Gestaltung. (25) Die Domitilla-Katakombe wurde hier gewählt, weil sie derzeit untersucht wird, um alle ihre Malereien vollständig zu erschließen. (26) Domitilla ist die größte Katakombe Roms mit zwölf Kilometern unterirdischer Gänge und mehr als 80 erhaltenen Malereien, die größtenteils aus zwei wichtigen Perioden stammen: aus dem frühen dritten Jahrhundert, mit einigen heidnischen Malereien in ehemals isolierten *Hypogea* (kleinen unterirdischen Grabbezirken privaten Rechts), die hier nicht

---

17 S. Callisto-Katakombe, Nr. 25, Nestori 1993, 125: Wilpert 1903, Taf. 46,2; Bisconti 2009, 26.

18 Siehe: Commodilla-Katakombe, Gemälde Nr. 5, Nestori 1993, 143; Deckers / Mietke / Weiland 1994, 97.

19 Deckers 1982.

20 Zimmermann / Tsamakda 2009, 418 mit Abb. 20-21.

21 Zimmermann 2007, 176.

22 Siehe: Zimmermann 2010, 1124-27.

23 Deckers 1987, 314-315; siehe: Zimmermann 2002, 200.

24 Zumindest scheint es unnötig zu sein, eine Erklärung der Bilder allein aus dem geschriebenen biblischen Text und den patristischen Schriften zu konstruieren.

25 Zum Beispiel ist die S. Callisto-Katakombe für die frühen Malereien aus dem dritten Jahrhundert am wichtigsten, so wie es die Katakombe der Heiligen Marcellinus und Petrus für die Malereien der Konstantinzeit ist.

26 Zimmermann / Tsamakda, u.a. Seit 2006 hat ein

Team von Archäologen der Österreichischen Akademie der Wissenschaften gemeinsam mit Architekten der Technischen Universität Wien daran gearbeitet, mit Genehmigung der Päpstlichen Kommission für sakrale Archäologie in Rom (PCAS) im Rahmen des Domitilla-Projektes das Repertorium der Malereien und eine 3-D-Dokumentation zu erstellen, die erstmals auf Laserscanner-Daten der gesamten Katakombe basiert; siehe: Zimmermann-Tsamakda 2007.

27 Nestori 1993, 120-136, listete 77 bemalte Einheiten auf; die vollständige Liste mit detaillierter Beschreibung, Bildern und Bibliographie in Zimmermann/Tsamakda, in Vorbereitung. Die Hauptforschung zur Domitilla-Katakombe in den letzten Jahrzehnten wurde von Philippe Pergola durchgeführt, siehe: Pergola 2004, mit Bibliographie.

28 Domitilla Nr. 19, 28, 31, 33, 43, 45, 46, 50, 70, 73, 75, 77 und das Mosaik-Arcosol.

29 Domitilla Nr. 18, 19, 33, 38, 39, 45, 46, 47, 54, 69, 74 und 80.

30 Domitilla Nr. 29, 31, 36, 42, 46, 62, 69, 71, 74 und 77.

31 Domitilla Nr. 37, 42, 52, 62 und 77.

32 Domitilla Nr. 31, 40, 69 und 77.

33 Domitilla Nr. 31.

34 Domitilla Nr. 31.

35 Zu den verschiedenen Arten der Grabarchitektur in den römischen Katakomben im Allgemeinen siehe: Nuzzo 2000, und insbesondere für Domitilla: Nuzzo 2000, 44-62.

36 Die Grabkammer Nr. 52 enthält auch einige Szenen aus dem Neuen Testament, die jedoch nie restauriert oder nach der Ausgrabung gereinigt wurden; so blieben sie unleserlich, siehe: Nestori 1993, 128.

37 Nestori 1993, 124; Wilpert 1903, Taf. 219,2.

38 Nestori 1993, 125; Wilpert 1903, Taf. 226,3.

39 Nestori 1993, 126; Wilpert 1903, Taf. 228,1-2.

40 Nestori 1993, 126-127; Wilpert 1903, Taf. 227.

41 Dinkler 1939, 21, sprach von »formaler Bedingtheit«, was die formale Fähigkeit beider Szenen bedeutet, die äußeren Grenzen einer Folge von Bildern zu bauen.

42 Nestori 1993, 127; Wilpert 1903, Taf. 127,1; 228,3-4.

43 Nestori 1993, 128; Wilpert 1903, Taf. 182,1; 248.

44 Nestori 1993, 129-130; Wilpert 1903, Taf. 200,1-3.

45 Nestori 1993, 130; Wilpert 1903, Taf. 190; 191,2.

von Interesse sind, und mit vielen Malereien aus dem vierten Jahrhundert, als Domitilla zur christlichen Katakombe ausgebaut wurde. Im Folgenden sei versucht zu analysieren, wie die Wunderszenen aus dem Neuen Testament im Kontext verschiedener Räume und Szenen verwendet und verteilt wurden.

Zunächst einige statistische Angaben: Von den 84 bemalten Einheiten der Domitilla-Katakombe (27) sind 36 heidnisch oder neutral ohne spezifisch christliche Bilder. Einige sind sehr schlecht erhalten, und eine bedeutende Gruppe beinhaltet christliche Gemälde ohne Szenen aus dem Neuen Testament. Die hier interessierende und zu untersuchende Gruppe umfasst 20 Malereien, im Allgemeinen aus mehr als einer Szene bestehend. Von allen zuvor zitierten neutestamentlichen Szenen sind in der Domitilla-Katakombe nur acht anzutreffen. Die häufigste ist die Auferweckung des Lazarus mit 13 Bildern (28), gefolgt von zwölf Darstellungen eines im Zentrum stehenden Christus, (29) allein stehend (viermal), zwischen den zwölf Aposteln (achtmal) oder zwischen Petrus und Paulus (zweimal). Die Brotvermehrung ist zehnmal dargestellt (30) und die Taufe fünfmal (31). Vier Heilungen des Gelähmten (32) werden gefolgt von der Heilung des Blinden (33), und mindestens ein Bild existiert mit Jesus und der Samaritanerin am Brunnen. (34) Nur vier Szenen sind Wunder: die Auferweckung des Lazarus, die Brotvermehrung, die Heilung des Gelähmten und die Heilung des Blinden. All diese Szenen waren Teil von 20 gemalten Einheiten mit drei Typen: (35) zwei *Loculi-Wände* (Wandnischen-Gräber, Nr. 28, 29), elf *Arcosolia* (Bogengräber, Nr. 19, 36, 42, 43, 46, 50, 67, 70, 73, 75, 77) und sieben *Cubicula* (Grabkammern, Nr. 31, 33, 40, 45, 62, 69, 74). (36) Alle drei Gruppen sind beispielhaft zu untersuchen.

Der einfachste Typ ist die *Loculuswand*, die aus einem *Loculus* (einem flachen Wandnischengrab) oder einer Reihe von übereinanderliegenden *Loculi* besteht, die mit Malerei verziert sind. Nr. 28 (37) ist ein gutes Beispiel für eine *Loculuswand*: Sie besitzt eine Abfolge von vier christlichen Szenen über dem Grabplatz, einen Vogel zu jeder Seite und eine Reihe von Girlanden unter dem *Loculus (Fig. 5)*. Die vier Szenen sind von links nach rechts: Daniel zwischen den Löwen, Moses schlägt Wasser aus dem Felsen, die Auferweckung des Lazarus, die Verstorbene in Orantenhaltung zwischen zwei Männern, gewöhnlich interpretiert als die Verstorbene zwischen zwei Heiligen oder als Susanna zwischen den alten Männern. Wenn die Verstorbene Susanna sein sollte, kann man vermuten, dass ihre Familie oder ihr Ehemann ihre Tugendhaftigkeit und Keuschheit, eben wie Susanna, loben wollten. Die kompakte Komposition bietet nicht viel Platz für eine Entwicklung oder eine Interaktion innerhalb der Szenen, aber die Drei-Personen-Gruppe auf der rechten Seite besetzt mehr Raum, mit der Wirkung, dass der Christus der zweiten Szene von rechts in den Mittelpunkt aller vier Szenen rückt. Dies ist kaum ein Zufall, selbst wenn man sich eine elegantere Aufteilung für eine zentralisierte Komposition vorstellen könnte. Wie dem auch sei: In einer einfachen Folge wird die Hoffnung auf das ewige Leben einer verstorbenen Frau in Bildern erzählt, die den Glauben an die christliche Erlösung ausdrücken, mit persönlich ausgewählten und modifizierten Szenen sowohl des Alten wie auch des Neuen Testaments.

Komplexer sind die Kompositionen von Gemälden für die *Arcosolia* (Bogengräber, in deren Boden sich eine Aussparung für den Leichnam befindet). Ihre Bögen beanspruchen mehr Platz und waren daher teurer; als architektonische Würdeformel sind sie prestigeträchtiger für die Eigentümer, und sie bieten zugleich mehr Platz für Bilder in der Lünette (dem halbkreisförmig gerahmten Wandfeld) und im Bogen selbst. In der Domitilla-Katakombe stammen die bemalten Arcosole hauptsächlich aus der zweiten Hälfte des vierten Jahrhunderts und enthalten einige neutestamentliche Wunderdarstellungen: Nr. 36 (38) besitzt nur an der Bogenfront figürliche Malereien. Auf der linken Seite wird Jona aus dem Schiff geworfen, und auf der rechten Seite ist die Brotvermehrung dargestellt; hier ist das Verhältnis der alttestamentlichen und neutestamentlichen Szenen also 1:1. Im Gegensatz dazu ist Nr. 42 (39) komplexer: Die verstorbene Frau wird auf der linken Seite der Arkosolfront als Orantin dargestellt. In der Mitte über dem Bogen erscheint eine *tabula ansata* (Tafelfeld mit Griffen), die ehemals eine Inschrift trug. Auf der rechten Seite ist die Szene zerstört, aber man darf hier einen männlichen Oranten erwarten, ihren Ehemann. Jesus, der Gute Hirte, ist im Zenit des Bogenfeldes abgebildet, zu seiner Linken die Brotvermehrung (ohne *Virga?*) und zur Rechten eine Taufszene. Hier ist folglich die Frontseite der Selbstdarstellung gewidmet, und innerhalb des Bogens stammen alle Szenen aus dem Neuen Testament. Im Gegensatz dazu war bei Nr. 43 (40) nur die Vorderseite mit vier Szenen *(Fig. 6)* bemalt: Von links nach rechts erkennt man die Auferstehung des Lazarus, Adam und Eva, Noach in der Arche und das Wasserwunder des Mose. Deutlich bilden die größeren Figuren von Jesus und Mose, die beide mit der *Virga* auffallen, eine schematische und ikonologische Klammer und nutzen den größeren Platz an den Seiten der Bogenfront geschickt aus. (41) Dazu bieten die inneren Szenen keine visuelle oder ikonologische Hilfe für ein programmatischeres Lesen – sie wiederholen und multiplizieren ›nur‹ den gemeinsamen Erlösungsaspekt. Mit nur drei Bildern scheint das Arcosol Nr. 46 (42) weniger reich geschmückt zu sein, jedoch nicht weniger prägnant. Hier ist die Bogenfront einzig mit Girlanden geschmückt, während im Zenit des Bogenfeldes eines der frühesten Porträts Christi erscheint: bärtig als Vatergott, wenn auch leider schlecht erhalten. Auf seiner linken Seite ist die Brotvermehrung dargestellt, auf seiner rechten Seite die Auferweckung des Lazarus – also existieren hier nur Szenen aus dem Neuen Testament. Es ist nicht mehr klar erkennbar, ob Christus in diesem Bild das Brot ohne *Virga* vermehrt, was sehr ungewöhnlich wäre. Nr. 50 (43) ist das besonders schöne und berühmte sogenannte ›Rote Arkosol‹ *(Fig. 7)*: Nur wenige Reste von Christus auf einem Globus oder Thron sind im Lünettenfeld verblieben, und während Paulus rechts fehlt, zeugt Petrus auf der linken Seite von einer Szene des Typs *traditio legis* (Gesetzesübergabe). Auf der Arkosolfront erscheint links die Lazaruserweckung, und, auf der rechten Seite, das Wasserwunder Mose. So wurden die Szenen aus dem Alten und dem Neuen Testament vervollständigt durch die überzeitliche *traditio legis,* und weil es nur jeweils eine Szene von jeder theologischen Ära gibt, wurde viel Wert auf starke Farben und ungewöhnliche und schöne dekorative Ornamente gelegt. Nr. 67 (44) ist jedoch individueller: Das Lünettenfeld trägt das Porträt eines jungen Mannes. Oben im Bogen wird er vom Guten Hirten begleitet; auf der linken Seite ist Daniel zwischen den Löwen zu sehen, und auf der rechten wird Lazarus erweckt. Der Dekor des Frontsockels erinnert an einen Gartenzaun und kann als Anspielung auf einen paradiesischen Garten verstanden werden. Schließlich befindet sich im nahegelegenen Arkosol Nr. 70 (45) ein typisches Beispiel dieser Region, in der die Arcosole als Muschel ausgebildet sind *(Fig. 8)*. Sein Maler war einer der besten Katakombenmaler: In der Mitte sehen wir den Guten Hirten und zu seinen Füßen das verstorbene Paar als Oranten. Sie sind in seine Schafherde integriert, und insbesondere die Frau betet direkt zum Guten Hirten. Auf der linken Seite schlägt Mose auf den Felsen, und offensichtlich erweckt Jesus rechts Lazarus. Wiederum wurden die Selbstdarstellung und der direkte Zugang zur himmlischen Sphäre mit nur wenigen, aber gut komponierten Szenen zusammengebracht.

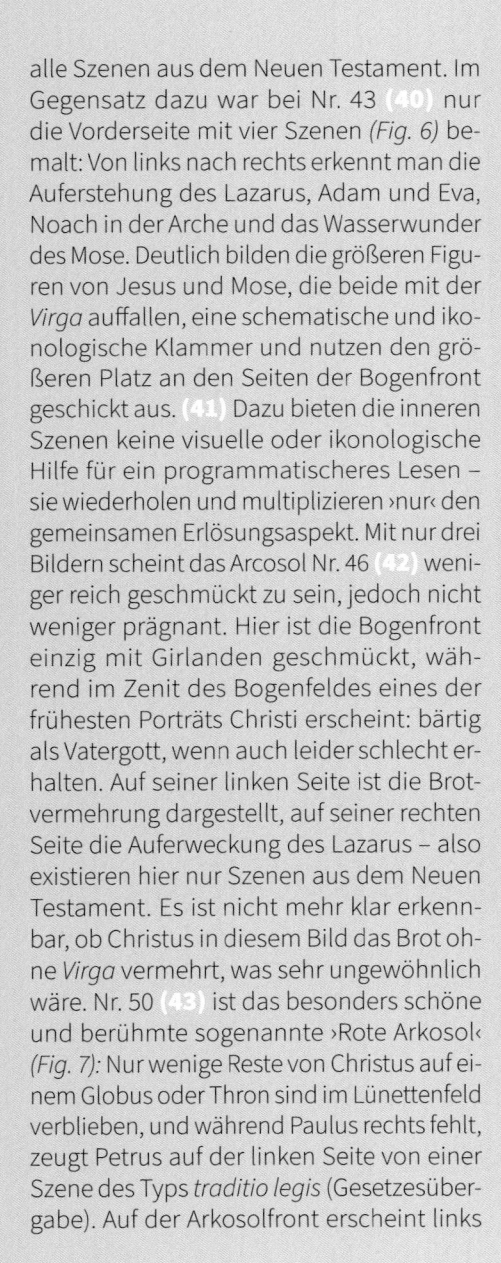

Alle diese Arcosole gehören in die zweite Hälfte des vierten Jahrhunderts. Mehr oder weniger alle verwenden das sehr verbreitete ikonographische Repertoire und wiederholen fast ohne Abwechslungen die Standardszenen. Aber alle kombinieren die Szenen auf unterschiedliche Weise und auf immer individuelle Art. Um die Szenen und ihre Position zusammenzufassen: Die Erscheinung Christi, ob als Porträt oder als Guter Hirte, weist ihm eine zentrale Stellung zu. Eine gewisse Konkurrenz besteht zu den privaten Porträts der Verstorbenen, die eine sehr wichtige Position einnehmen können, wobei alle anderen Szenen an den Seiten untergeordnet sind oder, wenn mehr als zwei Szenen vorhanden sind, weiter im Raum verstreut sein können. Neutestamentliche Wunder sind Teil der auf die Erlösung bezogenen Illustrationen und existieren zusätzlich oder entgegengesetzt zu alttestamentlichen Szenen. Sicherlich sind Lazarus und Mose, der Wasser aus dem Felsen schlägt, eine bevorzugte Kombination und erscheinen

FIG. 6
Totenerweckung des Lazarus, Sündenfall, Noach in der Arche, Mose schlägt Wasser aus dem Felsen; Arcosolgrab, Domitilla-Katakombe, Nr. 43 (Wilpert, Taf. 227).

46 Nestori 1993, 125; Wilpert 1903, Taf. 40,2; 54,1-2; 55.
47 Bosio 1632, 239.
48 Diese Szene ist einzigartig in der frühchristlichen Kunst, aber man kann David mit der Schleuder als eine Art Erlöser für die Auserwählten interpretieren und daher wiederum in der gleichen Erlösungsthematik sehen.
49 Bosio 1632, 245.
50 Siehe: Tsamakda 2007, 32-33.
51 Nestori 1993, 127; Wilpert 1903, Taf. 187,3; 226,2; 229; 230,1-2.
52 Dies ist das einzige Beispiel für diese Szene in Rom, siehe: Zimmermann/Tsamakda 2009, 420-421.
53 Bosio 1632, 259.
54 Dies gilt auch für die noch komplexeren Grabkammern wie die sogenannte Grabkammer der Mensores, Nr. 74, siehe: Zimmermann 2002, 129-135.

daher sehr oft. Aber im Allgemeinen scheinen alle Szenen austauschbar miteinander zu sein, und man findet darin kaum eine sinnvolle und lesbare Reihenfolge bei diesem Eklektizismus, außer die bereits analysierte gemeinsame Erlösungslinie. ›Redaktionsarbeit‹, wenn man diesen Begriff hier verwenden kann, wird nicht in ikonographischen Details innerhalb des Repertoires der biblischen Geschichten geleistet, sondern in der Art, wie sie mit dem personalisierten Bild von Selbstdarstellungen kombiniert wurden. Schließlich unterscheiden sich die Szenen nicht in der jeweiligen Bedeutung – besitzen sie doch immer die gleiche Bedeutung; sie sind jedoch individualisiert für verschiedene Verstorbene.

Dies wird noch deutlicher, wenn man zwei der *Cubicula* (Grabkammern) mit den noch komplexeren und individuelleren Situationen sowohl aus architektonischen wie malerischen Gesichtspunkten betrachtet. Cubiculum Nr. 31 **(46)**, genannt ›König David‹, ist die einzige Kammer, die dem Ende des dritten oder dem Anfang des vierten Jahrhunderts zuzurechnen ist. Das *Cubiculum* hat vier Seiten, zwei von ihnen, die Haupt- und die rechte Wand, haben tiefe Arcosole. Die Decke ist halb zerstört, wurde aber von Antonio Bosio (um 1575 – 1629) **(47)** dokumentiert: Zentral war Christus als Orpheus (Sänger und Dichter der griechischen Mythologie) zwischen den wilden Tieren dargestellt. Es wurden vier biblische Szenen um ihn herum angeordnet: Daniel zwischen den Löwen, Lazarus, David mit der Schleuder **(48)** und Mose, der Wasser aus dem Felsen schlägt; das ergibt ein Verhältnis von 3:1 zwischen dem Alten und dem Neuen Testament. An der Hauptwand nehmen die drei Jünglinge im Feuerofen das Mittelfeld zwischen zwei Philosophen ein. Der tiefe

Bogen besaß eine Kombination von rein alttestamentlichen Szenen: Noach in seiner Arche in der Mitte mit vier Szenen von Jona um ihn herum. Alle anderen biblischen Szenen stellen Heilungen aus dem Neuen Testament dar: Die rechte Wand ist heute teilweise zerstört, aber durch Bosios Stiche dokumentiert. **(49)** Die Brotvermehrung wurde in zentraler Position dargestellt, Christus links und die Samariterin rechts davon; das ist eine sehr ungewöhnliche Anordnung der Szene. Während unter dem Bogen des Arcosols nur ein Philosoph verbleibt, sind an der Eingangswand zwei Heilungswunder abgebildet: links die Heilung des Blinden und rechts eine sehr ungewöhnliche Szene, wahrscheinlich die Heilung des Lahmen. Jesus hält hier eindeutig eine *Virga* in der Hand und heilt eine kniende Person zu seiner Linken. **(50)** Noch einmal: Welches Wunder genau gemeint war, ist zweitrangig oder war eventuell für den antiken Betrachter klarer.

Als letztes Beispiel sei Nr. 45 **(51)**, das sogenannte *Cubiculum* des Orpheus, vorgestellt, ein kubischer Raum mit drei Arcosolen an den Seiten: Dieses schöne *Cubiculum* mit vier Säulen in den Ecken zeigt ein Porträt Christi in der Mitte der Decke und Orpheus mit den Tieren im Arcosol der Hauptwand *(Fig. 9)*. Oben im zentralen Feld der Front befand sich die Anbetung der drei Sterndeuter; jetzt ist sie nicht mehr erhalten. Die Szenen von Thekla und Paulus zur Linken **(52)** und von dem den Felsen schlagenden Mose zur Rechten sind noch vorhanden. Die linke Wand zeigt den ruhenden Jona und Mose, der seine Sandalen öffnet. In der Lünette beschrieb Antonio Bosio Daniel zwischen den Löwen. **(53)** Die rechte Wand ist auf der linken Seite mit der Verstorbenen als Orantin geschmückt und auf der rechten Seite mit Noah in seiner Arche in der Mitte sowie Lazarus auf der rechten Seite. Die Lünette zeigt Elija, der zum Himmel auffährt. Schließlich stellt die Eingangswand Ijob unten links und drei weitere Szenen dar, die zerstört sind. Insgesamt gibt es 14 Szenen und drei zerstörte, drei sind aus dem Neuen, sieben aus dem Alten Testament, eine ist apokryph, und eine ist ein mythologisches Bild: Es ist jedoch unmöglich, ein geschlossenes Bildprogramm darin zu erkennen. In der Tat, ein echtes Programm im akademischen Sinne existiert nicht; es scheint eher so, als wären alle Szenen ohne eine bestimmte Abfolge, die in der Kombination einen eigenen neuen Bildsinn erschließt, zusammengestellt. Trotzdem handelt es sich um eine schöne Zusammenstellung bedeutungsvoller Bilder der Erlösung, die die christliche Hoffnung auf ein Leben nach dem Tod klar zum Ausdruck bringt. Auch hier wurden die Szenen nicht durch ›redaktionelle‹ Änderungen ihrer Ikonographie personalisiert, sondern indem ihr auf Erlösung zielender Inhalt speziell für den besonderen Verstorbenen oder die besondere Gruppe von Verstorbenen kombiniert und im Raum verteilt wurde. **(54)**

Man kann die gleiche Beobachtung wie zuvor innerhalb der Arcosole so zusammenfassen: Es herrschte ein starker Wunsch, einen eigenen Raum und eine individuelle Abfolge von Bildern zu schaffen, oft mit persönlichen Details und persönlichen Bildern, gemischt mit den bekannten biblischen Szenen. Aber auch hier wurden die Szenen selbst unverändert wiederholt.

FIG. 7

Arcosolgrab, Domitilla-Katakombe, Nr. 50 (Wilpert, Taf. 248).

FIG. 8

Arcosolgrab, Domitilla-Katakombe, Nr. 73 (Wilpert, Taf. 190).

Bevor wir uns also auf die Frage nach dem Konzept der Realität der neutestamentlichen Wunder konzentrieren, soll eine weitere Malerei analysiert werden: eine Lünette der polygonalen Grabkammer Nr. 40. **(55)** Diese zeigt eine sehr ungewöhnliche Version der Heilung des Gelähmten zusammen mit Christus, der die Heilung mit seiner *Virga* vollzieht *(Fig. 10)*. Wie Vasiliki Tsamakda, die kürzlich die Szene richtig identifizierte, herausstellte, ist die *Virga* nicht nur ein unbiblisches magisches Instrument, sondern auch in der antiken Kunst höchst ungewöhnlich. **(56)** Es findet sich keine direkte Überlieferung für Darstellungen eines solchen Zauberstabs im Zusammenhang mit christlichen Szenen, und es ist unmöglich, eine ikonographische Entwicklung von heidnischen zu biblischen Wundern aufzuzeigen, wie zuvor angenommen wurde. **(57)** Diese *Virga* erscheint fast ausschließlich in der christlichen Grabkunst, meist in der Katakombenmalerei und auf Sarkophagen und nur in Verbindung mit Jesus und Mose. Während Mose nach der biblischen Quelle zumindest einen Stab oder genauer gesagt eine Art Wanderstab hat bei seinem Wasser-Wunder in der Wüste, wird eine *Virga* in Christi Hand in der Bibel mit keinem Wort erwähnt. Ikonographen haben versucht, die Verwendung der *Virga* für bestimmte Wunder zu erklären, etwa beim Wein- oder Brot- und dem Lazarus-Wunder. Wie aber in der Domitilla-Katakombe zu sehen ist, erscheint sie in der Katakombenmalerei auch im Zusammenhang mit dem Lahmen oder Leprakranken und dem Gelähmten. Hingegen verschwindet die *Virga* in den identischen biblischen Szenen, sobald diese in der monumentalen Kunst auftauchen, etwa als Teil biblischer Friese in den Kirchen

FIG. 9
Cubiculum, Domitilla-Katakombe, Nr. 45 (Wilpert, Taf. 229).

FIG. 10
Cubiculum, Domitilla-Katakombe, Nr. 40 (Wilpert, Taf. 127-2).

ab dem fünften Jahrhundert. **(58)** Dies ist genau der Moment, in dem die Theologen die Auftraggeber der Künstler wurden. Es erscheint daher vernünftig, anzunehmen, dass der nichtbiblische Zauberstab eliminiert wurde, als nun Theologen für die Auswahl der Szenen christlichen Heils und Triumphes zuständig waren, die nun die Kultgebäude schmücken sollten. **(59)** In der Tat gibt es sehr gute Gründe, die *Virga* der Katakombenkunst als wichtigste Visualisierung der ewigen Kraft des neuen christlichen Gottes zu interpretieren. Sie ist – aber nicht ausschließlich – mit Jesus verbunden, wenn er seine mächtigen, heilsamen Wunder vollbringt, d. h. wenn er über die natürliche Ordnung hinaus handelt. Und er tut das auf dieselbe Art und Weise, wie sein Vorgänger im Alten Testament es tat: Mose. Beide Szenen, die Auferweckung des Lazarus und das Schlagen des Wassers aus dem Felsen, tauchten in der Kalixtus-Katakombe zur gleichen Zeit auf. **(60)** Die *Virga* repräsentiert eine neue Art von Heilswirklichkeit, die der neuen Religion innewohnt; sie repräsentiert die übernatürliche Kraft des neuen Gottes, der stärker ist als die alten heidnischen Götter zuvor. Jesus oder Mose können sogar beide sowohl eine *Virga* wie auch einen *Rotulus* (Schriftrolle) halten als Symbole für Macht und Lehramt oder Lehre. **(61)** Bereits im vierten Jahrhundert wurde in einem Raum einer Katakombe in Neapel Christus dargestellt, alleine dort stehend, in der Mitte der Decke, mit *Virga* und Schriftrolle: der wahre Lehrer und mächtige Gott *(Fig. 11)*. **(62)**

Um diesen letzten Aspekt zu zeigen, seien abschließend die biblischen Darstellungen der Grabkunst mit den heidnischen Szenen und hier vor allem mit den mythologischen Szenen verglichen. Nur wenige Beispiele mögen hier genügen, aber sie können als allgemeine Beispiele der römisch-heidnischen Welt stehen: In der Via-Latina-Katakombe haben sich in einer Reihe privater Grabkammern des vierten Jahrhunderts nebeneinander Szenen aus dem Mythos des Herakles (Grabkammer N) und christliche Bilder (Grabkammer O) in benachbarten Räumen erhalten. **(63)** Wenn man sich die Szenen aus der heidnischen Mythologie ansieht, kann man Herakles (den griechischen Heros, dem göttliche Ehren zukamen und der in den Olymp aufgenommen wurde) als Sieger über einen Feind und über Hydra (das vielköpfige Ungeheuer) sehen, ebenso mit den Äpfeln der Hesperiden (Nymphen), die ewige Jugend bringen, oder bei einem Treffen mit seiner Schutzgöttin Athene erkennen. Und schließlich erscheint Herakles, der aus der Unterwelt zurückkommt und Alcestis ihrem Ehemann König Admetos wieder lebendig zurückbringt, wobei Ersterer auch den Cerberus (Höllenhund) bändigt, der den Eingang des Hades (Unterwelt) bewacht. Dies ist, kurz gesagt, die gleiche semantische Auswahl, die wir bereits im neuen ›christlichen Mythos‹ – der Bibel – gesehen haben. **(64)** Auf den ersten Blick scheint es daher im Konzept der Wirklichkeit keinen Unterschied zu geben, aber auf den zweiten Blick bemerkt man einen ganz deutlichen Unterschied, und der markiert zugleich den Wandel von der heidnischen zur

55 Nestori 1993, 126; Wilpert 1903, Taf. 127-2.
56 Tsamakda 2007. Es ist Tsamakdas Verdienst, diese sehr wichtige Position im Unterschied zu älteren Studien zu klären, namentlich: De Bruyne 1943, Dulaey 1973 und Dulaey 1989, Nauerth 1980 und Nauerth 1983.
57 Siehe die ausführliche Erörterung literarischer und ikonographischer Quellen in: Tsamakda 2007, 38-43.
58 Tsamakda 2009, 44.
59 Dies bleibt jedoch eine Hypothese.
60 Nestori 1993, 107: Domitilla Nr. 25, die sogenannte Sakramentskapelle A 6, siehe: Bisconti 2009, 26.
61 In Bezug auf Mose, der mit Stab und Schriftrolle auf den Felsen schlägt, siehe in der Via-Latina-Katakombe, Grabkammer C: Ferrua 1990, Abb. 72, und in der Katakombe der Heiligen Marcellinus und Petrus, Grabkammer 67: Deckers u. a. (Hg.) 1987, 323.
62 Vgl. Fasola 1974, Abb. 47.
63 In Bezug auf die Via-Latina-Katakombe siehe: Ferrua 1990, für das Programm der Gemälde: Zimmermann 2002, 61-125.
64 Zimmermann 2002, 100-103.
65 Zanker/Ewald 2004, 42-43.
66 Zur Rolle des Mythos siehe zum Beispiel: Zanker/Ewald 2004, 37-42, oder allgemeiner: Griffin 1986 und De Angelis 1999.
67 Siehe insbesondere zu diesem Konzept: Wrede 1981.
68 Die Beispiele aus Sarkophagen sind in Wrede 1981 aufgeführt, der besondere Wert und die Verwendung der Porträts in den verschiedenen Mythen werden in Zanker/Ewald 2004 diskutiert; siehe auch: Deckers 1996, 140.
69 Natürlich existierte auch im heidnischen religiösen Leben die Vorstellung einer *Apotheose* (Vergöttlichung) als Konzept für gute Herrscher, siehe: Zanker 2004. Zum Konzept und zur Bildsprache von ›Glücksvisionen‹ in der heidnischen römischen Kunst: vgl. Zanker/Ewald 2004, 116-177. Auf jeden Fall war die christliche Bedeutung des Paradieses und, wie man dorthin kommt, völlig unterschiedlich.
70 Zimmermann 2007, 160; Koch 2000, 108. Manuela Studer-Karlen weist in ihrer jüngsten Arbeit über Porträts von Verstorbenen auf frühchristlichen Sarkophagen auf die gleiche Beobachtung für die Grabmäler hin: Die Verstorbenen werden so nah wie möglich an Christus oder die Heilsszenen herangeführt: Studer-Karlen 2012, 221. Sie überschneiden sich jedoch nie mit der christlichen Gottheit.
71 Ein einzigartiger Fall ist das Gemälde von Arcosolium Nr. 22 der Maius-Katakombe, wo anzunehmen ist, dass die Verstorbene, eine junge Mutter mit einem Kind, auf ähnliche Weise dargestellt wurde wie Maria mit dem Kind. Hier dürften ihre Eltern das marienähnliche Aussehen gewählt haben, um – auf traditionelle Weise der Illustration – die Qualitäten ihrer Tochter zu unterstreichen. Für ein Bild Mariens scheinen die Kleidung und der Schmuck einer reichen römischen Matrone unangemessen zu sein, siehe: Zimmermann 2007, 177.
72 Die Christen waren natürlich nicht die Einzigen, die an die Realität eines Jenseits glaubten, wie dies am besten im Erfolg orientalischer Heilskulte dokumentiert ist, wie beispielsweise jenem von Sarapis (ein ägyptisch-hellenistischer Gott). Bedeutend in diesem Sinne sind dabei Gemälde der Vibia-Katakombe aus dem mittleren vierten Jahrhundert: Hier bereitete der Priester der kleinasiatisch-phönizischen Gottheit Sabazios, genannt Vincentius, für seine Frau Vibia ein Grab vor, das mit Malereien geschmückt ist, die nacheinander Vibias Tod als Raub der Persephone darstellen, das letzte Gericht über sie, ihren Eintritt in den Paradiesgarten und schließlich das ewige Mahl mit Vincentius, seinen Priestern und Vibia, darstellen, und zwar als konkrete und hoffnungsvolle Erwartung dessen, was nach ihrem Tod passieren wird, siehe: Engemann 1997, 116-122.
73 Als eines der wenigen Beispiele für Trauer in den Katakomben: zwei Eroten (Darstellungen des Liebesgottes Eros) mit gelöschten Fackeln, die ein Bild mit den Porträts des verstorbenen Paares flankieren und halten, in Grabkammer Nr. 39 der Domitilla-Katakombe, siehe: Zimmermann 2007, 165 und vgl. ergänzend für christliche Grabinschriften die Beobachtungen von Jutta Dresken-Weiland, 2006.

christlichen Ära. Paul Zanker hat vor kurzem in seinem bedeutenden Buch über die mythologischen Sarkophage für die Verwendung von mythologischen Szenen in der römischen Grabeskunst diese beiden Hauptmotive benannt: das Lob der Verstorbenen und den Trost der Hinterbliebenen. (65) Die Rolle des Mythos ist es im Allgemeinen, die wichtigsten, tiefsten menschlichen Gefühle wie Schmerz und Liebe zu reflektieren sowie die Geschichten der Götter und Menschen zur diesbezüglichen Reflexion zu präsentieren. (66) Tod, leidende Eltern, leidende Kinder, schmerzhafte Momente, das Lob auf die Liebe, Abschied, Krieg, Treue und Untreue: Alle menschlichen Alltagserfahrungen werden in Kontrast zu den Geschichten der Götter gesetzt. Das übliche Verfahren der Illustration, um göttliche Tugenden auf Privatpersonen zu übertragen und das Göttliche im privaten Leben zu zeigen, ist es, das Privatporträt dieser Person auf den Schultern der Gottheit zu montieren. (67) Diese Technik ist weit verbreitet, und es reicht aus, nur ganz wenige Beispiele dafür zu nennen: Auf Sarkophagen wird als übliche Technik, um die Tugendhaftigkeit *(virtus)* zu unterstreichen, Herakles mit dem Privatporträt des Verstorbenen gezeigt, oder Dionysos (Gott des Weines) oder, um Schönheit und Tugend zu loben, eine weibliche Gottheit mit dem Porträt der verstorbenen Frau als Hinweis auf ihre aphroditeähnlichen Qualitäten versehen, manchmal, bei Altersporträts an allzu jugendlichen Körpern, mit zweifelhaftem Erfolg. (68) Aber da niemand ernsthaft glaubte, dass der Verstorbene ein Gott werden

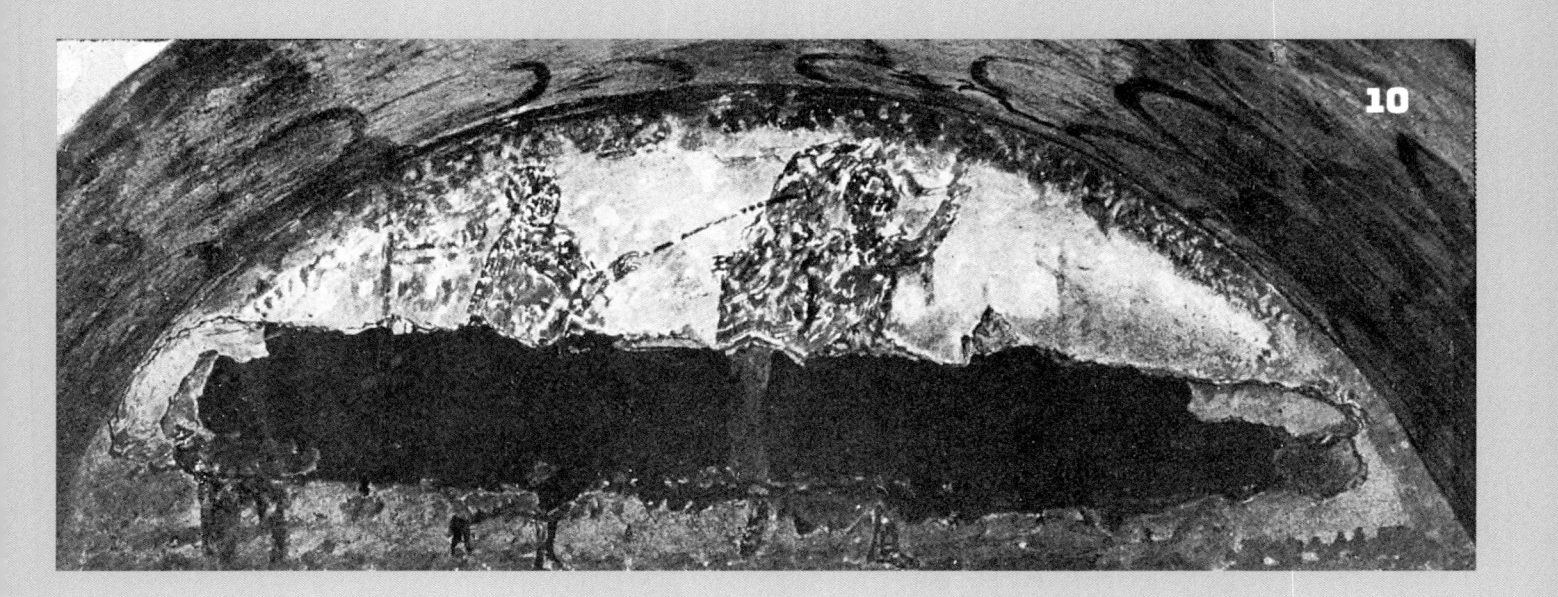

10

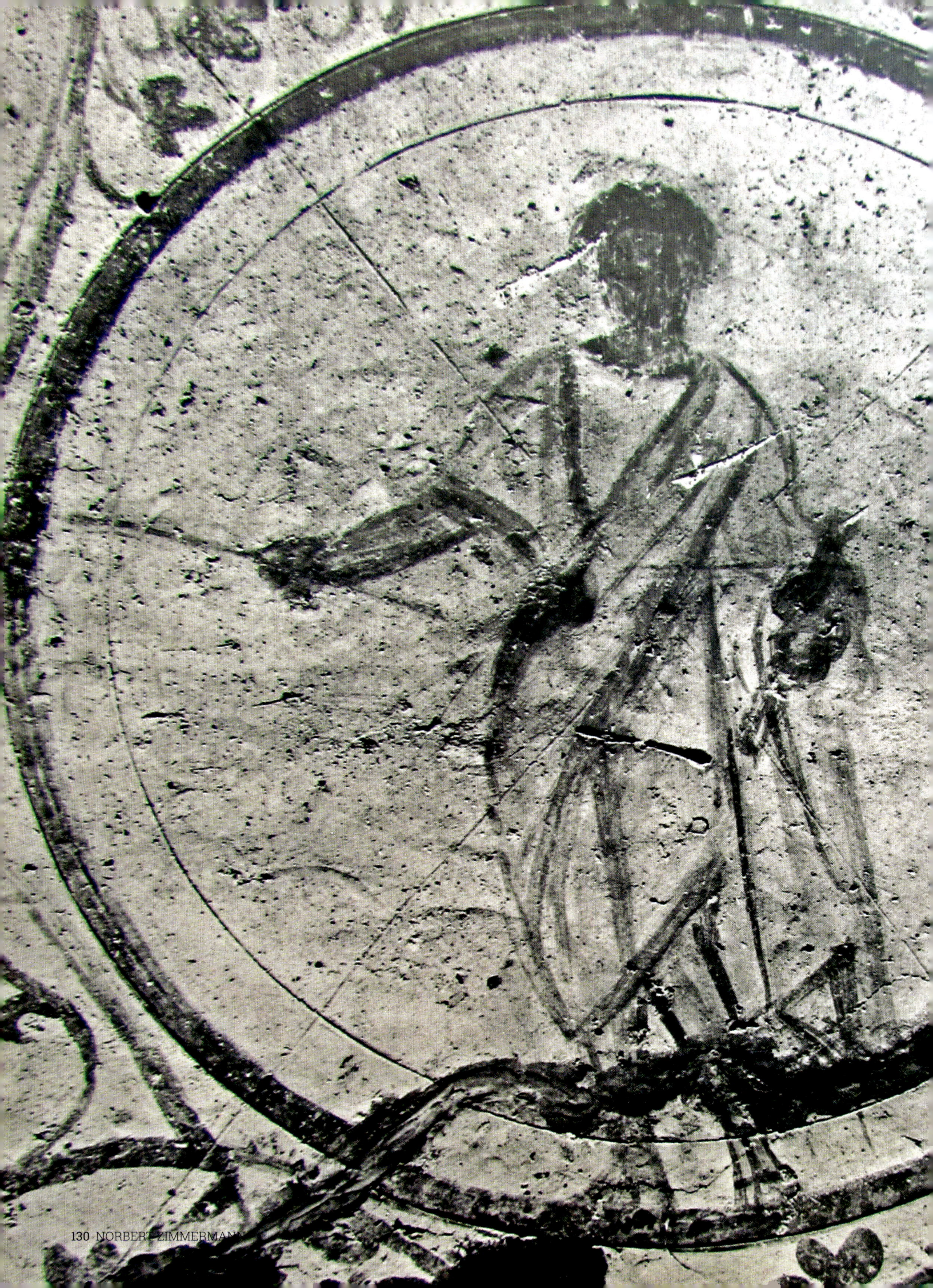

Fig. 11
Neapel, Katakombe von San Gennaro, Christus mit Rolle und *Virga* ungewöhnlicherweise ohne szenische Einbindung (nach Fasola 1974, Abb. 47).

IMPRESSIONEN

Die Gesunden und die Kranken

Als die Schriftgelehrten der Pharisäer sahen, dass er mit Zöllnern und Sündern aß, sagten sie zu seinen Jüngern: Wie kann er zusammen mit Zöllnern und Sündern essen? Jesus hörte es und sagte zu ihnen: Nicht die Gesunden bedürfen des Arztes, sondern die Kranken. Ich bin nicht gekommen, um Gerechte zu rufen, sondern Sünder. *(Mk 2,16 f.)*

Einer ist der Arzt, Jesus Christus, unser Herr

Einer ist der Arzt, im Fleisch sowohl als im Geist, geboren und ungeboren, im Fleisch wandelnd ein Gott, im Tod wahrhaftiges Leben, sowohl aus Maria als aus Gott, zuerst leidensfähig, dann leidensunfähig, Jesus Christus, unser Herr. *(Ignatius von Antiochien: Brief an die Epheser 7,2; BKV I.35, S. 120)*

Nicht Richter, sondern Arzt

Prima ergo dispensatio domini nostri Iesu Christi
medicinalis est,
non iudicialis.

Daher ist Jesu ureigenste Sendung zuerst
medizinischer (und heilender),
nicht richterlicher (und verurteilender) Natur.

Augustinus: In Iohannis evangelium tractatus 36,4
(PL 35, Sp. 1379)

Nun lasst uns Gott, dem Herren, Dank sagen ....

Ein Arzt ist uns gegeben,
der selber ist das Leben;
Christus, für uns gestorben,
der hat das Heil erworben.

Ludwig Helmbolds (1532–1598)
Evangelisches Gesangbuch
der EKD Nr. 320, Str. 4

oder ein Gott sein würde, war natürlich die Montage des Porträts keine Konstruktion von Wirklichkeit, und niemand glaubte, Herakles würde den Verstorbenen zurückbringen; und niemand predigte in Herakles' Namen über die Ewigkeit. Das Verfahren, die Sprache des Mythos zu benutzen, ist kein Mittel zur Bezeugung einer Wirklichkeit, sondern eine Art psychologischer Anwendung als Haltung der antiken, speziell der römischen Kultur. **(69)**

Ganz anders sind die christlichen Bilder und Überzeugungen, auch wenn die ikonographischen Mittel aus den gleichen Quellen schöpfen: In keinem Fall wird eine Darstellung von Jesus einem privaten Porträt angeglichen. **(70)** Niemals wird das Bild Gottes auf dieselbe traditionelle Weise vermischt. **(71)** Der Grund ist sehr einfach: Die Überzeugungen waren real und nicht eine kulturelle Haltung oder ein psychologisches Hilfsmittel oder eine Reflexion als Trostspende. **(72)** In der Grabkunst wird deutlich, was man als ein klares und eindeutiges Konzept einer neuen Wirklichkeit bezeichnen kann: Der christliche Gott bot in der römischen Welt eine neue und viel mächtigere Verheißung des ewigen Lebens an; er versprach ein ganz konkretes Paradies, und die biblischen Geschichten berichten über eine andere ›historische‹ Wirklichkeit, was die alten heidnischen Mythen nicht taten. Die Bilder rund um das Grab zeigen nicht nur eine neue Geschichte des Heils, sondern versprechen auch eine neue Zukunft. Dieser Unterschied hielt die Christen nicht davon ab, die positiven Wesensmerkmale Christi in einem traditionellen, mythischen Beispiel zu erklären, wie etwa im Bild des Orpheus. Aber kein Privatmann hätte seinen Wunsch nach Erlösung zum Ausdruck gebracht, indem er sein eigenes Porträt mit dem Bild Gottes verschmolzen hätte.

In diesem Zusammenhang wurde in der Grab- und vor allem in der Katakombenmalerei ein neues Instrument, die *Virga*, erfunden, um eine neue Art ewiger Kraft auszudrücken, eine Art Zauberstab. Bei allen übernatürlichen Wundern oder Handlungen symbolisiert die *Virga* die göttliche Kraft.

Man kann einwenden, dass dies natürlich nur eine andere Ebene psychologischer Betrachtung war. Und natürlich könnte es für einige Teile der antiken Gesellschaft keinen Unterschied zwischen magischem Glauben und der neuen Religion gegeben haben. Die frühen Christen, die diese Bilder wählten, waren jedoch sicherlich voller Hoffnung, eine andere Wahrheit zu besitzen, und davon überzeugt, dass diese Wahrheit real war. Wir können das Fehlen von Szenen, die sich mit der Trauer um die Toten der Angehörigen befassen, allgemein in der christlichen Welt und insbesondere in der Katakombenkunst, als Bestätigung dieser Interpretation ansehen. **(73)** Die neutestamentlichen Wunder sind nur ein Teil im Kontext des Erlösungskonzeptes der römischen Katakombenmalerei, aber sie bestätigen deutlich sichtbar die Wirklichkeit der neuen Religion.

ABBILDUNG 58

Grundriss der Domitilla-Katakombe(n) im Umkreis (!) der Basilika *SS. Nereo ed Achilleo* (an der heutigen Verkehrsstraße *Via delle Sette Chiese*).

Aus: Fabrizio Mancinelli: Römische Katakomben und Urchristentum. Florenz 1981, Abb. 47, S. 25.

Die Domitilla-Katakombe(n) sind mit einer Ausdehnung von 12 km unterirdischer Gänge Roms größte Katakombe. Sie erlauben bemerkenswerte Einblicke in alle Phasen und Phänomene unterirdischer, frühchristlicher Begräbnisstätten.

Allem Anschein nach entwickelten sie sich aus einem paganen *Hypogaeum (im Plan blau)*, das möglicherweise auf die Schenkung einer Angehörigen des römischen Kaiserhauses zurückgeht.

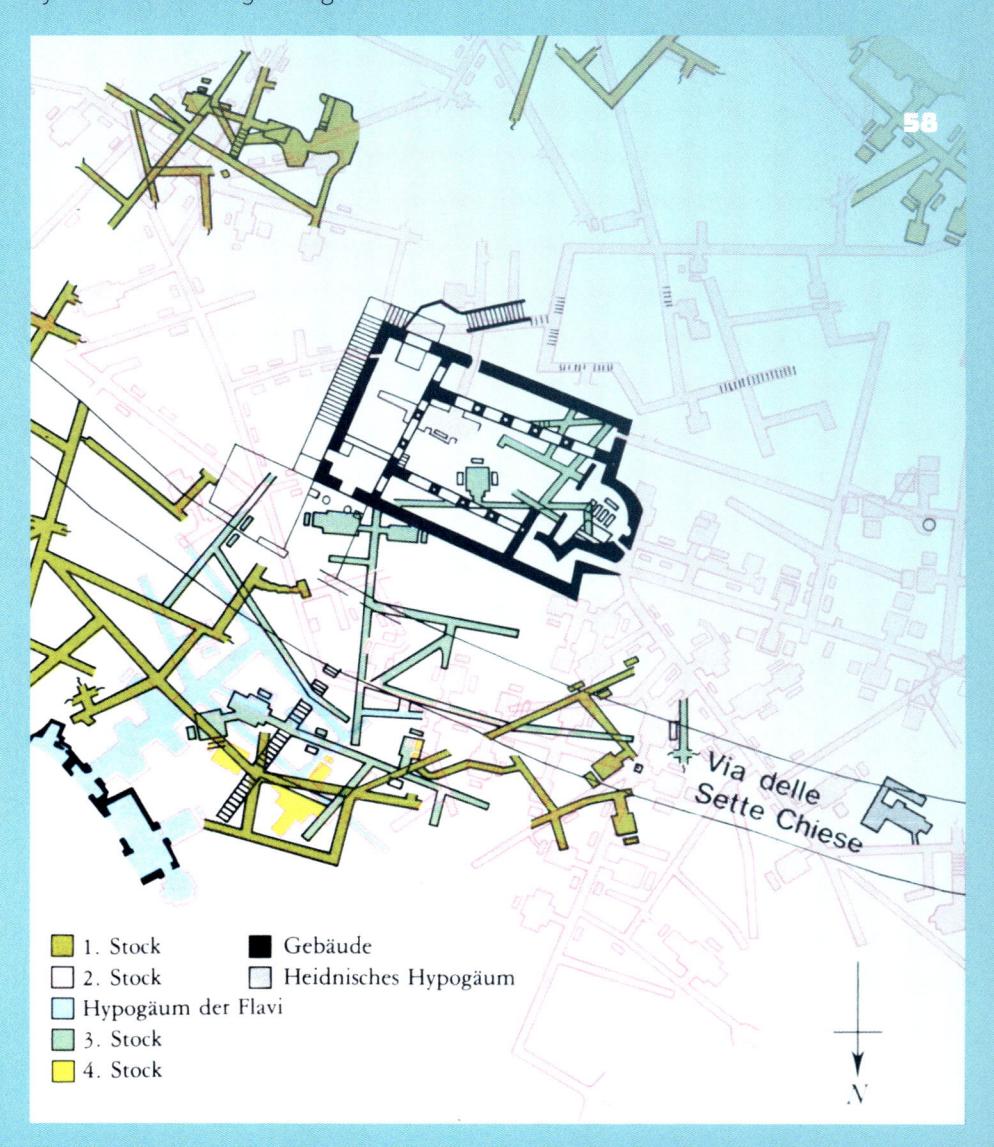

NORBERT ZIMMERMANN

BIBLIOGRAPHIE

Bisconti, Fabrizio (Hg.), 2000: Temi di iconografia paleocristiana. Città del Vaticano: Mancini.

Bisconti, Fabrizio 2009: L1–L2, A1–A6, X–Y, C–E. Relitti iconografici e nuovi tracciati figurativi alle origini della pittura catacombale romana. Rivista di Archeologia Cristiana 85:7–54.

Dassmann, Ernst 1973: Sündenvergebung durch Taufe, Buße und Martyrerfürbitte in den Zeugnissen frühchristlicher Frömmigkeit und Kunst. Münster: Aschendorff.

De Angelis, Francesco (Hg.), 1999: Im Spiegel des Mythos. Bilderwelt und Lebenswelt. Symposion 19.–20. Februar 1998 DAI Rom. Wiesbaden: Reichert.

De Bruyne, Lucien 1943: L'imposition des mains dans l'art chrétien ancien. Contribution iconologique à l'histoire du geste. Rivista di Archeologia Cristiana 20:132–140.

Deckers, Johannes Georg u. a. (Hg.), 1987: Die Katakombe ›Santi Marcellino e Pietro‹. Repertorium der Malereien. Città del Vaticano / Münster: Aschendorff.

Deckers, Johannes Georg u. a. (Hg.), 1991: Die Katakombe ›Anonima di via Anapo‹. Repertorium der Malereien. Città del Vaticano: Pontificio Istituto di Archeologia Cristiana.

Deckers, Johannes Georg u. a. (Hg.), 1994: Die Katakombe ›Commodilla‹. Repertorium der Malereiein. Città del Vaticano: Pontificio Istituto di Archeologia Cristiana.

Deckers, Johannes Georg 1982: Die Huldigung der Magier in der Kunst der Spätantike. Die Heiligen Drei Könige – Darstellung und Verehrung. Katalog zur Ausstellung Köln 01. Dez. 1982 – 30. Jan. 1983. Köln, 20–32.

Deckers, Johannes Georg 1996: Vom Denker zum Diener. Bemerkungen zu den Folgen der Konstantinischen Wende im Spiegel der Sarkophagplastik. In: Brenk, Beat (Hg.): Innovation in der Spätantike, Kolloquium Basel 1994, Wiesbaden: Reichert, 137–72.

Dinkler, Erich 1939: Die ersten Petrusdarstellungen. Sonderheft Marburger Jahrbuch für Kunstwissenschaft 11. Marburg.

Dulaey, Martine 1973: Le symbole de la baguette dans l'art paléochrétien. Revue d'Études Augustiennes et Patristiques 19/1–2:3–38.

Dulaey, Martine 1989: Virga virtutis tuae, virga oris tuae. Le bâton du Christ dans le christianisme ancien. In: ›Quaeritur inventus colitur‹. FS U. M. Fasola. Città del Vaticano: Pontificio Istituto di Archeologia Cristiana, 235–245.

Engemann, Josef 1997: Deutung und Bedeutung frühchristlicher Bildwerke, Darmstadt: Wissenschaftliche Buchgesellschaft.

Fasola, Umberto Maria 1974: Le catacombe di S. Gennaro a Capodimonte, Roma: Editalia.

Ferrua, Antonio 1900: Catacombe sconosciute. Una pinacoteca sotto terra, Firenze: Nardini.

Fiocchi Nicolai u. a. (Hg.), 1998: Roms frühchristliche Katakomben, Regensburg: Schnell & Steiner.

Fiocchi Nicolai, Vincenzo 2001: Strutture funerarie ed edifici di culto paleocristiani di Roma dal IV al VI secolo, Città del Vaticano: IGER.

Fiocchi Nicolai, Vincenzo 2004: Art. Katakombe (Hypogäum). Reallexikon für Antike und Christentum 20:342–422.

Griffin, Jasper 1986: The mirror of the myth. London: Faber and Faber.

Ihm, Christa 1960: Die Programme der christlichen Apsismalerei vom 4. Jahrhundert bis zur Mitte des 8. Jahrhunderts. Wiesbaden: Steiner.

Koch, Guntram 2000: Frühchristliche Sarkophage, München: Beck.

Nauerth, Claudia 1980: Vom Tod zum Leben. Die christliche Totenerweckung in der spätantiken Kunst. Wiesbaden: Harrassowitz.

Nauerth, Claudia 1983: Heilungswunder in der frühchristlichen Kunst. In: Stutzinger, Dagmar (Hg.): Spätantike und frühes Christentum. Ausstellung Frankfurt am Main 1983/1984. Frankfurt: Liebighaus, 339–346.

Nestori, Aldo 1993: Repertorio topografico delle pitture delle catacombe romane. Città del Vaticano: Pontificio Istituto di Archeologia Cristiana.

Nuzzo, Donatella 2000: Tipologia sepolcrale delle catacombe romane. I cimiteri ipogei delle vie Ostiense, Ardeatina e Appia. Oxford: Archeopress.

Pergola, Philippe 2004: s. v. Domitillae coemeterium. In: Lexicon Topographicum Urbis Romae. Suburbium II, Roma 203–207.

Speigl, Jakob 1978: Das Bildprogramm des Jonamotivs in den Malereien der römischen Katakomben. Römische Quartalsschrift für Altertumskunde und Kirchengeschichte 73:1–15.

Tsamakda, Vasiliki 2009: Eine ungewöhnliche Darstellung der Heilung des Paralytikers in der Domitilla-Katakombe. Zur Verwendung des Wunderstabes in der frühchristlichen Kunst. Mitteilungen zur Christlichen Archäologie 15:25–49.

Wilpert, Joseph 1903: Die Malereien der Katakomben Roms, Freiburg i. Br.: Herder.

Wrede, Henning 1991: Consecratio in formam deorum. Vergöttlichte Privatpersonen in der römischen Kaiserzeit. Mainz: Philipp von Zabern.

Zanker, Paul / Ewald, Björn 2004: Leben mit Mythen. Die Bilderwelt der römischen Sarkophage. München: Hirmer.

Zanker, Paul 2004: Die Apotheose der römischen Kaiser. Ritual und städtische Bühne. München: Carl Friedrich von Siemens Stiftung.

Zimmermann, Norbert 2001: Beobachtungen zu Ausstattungspraxis und Aussageabsicht römischer Katakombenmalerei. Mitteilungen zur Christlichen Archäologie 7:43–59.

Zimmermann, Norbert 2002: Werkstattgruppen römischer Katakombenmalerei. Jahrbuch für Antike und Christentum Erg.-Bd. 35. Münster: Aschendorff.

Zimmermann, Norbert 2007: Verstorbene im Bild. Jahrbuch für Antike und Christentum 50:154–179.

Zimmermann, Norbert / Tsamakda, Vasiliki 2010: Pitture sconosciute della catacomba di Domitilla, in: Rivista di archeologia cristiana 85.2009(2010), 601-640.

Zimmermann, Norbert 2012: Zur Deutung spätantiker Mahlszenen: Totenmahl im Bild. In: Danek, Georg u. a. (Hg.): Rituale – Identitätsstiftende Handlungskomplexe. Akten der 2. Tagung des ZAA, 2.–3. November 2009. Bd 2. Wien: Verlag der ÖAW, 171–185.

06.

Aus dem Lateinischen übersetzt
von Wolfgang Fels

AURELIUS PRUDENTIUS CLEMENS

Über das Martyrium des heiligen Hippolyt

Aurelius Prudentius Clemens – 348 in Spanien geboren und nach 405 gestorben – war einst eine Berühmtheit.

An seinen Werken lernten unzählige mittelalterliche Scholaren lateinische Sprache, lateinische Grammatik und Poetik. Über 300 erhaltene Handschriften zeugen von immensem Einfluss.

Unnötig zu sagen, dass er auch sein Glaubensverständnis transportierte: das eines theologischen Laien, das eines versierten Politikers, das eines Angehörigen der obersten Gesellschaftsschicht.

In des Romulus Stadt sah ich zahllose Gräber von Heilgen,
    Valerianus **(1)**, du bist Christus als Diener geweiht.
Nach den gemeißelten Grabschriften fragst du und einzelnen Namen:
    Schwierig ist es für mich, daß ich sie aufzählen kann.
Gottlose Wut hat so große Mengen Gerechter verschlungen,
    als das trojanische Rom Götter der Väter verehrt'.
Sehr viele Gräber, kaum lesbar bekritzelt, nennen zwar eines
    Märtyrers Namen und auch irgendein Grabepigramm,
aber es gibt auch den stummen Marmor, der Gräber mit Schweigen
    einschließt und nur eine Zahl andeutungsweise erwähnt.
Feststellen kannst du, wieviel in Massengräbern hier liegen,
    deren Namen du nicht liest auf dem mächtigen Grab.
Daß dort die Reste von sechzig Menschen vergraben sind unter
    einem einzigen Mal, hab ich, ich weiß noch, erfahrn,
deren Namen sind Christus allein zu Ohren gekommen,
    welche er nämlich nahm in seinen Freundschaftsbund auf.
Während ich das überfliege und auf den Denkmälern suche,
    ob irgendwo ein Bericht alten Geschehens noch steckt,
finde ich, daß Hippolyt **(2)**, der als Presbyter anhing dem Schisma
    eines Novatus und sich unserer Lehre verschloß,
es bis zur Zierde des Märtyrertumes gebracht hat und einstrich
    strahlende Auszeichnung dann für einen blutigen Tod.
Wundre dich nicht, daß der Greis mit katholischen Glaubens Geschenk ward.
    reich gemacht, der zuvor irrige Lehre vertrat.
Als er als Sieger bereits vom wütenden Feinde entrückt ward,
    während die Seele gejauchzt über das Ende des Fleischs,
schied er, wobei ihm viel Volk voll Liebe Begleitung geschenkt hat.
    Als man ihn fragte um Rat, welche der Lehren ist gut,
hat er geantwortet: »Flieht, meine Armen, das brandmarkenswerte
    Schisma Novats, zurück zu der katholischen Schar!
Ein einziger Glaube sei gültig, in früher Kirche gestiftet,
    welchen Paulus bewahrt und auch in Rom Petri Stuhl.
Was ich gelehrt – es reut mich die Lehre: als Märtyrer seh ich:
    was mir als Gottferne galt, doch verehrenswert ist.«

QUELLE

Prudentius: Märtyrerpreis (Peristephanon). XI. An Bischof Valerianus über das Martyrium des hochheiligen Hippolytus (13. August). In: Prudentius: Das Gesamtwerk. Eingel., übs. und komm. Wolfgang Fels. Stuttgart 2011, S. 316-323.

Der lateinische Text findet sich in Johannes Bergman (Hg.): Aurelius Prudentius Clemens. Carmina. (CSEL 61) Wien 1926, S. 412-420.

ABBILDUNG 59
Guter Hirt mit Schafen, Domitilla-Katakombe, 4. Jh. (Wilpert, Taf. 117).

Sowie er danach das Volk von der schiefen Bahn abgebracht hat
    und ihm zu folgen riet, dort wo der rechte Weg ruft,
und sich als Führer des graden Wegs anbot mit Kurvenvermeidung,
    wird er, der früher der Grund all ihrer Irrwege war,
vor einen wütenden Richter gestellt, der die Christen
    damals in Ostia gequält, wo sich der Tiber verliert.
Denn an jenem Tage war er aus Rom weggegangen,
    um das Volk auf dem Land niederzustrecken im Nu,
nicht zufrieden, den Grund in den Mauern erhabnen Roms zu
    tränken fortwährend mit Blut aller Gerechten der Stadt.
Als er sah, daß Janiculum, Forum, Rostra, Subura **(3)**
    Überfluß haben bereits an einer Menge von Blut,
hatte er seine Wut zum Strand der Tyrrhenischen Küste
    und auf die Orte verlegt, welche dem Hafen zunächst.
Zwischen den Henkern und den zusammengedrängten Beamten
    saß er dort, merklich erhöht, auf dem errichteten Stuhl.
Dringend wollte er Glaubensjünger sowie die Rebellen
    scheußlicher Abgötterei abspenstig machen vor Ort.
Die durch das Liegen im Kerker verwahrlosten Scharen, zur Marter
    schlimmster Formen bestimmt, mußten sich stellen vor ihn.
Da das Schleppen der Ketten, hier das Klatschen der Geißel
    Riemen, das laute Geräusch splitternder Ruten dazu,
die in den Brustkorb hineingeschlagene Kralle, das tiefe
    Innere aufzutun und in der Leber der Riß.
Und der Richter geriet schon – ermüdet waren die Knechte –,
    ob seines sinnlosen Tuns aufbrausend, in Raserei,
keiner nämlich von Christi Dienern fand sich durch solche
    Marter, der den Verlust so seiner Seele gewagt.
Darauf sagte der Richter wütend: »Henker, vom Haken
    lasse jetzt ab; wenn die Pein gar nichts bewirkt, bring den Tod!
Dem schlag den Kopf ab, und den heb das Kreuz in die Lüfte,
    und seine Augen, noch klar, biete den Vögeln zum Fraß!
Diese ergreife behend, und wirf sie gebunden ins Feuer,
    mach einen Holzstoß, der gleich viele Verklagte verzehrt!

Aurelius Prudentius Clemens beherrschte die gesamte Klaviatur lateinischer Dichtung virtuos. Mit den Versmaßen spielte er nach Belieben, sein Stil folgt asianischen Gestaltungsprinzipien, – alles andere als kurz und bündig, sondern gesucht und maniert präsentiert er sein Thema.

Diese Stileigentümlichkeiten kosteten ihn bereits in der Frühen Neuzeit (nach 1500) viel an Reputation.

Tatsächlich ist noch die deutsche Übersetzung, sofern sie sich wie jene von Wolfgang Fels an der Vorlage orientiert und ihr Versmaß nachzubilden sucht, äußerst schwer zu lesen.

Aber die Lektüre lohnt. Die hier wiedergegebene Versepistel (in sog. Distichen) weiß einen vollkommen anderen Eindruck von den römischen Katakomben zu vermitteln, als dies etwa der gern zitierte Hieronymus tut. Nicht das Dunkle und Unheimliche einer unterweltähnlichen Gräberstadt stellt sie dem Leser / der Leserin vor Augen, sondern ein Panoptikum von grausamem Martyrium des hl. Hippolytus, eigenen Anschauungen von dessen Grablege und festlichen Pilgerzügen überzeugter Christen.

Doch Vorsicht: Geschickt verborgen vermittelt Prudentius eine Deutung, welche heute zumeist die erste Assoziation zum Stichwort ›Katakombe‹ darstellt, – die eines Verstecks der verfolgten Christengemeinde!

In zahlreichen Publikationen zu den römischen Katakomben wird auf diese Versepistel zwar verwiesen, kaum je aber wird sie auch nur anzitiert.

Et voilà! – Hier ist sie!

Schnappe dir die, die du eilig in einen löchrigen Kahn lädst,
    und in die offene See mitten aufs Meer hinaus treibst.
Wenn er dann leck die Aufgenommnen durch tobende Brandung
    trug und zerschellt bereits sinkt in der geschwollenen Flut,
mögen die lockeren Planken lösen den brüchigen Schiffskiel,
    einsaugen auch überall Wasser des Schiffbruchs, geplant.
In seinem schmutzigen Bauch hält ein schuppiger grausamer Walfisch,
    dem verschlungenen Leib eine Bestattung bereit.«
Ihm, der solches befahl, wird plötzlich zum hohen Gerichtsstuhl
    vorgeführt ein Greis, den man mit Stricken verschnürt.
Jünglinge, die ihn umdrängten, erzählten mit lautem Gejohle,
    er sei das Haupt des Volks, welches den Christus verehrt:
Werde in Eile das Haupt ausgelöscht, dann würden wohl alle
    Herzen der Menge von sich römischen Göttern sich weihn.
Eine nicht übliche Todesart fordern sie und die Erfindung
    neuer Bestrafung, wodurch andere geraten in Furcht.
Sitzend mit hoch geworfenem Kopf spricht der Richter: »Wie heißt er?«
    Da behaupten sie fest, daß man ihn nennt Hippolyt.
»Gut, er sei Hippolyt, er treibe und mach' ein Gespann scheu,
    und, durch Pferde geschleift, geh er zugrunde sodann.«
Kaum war's gesagt, zwingt man zwei Tiere, die keinerlei Zügel
    kannten, zu beugen den Hals unter ein Joch, nicht gewohnt,
nicht aus dem Stall noch der streichelnden Hand eines schmeichelnden Meisters
    noch eines Reiters Befehl vorher zu folgen geschult,
sondern Wildpferde, kürzlich geholt aus der streifenden Herde,
    welche, scheuend vor Angst, ungezähmt, antreibt ihr Herz.
Schon hatten Riemen das Zweigespann, welches sich sträubte, vereinigt,
    hatten die Mäuler verknüpft zu einem zänkischen Bund.
Statt einer Deichsel gibt es ein Seil, das die Rücken der beiden
    trennt in der Mitte und an den beiden Flanken berührt,
zieht sich vom Joch aus lang nach hinten, erstreckt sich rückwärts
    bis zu der Hinterhand, wo es die Hufe passiert.
Ganz am Ende davon, wo zuoberst im Staube der Piste
    folgt das befahrene Gleis Hufträgers fliehendem Weg,
schlingt sich ein Strick um die Unterschenkel des Manns, schnürt mit dichtem
    Knoten die Füße fest, bindet sie dann an das Seil.
Als sie nach gründlicher Planung zur Marter des Märtyrers leidlich
    hatten bereitgestellt Pferde und Peitschen und Gurt,
trieben sie jene an mit jähem Geschrei sowie Peitschen,
    und sie durchstachen den Leib mit einem schmerzhaften Dorn.
Folgendes Wort des würdigen Alten hört man als letztes:
    »Mögen sie nehmen den Leib, Christus, nimm du meine Seel'!«
Eifrig preschen sie vor und stürzen blindlings ins Weite,
    hier hetzt sie Hektik und Lärm, dort treibt der Terror sie an.
Wildheit feuert sie an, ihr Ungestüm treibt sie und Krachen erschreckt sie,
    und der beflügelte Lauf spürt nicht die wackelnde Last.
Wälder durchstürmen sie und über Felsen, kein Flußufer hält sie,
    noch, steht ein Gießbach im Weg, hemmt oder zügelt er sie.
Zäune machen sie nieder und brechen durch alles, was hindert,
    gehn über Stock und Stein und überspringen, was steigt.
Die ganz klein zerrissenen Teile zerstückelten Körpers
    pflückt sich das rauhe Feld mit seinem Dornengestrüpp.
Hoch am Fels hängt ein Teil, ein Teil steckt am Dornbusch,
    Blätter röten sich da, dort wird der Erdboden feucht.
Eine gestaltete Wand zeigt ein Bild des Frevels, auf welchem
    auch ein vielfaches Rot jeglichen Greuel verteilt.
Über dem Grab gemalt ist ein Bild in ruhigen Farben,
    zeigend den blutigen Leib, den man zu Tode geschleift.

Trefflicher Vater, ich habe die Felsspitzen triefen gesehen
    und die Flecken aus Rot, auf all das Strauchwerk gebracht.
Und die Hand, geschickt im Nachbilden grünenden Dornbuschs,
    hatte aus leuchtendem Rot rosiges Blut ausgeführt.
Da der Körper zerrissen war, gab es zu sehen: die Glieder
    lagen wahllos zerstreut, wild durcheinander herum.
Außerdem folgten ihm nach die Freunde weinenden Schrittes,
    wie die wechselnde Bahn hierhin und dorthin verwies.
Trauerbetäubt und suchenden Blickes schritten sie vorwärts,
    füllten die Taschen sich an mit dem zerrissenen Leib.
Jener umfaßte das schneeweiße Haupt und strählt dessen Achtung
    heischende Haare im Schoß, wo es gebettet liegt weich;
der eine Schulter, zertrümmerte Hand, einen Arm, eine Elle,
    auch ein Knie liest man auf, fleischlose Schienbeine noch.
Auch die durstigen Sandflächen trocknen sie mit den Kleidern,
    daß kein Tropfen verbleibt auf dem beträufelten Staub.
Wenn einem Dorn ein warmer Blutspritzer irgendwo anhängt,
    tupft einen jeden ein Schwamm, den man daraufdrückt, schnell weg.
Nichts mehr besitzt der dichte Wald vom heiligen Leibe
    oder entzieht ihm dabei eine Bestattung komplett.
Die Überprüfung der Teile ergab jene Zahl, welche vorher
    an seinem ganzen Leib unwidersprochen gezählt.
Gar nichts vom ganzen Mann sollte die Wildnis behalten,
    da der Fels und das Laub abgewischt wurden vom Blut.
Für die Grabstätte sucht man den Ort. Sie verlassen die Mündung,
    Rom scheint genehm, das den Rest heiligen Mannes erhält.
Nah an der äußeren Mauer beim heilig gehaltnen Pomerium (4)
    öffnet sich tief eine Gruft, mit lauter Kammern darin:
In das Versteck führt abwärts ein Pfad mit gewundenen Stufen,
    kurvenreich zu begehn bei sich verbergendem Licht.
Denn das Tageslicht trifft auf die erste Tür bis zum höchsten
    Spalt und beleuchtet den Platz, welcher der Eingang der Vorhalle ist.
Ging man von da ein wenig voran und schien sich zu schwärzen
    jenes Ortes finstere Nacht tief in dem Zwielicht des Schachts,
zeigte sich in der Decke darüber mancherlei Öffnung,
    die in das Höhlendach Strahlen geworfen ganz hell.
Wenn auch hier und da beiderseits Nischen schmächtige Räume
    bilden im Bogengang mit seinem dämmrigen Licht,
dringt aber doch in den hohlen Bauch der entleerten Erhebung
    fortgesetzt Helligkeit ein, da das Gewölbe durchbohrt.
So wird es möglich, unter der Erde den Schimmer der Sonne,
    die nicht zu sehn ist, zu schaun und zu genießen ihr Licht.
Solchem Geheimort vertraut man an des Hippolytus Leichnam,
    wo man daneben gestellt einen Altar, Gott geweiht.
Jener Tisch ist der Spender des Sakramentes und gleichfalls
    als die treuliche Wacht für seinen Märtyrer da,
wo es verwahrt sein Gebein, das die Erlösung erhofft.
    Wer am Tiberfluß wohnt, nährt er mit heiliger Kost.
Magischer Gnadenort und Altar, geschaffen für Beter,
    menschlichen Hoffnungen hilft er mit friedlichem Glück.
Wenn ich, durch Sünden an Leib und Seele erkrankt, an dem Ort hier
    betend zu Boden mich warf, ward mir stets Hilfe zuteil.
Daß ich der Rückkunft mich freu, mir erlaubt war, würdiger Bischof,
    dich zu umarmen, ich das niederzuschreiben vermag,
weiß ich, verdanke ich, Hippolyt, dem Christus, der Herrgott,
    gab die Gewalt zu bejahn, was irgendeiner verlangt.
Seine Kapelle, welche im Innern die Hülle der Seele enthält,
    blitzt durch den Silberbeschlag, welcher gediegen und echt.

1 Valerianus gilt als erster namentlich bekannter Bischof der spanischen Stadt Calahorra; sie liegt in Nordspanien unweit des Flusses Ebro (Region La Rioja). Aus den Texten des Prudentius lässt sich erschließen, dass der Autor genauso in dieser Stadt geboren wurde wie der berühmte römische Redner Quintilian (um 35 – 96). Bischof Valerianus ist nur aus den Werken des Prudentius bekannt. Er übte das Bischofsamt zwischen 400 und 420 aus.

2 Die überlieferten Nachrichten zur Person Hippolyts von Rom sind uneinheitlich und schwer zu harmonisieren. Es ist nicht ausgeschlossen, dass zwei Personen dieses Namens und ihr Geschick – der eine theologischer Autor, der andere Bischof und Märtyrer – schon zur Zeit des Prudentius miteinander verschmolzen waren. Sicher ist, dass in Rom eine Katakombe dieses Namens existiert (vgl. Nr. 14 des Plans S. 15), die wohl auch jenes Märtyrergrab enthielt, von dem Prudentius schreibt. Beide ›Hippolyte‹ lebten wohl im 3. Jh. Hippolyt von Rom wird die bekannte *Traditio Apostolica* zugeschrieben; selbst diese Autorschaft ist unsicher.

3 *Janiculum, Forum, Rostra, Subura* sind Ortsangaben zur Topografie Roms (Janiculum: Hügel auf dem rechten Tiberufer; Forum: Zentrum Roms; Rostra: Rednerbühne auf dem Forum; Subura: Name eines Armenviertels in Rom).

4 Das *Pomerium* beschreibt einen heiligen Bezirk vor und hinter den jeweiligen Stadtmauern Roms, der unbebaut zu bleiben hatte.

5 Die griechische Kykladeninsel Paros lieferte einen wertvollen weißen Marmor, aus dem auch die Akropolis in Athen besteht.

6 Dieser Ausdruck bezieht sich auf ein Stadttor Richtung Südosten Roms mit einer Ausfallstraße in die Albaner Berge; die antike Stadt *Alba Longa* lag womöglich auf dem Gebiet von *Castel Gandolfo*.

7 *Picenum* ist der antike Name einer Landschaft an der mittleren Adria unterhalb Anconas.

8 Die *Iden* des August meinen den 13. August, Gedenktag des hl. Hippolyt.

Eine begüterte Hand befestigte glänzend polierte
    Platten darauf, daß es blinkt, wie wenn ein Hohlspiegel gleißt,
und nicht zufrieden, mit parischem Marmor (5) den Zugang zu kleiden,
    fügt sie zum Schmucke des Werks stattliche Summen hinzu.
Morgens schon stellt man zum Gruße sich ein: ein jegliches Alter
    ehrt ihn; man kommt und geht, bis dann die Sonne versinkt.
Leute aus Latium läßt zusammen mit Menschen der Fremde
    Liebe zur Religion Schlange stehen vermischt.
Küsse drücken sie auf den durchscheinend schimmernden Marmor,
    Balsam sprengen sie aus, trüben mit Tränen den Blick.
Wenn nach Durchlaufen der Monde das Jahr sich schließlich erneuert
    und das Fest der Passion seinen Geburtstag begeht,
wie viele Scharen, glaubst du, versammeln sich eilfertig streitend,
    wie viel Gebete vereint Gottes zu feierndes Lob?
Die hochheilige Stadt speit aus und ergießt die Quiriten,
    die Patrizier auch, ebenso ambitioniert.
Die Plebeierarmee vereint mit gleichgroßen Schilden
    aristokratische Kluft, welche der Glaube verwischt
Aus den albanischen Toren (6) windet sich gleichfalls ein Haufen,
    weiß gekleidet, heraus, zieht dann in Reihe und Glied.
Hier und da auf verschiedenen Straßen ertönt lauter Jubel,
    Römer, picenisches Volk (7), auch der Etrusker rückt an.
Wilder Samnite findet sich ein, der campanische Landsmann
    ragender Capua-Stadt und der Nolaner ist da.
Jeder ist froh, zusammen mit seiner Frau und den süßen
    Kindern wünscht er den Weg möglichst rasch zu vollziehn.
Kaum noch fassen die weiten Felder die freudigen Leute,
    und eine zahlreiche Schar steckt in den Hauptstraßen fest.
Daß jene Grotte für solches Gedränge zu eng ist, darüber
    gibt's keinen Zweifel, obwohl weit ihre Pforte steht auf.
Aber daneben liegt eine andere Kirche, gepriesen
    wegen der fürstlichen Pracht, gleichfalls besucherumdrängt,
durch ihre ragenden Mauern erhaben, gewaltig in stolzer
    Größe und noch dazu durch viele Stiftungen reich.
Eine doppelte Reihe von Säulen sichert die Decke,
    welche getäfelt; von Gold glänzen die Tragbalken da.
Dazu kommen mit niederen Dächern zwei schmalere Schiffe,
    welche gleichmäßig breit weiten den Seitenbereich.
Aber den Teil in der Mitte bildet ein breiteres Hauptschiff,
    das sich mit spitzerem First wesentlich höher erhebt.
Gegenüber dem Eingang erhebt sich auf Stufen die Kanzel,
    wo der Geistliche Gott allen verkündet und preist.
Kaum faßt die Kirche, gefüllt, das drängende Menschengewimmel,
    und es wogt sehr beengt an dem verstopften Portal,
mütterlich öffnend den Schoß, damit sie die Zöglinge aufnimmt,
    und die belagerte Brust all ihre Sprößlinge hegt.
Wenn ich mich recht entsinne, ehrt ihn die herrliche Roma
    stets an den Iden August (8), wie diese selber den Tag
nennt nach alter Manier, den auch du, mein heiliger Lehrer,
    zählen mögest nach mir unter die Feste des Jahrs.
Glaub mir, er wird den Verehrern heilsame Tage verschaffen,
    weil er Belohnung vergibt für sein beachtetes Fest.
Unter den Festen des Cyprianus und Chelidonius
    und der Eulalia auch nimm dich noch dieses Tags an.

So erhöre dich, der du betest fürs
Volk, dessen Leben
man dir anvertraut hat, Christus mit
all seiner Macht;
so sei auch dem Wolf dein voller
Schafspferch verschlossen,
und kein gefangenes Schaf mindre
den randvollen Pferch;
so führe du, bleib ich einmal zurück
auf der Weide, als guter
Hirte mich wie ein Schaf, welches erkrankt ist, nach Haus;
sei, wenn du deine Hürde mit milch-
weißen Lämmern gefüllt hast,
zum heil'gen Hippolyt als sein
Gefährte entrückt!

Für Bischof Valerian
SCHLUSSGEBET

07. Heilige: Vor-Bilder und Für-Sprecher

INHALTE

Über Heilige ließe sich vieles sagen. Besser ist es, man sagt weniger! Also in der gebotenen Kürze: Heilig ist man nicht, heilig wird man gesprochen!

Welcher Voraussetzungen bedarf es dazu? – Zwei genügen! Nämlich: Man werde Ikone Jesu Christi, und man nehme sein Kreuz auf sich.

Alles andere wird sich, wird Er fügen … Auch auf die Fürsprache seiner Heiligen hin!

ABBILDUNG 60
Bischof Ulrich von Augsburg, Hartmann Schedel: Weltchronik. 1493 (dt.), Bl. 180v.

HEILIGE IM BISTUM AUGSBURG

07.01
Afra und Ulrich **142**

07.02
Petrus Canisius **146**

07.03
Crescentia von Kaufbeuren **150**

HEILIGE FRAUEN UND MÄNNER

07.04
Franz und Klara von Assisi **152**

07.05
Hedwig und Elisabeth **156**

07.06
Thomas von Aquin und Thomas Morus **160**

07.07
Teresa von Ávila und Therese von Lisieux **164**

07.08
Edith Stein und Mutter Teresa **170**

GLAUBENSZEUGEN

07.09
Rupert Mayer **176**

07.10
**Max Joseph Metzger und
Dietrich Bonhoeffer** **178**

IMPRESSIONEN

Anonymus: Der Brief an Diognet (wohl 2. Jh.)

Denn die Christen sind weder durch Heimat noch durch Sprache und Sitten von den übrigen Menschen verschieden. Sie bewohnen nirgendwo eigene Städte, bedienen sich keiner abweichenden Sprache und führen auch kein absonderliches Leben. ... Sie lieben alle und werden von allen verfolgt. Man kennt sie nicht und verurteilt sie doch, man tötet sie und bringt sie dadurch zum Leben. Sie sind arm und machen viele reich; sie leiden Mangel an allem und haben doch auch wieder an allem Überfluss. Sie werden missachtet und in der Missachtung verherrlicht; sie werden geschmäht und doch als gerecht befunden. Sie werden gekränkt und segnen, werden verspottet und erweisen Ehre. Sie tun Gutes und werden wie Übeltäter gestraft; mit dem Tode bestraft, freuen sie sich, als würden sie zum Leben erweckt. ...

Gott hat die Menschen geliebt! ... Wirst du den lieben, der dich zuerst so geliebt hat? Liebst du ihn aber, so wirst du auch ein Nachahmer seiner Güte sein. Und wundere dich nicht, dass ein Mensch Nachahmer Gottes sein kann (vgl. Mt 5,48); er kann es, weil Gott selbst es will. Denn das Glück besteht nicht darin, dass man über seine Nebenmenschen herrscht oder mehr haben will als die Schwächeren, auch nicht darin, dass man reich ist und die Niedrigeren unterdrückt; in solchen Dingen kann niemand Gott nachahmen, sie liegen außerhalb seines Wesens. Wer dagegen die Last seines Nächsten auf sich nimmt (vgl. Gal 6,2), wer dem Schwächeren helfen will in den Belangen, in denen er ihm überlegen ist, wer das, was er von Gott empfangen hat, den Bedürftigen spendet, der wird ein Gott für die Empfänger, er ist Gottes Nachahmer.

Dann wirst du, auf Erden lebend, schauen, dass ein Gott im Himmel waltet; dann wirst du Gottes Geheimnisse zu reden anfangen; dann wirst du die, welche zum Tode geführt werden, weil sie Gott nicht verleugnen wollen, lieben und bewundern; dann wirst du die Täuschung und Verwirrung der Welt verachten, wenn du wahrhaft im Himmel zu leben verstehst, wenn du den scheinbaren, irdischen Tod verachtest, wenn du den wirklichen, ewigen Tod fürchtest, der denen vorbehalten ist, die zum ewigen Feuer verurteilt werden sollen, das die ihm Überlieferten bis ans Ende peinigen wird. Dann wirst du die, welche sich um der Gerechtigkeit willen dem zeitlichen Feuer unterziehen, bewundern und seligpreisen, wenn du jenes Feuer kennst.

*Der Diognetbrief.
Übs. nach: Frühchristliche Apologeten und
Märtyrerakten Band I. (BKV I.12)
München 1913, S. 165; 170f.*

Eine verlässliche Datierung des Diognetbriefes ist praktisch unmöglich, da die wichtigste Handschrift 1870 bei der Beschießung der Straßburger Bibliothek vernichtet wurde. Kein antiker oder mittelalterlicher Schriftsteller hat den Diognetbrief je erwähnt; dennoch ist eine Fälschung ausgeschlossen.

Hl. Afra und hl. Ulrich
Gedenktage: 7. August | 4. Juli

Heilige Afra: Mutter, Schwester, Zeugin

Im Jahre 565 kam ein interessanter Wallfahrer durch Augsburg: Es war der oberitalienische Dichter und spätere Bischof Venantius Fortunatus (um 540 – 610), der von Ravenna aufgebrochen war, um zum Grab des hl. Martin von Tours (316 – 397) zu pilgern. In seinem wenig später entstandenen Lobgedicht auf den hl. Martin weist er auch darauf hin, dass »in der von Lech und Wertach umflossenen Stadt Augusta« die Gebeine der Blutzeugin Afra verehrt werden.

Zahlreiche Untersuchungen, die bis in die jüngste Vergangenheit im Bereich unserer Basilika St. Ulrich und Afra unternommen wurden, beweisen, dass die hl. Afra in Augsburg seit der spätrömischen Zeit ununterbrochen verehrt wird. Freilich wird immer wieder einmal behauptet, die Afra-Verehrung sei das Ergebnis mittelalterlicher Fälschungen. Tatsächlich besitzen wir im Sinne der modernen Geschichtswissenschaft kaum gesicherte Kenntnisse über Leben und Sterben der Heiligen. Gleichzeitig ist das dürre Gerippe historischer Daten überwachsen von einem Rankenwerk vielfältiger Legenden, an dem ein bunter Strauß von für uns wertvollen Botschaften blüht.

Mögen sich in dieser großen Frauengestalt auch die Grenzen zwischen Historie und Legende verwischen, so zielt doch die Verehrung der hl. Afra eindeutig auf das Evangelium von Jesus Christus ab, der ihr Leben verändert und dem sie daraufhin ihr Leben geopfert hat. An unserer zweiten Bistumspatronin hat sich erfüllt, was der Apostel Petrus geschrieben hat: »Wenn einer leidet, weil er Christ ist, dann soll er sich nicht schämen, sondern Gott verherrlichen, indem er sich zu diesem Namen bekennt« (1 Petr 4,16).

Die hl. Afra hat sich zum Namen Jesu Christi bekannt. Im Jahre 304, vor 1700 Jahren, löste sie dieses Bekenntnis in letzter Konsequenz ein. Ihr treues Stehen zum Herrn war mehr als ein Lippenbekenntnis. Sie hat sich damit nicht nur den Mund verbrannt, ihr ganzer Leib wurde eine Beute der Flammen. Doch der Feuertod vor den Toren der Stadt Augsburg konnte ihre Seele nicht beschädigen. Im Gegenteil: Durch das Martyrium wurde die hl. Afra gleichsam geadelt. Seitdem gehört sie der *communio sanctorum* an, der Gemeinschaft der Heiligen. An ihr ist verwirklicht, was das Buch der Weisheit prophezeit: »Die Seelen der Gerechten sind in Gottes Hand, und keine Qual kann sie berühren. (…) Wie Gold im Schmelzofen hat er sie erprobt und sie angenommen als ein vollgültiges Opfer« (Weish 3,1.6).

Liebe Schwestern und Brüder! Wenn ein Priester oder ein verheirateter Mann eine Frau anschaut, ist das so eine Sache. Afra anschauen, das dürfen, ja das sollen wir heute alle. Wir schauen sie gemeinsam an, diese große Frau, die Patronin unseres Bistums und unserer Stadt Augsburg. Je länger wir sie anschauen, desto näher kommt sie uns, umso mehr Facetten treten hervor, die unsere Beziehung zu ihr tiefer und enger machen. Wem begegnen wir eigentlich, wenn wir uns auf die hl. Afra einlassen?

Für mich ist sie in erster Linie eine Mutter des Glaubens. Haben wir eigentlich

Hl. Afra von Augsburg
gest. 304

Bischof Ulrich von Augsburg
(890 – 973)

schon einmal darüber nachgedacht, wie der christliche Glaube zu uns gelangte? Wer dieser Frage nachspürt, stößt bald auf die hl. Afra. Die Christen der ersten Jahrhunderte in unserer Region sind wie Säulen der Glaubensgeschichte unseres Landes. Stellen wir uns einmal vor: Was wäre aus dem christlichen Glauben geworden, wenn es nicht Männer und Frauen gegeben hätte, die ihn empfangen, in ihr Herz aufgenommen und durch ihr Wort und Leben weiter getragen haben? Diese Frage beschäftigt mich – spätestens seit einer Reise durch Brasilien, wo ich Gelegenheit hatte, Ordensleute, die aus unserem Bistum stammen, zu besuchen. Viele von ihnen sind schon alt und betagt. Aber sie gehen, soweit sie können, an die Brennpunkte des Lebens, damit auch dort das Evangelium hingelangt. Besonders beeindruckte mich Schwester Viktoria Vogl, eine mittlerweile betagte Dillinger Franziskanerin, die sich in ein Männergefängnis wagt. Die Gefangenen haben ihr liebevoll den Spitznamen ›Mama Viktoria‹ gegeben. Durch ›Mama Viktoria‹ kommt das Evangelium von Freiheit und Gerechtigkeit selbst noch im Gefängnis an.

Von ›Mama Viktoria‹ zurück zu ›Mutter Afra‹. Der christliche Glaube fängt nicht beim Nullpunkt an. Er ist nicht aus der Luft gegriffen. Bei allen unseren Bemühungen, ihn zu bewahren, weiterzugeben und auszubreiten, kommt er nicht aus uns, sondern zu uns. Er ist nicht unser Einfall; er kommt auf uns zu durch die Vermittlung von Menschen. Die Legende erzählt: Zwei Fremde, Bischof Narcissus und sein Diakon, waren bei Afra zu Gast, sie beteten und erzählten von Christus. Diese Begegnung hat Afra so bewegt, dass sie sich zum Glauben bekehrte und ihn durch ihr Leben bezeugte. Auf diese Weise wurde sie zu einem ›Samenkorn‹ des Evangeliums in unseren Breitengraden.

Was die großen Theologen der alten Kirche durch Wort und Schrift lehrten, das hat sie durch die Klarheit ihres Zeugnisses gelebt. Natürlich greifen wir gern auf unsere Kirchenväter zurück, die in Theologie und Spiritualität Großes leisteten. Doch ebenso dürfen wir die ›Glaubensmütter‹ ehren, die den Grund für unser Leben als Christen gelegt haben. Eine solche ›Glaubensmutter‹ ist die hl. Afra.

Gott schenke auch unserer Zeit Männer und Frauen, die helfen, dass Gottes Wort auf die Welt kommen kann! Mehr denn je braucht unsere junge Generation solche Geburtshelfer des Glaubens! Hebammendienste für das Evangelium zu leisten, das gehört zu der Berufung, die jedem Christen und jeder Christin durch Taufe und Firmung ins Stammbuch geschrieben ist. Betrügen wir unsere Kinder und Jugendlichen nicht um den Glauben! Bieten wir einander Jesus an!

Wie die hl. Afra Mutter des Glaubens war, so ist sie ebenso unsere Schwester im Glauben. Sie hat am eigenen Leib erfahren, dass die Botschaft von der Liebe Gottes aus ihr einen ganz neuen Menschen machte. Im Gespräch mit Bischof Narcissus wurde Afra klar, dass der Glaube keine papierne Sache ist, sondern ins Herz treffen und zu Herzen gehen möchte. Paulus drückt es einmal so aus: »Wenn jemand in Christus ist, dann ist er eine neue Schöpfung: Das Alte ist vergangen. Neues ist geworden« (2 Kor 5,17).

Die Erfahrung, ein neues Leben anzufangen, muss bei Afra sehr tiefe Spuren hinterlassen haben. Nicht umsonst weist ihr die fromme Überlieferung zunächst einen Platz unter den Sündern, ja sogar im Prostituiertenmilieu zu, ehe sie ihren Lebensstil zu Christus hin grundlegend korrigierte: »Nicht mehr ich lebe, sondern Christus lebt in mir« (Gal 2,20). Diese lösende und erlösende Erfahrung konnte Afra nicht für sich behalten. Ihr großes Erlebnis »muss heraus«! Wovon das Herz voll ist, davon kann der Mund nicht schweigen. Afra ist Schwester im Glauben, weil sie mitteilt, was das neue Leben ihr gibt. Das strahlt aus. Wie damals, so heute: Glaubwürdige Christen fallen auf und regen die Leute zum Nachfragen an: »Wie ist das eigentlich mit dir und deinem Glauben?« Mir fällt dazu ein Spruch ein, den ich auf einer Karte las: »Lebe so, dass du gefragt wirst«. Die hl. Afra ist deshalb aktuell, weil wir in ihr uns selbst entdecken: einen Menschen, der sich erst in den Glauben hineintasten muss; – eine Frau, die in Jesus Christus erfahren darf, was Liebe wirklich heißt: angenommen sein mit allen Fehlern, Schwächen und Sünden, – eine Christin, die davon erzählen kann, dass uns Jesus immer wieder einen neuen Anfang schenkt, – kurz: eine Schwester im Glauben, die uns weniger zeigt, wie man zack, zack in den Himmel kommt, sondern dass trotz allem menschlichen Zickzack die Tür zu Jesus Christus offen bleibt.

Hier möchte ich einen Menschen zu Wort kommen lassen, der erst nach einem langen Slalom die Richtung seines Lebens gefunden hat: Augustinus. »Das Evangelium wurde dem Volk von denen verkündigt, die Christus – Fackeln gleich – durch sein Wort bereitet und im Heiligen Geist entzündet hatte.« Augustinus vergleicht die Zeugen der Frohen Botschaft mit Fackeln, die vom Heiligen Geist entzündet sind. Was der Kirchenvater beschreibt, trifft auf unsere Glaubensmutter Afra zu. Sie war eine Fackel, vom Heiligen Geist entfacht. Ihr Licht war kein Strohfeuer, das schnell aufflackert und ebenso rasch erlischt wie eine Wunderkerze am Christbaum. Sie war Feuer und Flamme für Christus, nicht kurzlebig wie eine frisch Verliebte, sondern mit dem langen Atem der Leidenschaft wie eine Fackel, die vom Wachs getränkt und durchdrungen ist.

Feuer und Flamme für Christus war Afra selbst dann noch, als das Bekenntnis ihr das Leben kostete. Für ihren Herrn ging sie nicht nur durchs Feuer, sie ging in die Flammen des Todes. Nicht liegend auf dem Scheiterhaufen, sondern aufrecht stehend an einen Pfahl gebunden stellt die Kunst sie dar. Afra ist niemals umgefallen, nicht einmal im Sterben. Sie lädt uns zu einer ehrlichen Gewissenserforschung ein.

Wie steht es um unser Bekenntnis, wenn heiße Eisen diskutiert werden am Arbeitsplatz, im Bekanntenkreis, unter Angehörigen oder in der Familie; wenn der Boden heiß wird angesichts der Kritik, die gegenüber der Kirche und ihren Vertretern geäußert wird am Stammtisch oder beim Kaffeeplausch; wenn flammende Reden gehalten werden gegen Glaube und Religion und heiße Debatten darüber entbrennen, ob wir Gott überhaupt noch brauchen in unserer modernen Gesellschaft?

Die hl. Afra hatte sich nicht nur den Mund verbrannt. Wie eine Fackel hat sie sich verzehrt im Leben für Jesus Christus und sich schließlich verbrennen lassen für ihre Treue zu ihrem Bekenntnis. Möge es dem Bistum und der Stadt Augsburg auch im 21. Jahrhundert nicht an Frauen und Männern fehlen, die wie die hl. Afra Feuer und Flamme für Jesus Christus sind.

Hl. Afra,
du Mutter des Glaubens,
du Schwester im Glauben,
du Zeugin des Glaubens,
bitte für uns. Amen.

Heiliger Bischof Ulrich von Augsburg

Streiter in Not,
Helfer bei Gott!
Du Bischof und Held,
von Gott auserwählt,
mit Glaubenskraft beseelt.

Weise im Rat,
mannhaft an Tat
und mächtig im Wort,
der Heimat ein Hort,
bleib es auch immerfort.

Diese Worte der Franziskanerin von Maria Stern, Schwester Germana Förster OSF, die der Komponist Arthur Piechler vertont hat, stecken die äußere Biographie des hl. Bischofs Ulrich ab. Doch verbirgt sich hinter den großen Ereignissen einer Lebensgeschichte immer auch ein innerer Weg, der die Entwicklung eines Menschen und dessen Charakter widerspiegelt. Das gilt auch für Bischof Ulrich. 1839 hat Professor Lorenz Stempfle (1798 – 1844) in seiner Predigt zum Fest des hl. Ulrich in Dillingen das Wirken unseres Bistumspatrons folgendermaßen zusammengefasst: »Von der heiligen Macht des Glaubens und der Liebe ergriffen, widmete er sich ganz dem Dienste des Herrn und leitete die ihm anvertraute Herde mit der Treue des besten Hirten, mit der Sorgfalt des liebenden Vaters, mit der Liebe einer zärtlichen Mutter.«

Klingt das nicht erstaunlich modern? Unser Blick auf die Vergangenheit wird immer durch die Gegenwart geprägt. So entdeckten erst vor wenigen Jahrzehnten die Theologen die mütterliche Seite Gottes in der Bibel, und wir können nicht dankbar genug sein für dieses Zurechtrücken unseres manchmal sehr einseitigen Gottesverständnisses.

Schon etwa zehn Jahre nach Ulrichs Tod beginnt sein ehemaliger Dompropst Gerhard das Leben des Heiligen niederzuschreiben, das den Prototyp eines Reichsbischofs der Ottonen zeigt und die Grundlage für seine Verehrung schafft. Doch wer den hl. Ulrich nur als Organisator, Politiker und Reichsfürst sieht, greift, wie Prof. Stempfle meinte, zu kurz: Ulrich leitete sein Bistum wie ein guter Hirte, ein liebender Vater und eine zärtliche Mutter. Woher hatte er diese Tugenden? Wer hat sie ihm eingepflanzt? Drei Frauen fallen mir ein, wenn ich mir und uns heute diese Fragen stelle.

Da ist zunächst seine Mutter Thietburga. Bis heute birgt die Pfarrkirche von Wittislingen, einst inmitten der gräflichen Burg erbaut, ihr Grab. Noch ein Jahr vor seinem Tod hat Bischof Ulrich die Kirche erweitern lassen, um dort die Grabstätten seiner Eltern und Vorfahren unter einem Dach zu vereinen. Seiner Mutter Thietburga blieb er zeitlebens eng verbunden. War sie es doch, die ihren Sohn glauben und beten lehrte, die den jungen Adeligen einführte in das kirchliche Leben, nicht nur in eine standesgemäße Karriere, sondern als ein Sich-Hineinfühlen und Hineintasten in die Kirche als geistlichen Raum. Als Kind, so erzählt die Heiligenlegende, ging Ulrich jeden Tag von Wittislingen zu Fuß in das zwei Stunden entfernte Dillingen zur Klosterschule und auch, um Verwandte zu besuchen; oft kehrte er erst spät am Abend wieder nach Hause zurück. Der Weg führte durch sumpfiges Ried, und weil der Kleine sich schon mehrmals verlaufen hatte, ließ seine Mutter täglich um neun Uhr abends die Glocke läuten, damit ihr Sohn sicher nach Hause käme. Doch an einem nebeligen Herbsttag – wir kennen das ja aus dem Donaumoos – verlor Ulrich Weg und Steg. Wie sehr er sich auch mühte, er fand nicht heim. Auch den vertrauten Glockenton vernahm er nicht. Der Knabe gab nicht auf, suchte Zuflucht im Gebet, und wie durch ein Wunder erklang plötzlich doch die Glocke, und er fand ins Elternhaus zurück – es war aber schon zwei Uhr nachts! Sorgenvoll und unruhig hatten die Eltern – vor allem Thietburga – auf den Sohn gewartet und, da man nach Mitternacht sonst nie die Glocke läutete, deuteten sie dieses Ereignis als fürsorglichen Wink Gottes, der dem jungen Ulrich den Heimweg wies. Bis heute schlägt das Glockengeläute, das täglich um 21 Uhr und um 2 Uhr nachts für eine Minute zu hören ist, eine Klangbrücke zu diesen längst vergangenen Zeiten.

In Thietburga begegnet uns also die sorgende und suchende Frau und Mutter; erfinderisch in der Liebe, schafft sie eine Orientierungshilfe für den verirrten Sohn. Mutterliebe ist voraussetzungslos; sie kann nie vergolten werden. Deshalb ist es so schmerzhaft, wenn das Verhältnis zwischen Mutter und Kind gestört ist. In der Heiligen Schrift lesen wir den tröstenden Satz: »Kann denn eine Frau ihr Kind vergessen? Wenn auch eine Mutter ihren Sohn vergisst, ich vergesse dich nicht – spricht der Herr.« (Jes 49,15) Wie eine Mutter sucht Gott nach uns. Auch der Gute Hirt, dem Ulrich später als Bischof nacheiferte, geht dem verlorenen Schaf nach. Der Reichsfürst zeigt Züge »einer zärtlichen Mutter« – das ist wohl wesentlich seiner Mutter Thietburga zu verdanken. Die Einwohner von Wittislingen verehren sie mit Recht als Selige.

In der Antike und im Mittelalter blieben Kinder, zumal adelige, nicht lange in der Familie. Wir kennen das noch Jahrhunderte später von der hl. Elisabeth von Thüringen (1207 – 1231). So gilt auch Ulrich bereits mit zehn Jahren als reif genug für ein Studium in der Abtei St. Gallen, wo er von 900 bis 908 bei den Benediktinern als Zögling lebte. Einfühlsam und etwas blumig beschreibt Prof. Stempfle dies in seiner Predigt so: »Indes mochte den heranblühenden Jüngling, vom Donautale ins Gebirgsland und in den Kreis ernster Männer versetzt, vielleicht manchmal ein stilles Heimweh nach dem elterlichen Hause und seiner lieben Mutter beschleichen. Denn es ist dem jugendlichen Herzen so wohltuend, wenn es sich – dem Ernst des Vaters und der Lehrer gehorchend – auch an ein Mutterherz, das mild und zärtlich sorgt, anschmiegen kann. Die göttliche Vorsehung fügte es aber, dass in der Nähe des Stiftes Sankt Gallen eine gottselige Jungfrau als Reklusin lebte, mit Namen Wiborada (gest. 926), welche Ulrich kennenlernte. Er verehrte und liebte sie wie seine Mutter, und wohl hätte Thietburga, seine fromme Mutter, nicht mehr über sein Herz vermocht als jene gottgeweihte Jungfrau, welche Ulrich wie seine zweite Mutter hochschätzte. Wenn seine Mitschüler in jugendlichen Spielen sich ergötzten, schlich Ulrich sich davon und ging zu Wiborada, wo er in frommen und heiligen Gesprächen edlere und größere Freuden genoss. Mit mehr als mütterlicher Liebe ermunterte und bestärkte sie ihn, allem nachzukommen und in allem treu zu sein, wozu seine Lehrer und Führer ihm Anweisung erteilten.« In der Frage, welche Berufung für ihn die richtige sei, entschied Ulrich nichts auf eigene Faust, ohne zuvor »ein weiseres, tieferes und besseres Urteil eingeholt zu haben als sein eigenes«. In Konflikten und wenn er unsicher war, »eilte er sofort zu Wiborada, um ihre Meinung zu vernehmen.«

Deshalb wurde Ulrich von seinen Mitstudenten oft als ›Frömmler‹ belächelt. Heute würden wir sagen: In Wiborada fand Ulrich eine erfahrene geistliche Begleiterin. Gerade Heranwachsende brauchen Vorbilder – und das können ab einem gewissen Alter nicht mehr die Eltern sein. Ulrich erlebte das Geschenk einer Beziehung, die in und durch Gott gegründet war: Die Reklusin Wiborada, die sich als junge Frau neben einer Kapelle vom Bischof hatte einmauern lassen und so zur Inklusin wurde, war ihm Mutter und Schwester zugleich. Wiborada, die Sesshafte, die unverrückbar an ihrem Platz ›Eingehauste‹, ist ein lebendiges Zeichen für die stabile Nähe Gottes, der sich Mose offenbarte als der, der einfach da ist (vgl. Ex 3,14). Gott ist anwesend, unaufdringlich präsent und einladend. Für den jungen Ulrich auf der Suche nach seiner Berufung wirkte Wiborada wie Gottes offenes Ohr. Dass ihr Name weit über die Grenzen St. Gallens hinausstrahlte, zeigt die Tatsache, dass die Märtyrerin Wiborada von Papst Clemens II. bereits im Jahr 1047 heiliggesprochen wurde – übrigens die erste Frau, die ein Papst kanonisiert hat.

Noch eine Nuance verrät uns der Name: Wiborada ist die latinisierte Form des althochdeutschen *Wiberat*, was so viel heißt wie ›Weiberrat‹. Ulrich hat auf den ›Weiberrat‹, den Rat einer Frau, viel gegeben. Über seine spirituellen und theologischen Lehrer im Stift St. Gallen hinaus hat er, ein Blaublütiger, sich einer Frau namens ›Weiberrat‹ anvertraut; er hat sich von ihr geistlich beraten und begleiten lassen. Ohne anachronistisch zu sein, wage ich die kühne These, dass Ulrich – wie selbstverständlich – durch eigene geistliche Praxis das vorbereitet hat, was wir heute geschwisterliche Kirche nennen. Glücklich, wer um eine gute, ehrliche und konstruktiv-kritische geistliche Begleitung weiß! Das gilt auch für geweihte Amtsträger – den Bischof eingeschlossen.

Eine weitere Frau, der Bischof Ulrich besonders verbunden war, ist die hl. Afra. In seinem Hirtendienst war ihm stets bewusst, dass Afra den Mutterboden des Glaubens für die Stadt Augsburg und sein Bistum maßgeblich mitbereitet hat. Ja, er hat sogar von Afra geträumt. Die Legende erzählt, wie Afra dem schlafenden Ulrich im Traum erscheint und ihm, dem Reichsfürsten, durchs Fenster den Apostelfürsten Petrus zeigt, wie er mit Bischöfen auf dem Lechfeld beisammensitzt und eine Synode abhält. Petrus teilt Ulrich mit, dass er beim Kaiser die ihm zustehende Weihe über Klöster und Stifte gegen Herzog Arnulf durchsetzen solle, der kirchliche Besitztümer in die Hände von Laien übertrug. Die Verehrung der hl. Afra zu fördern war eines der Hauptanliegen Bischof Ulrichs; so lässt er die durch den Hunneneinfall zerstörte Afrakirche vor der Stadt wiederaufbauen und verfügt, dass er nach seinem Tod vom Dom dorthin überführt und in der Nähe der Heiligen beigesetzt werde. Der Überlieferung nach wird Ulrich mit dem Teppich, auf dem er nach alter mönchischer Tradition auf der Erde schlief, begraben. Dem Trauergottesdienst steht mit dem Regensburger Bischof, dem hl. Wolfgang, ein guter Freund Ulrichs vor.

Die hl. Afra repräsentiert alle Christen der ersten Jahrhunderte, die im Römischen Reich unter Benachteiligung und Verfolgung zu leiden hatten. Sie war Ulrich sicherlich auch Vorbild und Ansporn, sich furchtlos zu seiner Stadt und der in ihr lebenden Bevölkerung zu bekennen und den Hunnen entgegenzuziehen, um sie weit vor den Toren der Stadt zu schlagen – im Zeichen des Kreuzes! Afra war für Ulrich wie eine Fackel, zündendes Beispiel – vom Heiligen Geist entfacht. Ihr Licht war kein Strohfeuer, das schnell aufflackert und ebenso rasch erlischt wie eine Wunderkerze am Christbaum. Sie war Feuer und Flamme für Christus, nicht kurzlebig wie eine frisch Verliebte, sondern mit dem langen Atem der Treue. Feuer und Flamme für Christus war Afra selbst dann noch, als das Bekenntnis ihr das Leben kostete. Für ihren Herrn ging sie nicht nur durchs Feuer, sie ging in die Flammen des Todes. Nicht liegend auf dem Scheiterhaufen, sondern aufrecht stehend, an einen Pfahl gebunden, stellt die Kunst sie dar. Afra ist nicht umgefallen, nicht einmal im Sterben. – Damit lädt sie uns zu einer ehrlichen Gewissenserforschung ein. Wie steht es um unser Bekenntnis, wenn heiße Eisen der Kirche diskutiert werden – am Arbeitsplatz, im Bekanntenkreis, unter Angehörigen oder in der Familie –, wenn der Boden heiß wird angesichts der Kritik, die gegenüber der Kirche und ihren Vertretern geäußert wird – am Stammtisch oder beim Kaffeeplausch –, wenn flammende Reden gehalten werden und Debatten darüber entbrennen, ob wir Gott überhaupt noch brauchen in einer Gesellschaft, für die der christliche Glaube scheinbar nicht mehr systemrelevant ist!

Drei Frauen – drei Schicksale – dreimal das individuelle, unverwechselbare Bekenntnis zu Christus! Wer sich an die Adventspredigten erinnert, die ich 2019 gehalten habe, weiß, dass ich damals vier Frauen der Kirchengeschichte unter dem Stichwort *Ermutigt – Ermächtigt* vorstellte. Als Bischof von Augsburg und 62. Nachfolger des hl. Ulrich rufe ich Ihnen heute zu: Wir brauchen einander! Wir brauchen die von Gott geschenkten Talente und Charismen, die, wie wir alle wissen, nicht an das Mannsein gebunden sind. Jesus selbst sagte über die Frau, die ihn gesalbt hat: »Auf der ganzen Welt, wo dieses Evangelium verkündet wird, wird man auch erzählen, was sie getan hat, zu ihrem Gedächtnis.« (Mt 26,13; vgl. Mk 14,9) Bischof Ulrich hat um Frauen gewusst, die seinen Glauben und sein Wirken als geistlicher Mensch gefördert, inspiriert und getragen haben. An seinem Hochfest ehren wir auch sie: die sel. Thietburga, die hl. Wiborada und die hl. Afra. Diese drei Namen halten wir hoch – gerade heute am Fest des hl. Ulrich. Amen.

ABBILDUNG 61

Hl. Afra, Hartmann Schedel: Weltchronik. 1493 (dt.), Bl. 125 r (Exemplar des Germanischen Nationalmuseums, Nürnberg).

ABBILDUNG 62

Bischof Ulrich von Augsburg, Hartmann Schedel: Weltchronik. 1493 (dt.), Bl. 180 v (Exemplar des Germanischen Nationalmuseums, Nürnberg).

Hl. Petrus Canisius
Gedenktag: 27. April

Wir schreiben den 2. September 1549. Der Priester, der soeben den Segen von Papst Paul III. (1468 – 1549) für eine besondere Mission empfangen hat, kniet am Grab des Apostelfürsten Petrus nieder, um dort zu beten. So tief wird ihn das, was er dabei innerlich verspürt, zeitlebens prägen, dass er in einem Fragment seiner *Bekenntnisse* notiert: »Du weißt, o Herr, wie sehr und wie oft du mir an jenem Tag Deutschland anvertraut hast, für das ich beständig Sorge trage und all meine Kräfte einsetzen sollte. Mein Verlangen war, für Deutschland zu leben, zu sterben.«

Die Mission gilt Deutschland, der Missionar heißt Petrus Canisius (1521 – 1597). Vom Grab des hl. Petrus lässt er sich senden. Alles, was dieser päpstlichen Sendung vorausging, ist nur Vorbereitung auf die heikle Mission: Studien in Köln, Eintritt in die junge, aufstrebende Gesellschaft Jesu, Priesterweihe, Promotion zum Doktor der Theologie, Tätigkeit als Berater auf dem Reformkonzil von Trient. Jetzt wird er vom Papst in Dienst genommen. Korrekter müssten wir sagen: Der Papst beruft ihn als »Mitarbeiter für die Wahrheit« (vgl. 3 Joh 8). Sein Lebensprogramm wird zum geistlichen Tagesbefehl: fast fünfzig Jahre lang jeden Tag als *Cooperator veritatis* Deutschland neu zu evangelisieren.

Dieses Projekt ist in der Tat ein gigantisches »geistliches Experiment«: Nicht nur weil Deutschland damals ein viel größeres Gebiet umfasste als heute, sondern weil die katholische Kirche nach der Katastrophe der Reformation sich in einem teilweise desolaten Zustand befand. Die Diagnose des Deutschland-Missionars lautete: »Allgemein gesprochen möchte ich sagen, daß man unter den heutigen Deutschen vergebens nach praktischem Interesse an der Religion sucht. Der Gottesdienst der Katholiken ist so ziemlich auf das Halten einer ohne alle Begeisterung vorgetragenen Predigt an Festtagen beschränkt. Was vom Fasten in der Fastenzeit übrig ist, ist bloß der Name; denn niemand fastet. Ob und wie selten besucht ein Mann die Kirche und die heilige Messe oder bekundet durch irgendein anderes äußeres Zeichen, daß er noch Freude habe am alten Glauben! ... Die Lage ist danach, einen, der sie ernstlich erwägt, das Herz still stehen zu lassen. Die Häresie kann weder durch Gewalt noch durch Reform überwunden werden, und wir sind beim besten Willen machtlos, den verloren gegangenen Glauben wiederherzustellen, weil es zu wenig Priester gibt oder in Wahrheit keine.« **(1)**

Trotz dieses ernüchternden Befundes lässt sich Petrus Canisius nicht entmutigen. Neben Ausdauer und Treue zeichnet ihn besonders seine ansteckende Zuversicht aus: »Die Angst vieler ist größer als notwendig, da man nach menschlicher statt nach göttlicher Hilfe Ausschau hält und in Verzweiflung statt in heiligem Vertrauen nach Hilfe für die daniederliegende Kirche sucht.« Obwohl Canisius bisweilen den Eindruck hatte, ins Leere hinein zu arbeiten, überließ er sich und sein Wirken ganz Gott, den er als Herrn der Kirche glaubte. Damit setzte er Akzente, die den Menschen der Spätmoderne provozieren.

Mut zur Kirche

Hinter der Kirche treten jedes persönliche Interesse und alle Ambitionen zurück. Das Große an Petrus Canisius liegt darin, dass er klein wurde hinter seinem grandiosen

Hl. Petrus Canisius
1521 – 1597

Werk. Er ging ganz auf in seinem Auftrag, den er von seinem Ordensgeneral Ignatius empfangen hatte, und der am Petrusgrab in einer tiefen spirituellen Erfahrung begründet wurde. Diese apostolische Sendung hat ihm Kraft und Mut gegeben, weil er sich bewusst war, dass er in Deutschland nicht seine eigenen Pläne zu verwirklichen hatte, sondern ein kirchliches Projekt. Canisius war kirchlich und römisch bis in die Knochen, nein bis ins Herz. In seinem Herzen lebte die Kirche. Er verstand sich als Werkzeug des Herrn. Dabei war er weder mechanische Marionette noch nachplappernder Papagei, sondern ein lebendiges Werkzeug, ein Instrument mit Leib und Seele; mit Haut und Haar hat er sich der Kirche verschrieben.

Canisius ist kein glatter Heiliger, er stillt nicht sofort den Hunger nach Emotion und den Durst nach dem peppigen Event. Er ist ganz und gar Diener des Evangeliums, wie die Apostel. So wird er nach Bonifatius mit Recht als der »zweite Apostel Deutschlands« bezeichnet. Obwohl er durchaus mit und an der Kirche und deren Schwächen leiden konnte, meckert er nicht an ihr herum. Selbst bittere Erfahrungen mit der eigenen Gemeinschaft der Jesuiten, in der er als Provinzial Leitungsvollmacht innehatte und merkte, wie menschlich es dort zugehen kann, haben seiner Kirchlichkeit keinen Abbruch getan. In seinem Glaubensbekenntnis lesen wir: »Andere lästern, verachten, verfolgen die römische Kirche und verwünschen sie als das Reich des Antichrists. Ich aber bekenne mich als ihren Bürger. Von ihrem Spruch weiche ich auch nicht einen Finger breit ab. Um für sie Zeugnis abzulegen, will ich gerne mein Blut vergießen. Mit Hieronymus sage ich frei heraus: ›Wer zum Stuhle Petri hält, der ist mein Mann.‹ Mit Ambrosius begehre ich, der römischen Kirche in allen Stücken zu folgen. Mit Cyprian bekenne ich ehrfurchtsvoll, dass sie der katholischen Kirche Wurzel und Grundstock ist.« **(2)**

Mut zur Wahrheit

Die Person des Canisius wird von der Kirche gleichsam absorbiert. Wenn wir jedoch bei der Kirche stehen bleiben, greifen wir zu kurz. Die Kirche selbst steht in einem höheren Dienst. Sie dient der Wahrheit. Die Wahrheit ist nicht selbst gemacht, sondern vorgegeben. Petrus Canisius hat sich weggegeben an diese Vorgabe, die keine Sache ist, sondern Person: Jesus Christus, der die Gemeinschaft der Kirche um sich sammelt. Manchmal wird an Canisius kritisiert, dass man in seinen Werken die spekulative Kraft und die kreative Idee vermisse. Wer solches äußert, hat den Apostel Deutschlands nicht verstanden. Denn ihm ging es nicht um seinen Namen, um seine Lehre, um seinen Ansatz, sondern darum, in einer unübersichtlichen Zeit der Verunsicherung die Menschen im Glauben zu festigen: »So will ich denn in mir und Anderen einen größeren Eifer erwecken, dass das katholische Glaubensdepositum, das der Apostel uns nicht grundlos ans Herz legt und das allen Schätzen dieser Welt vorzuziehen ist, hochgeschätzt und unverkürzt und unverfälscht bewahrt werde, da von ihm christliche Weisheit, allgemeiner Friede und Heil der Menschen zutiefst abhängig sind.«

Diese Aufgabe kann nur von Theologen bewältigt werden, die bescheiden und demütig sind. In Zeiten der Krise und der Stabilisierung sind nicht so sehr die Lipizzaner gefragt, die sich selbst gefallen, sondern die gediegenen Haflinger: treue Zugpferde, die den Karren der Kirche sicher durch die Geschichte ziehen. Aus dem Bild ins Leben übertragen: Die Aufgabe die Wahrheit des Evangeliums zu bewahren, leistet nur ein Theologe, der seinen Standpunkt nicht in kritischer Distanz zur Kirche einnimmt, sondern als deren Glied in ihrer Mitte beheimatet ist. Nur wenn sein Suchen und Fragen, sein Forschen und Schreiben fest im Leben der Kirche verankert sind, taugt der Theologe als authentischer Gesprächspartner für Andersdenkende und Andersgläubige. Dem Petrus Canisius ist dies gelungen: Verwurzelt in der Tradition der Kirche, eingespannt in die Zerreißproben seiner Zeit – sowohl mit den Anhängern der Reformation als auch mit den Zuständen in der eigenen Kirche – blieb er seinem Grundsatz treu, auf überspitzte Polemik zu verzichten, Polarisationen nicht weiter zu schüren und sich darauf zu konzentrieren, die katholische Lehre sachlich darzulegen, ohne die Gegner auch nur zu nennen, geschweige denn sie öffentlich anzugreifen.

Neben der Front, die durch die Reformation entstanden ist, machte Canisius auch eine Front innerhalb der Kirche aus, gegen die er vehement angeht. Für ihn zählt nicht nur die Wahrheit, sondern vor allem auch die Wahrhaftigkeit. Denn Rechtgläubigkeit ruft nach Glaubwürdigkeit. Dass der Bischof von Augsburg, Otto Kardinal Truchseß von Waldburg (1514 – 1573), romtreu war, steht außer Zweifel. Doch so verdienstvoll diese Treue zum Papst auch ist, was nützt sie, wenn die Glaubwürdigkeit des Lebenswandels zu wünschen übrig lässt? Canisius nimmt kein Blatt vor den Mund, wenn er seine Beziehung zum Bischof von Augsburg so beschreibt: »Der Kardinal ist mir sehr zugetan, so dass er seine Würde zu vergessen scheint und sein Leben in allem unserem Urteil unterwirft. Er zeigt besondere Demut und trägt sich ernsthaft mit dem Gedanken, sich selbst zu ändern. Um die Kirche von Augsburg steht es schlechter als man glauben kann, und inzwischen belastet ihr Bischof sein Gewissen mit so großen Bürden, dass ich mich wundern muss, wie er ruhig schlafen kann. Ich bitte, mir meinen Freimut zu verzeihen, wenn ich so offen rede. Aber ich liebe meinen Herrn Kardinal Otto, dem ich vor allen verbunden bin. Mir wäre lieber, er lebte ohne sein Bischofsamt, als dass er sich nur des Titels erfreut, und die Schafe, von deren Wolle er sich nährt, nachlässig weidet. Mögen andere auf die zeitlichen Vorteile schauen, ich berufe mich auf das künftige Gericht und betrachte die Strafen, die den schlechten Verwalter erwarten, mit größter Furcht.«

Mut zur Katechese

Kirche und Wahrheit brauchen Verinnerlichung. So ist die *Einführung ins Christentum* (Joseph Ratzinger) eine Einübung in das christliche Leben. Petrus Canisius bleibt auch insofern aktuell, weil er uns Mut macht zur Glaubensunterweisung. Die ›Weitergabe des Glaubens‹ ist uns Herzensanliegen und Kreuz zugleich. Denn das lange tragende Verhältnis von Kirche und Kultur droht ganz auseinander zu brechen. Weder der Religionsunterricht noch die Sakramentenkatechese noch die kirchliche Jugendarbeit können im Moment große Erfolge verbuchen. Was ist zu tun?

Zwar hat Petrus Canisius kein Patentrezept, das wir einfach kopieren könnten. Aber sein Ansatz ist klar: Er hat die altkirchliche Katechese wieder entdeckt. Da geht es nicht um rein intellektuell-informative Belehrung, sondern um Aneignung: das Hineinwachsen in die aktive Teilnahme am Leben der Kirche. Der ›Katechismusglaube‹ ist heute eher negativ besetzt, weil man ihm nachsagt, dass er zu wenig personal und emotional sei. Doch Inhalt und Form gehören zusammen, Glaubensvollzug braucht auch Glaubensinhalt. Hans Urs von Balthasar (1905 – 1988) bringt dieses Dilemma treffend auf den Punkt: »Auf der einen Seite die Knochen ohne Fleisch: Die überlieferte

Dogmatik, auf der anderen Seite das Fleisch ohne Knochen: Jene ganz fromme Literatur, die aus Aszetik, Spiritualität, Mystik und Rhetorik eine auf die Dauer unverdauliche, weil substanzlose Kost vermittelt.«(3)

Petrus Canisius ging es um die Substanz. Mit dem Aufbau der großen Kollegien, dem Schreiben von Katechismen – Handbüchern des Glaubens für verschiedene Leserschaften –, dem liebevollen Kultivieren traditioneller Frömmigkeitsformen und nicht zuletzt durch die persönliche Begleitung suchender Menschen in den Exerzitien ist es ihm und seinen Mitstreitern gelungen, die katholische Kirche aus der Defensive herauszuführen und für sie eine neue Blüte vorzubereiten.

Wie steht es heute?

Ist es nicht ein Zeichen der Zeit, dass der Wunsch nach Seminarien und Internaten immer lauter wird? Ist es nicht ein großes Angebot, das der selige Papst Johannes Paul II. (1920 – 2005) der Kirche 1991 mit seinem Weltkatechismus gemacht hat? Ist es nicht ein echtes Ausrufezeichen, dass sein Nachfolger Papst Benedikt XVI. sein Amt wie Petrus Canisius als »Mitarbeiter an der Wahrheit« versteht und auf seiner pastoralen Prioritätenliste die Neu-Evangelisierung als *neue Evangelisierung* ganz oben angesetzt hat? Ist es nicht für die Kirche eine Chance, wenn Prozessionen und Wallfahrten wieder im Kommen sind, und sich die Menschen davon ansprechen lassen? Ist es nicht ein Wink des Heiligen Geistes, dass wir die geistliche Begleitung, Exerzitien und Besinnungstage neu schätzen gelernt haben?

Petrus Canisius hat seine Predigten, Konferenzen und Katechesen gründlich vorbereitet. Die Worte, mit denen Romano Guardini (1885 – 1968) seine letzte Vorlesung schloss, könnten auch über dem Lebenswerk des zweiten Apostels Deutschlands stehen: »Die Mode geht und kommt, aber die Wahrheit bleibt.«

---

1 Petrus Canisius: Brief an Juan de Polanco SJ, 24.3.1550. In: Ders.: Epistulae. Bd. 1. Freiburg i. Br. 1896, Nr. 84, S. 306 ff.; zu den übrigen Zitaten vgl. Karlheinz Diez: Christus und seine Kirche. Zum Kirchenverständnis des Petrus Canisius. Paderborn 1987.

2 Petrus Canisius: Summa doctrinae Christianae per Quaestiones catechisticas luculenter tradita ... Dillingen 1571, Bl. 206 f. *(unpaginiert unter der Überschrift ›Autoris confessio‹).*

3 Hans Urs von Balthasar: Verbum Caro, 2. Aufl. Einsiedeln 1965, S. 208.

ABBILDUNG 63

Porträt des Petrus Canisius, anonymer Künstler, 1699.

ABBILDUNG 64

Titelblatt einer Schrift des Petrus Canisius für den Schulgebrauch: *Summa doctrinae Christianae per Quaestiones catechisticas luculenter tradita ... Dillingen: Mayer 1571.*

Am Ende der Schrift findet sich unter der Überschrift *Autoris confessio* der Abdruck eines persönlichen Glaubensbekenntnisses des Petrus Canisius, das Bezug nimmt auf aktuelle theologische Fragen der Reformationszeit.

Der gewählte Textauszug lautet:

Mit Hieronymus bekenne ich freimütig: Wer mit der Kathedra des Petrus verbunden ist, steht auf meiner Seite. Mit Ambrosius begehre ich, der Römischen Kirche in allem zu folgen. Mit Cyprian erkenne ich sie voll Ehrfurcht als Wurzel und Quelle der Katholischen Kirche an.

Autoris Confessio

Cum Hieronymo libere profiteor,
Qui Petri cathedrae iungitur,
meus est.

Cum Ambrosio,
Ecclesiam Romanam
in omnibus cupio sequi;
eamque Catholicae Ecclesiae
radicem et matricem
cum Cypriano reverenter agnosco.

Anna Höß
Hl. Crescentia von Kaufbeuren

Gedenktag: 5. April

Strahlen haben es in sich. Das Wort sitzt uns in den Knochen. Reaktorschock! Jeder weiß, was das heißt. Es gibt Strahlen, die tödlich sind. Man sieht sie nicht, sie liegen in der Luft. Sie treffen Pflanzen, Tiere und Menschen. Sie gehen durch Mark und Bein. Strahlen: Das Wort kann uns Schrecken einjagen. Doch es vermag auch Begeisterung zu wecken. Jeder von uns kennt Menschen, von denen etwas ausgeht, die etwas ausstrahlen. An solchen Menschen mögen wir uns reiben, doch schwer können wir uns ihnen entziehen. Menschen mit Ausstrahlung sind magnetisch. Ob positiv oder negativ, sie ziehen uns in Bann.

Jesus hat ausgestrahlt. Seine Strahlkraft ist ungebrochen seit mehr als zweitausend Jahren. Er hat nicht nur etwas ausgestrahlt wie prickelnde Jugend oder anziehende Schönheit, zupackende Kraft oder souveräne Sicherheit. Jesu Gesicht ist der Widerschein des »göttlichen Glanzes« (2 Kor 4,6). Jesus hat Gott ausgestrahlt; er hat ihn ungebrochen reflektiert, klar und rein. Doch er war kein ›Strahlemann‹ nach dem Motto: »immer nur lächeln«. Wer ihn so verstehen wollte, hätte von ihm nichts begriffen: Denn Jesus ist kein Siegfried-Typ. Er hat sich dem Leiden gestellt. Ausdruck seiner Leidenschaft für uns ist die Passion. Durch seine Wunden sind wir geheilt. Auch als Auferstandener zeigt er seine Wunden. An Ostern wird der Karfreitag nicht einfach umgeblättert. Das Kreuz geht in das Leben ein. Der auferstandene Christus strahlt durch die tödlichen Wunden am Kreuz. Gerade im Gang durch Leiden und Sterben hindurch gewinnt Christus an Ostern neues Leben: die Kraft einer Ausstrahlung, die Männer und Frauen bis heute in Bann zieht. Es ist sein Heiliger Geist, den der Auferstandene ausstrahlt und mit dem er uns zum Leuchten bringen will.

Die Strahlkraft des Auferstandenen hat auch im Allgäu Wirkung gezeigt! Kaufbeuren darf sich glücklich schätzen, dass in seinem Herzen die Wiege einer Heiligen steht. Schon als Mädchen hat sich Anna Höß (1682 – 1744) von Jesus in Bann ziehen lassen. Als sie sich einmal mit ihrer Mutter im Kloster aufhielt und vor einem Kruzifix betete, hörte sie eine Stimme zu ihr sagen: »An diesem Ort soll deine Wohnung sein«. Beim Kreuz Wohnung nehmen: Unter diesem Vorzeichen sollte das Leben der späteren Schwester Crescentia stehen. So ist es mehr als angemessen, dass die heilige Ordensfrau meistens mit einem Kreuz in der Hand dargestellt wird. »Das heilige Kreuz«, sagte sie einmal, »muss unser Hauptbuch sein. In diesem Buch wird alle Vollkommenheit gelehrt«. Und in einem Gebet ruft sie Jesus mit folgenden Worten an: »Dein ganzes Leben war nichts als Kreuze, die dir zuteil wurden. Ich will dir nachfolgen auf dem Kreuzespfade«.

Dieser Gedanke umschreibt jedoch nur einen Teil der heiligen Crescentia. Um ihre ganze Lebensbotschaft auszuleuchten, lohnt sich ein Blick auf die ersten Gedenkbildchen, die nach dem Tod der Ordensfrau verbreitet wurden. Darauf ist Crescentia mit dem Heiligen Geist dargestellt. Er schwebt über ihr in Gestalt eines jungen Menschen. Von dessen Körper und Kopf gehen Strahlen aus, in deren Krone sieben Flammen leuchten als Hinweis auf die sieben Gaben, die Gottes Geist ausspendet. Diese Art der Darstellung entspricht der Weise, wie Crescentia in ihren Visionen die dritte göttliche Person immer wieder schauen durfte. Ist hier vielleicht etwas von dem vorweg genommen, was unser

Hl. Crescentia von Kaufbeuren
(1682 – 1744)

Heiliger Vater Papst Benedikt XVI. bei seiner Amtseinführung sagte: »Die Kirche lebt. Die Kirche ist jung!«?

Zu unserer Heiligen gehört also nicht nur das Kreuz, sondern ebenso sehr der Heilige Geist. Er war für sie eine Art Rettungsanker. Bei Sticheleien, die nicht selten aus den eigenen Reihen kamen, und in Schikanen, die ihr von der Oberin und den Mitschwestern besonders schmerzlich auferlegt wurden, nahm sie Zuflucht beim *Veni Creator Spiritus*: »Komm, Schöpfer Geist«.

Obwohl sich die Heilige stets gut überlegte, was sie im Umgang mit den Mitmenschen reden sollte, kam es vor, dass sie weit mehr oder auch ganz anderes sagte, als sie es sich vorgenommen hatte. »In den geistlichen Lehrstunden, die sie (als Novizenmeisterin) mit uns hielt«, bezeugt eine Mitschwester, „sprach sie zwei, drei, ja noch mehr Stunden von Gott und göttlichen Dingen. Oft sagten wir voll Erstaunen: Es redet Crescentia nicht wie ein Mensch, der Heilige Geist redet durch ihren Mund. Vorher rief sie kniend den Heiligen Geist an: ›Rede du, Herr, denn deine Dienerinnen hören, und mache, dass alle Worte, die dein armes Geschöpf Crescentia ausspricht, lauter feurige Kohlen seien, die die Herzen dieser meiner lieben Schwestern mit deiner Liebe entzünden‹.«

Diese Worte sollen nicht nur die Erinnerung wach halten an eine bedeutende Ordensfrau aus der guten, alten Zeit; wir selbst machen uns ihr Gebet zu eigen: »Komm Heiliger Geist, entzünde in uns das Feuer deiner Liebe.«

So öffnet sich das Geheimnis der Ausstrahlung. Die Strahlen, die tödlich sind, überfallen uns aus dem Hinterhalt – entfesselte Materie, die dem Menschen aus der Hand gleitet und sich gegen ihn wendet, gesichtslos, anonym. Ganz anders verhält es sich mit den Strahlen des Auferstandenen: Der Heilige Geist überfällt uns nicht von hinten; er verlockt und umwirbt uns mit seinem Charme, bis er uns zu Herzen geht und seine Charismen in uns legt. »Denn Gott, der sprach: Aus Finsternis soll Licht ausstrahlen, er ist in unseren Herzen aufgestrahlt, damit wir erleuchtet werden zur Erkenntnis des göttlichen Glanzes auf dem Angesicht Christi« (2 Kor 4,6). Es sind Strahlen, die aus der Quelle der Energie kommen, aus Gott selbst. Sie sind es, die das wahre »Leben in Fülle« (Joh 10,10) schenken.

Die göttlichen Strahlen widerspiegeln, so dass sie andere erfassen: Das hat die heilige Crescentia in ihrer Zeit getan. Darin liegt auch unsere Berufung: »die Herrlichkeit des Herrn« widerspiegeln, wie ein Reflektor Strahlen auffängt und reflektiert. Sind wir uns dieser Berufung wirklich bewusst? Was oder wen strahlen wir aus? Was strahlt unsere Gesellschaft aus?

Wissen Sie noch, als vor einigen Jahren der Deutsche Bundestag über den Import embryonaler Stammzellen abstimmte? Ganze fünfundsiebzig Minuten waren für die Debatte vorgesehen. Dann folgte der Beschluss in einer Frage, bei der es nicht nur ums Leben, sondern ans Leben geht. Reicht diese Zeit aus, um zu einer echten Unterscheidung der Geister zu finden? Sind unsere Politiker von allen guten Geistern verlassen, wenn sie beim Leben Kompromisse zulassen? Was ist eine Gesellschaft wert, die das Leben ›machen‹ möchte? Dass wir ehrlich Liebe nicht ›machen‹ können, wissen wir. Doch auch das Leben dürfen wir nicht zur *self-made-Ware* erniedrigen. Der Mensch darf nicht alles, was er kann. Nichts als Mache strahlt eine Gesellschaft der Macher aus.

Was strahlt unsere Kirche, unsere Gemeinde, unser Kloster aus? Wenn wir die Pfarrbriefe und Gottesdienstpläne anschauen, dann können wir uns über mangelnde Aktivitäten nicht beklagen. Von der Krabbelgruppe bis zur Seniorengymnastik wird alles geboten. Wir sind ständig im Betrieb. Wir sind sogar im Betrieb, um andere zur Besinnung zu bringen. Doch was richten wir wirklich aus? Wer die Modelle des modernen Managements direkt auf die Seelsorge übertragen möchte, gerät schnell unter den Maßstab der Effektivität. Wenn die Seelsorge zum Betrieb wird, dann opfern wir über kurz oder lang unser geistliches Leben auf dem Altar der menschlichen Organisation. Selbst der Heilige Geist, der immer noch weht, wann und wo er will, tut sich schwer. Nichts als ›Volldampf im Leerlauf‹ strahlt eine solche Kirche aus.

Die zur Ehre der Altäre erhobene Crescentia hatte es nicht immer leicht. Der Konvent der späteren Heiligen begegnete ihr nicht immer als heilige Gemeinschaft. Doch Crescentia hat sich in ihren Idealen nicht beirren lassen. Das Vertrauen auf den Heiligen Geist war ihr Ruhepunkt. Aus der Kraft des Heiligen Geistes strahlt sie bis heute. Ich bin mir bewusst, dass sinkende Zahlen und düstere Zukunftsprognosen auch uns geistliche Menschen manchmal mutlos machen. Doch wir werden wieder mehr ausstrahlen, wenn wir uns nicht nur selbst bespiegeln als Nachlassverwalter einer verklärten Vergangenheit, sondern statt dessen uns begreifen als Wegbereiter einer Zukunft, in die der Herr uns führen will!

Im Hinblick auf nötige Schritte ins Morgen lege ich Ihnen einen Gruß ans Herz, den sich die Christen am Anfang der Kirche gern zugesprochen haben: *Ambula in Spiritu Sancto* – »Wandle im Heiligen Geist«. Mit diesem guten Wunsch könnten auch Sie sich als Schwestern und Brüder im Glauben begegnen. »Wandle im Heiligen Geist«, damit wir gemeinsam unseren Weg finden und gehen.

Wir alle suchen nach einem sinnvollen Weg in die Zukunft. Weil ich auf den Heiligen Geistes setze, ist es mir nicht bang: »Komm, Heiliger Geist, entzünde in uns das Feuer deiner Liebe«, damit wir etwas ausstrahlen von deiner Kraft und deinem Leben. Entzünde in uns das Feuer deiner Liebe, das die Langeweile tötet und den Betrieb bloßstellt. Lass in Flammen aufgehen, was leeres Stroh geworden ist, im Guten verhärtet, verholzt, die Berge von Papier, die auf der Kirche lasten. Entfache das Feuer in uns neu, damit wir andere damit anstecken.

Die heilige Crescentia zeigt uns: Leicht ist es nicht – und auch nicht ganz ungefährlich. Man kann sich dabei die Finger verbrennen oder gar die Zunge. Heilige Crescentia, du Frau mit Ausstrahlung, bitte für uns. Amen.

ABBILDUNG 65

Porträt der hl. Crescentia von Kaufbeuren als Oberin; anonymer Künstler, nach 1741.

Hl. Franz und Hl. Klara von Assisi

Gedenktage: 4. Oktober | 11. August

Hl. Franz von Assisi: Der Aussteiger

Klöster sind im Kommen. Sie haben richtig gehört: Klöster sind im Kommen. Der Modedesigner Karl Lagerfeld hat angekündigt, dass er südlich von Paris ein neues Kloster bauen wolle. Mit seinen Mitarbeitern möchte er dort zwölf Monate im Jahr leben – nach Art der Mönche. »Mir schwebt etwas vor, das den Fortschritt des Jahres 2000 mit der Lebensdisziplin in einem mittelalterlichen Kloster verbindet, aber ohne jeden katholischen Beigeschmack.«

Die Soutane ist die Kleidung der Priester. Umso mehr war ich überrascht, dass sie im Schaufenster einer Parfümerie auftauchen. Schöne Männer und Frauen tragen lange, eng geschnittene, schwarze Gewänder mit Stehkragen. Sie wirken wie Hohepriester, die ätherische Öle anpreisen. Die Marktwirtschaft umfasst nicht mehr nur die Organisation von Arbeit und Waren; längst zieht sie den ganzen Menschen in Bann. Der Markt wird zu einer Art neuen Religion. Es lebe die Religion des Marktes! Kaufhäuser werden zu Konsumtempeln, und wer in diesem Wettbewerb der Kaufreligionen nicht mehr mithalten kann, muss schließen. Denken Sie an die Querelen um Karstadt, Quelle oder Loewe! Ekstatische Feiern wie die *Love-Parade* bilden Prozessionen schöner Körper, Produkte von Schönheitsfarmen und Kosmetikfirmen. Traditionelle Feiertage werden zu Hochfesten der Konjunktur: verkaufsoffene Sonntage. Das Erntedankfest wird gefeiert als Marktsonntag in Dörfern auf dem Land. »Wir finden sogar die Bereitschaft, Opfer zu bringen: Verkehrsopfer, Tieropfer, Pflanzenopfer, Luftopfer; ganze Landstriche, Flüsse und Meere werden der Macht der Marktes geopfert« (T. Ruster). Die Opferbereitschaft macht auch vor den Menschen nicht Halt: Freundschaften, Partnerschaften und Ehen scheitern an den Zwängen der Karriere. Kinder fühlen sich einsam und verlassen, weil keiner Zeit für sie hat. Die Gesetze des Marktes kennen keine Gnade. Immer mehr – nicht nur Milchbauern und Opel-Mitarbeiter – fallen ihnen zum Opfer.

Schon die Propheten des Alten Testamentes kämpften gegen Götzen, die hinter hohlem Blech und goldenen Kälbern verehrt wurden. Der schöne Schein dient der Selbsttäuschung, nicht dem Ergründen der Wahrheit: Das mahnten sie immer wieder an. Dieselbe Oberflächlichkeit kennzeichnet die Religion des Marktes. Es geht um die Form, nicht um den Inhalt; ums Produkt, nicht um den Menschen. *Das Erleben steht im Mittelpunkt, nicht das Leben.* Diesem leeren Treiben setzt die Religion einen Kontrapunkt entgegen: *Religion will Verankerung.* Sie will die eigenen Erfahrungen vertiefen, nicht vertuschen. Sie will die eigenen Wünsche freilegen und nicht Konsumsüchte kultivieren.

Deshalb sieht es die Kirche als ihre Aufgabe, nicht den Wohlstand zu kritisieren, sondern die Verabsolutierung des Reichtums. Sie kämpft nicht gegen die Erträge der Erde, sondern gegen den Allmachtswahn, den Himmel auf Erden schaffen zu wollen. Wer Klöster ohne religiösen Kern baut, macht sie zu Arbeitslagern ohne Sinn. Wer Talar und Kollar als Marketing-Strategie missbraucht, entstellt deren Sinn: eine fatale Entwicklung. Am Ende stehen übersättigte,

Hl. Franz von Assisi
(1181 – 1226)

Hl. Klara von Assisi
(1194 – 1253)

gelangweilte Menschen ohne Dankbarkeit nach dem Motto: Wir amüsieren uns zu Tode.

An dieser Stelle kommt der hl. Franziskus zu Wort: Auch er war eingeplant in die Marketing-Strategie seines Vaters. Den elterlichen Betrieb hätte er übernehmen sollen: eine Tuchfabrik, Zulieferer für die Modebranche. Die Handelsbeziehungen der Familie erstreckten sich bis nach Frankreich. Doch Franziskus hat sich anders entschieden. Bei Partys in Assisi war er äußerlich echt gut drauf, doch innerlich war er nicht immer gut dran. Es fehlte ihm ein letzter Sinn, die tiefste Erfüllung. So hat er sich verabschiedet von der Welt der Reichen und Schönen und ist eingetaucht in die Szene der Armen und Schwachen. Er wollte sich nicht fesseln lassen von den Gesetzen des Marktes; so legt er auf dem Marktplatz von Assisi seine teuren Kleider nieder vor den Augen des Vaters und des Bischofs. Für die Eltern war dieser Umstieg eine Tragödie, für die Zuschauer vielleicht eine Komödie, doch eigentlich war der Event der Beginn eines Dramas zwischen Gott und Mensch.

Franziskus stellt uns vor die Alternative, was im Leben wirklich zählt. Das verdeutlichen einige Sätze aus der Feder der Schriftstellerin Luise Rinser (1911 – 2002), die sich in ihrer Franziskusgeschichte *Bruder Feuer* finden: »Jeder Mensch lebt auf zwei Ebenen. Auf der einen leistet man etwas, das von anderen gesehen und beurteilt wird. Da hat man Erfolg oder Misserfolg, da wird man getrieben von Ehrgeiz und Machtwillen und Besitzgier und Eigennutz und Eitelkeit, und man ist in Unruhe und verzettelt sich in lauter Betrieb. Auf der anderen Ebene sieht einen ein anderes Auge, und man wird mit einem anderen Maßstab gemessen; der lässt nichts gelten als das, was ganz ohne Berechnung getan wird, ganz ohne Egoismus, aus keinem anderen Motiv als dem der Liebe und Freude.«

Franziskus ist auf diese zweite Ebene umgestiegen. Kurz nach seinem Amtsantritt hat Papst Franziskus diesen Umstieg seines Namenspatrons und Vorbilds bei seinem Besuch in Assisi so beschrieben: »Heute bin auch ich wie viele Pilger gekommen, um den himmlischen Vater für all das zu preisen, was er einem dieser ›Kleinen‹, von denen das Evangelium spricht, hat offenbaren wollen: Franziskus, dem Sohn eines reichen Kaufmanns aus Assisi. Die Begegnung mit Jesus brachte ihn dazu, ein gut situiertes, sorgenfreies Leben aufzugeben, um sich mit der ›Herrin Armut‹ zu vermählen und als wahrer Sohn des Vaters im Himmel zu leben. Diese Wahl des heiligen Franziskus war eine radikale Weise, Christus nachzuahmen, sich mit dem zu bekleiden, der reich war und arm wurde, um uns durch seine Armut reich zu machen (vgl. 2 Kor 8,9). Im ganzen Leben des Franziskus sind die Liebe zu den Armen und die Nachahmung des armen Christus zwei untrennbar miteinander verbundene Elemente, die beiden Seiten ein und derselben Medaille.«

Franziskus war kein Aussteiger aus der Welt, sondern ein Umsteiger in Gott und in die Welt. Einst Mittelpunkt der Schickimicki-Gesellschaft, geht er an die Peripherien von Kirche und Welt, um den Armen nahe zu sein. Franziskus ist eingetaucht in die Sphäre Gottes, um neu aufzutauchen bei den Menschen. Die Rolle des Party-Löwen von Assisi legte er ab. Den feinen Zwirn der elterlichen Firma tauschte er ein mit dem Rupfensack, der fortan seine Kleidung und sein Erkennungszeichen war. Und dennoch, in dieser äußeren Armut, war Franziskus reich: ein Mensch, der Freude ausstrahlte, Dankbarkeit und Hoffnung. Nicht von ungefähr gab man ihm den Spitznamen: *Bruder Immerfroh*. Nehmen wir uns diesen Bruder Immerfroh zum Vorbild, damit auch wir immer mehr unsere Sucht nach Kritik aufgeben und dafür umso mehr einstimmen in das Danken. Wie wäre es, wenn wir heute damit anfingen! Ich bin mir sicher, dass jeder etwas findet, wofür er danken kann. Und wenn es nur das Lied ist: *Herr, ich will dir danken, dass ich danken kann.*

Hl. Klara: Im Spiegel Christi

Wahrscheinlich haben wir heute schon alle in den Spiegel geschaut: Die anderen sollen mich doch nett oder gar attraktiv finden. Wenigstens sollen sie an mir keinen Anstoß nehmen. Das ist ein Urwunsch des Menschen, gern angeschaut zu werden und damit Ansehen zu haben. – »Spieglein, Spieglein an der Wand, wer ist die (der) Schönste im ganzen Land?« Davon leben die Modebranche, die Kosmetikindustrie, die Beauty-Farmen und die Sonnenstrände dieser Welt. Wir möchten uns sehen lassen können. Und manche brauchen diese äußere Anerkennung wie das tägliche Brot.

Aber was machen die, die meinen, ohne schönes Gesicht leben zu müssen? Die kein Geld für tolle Klamotten haben und selten Beifall einheimsen können? Was machen wir geistliche Menschen, die durch das Farbenfrohe und Augenfällige, durch das Oberflächliche hindurchschauen auf das, was dahinter liegt und das Wesentliche erst freilegt? Und da Gott noch viel tiefer blickt: Was machen wir mit unseren Fehlern und Macken, mit unseren Schwachpunkten und unserer Schuld?

Die hl. Klara (1194 – 1253) hält uns heute den Spiegel hin. Der Spiegel gehört zu den Lieblingsmotiven in ihren Schriften; besonders in ihrem Testament sowie im dritten und vierten Brief an Agnes von Prag (1211 – 1282) begegnen wir dem Spiegel, der mehr ist als eine Utensilie für Kosmetiker und Maskenbildner. Schauen wir den Spiegel der hl. Klara genauer an!

»In diesem Spiegel erstrahlt die selige Armut, die heilige Demut und die unaussprechliche Liebe« (4. Brief). Es überrascht, dass der Spiegel, den die hl. Klara zeigt, eigentlich kein Gegenstand ist, sondern eine Person.

Wenn Klara von der Armut redet, bringt sie das göttliche Kind ins Spiel, in Windeln gewickelt und in eine Krippe gelegt. Kommt die Sprache auf die Demut, dann schaut sie auf das menschliche Leben mit allem, was dazu gehört. Jesus von Nazaret war sich nicht zu schade, den Weg der Demut zu gehen und als Mensch unter Menschen zu leben. Alles gipfelt in der unaussprechlichen Liebe, die am Kreuz in letzter Konsequenz eingelöst wird: Jesus am Holz festgenagelt ist gleichsam die gekreuzigte Liebe Gottes. Wenn wir so Klaras Spiegel betrachten, sehen wir Jesus Christus selbst, der »als Spiegel am Holz des Kreuzes angebracht wurde« (4. Brief). Mir kommt dabei der in seiner letzten Bedeutung unauslotbare Satz des hl. Paulus in den Sinn, den er in seinem Kolosserhymnus formuliert hat: Christus ist »das Ebenbild des unsichtbaren Gottes. ... Durch sein Blut hat er Frieden gestiftet am Kreuz« (Kol 1,15.20b). Jesus Christus höchstpersönlich ist der Spiegel der hl. Klara. Sie hat selbst immer wieder in diesen Spiegel geschaut und hält ihn uns auch heute hin.

Im Anschauen dieses Spiegels, des Bildes Gottes, hat Klara sich verwandeln lassen in *Sein Bild*. Das wünscht sie auch uns, wenn sie schreibt: »Stelle deine Gedanken vor den Spiegel der Ewigkeit, stelle deine Seele in den Glanz der Glorie, stelle dein Herz vor das Bild der göttlichen Wesenheit und forme dich selbst durch Beschauung gänzlich um in das Abbild seiner Gottheit« (3. Brief).

Das Schauen in den Spiegel Jesu Christi ist nicht nur ein Zwiegespräch, wie ich es führe, wenn ich bei der Morgentoilette allein vor dem Spiegel stehe. Die Mitmenschen bleiben nicht ausgeblendet. Wir sind füreinander verantwortlich. Die hl. Klara betont, dass jede Schwester auch Spiegel für andere werden soll: »Der Herr selbst hat uns nicht allein den anderen Menschen als ein Vorbild zum Beispiel und Spiegel aufgestellt, sondern auch unseren Schwestern. Denn sie hat der Herr zu dem gleichen Leben berufen, zu dem er uns berief, auf dass sie gleichfalls denen, die in der Welt wandeln, Spiegel und Beispiel seien« (Testament).

Klara wünscht sich, dass die Schwestern einander Spiegel werden. In diesem Spiegel der Mitschwester kann sich eine Schwester selbst spiegeln und so klarer und ehrlicher erkennen, wer sie wirklich ist. Einander spiegeln, wie wir einander sehen, ist ein Risiko, weil manches ans Tageslicht kommen kann, was wir gern verdrängen oder überschminken. Aber das Spiegelbild, das mir ein Mitbruder oder eine Mitschwester schenkt, kann wertvoll sein, um mir selbst noch besser auf die Spur zu kommen und zu helfen, an meinen Schwachpunkten zu arbeiten, indem ich sie einem wohlwollend kritischen Blick unterziehe. Einander spiegeln, wie wir aufeinander wirken, ist ein geistliches Experiment, das sich lohnt, wenn die Beteiligten einander vertrauen und auch den Mut aufbringen, sich zu öffnen. Dafür braucht es Hellhörigkeit, Feinfühligkeit und vor allem Verschwiegenheit. Ansonsten ist schnell kostbares Porzellan zerschlagen.

Hinzu kommt, dass die Schwestern nach Klaras Vorstellung auch für andere Menschen als Spiegel aufgestellt sind, damit sie die Wahrheit über sich selbst und über Gott in diesem Spiegel leichter betrachten können. Damit ist die missionarische Seite einer Gemeinschaft angesprochen, die von der stärker kontemplativ ausgerichteten Klara durchaus gesehen und von Franziskus aus seinem Selbstverständnis heraus dick unterstrichen wird. Ja, Franziskus und Klara sind füreinander gleichsam als Spiegel aufgestellt, die einander helfen, ihrem Berufungsweg treu zu bleiben. Beide hatten durchaus mit Schlagseiten zu kämpfen, ihre Beziehung kannte auch Krisen, aber es gibt einen roten Faden, der ihre Verbindung durchzieht: Ihre Freundschaft ist ein gegenseitiges Sich-Spiegeln im Herrn.

Auf diese Weise vollzieht sich in der Mitte des Spiegels eine interessante Wandlung. Aus dem Spiegel wird eine Monstranz. Wir sehen nicht mehr nur das Antlitz des menschgewordenen Sohnes Gottes von der Krippe bis zum Kreuz. Wir schauen die Hostie, das Bild von Gottes gekreuzigter Liebe, und durch den Anblick dieses Bildes werden wir verwandelt in *Sein Bild*. Wir sehen Brot und werden selbst in das gewandelt, was wir anschauen: *Leib Christi* (vgl. Augustinus). Hören wir noch einmal, was die hl. Klara in ihrem Testament geschrieben hat: »Da uns also der Herr zu so Großem berufen hat, dass diejenigen in uns sich spiegeln können, die anderen zum Beispiel und Spiegel sind, so sind wir gehalten, den Herrn besonders zu preisen und zu loben und uns überdies im Herrn zu stärken, Gutes zu tun.«

Ich wünsche Ihnen aus ganzem Herzen, dass Sie immer wieder in den Spiegel schauen, den die hl. Klara uns aufgestellt hat. Im Blick auf diesen Spiegel wird uns nichts vorgehalten, wofür wir uns schämen müssten. Im Gegenteil: Wenn wir ehrlich in diesen Spiegel schauen, dann ist alles darin enthalten, was wir brauchen, um unsere Berufung zu entdecken und ihr zu folgen. In einem Lied singen wir: »*Im Anschauen deines Bildes, da werden wir verwandelt in dein Bild.*« Und dann kann es geschehen, dass wir wie die hl. Klara keinen Spiegel in der Hand haben, sondern eine Monstranz; ja, dass wir selbst zu einer lebendigen Monstranz werden, zu einem Gefäß, durch das der Herr sich zeigen und der Welt aussetzen möchte. »Wir beten dich an, Herr Jesus Christus, hier und in allen deinen Kirchen, die in der ganzen Welt sind, und preisen dich, weil du durch dein heiliges Kreuz die Welt erlöst hast.«

ABBILDUNG 66 UND 68

Porträt des hl. Franz von Assisi, entst. um 1230.

Achtung: Das Porträt in der Kapelle *S. Gregorio* (Klosters *San Benedetto,* Subiaco) zeigt trotz der Stigmatisierung des hl. Franz keine Wundmale.

ABBILDUNG 67

Simone Martini, Gemälde der hl. Klara von Assisi, um 1325 (Kapelle *S. Martino* in der Unterkirche der Basilika *San Francesco,* Assisi).

FRA
CISCV

Hl. Hedwig von Andechs und Hl. Elisabeth von Thüringen

Gedenktage: 16. Oktober | 19. November

Hl. Hedwig: Unschätzbare Perle

»Papst Clemens, Diener der Diener Gottes, sendet seinen ehrwürdigen Brüdern, dem Erzbischof von Gnesen und den ihm unterstellten Bischöfen, Gruß und apostolischen Segen. Die milde Mutter aller Gläubigen, die Kirche, ist voller Freude, und ihrem Herzen entströmen Preis und Jubel. Denn während sich die Welt dem Abend zuneigt, hat sich eine unschätzbare Perle gefunden, nämlich eine starke Frau. Kein Schicksalsschlag konnte ihr standhaftes Gemüt erschüttern, und nichts in aller Welt vermochte sie abzubringen von ihrem Entschluss, ein heiligmäßiges Leben zu führen.« So beginnt die Bulle vom 26. März 1267, mit der Papst Clemens IV. (1200 – 1268) von Viterbo aus die Heiligsprechung Hedwigs von Schlesien (1174 – 1243) verkündete.

Wenn wir jedoch auf ihren Geburtsort schauen, dann müsste Hedwig von Schlesien eigentlich Hedwig von Andechs heißen. In Andechs stehen wir an der Wiege dieser »unschätzbaren Perle« und »starken Frau«, wie sie Papst Clemens IV. nannte. In Andechs auf der Herrenburg mit ihren Mauern und Türmen, ihrem weiten Blick über Wiesen und Wälder hoch über dem Ammersee thronend ist Hedwig aufgewachsen. Durch die Reliquiare der Burgkapelle war sie von Kindesbeinen an vertraut mit der Gemeinschaft der Heiligen. Es war der Ahnherr Graf Rasso der Heilige (9. oder 10. Jh.), der die Heiligtümer aus Rom und Jerusalem nach Bayern mitgebracht hatte. So wird Andechs nicht von ungefähr auch »Heiliger Berg« genannt. Den Mutterboden des Glaubens, in den Hedwig hineingeboren wurde, wollen wir für uns fruchtbar machen: Was würde uns die hl. Hedwig predigen, wenn sie heute vor uns stünde? Welchen Weg zeigt sie uns für unsere Bemühungen, die Schätze des Glaubens weiterzugeben nicht nur als folkloristische Bräuche (die in Bayern noch sehr verbreitet sind), sondern als lebendige Überlieferung eines kostbaren Erbes?

Hedwig war dreizehn Jahre alt – fast ein Kind, als sie vermählt wurde und ihrem Gatten Heinrich (1165 – 1238), der Bärtige genannt, nach Schlesien folgte. Dem Willen ihrer Eltern gehorsam, sah sie darin eine Einladung Gottes, ihre Berufung zu entdecken: hineinzuwachsen in die Aufgabe einer Herzogin, die ihre ganze Existenz einfordern sollte.

Ihre besondere Vorliebe und Sorge galt den Kranken, Armen und Schwachen. Selbst aus der Zurückgezogenheit des Gebetes, in der sie sich nur ungern stören ließ, wollte sie geholt werden, wenn Notleidende und Bedürftige vor der Tür standen. Diese Liebe zu den Armen verband sie mit ihrer Nichte Elisabeth (1207 – 1231), der Landgräfin von Thüringen.

Doch bei Hedwig kam noch etwas hinzu, was spätere Biographien manchmal in Verlegenheit brachte: Sie liebte die Armut und lebte sie, zugleich aber sah sie es als ihre Verpflichtung an, nicht aus der Verantwortung zu fliehen, die sie als Herzogin ihrem Land gegenüber hatte, und zugleich die damit verbundenen Möglichkeiten entsprechend zu nutzen. Nach dem Tod ihres Gatten (um 1238) lebte

Hl. Hedwig
(1174 – 1243)

Hl. Elisabeth
(1207 – 1231)

Hedwig im Kloster Trebnitz, das sie gestiftet hatte. Ihre Tochter Gertrud, die dort Äbtissin war, drängte die Mutter, den Schritt zu tun und in das Kloster einzutreten. Aber vergeblich! Hedwig lehnte ab. Begründung: Sie kann nicht ins Kloster gehen, weil sie bis zu ihrem Lebensende über ihr Witwengut selbst verfügen will, nicht um zu genießen nach dem Motto: »Man gönnt sich ja sonst nichts«, sondern um es reichlich auszuteilen an die Armen, die ihr ans Herz gewachsen waren wie einer Mutter. Hedwig verweigerte den Klostereintritt nicht etwa deswegen, weil sie als reiche und lustige Witwe frei und unverbindlich hätte leben wollen. Im Gegenteil: Sie wollte sich noch intensiver binden an die Notleidenden und Kranken und damit an Christus: »Was ihr einem meiner geringsten Brüder getan habt, das habt ihr mir getan« (Mt 25,40).

So ist die Botschaft der heiligen Hedwig stets aktuell. In ihrer Zeit eine »starke Frau«, ruft sie uns die »Option für die Armen« in Erinnerung. In Deutschland, einem reichen Land, gibt es neue Armut. Wie stark und tragfähig ist unser soziales Netzwerk? Wer fällt bei uns zwischen die Maschen? Die Stimme der hl. Hedwig findet bis heute ihr Echo, wenn die Kirche ihrem Grunddienst der *Caritas* nachkommt.

Der karitative Einsatz der hl. Hedwig sprengte kulturelle und ethnische Grenzen. Um 1200 war Schlesien in einem großen Umbruch begriffen. Zu der polnischen Bevölkerung, die nur spärlich das Land besiedelte, waren Bauern, Handwerker, Mönche und Künstler aus allen deutschen Stämmen, vor allem Franken und Flamen, ins Land gekommen. Die Spannungen, die sich zwischen so verschiedenen Volksgruppen entwickelten, mussten überwunden werden. Herzog Heinrich, ständig in Auseinandersetzungen mit anderen Piasten verwickelt, blieben nur wenige Möglichkeiten, sich dem Ausgleich dieser Spannungen zu widmen. Hier sah die Herzogin eine ihrer Aufgaben und Verantwortung für die Menschen, die in ihrem Land lebten. Ob es Deutsche waren oder Polen, ihr galt jeder gleich. Jeder Bedürftige und Unterdrückte konnte ihrer Fürsprache und Unterstützung sicher sein.

Mit ihrem Einsatz für den Frieden wirkte Hedwig über den sozialen Bereich hinaus in die Politik hinein. Selbst persönliche Gegner ihres Mannes, die man ins Gefängnis geworfen hatte, vergaß sie nicht. Für manche von ihnen konnte sie sogar die Befreiung erwirken. Aus ihrer Zurückhaltung tritt Hedwig endgültig heraus, als ihr Gatte bei einer Schlacht in Gefangenschaft gerät. Einen Befreiungsschlag mit Waffen lehnt sie ab, dafür setzt sie auf einen gewaltlosen Friedensmarsch. Ohne Waffen macht sie sich persönlich auf den Weg zum Kriegsgegner und erreicht die Freilassung ihres Gatten, ohne dass ein Schwertstreich fällt.

Die Friedensdiplomatie dieser Frau steht bis heute über der deutsch-polnischen Aussöhnung. Zunächst sind Geburtsort und Begräbnisstätte eng zusammengerückt: Adolf Kardinal Bertram (1859 – 1945), Erzbischof von Breslau, hat in dunkler Zeit dem Kloster Andechs 1927 eine Kopfreliquie der hl. Hedwig aus Trebnitz geschenkt. Als sich auf dem Zweiten Vatikanischen Konzil polnische und deutsche Bischöfe trafen, um Schritte der Versöhnung unter ihren Völkern vorzubereiten, stellten sie dieses Vorhaben unter das Patronat der hl. Hedwig. Der letzte Gottesdienst, den Julius Kardinal Döpfner (1913 – 1976) in Andechs feierte, war der deutsch-polnischen Versöhnung gewidmet.

Diese Schritte aufeinander zu mündeten in einen gemeinsamen Weg des Vertrauens, auf dem sich polnische und deutsche Bischöfe bis heute bewegen. Das ist die Richtung für die Zukunft. Die regelmäßigen Tagungen, die in Andechs immer wieder Persönlichkeiten aus Kirche und Politik, Wirtschaft und Wissenschaft zusammenführen, um Visionen für ein christliches Europa zu entwickeln, haben in der hl. Hedwig eine renommierte Schirmherrin.

Wenn der aktiven Landesmutter die Nächstenliebe als oberstes Gebot galt, dann vergaß sie darüber das geistliche Leben nicht. Sie war keine *First Lady* mit der Zuständigkeit für Sozialprojekte, sondern eine tief geistliche Persönlichkeit, deren Caritas im Dienst der Pastoral stand. Hedwig war eine passionierte Katechetin. Über Ehe und Familie unterwies sie ihre Schwiegertochter Anna, über Beten und Beichten ihren Hofstaat. Als sie bemerkte, dass eine alte Waschfrau das Vaterunser nicht beten konnte, nahm Hedwig sich ihrer an und übte mit ihr so lange, bis die alte Frau das Gebet auswendig konnte. Hedwig »trichterte« das geistliche Leben nicht ein, sie bezeugte es, indem sie es selbst praktizierte, so dass ihre Mitmenschen es bei ihr »abschauen« konnten: Wir wissen von Hedwigs Psalmenbuchlektüre, täglicher Betrachtung, Anbetung der Eucharistie und kindlicher Liebe zu Maria. Weitere Grundzüge von Hedwigs Spiritualität sind ihre Nüchternheit und Herbheit. Bei ihrer Nichte, der hl. Elisabeth, konnten Herz und Gemüt mitunter überschwänglich werden. Hedwig hingegen folgte eher ihrem Verstand. Trotzdem war ihr Charakter weder trocken noch kalt. Sie war kein »Mannweib«, sie war eine »Frau mit Herz«. Das Leiden blieb ihr nicht erspart. Den Tod von sechs ihrer sieben Kinder musste sie miterleben; am tiefsten hat sie wohl der Verlust ihres Sohnes Heinrich II. (gest. 1241) getroffen, der in einer Tartarenschlacht gefallen war.

Trotz verschiedener Schicksalsschläge ist sie nicht verbittert, sondern innerlich gewachsen. Sie hat gelernt, ihr Leben immer mehr als *compassio Christi* zu sehen. Diese innere Reife lässt sich ablesen aus dem Gebet, das sie auf die Todesnachricht ihres Sohnes Heinrich hin sprach: »Ich danke dir, Gott, dass du mir einen solchen Sohn gegeben hast, der mich, solange er lebte, stets geliebt und mich nie in etwas betrübt hat. Obwohl ich ihn sehr gern bei mir auf Erden hätte, gönne ich ihm von Herzen, dass er durch sein Martyrium mit dir, seinem Schöpfer, nun schon vereinigt ist im Himmel; seine Seele empfehle ich dir, mein Gott und Herr, von Herzen.«

Die hl. Hedwig erinnert uns daran, dass Andechs ein »Heiliger Berg« ist und bleiben soll. Die Benediktiner tragen dazu bei, dass unzählige Pilger diesen geschichtsträchtigen Ort gern aufsuchen. Viele Männer und Frauen, über die konfessionellen Grenzen hinaus, tragen ihre Sorgen und Nöte auf den Heiligen Berg. Auch in Zukunft wird Andechs eine Tankstelle sein, nicht nur für durstige Kehlen (Bier!), sondern vor allem für die Seele. Möge dieses geistliche Zentrum Andechs über den Heiligen Berg weit hinausstrahlen nach Bayern, nach Deutschland und nach ganz Europa.

Hl. Elisabeth: Eine starke Frau

Deus caritas est. Gott ist die Liebe. Das ist der Kern der christlichen Botschaft. Die vielen Geschichten, die in den Schriften des Neuen Testamentes enthalten sind, kreisen immer wieder um die eine Mitte: Gott ist der große Liebhaber des Menschen. Das ganze Heilsdrama um die Schuld des Menschen und die Vergebung Gottes deutet letztlich den Willen Gottes, Mitliebende zu haben. Deshalb ist jeder menschliche Lebensentwurf, der den Namen *christlich* verdient, eine Antwort auf Gottes Liebesofferte, eine existentielle Antwort des Loslassens und der Hingabe in ein Geheimnis hinein, das einmal unser ganzes Glück sein soll: geliebt zu werden ohne Ende und ohne Maß. Denn Gott ist die Liebe.

Es gibt Heilige, die ein lebendiger Kommentar für diese Wahrheit sind. Dazu gehört auch die hl. Elisabeth von Thüringen. Gott ist die Liebe. Dieser Gedanke hat ihr Leben erfüllt. Gleichzeitig sind Heilige nicht vor jedem Missverständnis gefeit, das sich um ihr Leben rankt. Einige dieser Missverständnisse möchte ich benennen und korrigieren.

Erstes Missverständnis: Heilige sind lieb und nett, denken wir, und sie tun gute Werke, aber niemandem tun sie weh. Stimmt das wirklich? Hören wir einen Hofbeamten von der Wartburg: »Meine Damen und Herren! In diesem Saal fand gestern Abend ein Gala-Essen statt. Es kam zu einem Eklat. Als Speisen und Getränke aufgetragen wurden, fragte die Landgräfin Elisabeth laut und vernehmlich, woher die Speisen kämen. Die Unterhaltung verstummte. Der Bedienstete zögerte mit der Antwort. Sie ließ nicht locker. Schließlich musste er zugeben: Das meiste war durch Raub und Plünderung von den Armen erpresst. ›Nun‹, entgegnete die Gräfin, ›dann werde ich heute weder essen noch trinken können. Denn Raub, Plünderung und Erpressung sind die Ursachen für Armut in unserem Land.‹ So blieb sie hungernd und dürstend an der Tafel sitzen. Die Stimmung war dahin.«

Dieses Beispiel zeigt, dass Elisabeth eine Heilige ist, die nicht nur ein paar gute Werke tut. An ihrem Leben können wir ablesen, was im 1. Johannesbrief steht: »Meine Kinder, wir wollen nicht mit Wort und Zunge lieben, sondern in Tat und Wahrheit« (1 Joh 3,18). Es geht um Wahrhaftigkeit. Wahrhaftig ist einer, dessen Handeln und dessen Gesinnung übereinstimmen. Hier geht es um Glaubwürdigkeit.

Das Problem mangelnder Glaubwürdigkeit hat auch die hl Elisabeth gespürt. Sie fragt nach den Ursachen von Armut und Not. Und sie eckt damit an. Elisabeth möchte auch bei uns anecken. Wie steht es bei uns mit der Glaubwürdigkeit, mit der Wahrhaftigkeit, mit der Ehrlichkeit? An schönen Worten fehlt es uns nicht, aber an guten Taten. Wo werden bei uns Menschen ausgenützt, ausgepresst, gemobbt? Mobbing macht auch vor den Türen von Kirchen und Klöstern nicht halt.

Zweites Missverständnis: Heilige sind bedürfnislos, haben keine Ansprüche, wenn es um menschliche Nähe geht. In ihrem persönlichen Leben kommen sie ohne Gefühle aus.

Eine weitere Legende um die hl. Elisabeth scheint dieses Bild zu bestätigen: Einmal nahm die Landgräfin einen Aussätzigen auf, wusch und pflegte ihn und legte ihn dann ins Ehebett, das sie eigentlich mit ihrem Mann teilte. Als dies dem Landgrafen zu Ohren kam, eilte er, um sich von der Ungeheuerlichkeit zu überzeugen. Ein fremder Mann im Ehebett: Da steht nicht nur die Hygiene auf dem Spiel, sondern die Treue, die den Schutz der Intimität braucht. Doch als der Landgraf die Decke des Bettes zurückschlägt, erblickt er statt des erwarteten Aussätzigen den gekreuzigten Jesus.

Sicher gab es damals noch andere Betten auf der Wartburg. Es hätte nicht das Ehebett sein müssen, in das Elisabeth den Aussätzigen legte. Der Gedanke liegt nahe, Elisabeth habe ihrem Mann klarmachen wollen: »Ich setze neue Prioritäten. Mein Einsatz für die Armen ist mir wichtiger, für unsere Ehe bleibt keine Zeit mehr.« Aber Elisabeth hat ihren Mann heiß und innig geliebt: »Ihren Gatten liebte sie mit der ganzen Glut ihres Herzens« *(Präfation).*

Doch es ist belegt, wie intensiv die Beziehung war, wie Elisabeth ihre Sinnlichkeit entwickelte und ihre Körperlichkeit lebte, was manchen – gerade ihrem schillernden Beichtvater Konrad von Marburg (um 1185 – 1133) – befremdlich erschien. Kaum vorstellbar, dass sie darunter jetzt einen Schlussstrich ziehen wollte, indem sie das Ehebett mit einem Aussätzigen belegte. Elisabeth war Frau, ganz Frau mit Leib und Seele. Sie stand zu Leiblichkeit und Geschlechtlichkeit. So bleibt für das, was sie mit dem Aussätzigen tut, nur die Annahme: Sie will ihrer Ehe eine neue Qualität geben: Liebe ist mehr als Erotik. Liebe ist *Agape, Caritas,* die den Kreis der Intimität mit einer Person aufsprengt und sich öffnet für viele andere. Mit der Episode vom Aussätzigen legt sie ihr Herzensanliegen offen: die Hilfe für die Armen und Unterdrückten in der damaligen Gesellschaft. Es war ihr zu wenig, dass ihr Mann ihren Einsatz nur tolerierte. Indem Elisabeth den Aussätzigen ins Ehebett legte, wollte sie ihren Mann ins Boot holen für ihr soziales Engagement. Sie wollte ihm damit sagen: »Was ich für die Armen tue, betrifft auch unsere Ehe. Wir lieben uns nicht nur als Mann und Frau, wir wollen den Armen gegenüber Landesvater und -mutter sein. Es ist die Liebe, die uns dazu drängt. *Caritas Christi urget nos.* Denn was wir einem der geringsten Brüder tun, das tun wir für Jesus Christus, den Gekreuzigten.«

Ein drittes Missverständnis: Heilige werden geachtet und verehrt. Das Gegenteil hat Elisabeth schmerzlich erfahren müssen, nachdem ihr Mann bei einem Kreuzzug ums Leben gekommen war. Ihre Stellung am Hof ist geschwächt. Sie verfügt über keinen Reichtum mehr. Die Legende berichtet: Eines Tages begegnete Elisabeth einer alten Frau, die oft Almosen von ihr empfangen hatte. Elisabeth war auf dem Weg zur Kirche und befand sich an einer schmalen Stelle, wo man flache Feldsteine in den Schlamm der Straße gelegt hatte, um das Überqueren der Straße möglich zu machen. Gerade dort begegnen sich die beiden Frauen. Aber die alte Frau tritt nicht auf die Seite, wie sie es wohl getan hat, als die Landgräfin am Hofe noch hoch im Kurs stand. Statt dessen stößt sie Elisabeth in den Schlamm, so dass diese hinfällt und ihre Kleider vom Kot beschmutzt sind. Elisabeth aber steht gelassen auf, ungeachtet der Leute, die lachend um sie herumstehen, um sich über sie lustig zu machen. Sie wäscht ihr Gewand im öffentlichen Brunnen, heiter und unbefangen.

Vermutlich hat sich für Elisabeth in diesem Augenblick verdichtet, was sie immer geahnt hat: dass Hilfe demütigt. Die alte Frau war wohl kein schlechter Charakter, aber sie war eine Gedemütigte. Ein Leben lang Almosenempfängerin zu sein, das tut weh und macht klein. So tut es ihr gut, Rache zu nehmen für diese Zeit der Duckmäuserei.

Die Ehefrau, Fürstin und Politikerin Elisabeth hat, als sie Macht und Mittel dazu hatte, ihre Schatzkammern geöffnet und amtliches wie persönliches Geld für die Hungernden eingesetzt. So wurde ihr Leben zu einer lebendigen Illustration dafür, was es heißt, in Wort und Tat zu lieben. Auch unsere *Caritas,* unsere Nächstenliebe, wird dann wahrhaftig und glaubwürdig, wenn sie Antwort ist auf eine noch viel größere Tat: die Hingabe des Sohnes Gottes für uns Menschen. Durch seine Liebe sind wir gerettet. Oder umgekehrt: Wer nie erlebt hat, geliebt zu sein, tut sich schwer, selbst zu lieben. Denn Liebe setzt Vertrauen voraus.

Deus caritas est. Gott ist die Liebe. Ihm dürfen wir vertrauen. Diese Botschaft wollte die hl. Elisabeth den Menschen ihrer Zeit nahe bringen. Darum kannte sie beides: den täglichen Gang zu den Kranken ins Spital und das tägliche Niederknien vor dem Bild des Gekreuzigten. Beides ist ein und dieselbe Antwort auf erfahrene Liebe, zwei Seiten der einen Medaille: »Gott ist die Liebe. Und wer in der Liebe bleibt, der bleibt in Gott und Gott bleibt in ihm« (1 Joh 3,16b).

ABBILDUNG 69

Hedwig von Andechs, Miniatur aus dem sog. *Schlackenwerther Codex – auch: Hedwig-Codex,* 1353 (erste deutschsprachige Übersetzung der Hedwigs-Legende).

ABBILDUNG 70

Simone Martini, Gemälde der hl. Elisabeth von Thüringen, um 1325 (Kapelle *S. Martino* in der Unterkirche der Basilika *San Francesco,* Assisi).

ABBILDUNG 71

Meister der Coburger Rundblätter, Das Kreuzwunder, Teil eines Elisabeth-Triptychons, 1480/90, Staatl. Kunsthalle, Karlsruhe.

Hl. Thomas von Aquin und hl. Thomas Morus

Gedenktage: 16. Oktober | 19. November

Hl. Thomas von Aquin: Doctor angelicus

Kann Dummheit Sünde sein? Eine seltsame Frage, werden Sie denken. Doch kein geringerer als Thomas von Aquin (1225 – 1274) hat sie gestellt: Ist Dummheit (lat. *stultitia*) Sünde? Und er bejaht die Frage: Dummheit kann Sünde sein. Doch was ist eigentlich Dummheit? Für Thomas hat sie nichts zu tun mit schwacher Begabung oder niedrigem Intelligenzquotienten; da kann ja von Sünde keine Rede sein, weil der Mensch dafür nicht verantwortlich gemacht werden kann. Thomas definiert Dummheit als »die Erstarrung des Urteilssinnes, vor allem im Hinblick auf die höchste Ursache, die das Endziel und das höchste Gut ist.« Dummheit dieser Art verfehlt den lebendigen Zusammenhang des Menschen mit Gott (vgl. Gottfried Bachl). Wie entsteht eine solche Dummheit? Wenn der Mensch seinen Sinn für das Transzendente negiert und sich in das rein Irdische versenkt. Thomas nennt die Dummheit daher eine »Tochter der Genusssucht.«

Wir wollen uns heute nicht versündigen, sondern unsere Sinne schärfen für ein Leben im Lichte Gottes. Dafür lade ich zunächst zu einer Zeitreise ein in das europäische Hochmittelalter: in die Zeit der gotischen Kathedralen, der Artusromane, der sog. Ketzerbewegungen, der Ständegesellschaft, des Minnesangs, der Pest, der Kreuzzüge … Die Reihe ließe sich noch beliebig verlängern.

Anders als heute war die Religion – also der christliche Glaube – ein fester Bestandteil der Gesellschaft; die Frage nach dem Weg zum Heil war ein Problem, das viele Menschen existentiell bewegte. So ist es nicht verwunderlich, dass in diese Zeit die Entstehung der sogenannten Bettelorden fällt. Angesichts der Macht- und Prachtentfaltung der römischen Kirche ging es ihnen um eine Rückbesinnung auf die Armut, die Jesus vorgelebt hatte. Die Mitglieder der Bettelorden suchten die Nähe zu den Menschen, sie gingen an die sozialen Ränder und siedelten sich bewusst in Städten an.

Als Thomas von Aquin um 1225 geboren wurde, war der Franziskanerorden gerade einmal 15 Jahre alt, der der Dominikaner erst 10 Jahre. Bei den Benediktinern in Monte Cassino erzogen und aufgewachsen, entschied sich Thomas, dessen Laufbahn damit vorgezeichnet schien, während seiner Studienzeit bewusst – und anfangs auch gegen den Willen seiner Familie – für die junge Gemeinschaft der Dominikaner. Als Benediktiner, sog. Oblate, war Thomas an der Universität Neapel mit der Philosophie des Aristoteles in Kontakt gekommen – eine Begegnung, die sein theologisches Denken maßgeblich beeinflussen sollte. Hier traf er 1244 auch das erste Mal auf den Predigerorden. Dessen dezidiert intellektuelle Ausrichtung zog Thomas in ihren Bann, und er wechselte den Studienort wie den Lehrer: In Paris wurde er Schüler und Mitarbeiter des berühmten Albertus Magnus (um 1200 – 1280). Jener soll damals über den jungen Mann gesagt haben: »Dieser stumme Ochse wird einmal brüllen, dass die ganze Welt davon widerhallt.« Dieser Ausspruch verrät gleich mehrere Dinge über Thomas: Zum einen bezogen sich die Worte auf sein Äußeres.

Hl. Thomas von Aquin
(1225 – 1274)

Hl. Thomas Morus
(1487 – 1535)

160 HEILIGE | VOR-BILDER UND FÜR-SPRECHER

Thomas muss ein Hüne von Mensch gewesen sein; zum anderen beschreiben sie seine Arbeitsweise: ausdauernd, unbeirrt und mit weitreichenden Folgen. Tatsächlich war Thomas literarisch höchst produktiv. Rechnet man den Umfang seines Werkes entsprechend um, so ergibt sich, dass er über 30 Jahre hinweg täglich etwa 12,5 Seiten zu Papier gebracht hat. Das Wenigste davon hat er allerdings – Gott sei Dank – selber geschrieben, seine Handschrift ist nämlich extrem schwer leserlich. Vielmehr hat er seine Texte, oft mehrere parallel im (modern gesprochen) *multi-tasking-Verfahren,* verschiedenen Sekretären diktiert, selbstverständlich in der Universalsprache Latein. Dieser Arbeitsweise ist es jedoch auch geschuldet, dass nicht wenige seiner Traktate, auch das Hauptwerk, die *Summa Theologica,* unvollendet blieben.

Nach Abschluss seines Studiums lehrte Thomas zunächst in Paris, bis er 1259 nach Orvieto in Italien – damals Sitz der Päpste – gerufen wurde, um dort Haustheologe zu werden. 1266 begann er die *Summa,* eine systematische Gesamtschau über den damaligen Stand der Theologie, die laut Vorwort als Lehrbuch für Anfänger gedacht war. Doch umfasst schon das unvollendete Werk 6.000 Artikel, – gegliedert in sogenannte ›Fragen‹ und ›Bücher‹. Ein stupendes Kompendium an Wissen, intellektueller Forschung und Spiritualität! Nicht verschweigen möchte ich, dass aber nicht nur die Glanzpunkte seiner Theologie weitergewirkt haben, sondern auch Verirrungen, die ganz in der augustinischen Tradition einer frauenfeindlichen Interpretation des biblischen Sündenfalls stehend, im Hexenwahn ihren Niederschlag fanden. Schließlich waren es ja die Dominikaner, die es als Inquisitoren Europas zu traurigem Ruhm brachten.

Schon Thomas selbst fiel übrigens dieser damals sich abzeichnenden Tendenz zur Monopolisierung theologischer Meinung zum Opfer: 1268 hatte man Thomas nochmals nach Paris gerufen, damit er in einem Streit um die Auslegung der Schriften des Aristoteles Stellung bezöge. Prompt wurde er missverstanden und auf eine Liste der ›Irrlehrer‹ gesetzt.

1274 ist Thomas von Aquin gestorben: auf einer Reise zum Zweiten Konzil von Lyon in der Zisterzienserabtei Fossanova 80 Kilometer südlich von Rom, nachdem er zuvor mit großer Andacht die Sterbesakramente empfangen hatte.

So steht er also vor uns: der große Thomas von Aquin, der brillante Gottesgelehrte, in der Heiligsprechungsbulle als *Doctor Angelicus* apostrophiert. Was kann er uns Heutigen mitgeben von dem, was ihm wichtig war? Welche seiner Methoden und Gedanken sind nach wie vor aktuell und lebensfördernd?

Ein Erstes bezieht sich sicher auf das Ethos in Argumentation und Auseinandersetzung. In den Objektionen zu den Artikeln seiner *Summa Theologica,* also in den der eigenen Position entgegenstehenden Auffassungen, gelingt es Thomas, die Einwände der Gegner richtig und in ihrer Stärke darzustellen. Es gibt Fälle, wo er die Position seiner Gegner sogar noch stärker gemacht hat, als diese selbst sie zu präsentieren vermochten. Das Anliegen ist klar: Es geht um Fairness im Disput. Nur dort, wo der Gegenpart voll und ganz gewürdigt wird, vermag man selbst wirklich zu überzeugen. Denn wer den Gegner erst menschlich kleinmacht, ihn zur Karikatur verzeichnet, damit es umso leichter fällt, dessen Position zu widerlegen, handelt zutiefst unmoralisch, ja demagogisch.

Fragen wir uns, wie es heute um den Umgangsstil sowohl der wissenschaftlichen Argumentation als auch der theologischen und innerkirchlichen Auseinandersetzung bestellt ist!

Aus Achtung vor der Position des Anderen und in der ehrlichen Absicht, die Gegenposition zu verstehen, in den Konflikt gehen und die Kontroversen führen: Das war das Anliegen des Thomas. Das wäre auch heute guter Stil und die menschlich angemessene Weise des sachlichen Streits und der Lösung von Spannungen.

Ein weiteres Anliegen besteht in dem, was wir modern ›Inkulturation‹ nennen. In der Schule des Albertus Magnus hat Thomas eine immense Arbeit geleistet, die grundlegend sein sollte für Theologie und Philosophie, ja für die Geschichte der europäischen Kultur. Er studierte Aristoteles und seine Kommentatoren von Grund auf und besorgte sich neue lateinische Übersetzungen der ursprünglich griechischen Texte. So stützte er sich nicht mehr nur auf die arabischen Kommentatoren wie Avicenna (um 980 – 1037) und Averroes (1126 – 1198), sondern konnte selbst die Texte lesen. Er kommentierte einen großen Teil der aristotelischen Werke, wobei er das Wertvolle von dem unterschied, was zweifelhaft oder ganz abzulehnen war; er wies die Übereinstimmung mit den Vorgaben der christlichen Offenbarung auf und machte in seinen theologischen Schriften umfangreichen und klugen Gebrauch des aristotelischen Denkens.

Papst em. Benedikt XVI. würdigte dies folgendermaßen: Thomas von Aquin zeigte, »dass zwischen dem christlichen Glauben und der Vernunft ein natürlicher Einklang besteht. Darin bestand die große Leistung des Thomas, dass er in jenem Moment des Aufeinandertreffens zweier Kulturen … gezeigt hat, dass sie zusammengehören, dass das, was als mit dem Glauben nicht zu vereinende Vernunft erschien, nicht Vernunft war, und dass das, was als Glaube erschien, nicht Glaube war, wenn er der wahren Vernünftigkeit widersprach; so hat er eine neue Synthese geschaffen, die die Kultur der folgenden Jahrhunderte geprägt hat.« *(Generalaudienz vom 2. Juni 2010)*

Dabei ging es Thomas nicht nur um eine intellektuelle Zusammenschau; seine Gedanken münden schließlich in eine existentielle Synthese. Auslöser ist ein Ereignis vom 6. Dezember 1273. Mitten in der Eucharistiefeier hält Thomas inne und sagt: »Ich kann nicht mehr, denn alles, was ich geschrieben habe, scheint mir wie Stroh zu sein im Vergleich mit dem, was ich geschaut habe und was mir offenbart worden ist.« Danach bricht er sein gigantisches Schaffen jäh ab. Die Forscher sind sich uneins: Die einen sagen *Burn-out,* die anderen ›mystisches Erlebnis‹. James A. Weisheipl (1923 – 1984), ein angesehener Thomas-Forscher, vermutet, was wohl schon damals Reginald von Piperno (um 1230 – um 1290), Thomas' Sekretär, erkannt hat: dass es nicht eins von beidem war, sondern beides: beides zugleich. Danach soll der *Doctor Angelicus* keine einzige Zeile mehr zu Papier gebracht haben.

Er ist ins Geheimnis eingetaucht, besonders in die Eucharistie. Nicht von ungefähr beauftragte ihn Papst Urban IV. (vor 1200 – 1264), der ihn sehr schätzte, in Orvieto mit der Abfassung der liturgischen Texte für das Fronleichnamsfest, das nach dem eucharistischen Wunder von Bolsena eingeführt worden war. Thomas hat gegen Ende seines Lebens der Kirche – und damit uns allen – wunderschöne Hymnen geschenkt, die das Geheimnis der Realpräsenz von Leib und Blut des Herrn in der Eucharistie entfalten. Die Größe der Theologie des Thomas gipfelt in der hl. Messe, dem Geheimnis des Glaubens:

GOTTHEIT TIEF VERBORGEN, BETEND NAH ICH DIR.
UNTER DIESEN ZEICHEN BIST DU WAHRHAFT HIER.
SIEH, MIT GANZEM HERZEN SCHENK ICH DIR MICH HIN,
WEIL VOR SOLCHEM WUNDER ICH NUR ARMUT BIN.
AUGEN, MUND UND HÄNDE TÄUSCHEN SICH IN DIR,
DOCH DES WORTES BOTSCHAFT OFFENBART DICH MIR.
WAS GOTT SOHN GESPROCHEN, NEHM' ICH GLAUBEND AN,
ER IST SELBST DIE WAHRHEIT, DIE NICHT TRÜGEN KANN.
JESUS, DEN VERBORGEN JETZT MEIN AUGE SIEHT,
STILLE MEIN VERLANGEN, DAS MICH HEISS DURCHGLÜHT:
LASS DIE SCHLEIER FALLEN EINST IN DEINEM LICHT,
DASS ICH SELIG SCHAUE, HERR, DEIN ANGESICHT.
AMEN, ES GESCHEHE, ES GESCHEHE.

Deutsche Fassung von Adoro te devote, GL 497

Hl. Thomas Morus: Unbeirrbar

»Europa ist in Krise.« So oder ähnlich lauteten die Schlagzeilen der vergangenen Tage. Es stimmt: Europa ist in Krise. »Was ist der Grund?« fragen sich viele. Ist es die Debatte um die Osterweiterung? Ist es das Problem mit der Türkei? Ist es die Frage um den Euro? Ist es der Streit um die Finanzierung der Union? All diese Argumente und viele andere mehr werden ins Feld geführt. Doch ich meine, dass der eigentliche Grund tiefer liegt. Die Länder Europas werden oft als vaterlose Gesellschaften bezeichnet. Das gilt nicht nur für allein erziehende Mütter, das trifft für den ganzen Kontinent zu. Europa hat seine Väter vergessen.

Wir ehren doch die Väter Europas, wird mancher einwenden: von Konrad Adenauer (1876 – 1967) angefangen über Robert Schuman (1886 – 1963) bis zu Helmut Kohl (1930 – 2017). Doch diese Vaterschaften greifen zu kurz. Ich wage die Behauptung: Wir haben unsere geistigen Väter vergessen. An dieser Stelle schlägt die Stunde der Christen. Die Krise Europas ist unsere Chance. Jetzt ist die Zeit, jetzt ist die Stunde, an große Gestalten zu erinnern, die an der Wiege Europas stehen und wesentlich dazu beigetragen haben, dass unser Kontinent, unsere Heimat, ein Gesicht bekommen hat. So möchte ich heute drei Personen vorstellen, die gleichsam Geschenke der Kirche für Europa sind und die uns helfen können, als Christen unsere Aufgabe als Salz und Sauerteig zu erfüllen.

Der heilige Benedikt (um 480 – 547), der Patron unseres Kontinentes, ist geradezu der geistige Urvater unseres vereinten Europas, vielleicht noch mehr als Platon (428 – 348 v. Chr.) und die griechischen Philosophen, mehr noch jedenfalls als das römische Weltreich, dessen Untergang er am Anfang des sechsten Jahrhunderts miterlebt. Alle Türen für ein sorgloses Leben stehen offen in Rom, wo er studiert; doch er wählt ein Kontrastprogramm und zieht sich bei Subiaco in eine Höhle zurück. Diese Höhle wird nicht nur zur Geburtsgrotte des Abendländischen Mönchtums, in dieser Höhle steht Benedikt Pate für eine Kultur, die ganz Europa ihren Stempel aufsetzen wird. *Ora et labora!* Bete und arbeite! Bemühe dich, kontemplatives und aktives Leben in Einklang zu bringen! Das ist das Lebensmotto, mit dem Benedikt zum Vater für ein Europa wurde, das Jahrhunderte lang nicht nur durch seine wirtschaftlichen und technischen Erfolge bestechen konnte, sondern auch kulturell und spirituell glänzte und ausstrahlte. Wenn ein protestantischer, amerikanischer Philosoph unserer Zeit, Alasdair MacIntyre (geb. 1929), in seinem Buch *Verlust der Tugend* schon 1981 schreibt, dass die Welt von heute wieder einen neuen Benedikt brauche, dann meint er genau dies: Wir brauchen Menschen wie Benedikt, die ihr Leben nicht im bloßen Aktionismus verschleudern oder in fernöstlicher Guru-Begeisterung verträumen. Wir brauchen Leute wie Benedikt, die aus der Gelassenheit des Gebetes und dem Vertrauen auf Gott mutig und entschlossen ihre Kräfte einsetzen, ohne bei allem zu fragen: »Was ist mein Vorteil? Was springt für mich heraus?«

Benedikt lehrt uns, mit beiden Beinen auf der Erde zu stehen, wenn wir vom Himmel reden, und gleichzeitig den Himmel nicht zu vergessen, wenn wir uns mit den alltäglichen Problemen abmühen. Beides gehört zusammen, wenn unser christliches Zeugnis gelingen soll: Kirche und Fabrik, Herrgottswinkel und Computer, Tischgebet und Kundengespräch. Denn der Christ verbindet in seiner Person Himmel und Erde, Sonntag und Alltag, weil er weiß: Ein weltloses Heil schafft eine heillose Welt. Aber auch der Rückzug in die Sakristei oder eine innerkirchliche Nabelschau hinterlässt einen heillosen und sogar gottlosen Staat. Wir brauchen einen neuen Benedikt. Ja, wir hatten einen neuen Benedikt in unserem Papst Benedikt XVI. (2005 – 2013)! Wir können gespannt sein, welche Akzente seines Pontifikats in unserem alten Kontinent Europa Wirkung entfalten werden.

Wie der heilige Benedikt, so lebte auch ein zweiter Vater Europas an einer Zeitenwende. Die Rede ist vom heiligen Franziskus (1181 – 1226). Im Mittelalter hört er vom Kreuz in San Damiano bei Assisi die Worte Jesu: »Geh und baue meine Kirche wieder auf!« Franziskus verknüpft diese Worte mit dem Gleichnis Jesu aus dem Matthäus-Evangelium, wo es heißt: »Was ihr dem Geringsten meiner Brüder (und Schwestern) tut, das habt ihr mir getan«. Die Identifikation mit den Schwachen, Kranken, Notleidenden und Sterbenden macht Franziskus zum Programm für seine Bewegung. Im Not leidenden Menschen begegnen wir Christus selbst. Diese Zuwendung zu den Armen und Schwachen erneuert Kirche und Staat, die gelebte *Caritas* gibt auch Europa erst ein humanes Gesicht. Franziskus tut sich anfangs nicht leicht, Leprakranke zu waschen, aber schließlich schafft er es und setzt damit nicht nur ein Zeichen, sondern eine Vision: die Vision von der ›sozialen Gerechtigkeit‹, viele Jahrhunderte bevor Ludwig Erhard (1897 – 1977) in der Zeit des Wirtschaftswunders dieses Wort in den Mund nahm. Das heißt: Jeder Mensch hat Grundrechte, und kein Staat darf diese Rechte verletzen.

Wir, liebe Schwestern und Brüder, stehen an vorderster Front, um die Option für die Armen, die Arbeitslosen, die Behinderten, die Ungeborenen und Todgeweihten und die Menschen ohne Lobby und Sprachrohr einzulösen. Hier wird deutlich, das Frohe Botschaft mehr ist als ein dickes Buch mit Goldschnitt in Leinen gebunden. Bei Franziskus konnte man das Evangelium live erleben. Er predigte die Nächstenliebe als Solidarität; er konnte nicht ruhig schlafen, wenn er wusste, dass andere Not litten. So bleibt er der Stachel im Fleisch unserer Wohlstandsgesellschaft zwischen Flughafen und Tennisplatz. Franziskus als Vater Europas mahnt uns: Eigentum verpflichtet! Reichtum ist keine Sünde, aber er fordert Verantwortung und aktive Nächstenliebe. Ich danke allen, die sich nicht nur liturgisch und spirituell in der Kirche einbringen, sondern auch sozial und caritativ. Bei Franziskus sind sie in guter Gesellschaft! Und mit Papst Franziskus haben wir einen profilierten Anwalt der Schwachen und Armen!

Noch einen dritten Vater Europas möchte ich nennen, an der Schwelle vom Mittelalter zur Neuzeit, am Beginn der Glaubensspaltung in England: den heiligen Thomas Morus (1478 – 1535). Kurz vor seinem Tod auf dem Schafott des Königs Heinrich VIII. (1491 – 1547), dem er als Lordkanzler viele Jahre lang diente, bis er diesem seinen Ehebruch und seine Trennung von der römischen Kirche vorwarf, hat Thomas Morus gebetet – um Humor!

Schenke mir eine gute Verdauung, Herr,
und auch etwas zum Verdauen.
Schenke mir Gesundheit des Leibes,
mit dem nötigen Sinn dafür,
ihn möglichst gut zu erhalten.

Schenke mir eine heilige Seele,
Herr, die das im Auge behält,
was gut ist und rein,
damit sie im Anblick der Sünde nicht erschrecke,
sondern das Mittel finde,
die Dinge wieder in Ordnung zu bringen.

Schenke mir eine Seele,
der die Langeweile fremd ist,
die kein Murren kennt
und kein Seufzen und Klagen,
und lass nicht zu,
dass ich mir allzuviel Sorgen mache
um dieses sich breit machende Etwas,
das sich ›Ich‹ nennt.

Herr, schenke mir Sinn für Humor,
gib mir die Gnade,
einen Scherz zu verstehen,
damit ich ein wenig Glück kenne im Leben
und anderen davon mitteile.

Gotteslob (1974) Nr. 8,3

Der Politiker Thomas Morus betet um Humor, d. h. um gesunde Selbstdistanz, um die Kraft und Gelassenheit, sich nicht zu wichtig zu nehmen, und den daraus erwachsenden Mut, seinem Gewissen folgen zu können. Das Wort Humor kommt übrigens vom lateinischen Wort *humus*, das für ›Erde‹ steht. Und von *humus* leitet sich auch *humilitas* ab: Demut und Bescheidenheit. So steht mit Thomas Morus ein moderner Mensch vor uns: ein Mensch, der sich nicht mehr einfach in blindem Gehorsam unter die Autorität des Staates beugt, der sich von menschlichen Autoritäten nicht knechten und knebeln lässt, weil er weiß, dass er einer letzten Wahrheit verpflichtet ist, die über ihm steht und die in ihm spricht: der Wahrheit seines Gewissens und seinem unvertretbaren Anspruch.

Diese Berufung auf das eigene Gewissen, freilich in ständiger Prüfung durch die Gesetze Gottes, bricht jeden Herrschaftsanspruch von Königen oder Diktaturen. Thomas Morus hat durch sein Martyrium bezeugt: Kein Staat auf der Welt hat das Recht auf unbeschränkte Herrschaft über den einzelnen Menschen. Mit ihm stehen wir Christen heute vor der Pflicht, Anwälte derer zu sein, für die niemand sonst seine Stimme erhebt. Keine Regierung der Welt darf das Lebensrecht ungeborener, behinderter oder alter Menschen mit demokratischer Mehrheit hinwegfegen. Die Wahrheit über den Menschen in seiner unveräußerlichen Würde entzieht sich der demokratischen Abstimmung. Wo es um Moral und Religion geht, können wir unsere Verantwortung nicht an einen Ethikrat abschieben, selbst wenn er von einem Bundeskanzler oder einer Bundeskanzlerin einberufen wird.

Mit Thomas Morus pocht die Stimme des Gewissens in jedem einzelnen Menschen. Und dieses Gewissen erinnert uns an keinen geringeren als Gott. Deshalb bräuchte nicht nur unser Grundgesetz, sondern die Verfassung für ganz Europa einen Gottesbezug. Wenn Gott als Grundstein fehlt, hängt der Segen im Haus Europa schief. Ist das nicht der innerste Grund für die Krise auf der Baustelle unseres Kontinentes!

Die jetzige Krise Europas könnte eine Chance sein, ausgeklammerte Wahrheiten neu in Erinnerung zu rufen und mutig anzumahnen. Europa darf seine Väter nicht vergessen. Benedikt, Franziskus und Thomas Morus waren keine Väter im politischen Sinn, sie waren geistige Väter, die bis heute nichts von ihrer Aktualität eingebüßt haben. Sie stehen für viele andere, die ein Geschenk der Kirche für Staat und Gesellschaft waren. Bauen wir mit ihnen am Haus Europa. Dann werden wir einmal ein Haus einweihen, das nicht auf Sand gebaut ist, sondern auf festem Grund. Amen.

ABBILDUNGEN 72, 73 UND 74

Justus van Gent, Porträt Thomas von Aquin, 1478 – Hans Holbein d. J., Porträt Lordkanzler Thomas Morus, 1527 – Dornen-Monstranz, © Claudius Stoffel.

Hl. Teresa von Ávila und hl. Therese von Lisieux

Gedenktage: 15. Oktober | 1. Oktober

Hl. Teresa von Ávila: Gottes-Leidenschaft

»Wir verkünden keine gute Nachricht, weil das Evangelium keine Neuigkeit mehr für uns ist. Wir sind daran gewöhnt, es ist für uns eine alte Neuigkeit geworden. Der lebendige Gott ist kein ungeheures, umwerfendes Glück mehr. Wir geben uns keine Rechenschaft darüber, was Gottes Abwesenheit für uns wäre; so können wir uns auch nicht vorstellen, was sie für die anderen ist. Wenn wir von Gott reden, bereden wir eine Idee, statt eine erhaltene, weiter verschenkte Liebe zu bezeugen. Wir können den Ungläubigen unseren Glauben nicht als eine Befreiung von der Sinnlosigkeit einer Welt ohne Gott verkünden, weil wir diese Sinnlosigkeit gar nicht wahrnehmen.«

Diese Sätze hat Madeleine Delbrêl (1904 – 1964) im Jahr 1962 als Vorarbeit für das Zweite Vatikanische Konzil geschrieben. Und sie trifft damit den Nagel auf den Kopf: Wir kennen ja dieses Verschwinden Gottes, das Versickern des Glaubens mitten im kirchlichen und pastoralen Betrieb, inmitten der alternativlos gepflegten Christlichkeit, die aber oberflächlich bleibt und nicht in die Tiefe geht. Doch was ist in der Zeit des ›Zuckerwatteglaubens‹ geblieben von der Schärfe und Klarheit des Evangeliums, vom hohen Anspruch Jesu Christi, dessen Kommen wir erwarten?

Dieser Befund ist nicht neu. Blenden wir zurück! Im Zeitalter, als Kolumbus eben erst Lateinamerika entdeckt hatte, erinnerte Johannes vom Kreuz (1542 – 1591) an die Notwendigkeit, Gott als »fremden Kontinent« neu zu entdecken. Auch heute ist Gott fremd geworden. Für viele ist er wie eine ferne Insel. Wir brauchen einen spirituellen Kolumbus, der uns mitnimmt auf die Expedition nach Gott. Ich kenne eine Person, die uns auf dieser Suchexpedition nach dem lebendigen Gott den Weg leuchten kann: Teresa von Ávila (1515 – 1582), deren 500. Geburtstag wir vor fünf Jahren feiern durften.

Ich mag sie, diese kluge und temperamentvolle Frau: auf der einen Seite sehr praktisch und patent, humorvoll und charmant; auf der anderen Seite gepackt von einer großen Leidenschaft für Gott, aus der sie schier grenzenlose Schaffenskraft, Organisationstalent und langen Atem schöpfte. Sie vereint Tatendrang und Gottvertrauen, eine Mischung, wie ich sie bei vielen bodenständigen Landfrauen kennen- und schätzen lernen durfte: eine Powerfrau, die ihr Herz bei Gott angedockt hat. Ich bewundere ihr mutiges und eindeutiges »*Solo dios basta*«: Gott allein genügt! Wenn du Gott hast, dann reicht das. Die Schwerkraft der Seele wird durchbrochen. Du gewinnst innere Freiheit.

Teresa von Ávila lehrt uns aber auch, dass die Freiheit nicht vom Himmel fällt. Ihr Geburtstag ist der 28. März 1515, zweieinhalb Jahre vor dem Thesenanschlag Martin Luthers. Die beiden Daten deuten darauf hin, was damals in der Luft lag: die Notwendigkeit einer kirchlichen Erneuerung ebenso wie die Sehnsucht nach persönlicher spiritueller Erfahrung. Um wieder Richtung und Sicherheit zu finden, wünschten sich die Menschen von der Kirche sowohl eine äußere als auch eine innere Reform. Es ist wohl kein Zufall, dass in Teresas und Luthers

Hl. Teresa von Ávila
(1515 – 1582)

Hl. Therese von Lisieux
(1873 – 1897)

Werk das Bild von der Burg eine wichtige Rolle spielt. Luthers Reform(ations)hymnus lautet: »Ein feste Burg ist unser Gott.« Und Teresa beschreibt ihren geistlichen Wachstumsprozess in ihrem Buch: *Die innere Burg.*

Bis dahin ist es allerdings ein langer Weg: Als jüngste unter elf Geschwistern wächst Teresa in einer Adelsfamilie mit jüdischen Wurzeln in Ávila auf. Mit 20 Jahren tritt sie in den Karmel ihrer Heimatstadt ein. Zuerst ist sie Feuer und Flamme, dann stürzt eine Flut seelischer und gesundheitlicher Probleme auf sie ein. Das Chorgebet ödet sie an, sie ist viel krank, findet ihre innere Mitte nicht und spürt: Obwohl sie das Ordenskleid trägt, stimmt etwas nicht. Teresas Innenleben ist nicht stimmig. Dieser Zustand dauert fast 20 Jahre: »Auf diesem ungestümen Meer trieb ich mich fast zwanzig Jahre herum, beständig fallend und wieder aufstehend, leider aber nur, um aufs neue zu fallen. Ich hatte keine Freude an Gott und auch keine Freude an der Welt.« Beim Gebet achtete sie mehr auf das Schlagen der Uhr und das Ende der Gebetszeit als auf gute Gedanken. »Die Traurigkeit, die mich beim Betreten des Gebetsraums überkam, war so unerträglich, dass ich meinen ganzen Mut brauchte, um mich zum Beten zu zwingen. Ich verlangte nach Leben, denn ich sah wohl ein, dass ich nicht lebte, sondern mit einer Art Todesschatten rang, aber ich fand niemand, der mir das Leben gegeben hätte, und ich selber konnte es mir nicht geben.«

Doch auch bei Teresa ist keineswegs aller Tage Abend. Langsam, aber sicher keimt, sprosst und wächst etwas Neues in ihr: Teresa entdeckt, dass sie die Nähe Gottes, die Freundschaft zu Jesus, nicht durch eigene Leistung herbeiführen kann. Tiefe innere Erfahrungen kann der Mensch sich nicht selbst ›machen‹, das wäre ›spirituelle Selbstbefriedigung‹. Weder lesen noch rackern noch schuften noch beten – alle möglichen und unmöglichen Aktivitäten laufen ins Leere. Die Freundschaft mit Gott muss man sich schenken lassen. Wer Gottes Freund sein will, muss schweigen lernen: »Das Gebet ist nichts anderes als ein Gespräch mit einem Freund, mit dem wir oft und gern allein zusammenkommen, weil wir sicher sind, dass er uns liebt.«

Von nun an war Teresas Mission klar. Sie sollte unzählige Menschen das Beten lehren. Die selbst jahrzehntelang unter ihrer Unfähigkeit zu beten gelitten hat, sie kennt die Not des Betens aus eigener Erfahrung. Sie weiß: Wer sich auf den Weg des Betens macht, braucht Freunde und Gleichgesinnte, die bei allen Rückschlägen beistehen und ermutigen, nicht aufzugeben. »Allen, die das innere Gebet pflegen«, empfiehlt sie deshalb, »die Freundschaft und Aussprache mit anderen Menschen zu suchen, die das gleiche Anliegen haben. Das ist eine ganz wichtige Sache.« Gleichzeitig erkennt Teresa, dass Häuser des Gebetes nur in kleinen Konventen entstehen können. Klöster mit 150 bis 180 Schwestern, wie es damals üblich war, taugten für solche Gebetsschulen nicht. So hatte Teresa eine zündende Idee, die *Furore* machte: Nach dem Vorbild Christi und der zwölf Apostel sollten nicht mehr als 13 Schwestern einen Konvent bilden. Die Opposition gegen ein solches Projekt, »Häuser nach den Maßstäben des Evangeliums zu gründen«, formierte sich schnell: von Seiten ihrer eigenen Gemeinschaft und der Ordensleitung, vom Domkapitel, von der Stadtverwaltung und – nicht zu vergessen – von der Inquisition.

Doch die teresianische Reform lässt sich nicht stoppen. Je mehr Teresa in die Freundschaft mit Gott hineinwächst, umso lebendiger, aktiver und kraftvoller kann sie handeln. Ihr Erfolgsrezept lautet: »Was unserem Willen Wert gibt, ist die Verbindung mit dem Willen Gottes.« – Anders gesagt: Wer in Gott eingetaucht ist, taucht automatisch bei den Menschen auf. Die Demut vor Gott paart sich mit dem Mut vor den Menschen.

Teresa selbst und ihr Reformprogramm sind nicht mehr zu bremsen: 20 Jahre lang ist sie unterwegs im Ochsenkarren auf staubigen und schlechten Straßen des 16. Jahrhunderts. Sie gründet 17 Frauen- und drei Männerklöster, Zellen des Gebets – wir würden sagen ›geistliche Zentren‹ – in einer Zeit, in der die Frauen in der Kirche nichts zu melden hatten: »Da ich eine Frau war und unbedeutend und das nicht tun konnte, was ich gern für den Herrn getan hätte, war ich vom Wunsch erfüllt, dass bei der großen Zahl der Feinde Gottes seine wenigen Freunde wirklich gut sein sollten. Daher entschloss ich mich, den evangelischen Räten möglichst

> **WER GOTTES FREUND SEIN WILL, MUSS SCHWEIGEN LERNEN.**

SÓLO DIOS BASTA

NICHTS SOLL DICH VERWIRREN
NICHTS DICH ERSCHRECKEN.
ALLES VERGEHT,
GOTT ÄNDERT SICH NICHT.
DIE GEDULD ERLANGT ALLES.
WER GOTT HAT,
DEM FEHLT NICHTS.
GOTT ALLEIN GENÜGT.

Teresa von Ávila

ABBILDUNG 75
François Gérard: Sainte Theresa, 1827; Maison Saint-Thérèse, Paris.

ABBILDUNG 76
Therese von Lisieux, Lithographie, 1888 (kurz vor dem Eintritt in den Karmel).

ABBILDUNG 77
Teresa von Ávila [oder: Johannes vom Kreuz]: Nada te turbe. In: Teresa von Ávila: Gesammelte Werke. Bd. 3. Hg. Ulrich Dobhan u. a. Freiburg 2004, S. 344.

ABBILDUNG 78, S. 169
Teresa von Ávila: Dilectus meus mihi. In: Dies.: Gesammelte Werke. Bd. 3. Hg. Ulrich Dobhan u. a. Freiburg 2004, S. 336 f.

vollkommen zu folgen, und die wenigen Schwestern hier zum gleichen Ziel anzuleiten.« Und weiter notiert Teresa: »Hoffentlich kommt bald die Zeit, wo die Frau eintreten kann für das Reich Gottes.«

Es ist kein Wunder, dass der selbstbewussten Frau solche Worte bald Ärger und Verdruss einbrachten. Vier Jahre vor ihrem Tod meldet der päpstliche Nuntius über Teresa: »Sie ist ein unruhiges Frauenzimmer, herumstreunend, ungehorsam und verstockt. Sie doziert wie ein Theologieprofessor, obgleich der hl. Paulus sagt, dass Frauen nicht lehren dürfen.« Doch es gab auch Männer, die sich umstimmen ließen durch die Begegnung mit ihr.

Einer der größten Gelehrten von Ávila, der Dominikaner Pedro Ibanez, spricht für viele, die für Teresa ins Schwärmen geraten sind: »Ich erkläre, dass Teresa vielen geholfen hat, und ich bin einer von ihnen.« Die Franziskanerinnen von Sevilla bescheinigen der unermüdlich Reisenden in Sachen Christus: »Gepriesen sei Gott, der uns eine Heilige sehen ließ, die wir alle nachahmen können. Sie spricht, schläft und isst wie wir, und ihre Art ist nicht umständlich oder voll Frömmelei. Teresa ist wirklich eine Heilige, eine Frau, von der wir alle, Frauen und Männer, lernen können.«

Teresa war weder weltfremd noch umständlich noch frömmelnd. Sie betete: »Von törichter Frömmigkeit und sauertöpfigen Heiligen verschone uns, o Herr.« Sie war davon überzeugt, dass man Gott überall finden könne, ob jemand in der Küche steht oder in der Gartenarbeit, bei Geschäften, auf Besprechungen oder in Gesellschaft. Der Waschzuber war ihr ebenso vertraut wie der Herd: Sie hatte einen Ruf als vortreffliche Köchin. Die Treue im Kleinen befähigt, Großes zu vollbringen. Dabei kommt auch die Achtsamkeit auf den Leib nicht zu kurz. Ein Gedanke gefällt mir besonders gut: »Tu deinem Körper Gutes, damit deine Seele Lust hat, darin zu wohnen.« Und nicht zu vergessen ihr berühmtes Wort: »Wenn Rebhuhn, dann Rebhuhn; wenn Fasten, dann Fasten.« Was du tust, das tue ganz, und du wirst leben. Vor allem aber: Mache nicht schlapp! Erschlaffe nicht im Streben nach deinen Idealen, nach der Vollkommenheit! Denn »wer nicht wächst, der schrumpft«, schreibt sie ihren Mitschwestern ins Stammbuch.

Teresa von Ávila prägt bis heute der Kirche ihren Stempel auf. Nicht umsonst wurde sie 40 Jahre nach ihrem Tod heilig gesprochen – zusammen mit Ignatius von Loyola (1491 – 1556), dem Gründer der Gesellschaft Jesu.

Nicht umsonst verlieh ihr Papst Paul VI. im Jahre 1970 den ›Doktorgrad‹: Er ernannte sie zur Kirchenlehrerin – zusammen mit Katharina von Siena (1347 – 1380).

Beide großen Frauen hatten keine Scheu, an Papst und König zu schreiben. Beide blieben im Herzen der Kirche: Inmitten der Kirche äußerten sie ihre Kritik und mahnten, endlich vom Schlaf aufzustehen. Hören wir noch einmal Teresa: »Die Welt steht in Flammen. Man will Christus aufs Neue verurteilen. Meine Schwestern, jetzt ist keine Zeit, mit Gott über unwichtige Dinge zu verhandeln.« Diesen prosaischen Gedanken kleidet sie in Poesie:

> »Ihr alle, die ihr unter diesem Banner Jesu kämpft,
> schlaft nicht, schlaft nicht,
> denn es ist kein Friede auf Erden.
> Wie ein starker Führer
> wählte unser Gott das Sterben.
> Fangen wir an, ihm zu folgen,
> da wir ihm den Tod brachten.
> Schlaft nicht, schlaft nicht,
> denn Gott fehlt auf dieser Erde.«

Hl. Therese von Lisieux: Spielball Jesu

»Wie soll man Sie benennen, wenn Sie im Himmel sein werden?« So fragte man Therese vom Kinde Jesu während ihrer schweren Krankheit, der sie bereits mit 24 Jahren erlegen ist. »Ihr werdet mich die kleine Therese nennen«, antwortete sie schlagfertig und bestimmt. ›Klein‹ war ein Lieblingswort der Heiligen von Lisieux. Es ist auch das Schlüsselwort ihres Lebens und ihres geistlichen Weges. Sie hat uns den »kleinen Weg der Heiligkeit« gewiesen. Und dieser Weg ist ein Weg der reinen Liebe.

Papst Johannes Paul II. hat der 24-jährigen Heiligen nach Teresa von Avila und Katharina von Siena den Titel einer Kirchenlehrerin gegeben. In seiner Predigt am 19. Oktober 1997 erklärte der Papst, »dass heute etwas Überraschendes geschieht. Die hl. Therese von Lisieux konnte keine Universität besuchen und auch keine systematischen Studien betreiben. Sie starb in jugendlichem

Alter; und trotzdem wird sie von heute an als *Doctor Ecclesiae,* als Kirchenlehrerin, geehrt.« Und in ihrer französischen Muttersprache fuhr der Papst fort: »Unter den Kirchenlehrern ist Therese vom Kinde Jesus und vom hl. Antlitz die jüngste, aber ihr glutvoller, geistlicher Weg zeigt so viel Reife, und die Eingebungen des Glaubens, die in ihren Schriften zum Ausdruck kommen, sind so umfangreich und so tief, dass sie ihr das Verdienst einbringen, einen Platz unter den großen geistlichen Meistern einzunehmen.« Die Französin habe die Suche nach Gott ganz in den Mittelpunkt ihres Lebens gestellt. Damit sei sie besonders für Jugendliche ein Vorbild. Verwundert es da, dass die große Gottsucherin Edith Stein (1891 – 1942) über die kleine Therese urteilte: »Ich kenne nichts Größeres als Therese von Lisieux.« Und die hl. Mutter Teresa von Kalkutta (1910 – 1997) war als junge Frau in Lisieux, sie hat

sofort Feuer gefangen und erbat bei der Einkleidung den Namen ›Teresa‹. So ist heute eine ganz Große unser Ehrengast. Einem Ehrengast gebührt das Recht, das Wort zu ergreifen. Welches Wort hat die hl. Therese von Lisieux für uns parat? Was predigt sie uns, wenn sie jetzt ihren Mund öffnen könnte, um uns ein geistliches Wort zu schenken? Ihre Predigt würde wohl mit Fragen beginnen: Was sind die Maßstäbe, nach denen ihr einander beurteilt? Woran messt ihr euch? Könnt ihr einander annehmen, oder lebt ihr aus dem Vergleich, und damit oft neidisch, eifersüchtig und missgünstig? Therese legt uns ans Herz, dass Großes klein und Kleines groß sein kann. Gehen wir einige Stationen ihres Lebens nach, um daraus Weisung zu bekommen für unseren eigenen geistlichen Weg.

Die kleine Therese wird am 2. Januar 1873 als jüngstes von neun Kindern geboren. Vier von ihnen sterben schon im Kindesalter, so dass sie fünf Geschwister waren. Therese war ein hübsches, fröhliches und aufgeschlossenes Mädchen. Als Nesthäkchen war sie der Liebling aller. Und in dieser Rolle fühlte sie sich wohl. Unbeschwert spielte sie mit ihren Freundinnen. Ihre Mutter berichtet in mehreren Briefen von ihrer Liebenswürdigkeit, aber auch von ihrem Trotzkopf und heftigen Temperament. Wenn etwas nicht nach ihrem Willen ging, konnte sie sich vor Zorn auf den Boden werfen und mit den Füßen strampeln. Eine besondere Verbindung hatte sie zu ihrem Vater, der sie »meine kleine Königin« nannte. Der tief gläubige Vater, der sich selbst mit dem Gedanken getragen hatte, Ordensmann zu werden, war stolz, als er erfuhr, dass Therese ins Kloster eintreten wollte: »Gott erweist mir eine große Ehre, dass er meine Kinder ins Kloster ruft«. Drei Schwestern lebten im gleichen Kloster, so dass Theresa sagen konnte: »Jetzt sind wir ein Kleeblatt.«

Denkwürdig ist ein Spaziergang, von dem Therese erzählt: »Papa ging zu einer Mauer und zeigte mir kleine, weiße Blumen, die wie Lilien aussahen. Vorsichtig pflückte er sie und gab sie mir mit der Erklärung: Schau, mit welcher Sorgfalt der liebe Gott sie wachsen ließ und bis zum heutigen Tag behütet hat. – Wie ich ihn so reden hörte, glaubte ich, meine eigene Geschichte zu hören, soviel Ähnlichkeit bestand zwischen dem, was Jesus für die kleine Blume und für die kleine Therese getan hatte. Als ich genauer hinsah, bemerkte ich, dass Papa beim Pflücken alle Wurzeln der kleinen Blume mit ausgehoben hatte, ohne sie zu verletzen; sie schien dazu bestimmt, in einem anderen, fruchtbareren Boden weiterzuleben.«

Durch den Umgang mit der Blume hat der Vater vorweggenommen, was das Motto jeder Berufungspastoral ist: den Menschen wie eine Pflanze sehen, die umgebettet wird, nicht um einzugehen, sondern um aufzublühen. Helfen wir einander aufzublühen! Schneiden wir einander nicht das Lebenswasser ab, sondern düngen wir den Boden unserer Herzen, unserer Familien, unserer Gemeinden, unserer Orden! Und vor allem: Beten wir um Berufungen, die nicht menschliche Mache sind, sondern göttliche Gabe! Werden wir zu Handlangern der göttlichen Gnade!

Thereses Vater hat dazu beigetragen, dass seine Tochter aufblühen konnte. Weil er in ihr aber auch eine »kleine Königin« sah, lag neben der Geborgenheit und Wärme auch die Versuchung nahe, das Kind zu verwöhnen. Therese bekennt von sich selbst, dass sie ihre »übergroße Empfindlichkeit« manchmal »unausstehlich« gemacht habe. Diese Eigenschaft, die sie einen »hässlichen Fehler« nennt, haftet ihr an bis zu jenem Augenblick, in dem sie ihre vollständige Bekehrung erlebt.

Wir schreiben Weihnachten 1886. »Wir kamen von der Mitternachtsmesse heim, wo ich das Glück hatte, den starken und mächtigen Gott zu empfangen. Als wir zu Hause ankamen, freute ich mich darauf, meine mit Geschenken gefüllten Schuhe aus dem Kamin zu holen; dieser Brauch hatte uns in der Kindheit so viel Freude bereitet, dass meine Schwester Céline damit fortfahren wollte, mich wie ein kleines Kind zu behandeln. Jesus aber ließ es zu, dass Papa, ermüdet von der Mitternachtsmesse, ärgerlich ausrief: ›Nun, gottlob ist es das letzte Jahr!‹ ... Céline kannte meine Empfindlichkeit und meinen Kummer; schon sah sie Tränen aus meinen Augen fließen. Aber Therese war nicht mehr die gleiche. Jesus hatte ihr Herz umgewandelt. Ich drängte meine Tränen zurück und eilte die Treppe hinunter; fröhlich zog ich die Geschenke aus meinen Schuhen hervor, glücklich ausschauend wie eine Königin. Papa lachte, auch er war wieder fröhlich, und Céline glaubte zu träumen. Zum Glück war es süße Wirklichkeit, die kleine Therese hatte ihre Seelenstärke wieder gefunden, die sie im Alter von vier Jahren verloren hatte, und die sie nun für immer bewahren sollte! In dieser Nacht begann mein dritter Lebensabschnitt, der schönste von allen, der am reichsten von himmlischen Gnaden erfüllte. In einem Augenblick hatte Jesus vollbracht, was mir in zehnjähriger Anstrengung nicht gelungen war. Ich fühlte die Liebe in mein Herz einziehen, um anderen Freude zu machen. Von da an war ich glücklich.« Therese kam mir vor wie neugeboren.

Durch diese sog. Bekehrung hat Therese einen Charakterzug überwunden, der auch uns oft zu schaffen macht: die Ich-Bezogenheit. Erst als sie es wagt, ihre Kinderschuhe auszuziehen, als sie sich immer mehr versteht als Kind an Gottes Hand, da ändert sich ihr Leben: Da kann sie aufrecht gehen und stehen, da wird sie »laufen wie ein Riese«. Kommen wir uns vielleicht deshalb manchmal wie Zwerge vor, weil wir uns zu wenig bewusst machen, wer wir wirklich sind: Söhne und Töchter, Kinder in Gottes Hand!

Damit stehen wir im Vorhof des geistlichen Raumes, der Berufung heißt. Therese weiß um ihre Berufung als Karmelitin, Braut Christi und Mutter der Seelen. Darüber hinaus spürt sie noch andere Berufungen in sich: »die Berufung zum Krieger, zum Priester, zum Missionar, zum Kirchenlehrer, zum Märtyrer.« Der hl. Paulus half ihr aus diesem Dilemma heraus. Sie bekennt von sich selbst: »Die Liebe gab mir den Schlüssel zu meiner Berufung. Ich begriff, dass die Kirche (der Leib Christi) ein Herz hat, und dass dieses Herz von Liebe brennt. Ich begriff, dass die Liebe alle Berufungen in sich schließt, dass die Liebe alles ist. Da rief ich im Übermaß meiner Freude: O Jesus, meine Liebe, endlich habe ich meine Berufung gefunden, meine Berufung ist die Liebe! Ja, ich habe meinen Platz in der Kirche gefunden, und diesen Platz, o mein Gott, den hast du mir geschenkt. Im Herzen der Kirche, meiner Mutter, werde ich die Liebe sein, so werde ich alles sein.«

Zwei Gedankenlinien sind es, die wir ausziehen wollen. Da ist zunächst die Frage, ob die kleine Therese das hohe Amt des Priesters tatsächlich anstrebte. Hören wir sie selbst: »Ich fühle in mir die Berufung

> GLAUBT
> JA NICHT, ICH WERDE
> EUCH GEBRATENE
> TAUBEN
> IN DEN MUND
> FALLEN LASSEN,
> WENN ICH
> IM HIMMEL BIN.
>
> Therese von Lisieux

> ICH HABE MICH
> DEM JESUSKIND ALS
> KLEINES SPIELZEUG
> ANGEBOTEN.
> ICH HABE IHM GESAGT,
> ES SOLLE MICH NICHT
> WIE EINE KOSTBARKEIT
> BEHANDELN.
>
> Therese von Lisieux

zum Priester. Mit welcher Liebe trüge ich dich, o Jesus, in meinen Händen, wenn auf mein Wort hin du vom Himmel herabstiegest. Mit welcher Liebe reichte ich dich den Seelen! Jedoch, so sehr ich wünschte, Priester zu sein, so bewundere und beneide ich dennoch die Demut des hl. Franz von Assisi und spüre in mir die Berufung, ihn nachzuahmen, indem ich die erhabene Würde des Priestertums ausschlage.« Diese eindrucksvollen Sätze dürfen nicht für das Frauen-Priestertum missbraucht werden. Denn Therese spricht eigentlich nicht von dem Wunsch, Priesterin zu werden. Vielmehr sieht sie – trotz mancher Negativbeispiele – im Priester den Stellvertreter Jesu Christi, ›sein zweites Ich‹. Und den Priestern will sie Schwester und Helferin sein – durch geistliche Freundschaft und Gebet.

Außerdem war Therese sich bewusst, dass das große Wort von der Liebe mit dem Kleingeld des Alltags eingelöst werden muss. Ein besonderer Testfall der Liebe war eine gewisse Schwester Petra. Die Mitschwestern gingen ihr am liebsten aus dem Weg, denn man konnte ihr nichts recht machen und sie wusste alles besser: einfach ein schwieriger Charakter. Wie ging Schwester Therese mit Schwester Petra um? »Ich gab mich nicht damit zufrieden, viel für die Schwester zu beten, die mir so viele innere Kämpfe bereitete, sondern ich suchte nach Gelegenheiten, ihr alle möglichen Dienste zu leisten. Wenn ich in Versuchung kam, ihr einmal ihre unangenehme Art vorzuwerfen, rang ich mich dazu durch, ihr mein liebenswürdigstes Lächeln zu zeigen.« Therese hat mehr und mehr damit ernst gemacht, in der Mitschwester Jesus höchstpersönlich zu begegnen. Kann man das besser tun als mit einem freundlichen Lächeln? In der Tat ist das Lächeln die Wunderwaffe der Liebe.

Obwohl Therese ihre Berufung in der Liebe sah, kannte sie auch Krisen. An einem Weihnachtsfest hatte sie das Gefühl, von Jesus vergessen zu sein: »Er ließ seinen kleinen Ball am Boden liegen, ohne ihn auch nur eines Blickes zu würdigen. Diese Prüfung stellte meinen Glauben auf eine harte Probe. Ich weinte den ganzen Tag.« Welcher Wechsel in der Tonart gegenüber dem Selbstverständnis, das Therese sonst erfüllte: »Ich habe mich dem Jesuskind als kleines Spielzeug angeboten. Ich habe ihm gesagt, es solle mich nicht wie eine Kostbarkeit behandeln, das ein Kind nur anschauen darf, sondern wie einen kleinen Ball, den es auf den Boden werfen, mit dem Fuß stoßen, in einer Ecke liegen lassen oder an sein Herz drücken kann.«

Der Mensch als Spielball in Gottes Hand: So hat sich Therese im tiefsten verstanden. So hat Gott die kleine Karmelitin ganz groß ins Spiel gebracht: als Heilige, als Patronin der Missionare, als Kirchenlehrerin. Nach dem stillen Leben hinter den Mauern des Karmel wollte sie nach ihrem Tod vom Himmel aus erst richtig aktiv werden und die Kirche der Zukunft ihren ›kleinen Weg‹ lehren. »Ich möchte meinen Himmel damit verbringen, auf Erden Gutes zu tun. Wenn ich im Himmel bin, werde ich Rosen auf die Erde streuen." Um nicht missverstanden zu werden, erklärte sie ihren Mitschwestern: "Glaubt ja nicht, ich werde euch gebratene Tauben in den Mund fallen lassen, wenn ich im Himmel bin.«

Bis zu ihrem Tod hat sich die kleine Therese ihren Humor behalten. Und dieser Humor war weder sarkastisch noch zynisch, sondern demütig und zugleich überzeugt. Wie es ihr tägliches Brot war, den Willen Gottes zu erfüllen, so konnte sie im Hinblick auf ihren Tod sagen: »Im Himmel wird der liebe Gott in allem meinen Willen tun müssen, weil ich auf Erden seinen Willen erfüllt habe." Das sagte sie ohne Stolz, aber durchaus selbstbewusst. Sie konnte es, denn sie war fest verankert in der Liebe zu Gott. "Ein Gelehrter hat einmal gesagt: Gebt mir einen Hebel und einen Stützpunkt, dann werde ich die Welt aus den Angeln heben. – Was Archimedes nicht schaffte, das haben die Heiligen erreicht. Gott selbst war ihr Stützpunkt, das Gebet der Hebel. Auf diese Weise haben sie die Welt immer wieder aus den Angeln gehoben.«

Die kleine Therese hat die große Kirche aus den Angeln gehoben. Ihr ›kleiner Weg‹ führt bis heute viele zu ihrem großen Ziel. Heilige kleine Therese, ganz groß in der Liebe zu Gott und den Menschen, sei uns Ansporn und Beispiel, vor allem aber bitte für uns!

‹ (HLD 2,16)

geschenkt, gegeben,
...llzogen,
...ür mich da ist,
...ten mein bin.

...mann
...ezwungen,
...n
...gen.
...chenkt,
...ollzogen,
...ür mich da ist,
...ten mein bin.

... Pfeil,
...rieben,
... ganz
...fer.
... mehr mag,

... mich da ist,
...ten mein bin.

Ya toda me entregué y di,
y de tal suerte he trocado,
que es mi Amado para mí,
y yo soy para mi Amado.

Cuando el dulce Cazador
me tiró y dejó rendida
en los brazos del amor,
mi alma quedó caída.
Y cobrando nueva vida,
de tal manera he trocado,
que es mi Amado para mí,
y yo soy para mi Amado.

Tiróme con una flecha
enherbolada de amor,
y mi alma quedó hecha
una con su Criador.
Yo ya no quiero otro amor,
pues a mi Dios me he entregado,
y mi Amado es para mí,
y yo soy para mi Amado.

Hl. Teresia Benedicta a Cruce (Edith Stein) und hl. Teresa von Kalkutta

Gedenktage: 9. August | 5. September

Hl. Teresia Benedicta a Cruce: Ad orientem

Das Christentum ist die feste Botschaft inmitten eines Daseins im Wandel. Jesus Christus sagt es im Hinblick auf sich selbst: »Ich bin der Weg, die Wahrheit und das Leben« (Joh 14,6). Über die Identität Europas gibt es keinen Satz, der auch nur annähernd eine gleich selbstbewusste Botschaft der Hoffnung und der Glaubenserfahrung enthält. Europa wird weiter gesucht, weil es immer wieder neu wird. Auf andere Weise wird auch das Christentum neu gesucht, weil es sich zu verflüchtigen droht. Deshalb wage ich die Behauptung: Der Haussegen hängt in Europa schief, wenn sich alles auf den Markt konzentriert. Die Stärke Europas kann und darf man nicht nur an der Währung des Geldes messen; auf dem Spiel steht die Skala der jüdisch-christlichen Werte. Anders ausgedrückt: Je schwächer die Identität des Christentums, desto kraftloser wird Europa.

Leider gibt es Strömungen, die der christlichen Prägekraft Europas kritisch gegenüberstehen. Im *West-östlichen Divan* versteckte Johann Wolfgang von Goethe (1749 – 1832) seine Skepsis gegenüber dem christlichen Erbe im Gewand eines Muslim: »Mir willst du zum Gotte machen solch ein Jammerbild am Holze?« So verwundert es nicht, dass vier Jahre nach dem berühmten Kruzifixurteil des Bundesverfassungsgerichts von 16. Mai 1995 der Andachtsraum des Deutschen Bundestages in Berlin zum Gegenstand einer weiteren Kontroverse um die Zumutbarkeit des Kreuzes wurde: Reichstag als Traditionsbegriff »Ja«, aber »Nein« zum Anbringen eines Kreuzes im Andachtsraum als »Traditionspeinlichkeit«. Es lebe die Berliner Umverwandlung der Bundesrepublik, transformiert in ein postmodernes, esoterisches Allerlei! Jung und frisch, unverbraucht und ungebunden an alles Verbindliche und Verbindende soll Europa von jenen empfangen werden, die sich stärker wissen als die Schwäche und Kraft des Kreuzes Christi. Die Stärke Europas suchen sie aus der Verdrängung der Identität des Christentums heraus zu definieren: Europa sei dort, wo das Christentum nicht mehr oder noch nicht ist!

Doch das Christentum ist kein Ladenhüter, alt und vermodert. Im Gegenteil: Das Evangelium hat nichts von seiner Frische eingebüßt. Im Zeitalter der Postmoderne ist es aktueller denn je. Nicht umsonst hat unser vormaliger Papst Benedikt XVI. bei seinem Amtsantritt festgestellt: »Die Kirche lebt. Die Kirche ist jung.« Gerade deshalb sind die Kraftlosigkeit und die Kritiksucht, der mangelnde Bekennermut und die fehlende Lebensfrische vieler Christen beklagenswert. Umso mehr wage ich die Behauptung: Europa ist am Scheideweg. Es steht neu vor der Botschaft Jesu Christi, die es annehmen oder verweigern kann. Daraus erwächst unsere Mission: Je eindeutiger wir das Proprium des christlichen Glaubens artikulieren und präsentieren, desto stärker kann Europa, das sich stets im Wandel neu sucht, das Christentum als Kraftquelle annehmen. Eine Frau, die für ein zukunftsfähiges Europa Türen öffnen kann, ist Edith Stein (1891 – 1942), mit ihrem Ordensnamen Schwester *Teresia Benedicta a Cruce*. Papst Johannes Paul II. (1920 – 2005) hat diese

Hl. Edith Stein
(1891 – 1942)

Hl. Teresa von Kalkutta
(1910 – 1997)

herausragende »Tochter Israels und Frau der Kirche« am 11. Oktober 1998 in Rom in das Buch der Heiligen eingeschrieben. Ein Jahr später wurde sie zusammen mit der hl. Birgitta von Schweden (1303 – 1373) und der hl. Katharina von Siena (1349 – 1380) in die Reihe der Patrone Europas aufgenommen.

Die Tür zum Glauben ist für die heilige Edith Stein nicht im Handumdrehen aufgesprungen. Es brauchte den langen Weg mitunter mühsamer kleiner Schritte, ehe sich ihr über verschiedene Schwellen hinweg das weite Portal in den geistlichen Raum des christlichen Glaubens, der Kirche und des Karmels aufgetan hat. Denken und Sein, Theorie und Praxis überholen sich immer wieder; sie holen sich nicht ein, laufen aber auch nicht ins Leere, sondern bringen stets neue Facetten dieser Frau hervor, die unserer Zeit so nahe ist. Als Jüdin war Edith Stein geboren worden, in ihrer Jugendzeit wurde sie zur Agnostikerin. Als Studentin und wissenschaftliche Assistentin war sie kurze Zeit Atheistin. Bei ihrer Suche nach Wahrheit stieß sie auf Gott. Sie wurde Christin und schließlich Nonne. Ihr Weg auf dieser Erde endete schließlich in Auschwitz. Diese Stationen stehen für viele Türen und Tore, die sich geöffnet und geschlossen haben.

Am 12. Oktober 1891 hat Edith Stein in Breslau das Licht der Welt erblickt. Ihre Geburt fiel auf den Tag des großen jüdischen Versöhnungsfestes, auf den *Jom Kippur,* der sich durch Fasten, Beten und Sühne für die Sünden auszeichnet. Dieses Fest an ihrem Geburtstag steht wie ein Vorzeichen über ihrem Leben und Sterben. Im Kreis von sieben Geschwistern war Edith das Nesthäkchen. Sie war nicht einmal zwei Jahre alt, als ihr Vater starb. Der Holzhandel, den er betrieben hatte, war leidlich gegangen. Die Witwe und Mutter musste nun in das Geschäft einsteigen. Sie glich der starken Frau, die das Alte Testament im *Buch der Sprichwörter* beschreibt (vgl. Spr 31,10-31). Auguste Stein (1849 – 1936) war freigebig – ein Zug, den sie ihrer Tochter Edith vererbte. Es geschah nicht selten, dass sie unbemittelten Leuten Holz verkaufte und das empfangene Geld dem Käufer wieder zusteckte. Sie hat ganze Waldbestände erworben, um sie zur Winterszeit den Armen als Brennholz zu überlassen. Edith war nicht nur der Liebling der Mutter, sondern als Jüngste auch der Liebling der Geschwister. So genoss sie eine frohe Kindheit – das beste Tor, damit das Leben gelingen kann. Besonders wohl fühlt sich Edith in der Schule. Sie hat Freude am Lernen. Sie hungert förmlich nach Wissen. Schon in jungen Jahren bohrt sie nach dem, was wirklich ist. In der Schule sind Sprachen und Literatur ihre Glanzfächer. In Mathematik und Naturwissenschaften tut sie sich weniger leicht. Mitten in der Schullaufbahn bekommt jedoch dieser Weg einen Knick. Edith, immer die Zweitbeste in der Klasse, hat plötzlich keine Lust mehr auf Schule. Sie ist noch keine fünfzehn Jahre alt. Da will sie einfach raus, um das ›Puppenstadium‹ zu überwinden. Die Mutter schickt ihre jüngste Tochter nach Hamburg, wo Ediths Schwester Else mit einem Arzt verheiratet ist. Dort soll sie im Haushalt mithelfen. Die Mutter hat klug gehandelt. Denn als sie nach einigen Monaten zu Besuch nach Hamburg kommt, findet sie zu ihrer Freude, dass sich Edith zu ihrem Vorteil entwickelt hat. Ihre Jüngste hat auch wieder Lust auf das Lernen bekommen. Sie kehrt nach Breslau zurück und macht 1911 ein glänzendes Abitur. Bei der Abschlussfeier sagt der Schuldirektor über sie: »Schlag an den Stein und Weisheit springt heraus«. Abgesehen vom Hamburger Zwischenspiel ist Edith eine Vorzeigetochter. Alle Türen stehen ihr offen. Trotzdem macht sich ihre Mutter Sorgen. Warum? Auf ihrem Herzen liegt eine schwere Last. Edith hat zwar einen klugen Kopf, aber sie ist nicht fromm. Für das Judentum zeigt sie wenig Interesse. Der Mutter zuliebe geht sie hin und wieder in die Synagoge mit. Aber innerlich hat sie dem Glauben längst ›Adieu‹ gesagt. Beim Religionsunterricht ist sie höchstens körperlich anwesend. Nicht von ungefähr bleibt das Fach unbenotet.

Hören wir Edith selbst, wie sie ihren Weggang nach Hamburg gesehen hat: »Es fiel mir nicht schwer, von zu Hause wegzugehen. Es war die Zeit, in der ich meinen Kinderglauben verlor und anfing, mich als selbständiger Mensch aller Leitung durch Mutter und Geschwister zu entziehen. In Hamburg habe ich mir das Beten ganz bewusst und aus freiem Entschluss abgewöhnt. Über meine Zukunft dachte ich nicht nach, aber ich lebte weiter in der Überzeugung, dass mir etwas Großes bestimmt sei«.

Diese erste Tür zum Leben hat besonders denen etwas zu sagen, die junge Menschen ins Leben begleiten: Obwohl sie heute als Heilige verehrt werden darf, war Edith als Jugendliche nicht nur die Lieblingstochter, sondern auch ein Sorgenkind. Wie sie damals ihrer Mutter manch schlaflose Nacht bereitet hat, so können auch wir Lieder davon singen, wenn Kinder nicht mehr in die Kirche gehen, wenn Heranwachsende plötzlich von zu Hause ausbrechen und sich von Autoritäten nichts mehr sagen lassen. Auguste Stein hat ihrer Tochter die Tür niemals zugeschlagen. Als sie ihr nach Hamburg nachfuhr, hat sie ihr nichts nachgetragen.

Umgekehrt wusste Edith ihr Leben lang, dass die erste Tür des Lebens, das Elternhaus, stets offen stand. Obwohl die Mutter sicher Tränen vergoss, als Edith sich gegen ihre Einwilligung für den Lazarettdienst meldete, und mehr noch, als sie sich in der katholischen Kirche taufen ließ und schließlich sogar in den Karmel eintrat – die innere Beziehung zur Mutter ist niemals abgerissen. Selbst aus dem Kloster hat Schwester Teresia Benedicta a Cruce ihrer Mutter jede Woche einen Brief geschrieben. Auf diese Weise wollte sie die Frau, der sie das Leben verdankte, ein wenig in ihr Ich hineinschauen lassen.

Die Mutter hat sich oft eine Frage gestellt, die uns nicht fremd ist: Was wird aus meinem Kind einmal werden? Für die junge Edith Stein war klar: Ich bin für etwas Großes bestimmt. Hier deutet sich an, dass jeder Mensch aufgrund seiner Veranlagung und seines Charakters seine ihm eigene Versuchungsgeschichte hat. Hätten sich die Träume der Schülerin und Studentin nach ihren Vorstellungen erfüllt, wäre sie vielleicht so etwas wie ein ›Star‹ im Reich des Denkens geworden. Aber das wurde sie nicht. Sie wurde vielmehr ein ›Stern‹ der Kirche. Was ist der Unterschied zwischen einem ›Star‹ und einem ›Stern‹?

Ein Star kommt und glänzt, aber wenn er am hellsten strahlt, macht er schon wieder einem anderen Platz. Das kennen wir aus der Mode ebenso wie vom Sport. Ein Stern hingegen kommt und geht auf, er brennt und verbrennt sich – und gerade darin bleibt er. An Edith Stein sehen wir: Nur wer brennt, wer sich verbrennt für Gott und den Menschen, der bleibt. Zum Stern gehört die Nacht. Das weiß jeder. Erst in der Nacht kommt er zum Leuchten. Es fällt auf, dass die Nacht im Leben der Edith Stein eine wichtige Rolle spielt. Sie arbeitete in der Regel bis tief in die Nacht. Die ganze Nacht vor ihrer Taufe, die sie mit dreißig Jahren empfing, hat sie im Gebet verbracht. Es scheint, dass die Stunden der Nacht die glücklichsten Stunden ihres Lebens waren. In ihrem letzten Werk, an dem sie noch an dem Tag, an dem sie für ihren letzten Weg abgeholt wurde, gearbeitet hat, steht der Satz: »Im Leben des Herrn waren sicher die glücklichsten Stunden die in stiller Nacht«. Doch gab es für Edith Stein noch eine Nacht ganz anderer Art. Es ist die Nacht, die nicht von außen kommt, sondern sich von innen her ausbreitet. Von dieser Nacht sagt Edith Stein, sie sei schlimmer als jede andere. Vor allem diese innere Nacht musste sie bestehen, um die Türschwelle zum eigenen Ich zu überschreiten und zum Licht der Selbsterkenntnis zu gelangen. Es ist die Nacht der Zweifel und der Depressionen, die Nacht der Rastlosigkeit und der Ratlosigkeit. Es ist die Nacht, die dem Menschen den Spiegel der eigenen Ohnmacht hinhält.

Von ihrem berühmten Lehrer Edmund Husserl (1859 – 1938), bei dem Edith Stein studierte und dessen Assistentin sie von 1916 bis 1918 war, hatte sie gelernt: »Im Wissen besitzen wir die Wahrheit«. Als sie an ihrer Doktorarbeit über das Problem der Einfühlung schrieb, wurde sie eines Besseren belehrt. Ihr ging eine grundlegende Weisheit auf: Die Wahrheit lässt sich nicht erzwingen, auch nicht von einem gescheiten Kopf. Niemand kann wohl wirklich ahnen, wie es in einer Frau aussah, die sich äußerlich so selbstsicher gab. Sie war gewohnt, dass man zu ihr aufblickte; innerlich aber plagte sie tiefe Einsamkeit. Was trägt im Leben wirklich? Wissen, Karriere – das kann doch nicht alles sein! Wer bin ich eigentlich? Fragen, die sie über vier Jahre lang fesseln und durch eine Vielzahl innerer Krisen gehen lassen.

Wieder ist es eine Nacht im Sommer 1921, vielleicht die bedeutsamste ihres ganzen Lebens: Edith Stein hält sich bei einer Freundin auf. Abends ist sie allein zu Haus. Wahllos holt sie aus dem Regal einen dicken Schmöker heraus: *Das Leben der heiligen Theresia von Jesus* (Teresa von Avila, 1515 – 1582). Das Buch zählt über fünfhundert Seiten. Sie beginnt zu lesen – und liest das Buch die ganze Nacht in sich hinein. Und als sie es am Morgen schließt, stellt sie fest: »Das ist die Wahrheit«. Über dem neuen Tag geht nicht nur die Sonne auf, sondern auch das Licht der Wahrheit. Die Wahrheit über sich selbst lichtet sich. Die Tür zum eigenen Ich ist aufgeschlossen. In dieser Nacht hat Edith Stein erkannt: Gott ist der einzige Schlüssel, der wirklich auf unser Leben passt. Die Wahrheit über uns selbst liegt nicht im Wissen, sondern in der Hingabe. Denn Gott ist weniger ein Gott der Wissenschaft, sondern ein Gott der Liebe, die allein die vielfältigen Fesseln lösen kann, die Menschen binden und am wirklichen Leben hindern.

Für »die Interessen dieses Gottes« zu leben, das ist fortan ihr fester Entschluss und der Sinn ihres künftigen Daseins. Sie kauft sich den katholischen Katechismus und ein Schott-Meßbuch. Denn sie wollte mehr wissen von Gott, der nicht nur von oben die Welt regiert, sondern mit dem Menschen gleichsam ›per Du‹ sein will. Von diesem Schlüsselerlebnis her stellen sich zwei Fragen für uns:

Kenne ich Fesseln, die mich an etwas binden, das dunkel ist und mich deshalb selbst dunkel und finster macht? Bei Edith Stein war es die fixe Idee: »Weißt du was, dann bist du was!« Hier wird uns als Antwort gesagt: Suche die Liebe. Sie ist die Tür zu deinem eigenen Ich. Nur sie wird dich aus deinen Fesseln lösen, die dir die Luft zuschnüren.

Für welche Interessen lebe ich eigentlich? Sind es ausschließlich meine eigenen? Wer ständig um sich selber kreist, wer stets nur an sich denkt, wer nur damit beschäftigt ist, sich mit anderen zu vergleichen, der wird auf Dauer missmutig und unzufrieden. Es soll nicht nur ungenießbare Pilze geben, auch wir sind manchmal ungenießbar. Sorgen wir dafür, dass die Ungenießbarkeit nicht chronisch wird! Auch hier gilt: Suche die Liebe. In ihr wird nicht das *Ich* groß geschrieben, sondern das *Du*. Die Liebe ist es, die aus dem kaltstrahlenden ›Star‹ der Neonscheinwerfer einen wärmend scheinenden ›Stern‹ für jene macht, die in der Nacht ihres Lebens einen Lichtblick suchen. Wenn Edith Stein unter uns wäre, könnte sie uns von solchen Lichtblicken in ihrem Leben berichten – von Lichtblicken, die sie zu einer weiteren Tür geführt haben.

Glücklicherweise hat Edith Stein viel geschrieben und auf diese Weise ihrer Nachwelt einen Schatz an Weisheit hinterlassen. Ein interessantes Erlebnis hatte sie in Frankfurt, als sie zusammen mit einer Freundin den Dom besuchte. Lassen wir sie selbst erzählen: »Wir traten für einige Minuten in den Dom, und während wir in ehrfürchtigem Schweigen dort verweilten, kam eine Frau mit einem Marktkorb herein und kniete zu kurzem Gebet in einer Bank nieder. Das war für mich etwas ganz Neues. In die Synagogen und in die protestantischen Kirchen, die ich besucht hatte, ging man nur zum Gottesdienst. Hier aber kam jemand mitten aus den Werktagsgeschäften in die menschenleere Kirche wie zu einem vertrauten Gespräch. Das habe ich nie vergessen können«. Diese unscheinbare Szene macht auf Verschiedenes aufmerksam. Zunächst erfahren wir: Wo ein Mensch den Mut hat, die Schwelle in einen Raum ehrfürchtigen Schweigens zu überschreiten, da lässt Gott nicht lange auf sich warten, da macht Er sich in irgendeiner Weise zu diesem Menschen auf den Weg. Und sonderbar ist dabei: Jene Frau, die den Dom betrat, konnte nicht einmal ahnen, dass Gott sich ihrer bedienen sollte. Es bleibt sein Geheimnis, wie oft er sich schon des Einzelnen von uns bedient hat und noch bedienen wird, um in ähnlicher Weise in das Leben anderer hineinzuwirken. So sind wir nichts anderes als Gottes Instrumente. Oder anders gesagt: Wir sitzen sozusagen im Vorzimmer Gottes und stellen die Verbindung her. Wenn das Gespräch durchgestellt ist, dann hat die Sekretärin ihre Aufgabe erfüllt. So geht es auch uns. »Herr benutze uns als lebendige Bibel für diejenigen, welche die gedruckte Bibel nicht verstehen«.

Noch etwas lehrt uns diese Episode: Ob die Frau, die mit ihrem Einkaufskorb in den Dom kam, alt war oder jung, arm oder reich, das wissen wir nicht. Doch wie unwichtig ist das alles im Vergleich zu dem, was von ihr gesagt wird. Mitten im Alltag lebend, ist sie nicht alltäglich geworden. Denn sie hatte es sich zur Gewohnheit gemacht, das alltägliche Vielerlei immer wieder hinter sich zu lassen und die Nähe dessen zu suchen, der in der Stille auf uns wartet.

Gibt es das noch, dass jemand aus dem Getriebe des Alltags in eine Kirche tritt, um Gott einen kurzen Besuch abzustatten? Ich glaube schon – auch heute in vielen Städten und Dörfern, wenn die Kirche nicht gerade zugesperrt ist. Wäre es nicht eine wunderbare adventliche Geste, sich etwa mitten im Stress der Weihnachtsvorbereitungen eine kleine Ruhepause bei dem zu gönnen, der am Heiligen Abend wirklich im Kommen ist! »Was tut der Herr im Tabernakel?«, wurde der Pfarrer von Ars (1786 – 1859) gefragt. Und der Heilige gab zur Antwort: »Er wartet auf dich.« Bei ihm darf deine Seele Atem holen – gerade dann, wenn daheim, im Büro oder im Betrieb dicke Luft herrscht. Bei ihm darfst du frische Luft schnappen und Energie auftanken. Ich bin sicher, dass wir nach solch einer Pause anders aus der Kirche herauskommen, als wir hineingegangen sind. Die Tür zur Kirche erschließt uns nicht nur ein Bauwerk, sondern auch den geistlichen Raum der Christen, Kirche heißt. Hier findet das seine Vertiefung, was wir eben bedacht haben: Bei seinen Annäherungsversuchen setzt Gott Menschen ein. Während die Frau im

Frankfurter Dom anonym bleibt, kennen wir andere mit Namen, derer Gott sich bedient hat, um Edith Stein zur Schwelle der Kirche und darüber hinaus zu führen. Neben Bekannten unter Philosophen, Ordensleuten und Priestern sticht besonders ihre wohl beste Freundin hervor: Hedwig Conrad-Martius (1888 – 1966), ihre »Hatti«, wie Edith Stein sie liebevoll nannte. Es war ihr Bücherschrank, aus dem Edith das Leben der Teresa von Avila nahm und daraufhin die Entscheidung traf, sich taufen zu lassen.

Es ist wohl eine der seltsamsten Fügungen, dass ihre Freundin Hedwig etwa zur selben Zeit von Gott ergriffen wurde wie Edith; gäbe es da nicht einen kleinen Unterschied, den Hedwig so beschreibt: »Wir gingen beide wie auf einem schmalen Grate dicht nebeneinander her, jede in jedem Augenblick des göttlichen Rufes gegenwärtig. Er geschah, führte uns aber nach konfessionell verschiedenen Richtungen«. Hedwig wurde evangelisch, Edith entschied sich für die katholische Kirche.

Und jetzt das ›Pfefferkorn‹ der ganzen Geschichte: Edith bat Hatti, ihre Taufpatin zu sein, und holte sich dafür die bischöfliche Erlaubnis. In Hedwigs weißem Hochzeitsmantel als Taufkleid schritt eine strahlende Edith Stein an den Altar – von der evangelischen Freundin liebevoll geleitet: Ökumene am Neujahrstag 1922. Das war nicht nur eine freundschaftliche Geste, toleriert von der sog. Amtskirche. Edith Stein war Ökumenikerin aus Passion. Als sie den christlichen Gott als Wahrheit entdeckt hatte, war ihr gleichzeitig klar: Es gibt kein kirchenloses Christentum. Christlichkeit und Kirchlichkeit lassen sich nicht trennen. Der Glaube des einzelnen braucht den Halt der Gemeinschaft. Sonst droht er zu scheitern. Es ist gut, sich dies gerade in einer Zeit bewusst zu machen, in der so vieles ohne die Kirche möglich scheint: Wir können unsere Feste feiern von der Geburt bis zur Bahre – auch ohne Kirche. Advent und Weihnachten geben eine gute Kulisse her für Verkaufsmärkte und Abschlussfeiern. Machen wir uns nichts vor: Der Euro regiert diese Tage – auch ohne Kirche. Manche denken sogar, sich ihren privaten Glauben selbständig zusammen zimmern zu müssen. Dabei basteln sie sich auch ihre Kirche zurecht und übersehen, dass die Kirche kein Geschöpf des Menschen ist, sondern ein Geschenk des Himmels.

Für Edith Stein stand außer Zweifel: Es ist ein Unterschied, ob man mit seinem Glauben allein bleibt oder zu Hause ist in einer großen Gemeinschaft. Als kirchlich gebundener Christ gibt man sich mit seinem Glauben, Hoffen und Lieben, aber auch mit seinen Fragen, Zweifeln und Unzulänglichkeiten in diese Kirche hinein und trägt sie mit. Jeder von uns ist ein Stück Kirche. Dass diese Kirche kein vollständiges Mosaik mehr bildet, sondern im Laufe der Geschichte in verschiedene Konfessionen zerfallen ist, hat Edith Stein sehr geschmerzt. Einmal erinnert sie sich an einen Besuch in Heidelberg: »Ich habe das Heidelberger Schloss, den Neckar und die schönen Minnesängerhandschriften in der Universitätsbibliothek gesehen. Und doch hat sich wieder etwas anderes tiefer eingeprägt als diese Weltwunder: eine Simultankirche, die in der Mitte durch eine Wand geteilt ist und diesseits für den protestantischen, jenseits für den katholischen Gottesdienst benutzt wird«. Die Wahl der evangelischen Freundin als Taufpatin zeigt: Sie wollte sich mit diesem Zustand nicht zufrieden geben.

Es spricht für die Weite des Geistes und des Herzens, die Edith Stein auszeichnet, wenn sie schreibt: »Es hat mir immer sehr fern gelegen zu denken, dass Gottes Barmherzigkeit sich an die Grenzen der sichtbaren Kirche binde. Gott ist die Wahrheit. Wer die Wahrheit sucht, der sucht Gott, ob es ihm klar ist oder nicht.« Gleichzeitig aber lässt sie keinen Zweifel darüber aufkommen, dass sie fest in ihrer Kirche verankert ist. »Der Herr kann seine Gnade auch denen verleihen, die außerhalb der Kirche stehen. Aber kein Mensch darf sich selbst mit Berufung auf diese Möglichkeit aus der Kirche ausschließen.« Vielleicht kann man es so sagen: Je katholischer einer wird, desto respektvoller begegnet er auch denen, die in der evangelischen Kirche auf dem Weg zu Gott sind. Und umgekehrt: Je fester ein evangelischer Christ in seiner Gemeinschaft den Glauben lebt, umso offener wird er für die Wahrheit, die sich in der katholischen Kirche bewahrt hat. Aufgrund dieser wechselseitigen Offenheit können allmählich die Wände fallen. Die Freundschaft zwischen den Kirchen wächst im Wissen darum, dass Christus am Kreuz uns alle bis heute mit weit geöffneten Armen einschließt und so die Kirchen zueinander führen und beieinander halten will: das Kreuz – die große Klammer der christlichen Konfessionen. Damit ist das Stichwort für eine letzte Tür gegeben.

Die Tür zur Heiligkeit ist das Kreuz. Das hat Edith Stein nicht nur in ihrer ›Kreuzeswissenschaft‹ gelehrt. Sie hat es als »am Kreuz Vermählte« bis zuletzt gelebt. Während vor ihrem Klostereintritt in den Jahren 1932 und 1933 das Hakenkreuz immer häufiger auf den Straßen zu sehen war, richtete sich in ihrem Leben immer mehr das Kreuz Christi auf. Wir kennen den weiteren Verlauf der Ereignisse: Im Frühjahr 1933 musste sie ihre Lehrtätigkeit aufgeben. Hellsichtig wie sie war, ahnte sie, dass ihr persönliches Schicksal nur das Wetterleuchten für eine dunkle Gewitterwand sein sollte, die sich am Horizont der Geschichte auftürmte: »Jetzt ging mir auf einmal ein Licht auf, dass Gott wieder einmal schwer seine Hand auf sein Volk gelegt habe und dass das Schicksal dieses Volkes auch das meine war«. Sie wollte zu Papst Pius XI. (1857 – 1939) nach Rom fahren und ihn bitten, eine Enzyklika über die Judenfrage zu veröffentlichen. Zur Privataudienz ist es allerdings nie gekommen, aber ihr Brief wurde dem Heiligen Vater im April 1933 versiegelt übergeben.

Edith Stein ist immer mehr in das Geheimnis des Kreuzes hineingewachsen. Darum konnte sie auch – wie sie bekennt – bei ihrer Einkleidung keinen anderen Wunsch äußern, als im Orden »vom Kreuz« genannt zu werden: Schwester Teresia Benedicta a Cruce. Im Jahre 1942 steht das Kreuz in seiner letzten Unerbittlichkeit in ihrem Leben. Mittlerweile im Karmel von Echt in Holland, holt sie auch dort die braune Gefahr ein. Schwester Teresia Benedicta weicht vor dem Kreuz nicht zurück. Das »Heil Hitler!« der Gestapo erwidert sie mit »Gelobt sei Jesus Christus!«. Am 2. August 1942 wird sie zusammen mit ihrer Schwester Rosa verhaftet. Den letzten Gruß von ihr empfängt eine Ordensfrau, die im August 1942 von unbekannter Seite einen mit Bleistift geschriebenen Zettel erhält: »Grüße von der Fahrt *ad orientem*. Schwester Teresa Benedicta«.

Ad orientem: in den Osten heißt das übersetzt. Für Edith Stein hat es sicher mehr bedeutet: Nicht nur Polen, Auschwitz, Vernichtung, sondern Osten heißt auch: Ostern, Verklärung, neues Leben. Über dem Kreuz liegt ein österlicher Schimmer. In der Dunkelheit der Gaskammer erlosch das Licht ihres Lebens in dieser Welt, um in österlichem Glanz neu zu erstrahlen bei Gott, dem sie ein Leben lang auf der Spur war.

Was für Edith Stein in letzter Konsequenz gilt, spiegelt sich in irgendeiner Weise in jedem Menschenleben. Heilig werden – das heißt: sein Kreuz auf sich nehmen und Christus nachgehen. Mit menschlichen Augen betrachtet ist das Kreuz eine

Katastrophe. Mit dem Blick Gottes aber ist es nur ein anderer Name für eine bis zum Letzten durchgehaltene Liebe. Unsere Sprache bringt es an den Tag. Wenn ich etwas liebe, sage ich auch: Das ist meine Passion, meine Leidenschaft. Und wenn ich jemand sehr gern habe, dann sage ich: Ich habe eine Schwäche für dich. Ich bin so schwach, dass ich mich verwundbar mache für dich. – So sehr hat Gott die Welt geliebt, dass er die Schwäche besaß, ein verwundbarer Mensch zu werden – in Betlehem. Ja, seine Schwäche für uns Menschen ging so weit, dass er sich für uns nicht nur aufs Kreuz legen, sondern aufs Kreuz nageln ließ. In diese Weisheit vom Kreuz ist Edith Stein hineingewachsen, nicht nur durch Studium, sondern im Leben. Darin liegt die Tür zur Heiligkeit.

Mein Dienst als Pförtner ist getan. Ich habe versucht, vier Türen zu öffnen, die Edith Stein für Europa bereithält: die Tür zum Leben, die Tür zur Wahrheit, die Tür zur Kirche und die Tür zur Heiligkeit.

Wir werden weiterhin viele Türschwellen überschreiten. Haben wir keine Schwellenangst vor dem geistlichen Raum des Glaubens! Wenn Europa die »Schwelle der Hoffnung« (Papst Johannes Paul II.) überschreiten will, dann darf der alte Kontinent nicht verkrusten, er darf sich nicht nur auf Diskussionen über Finanzen und Ökonomie beschränken, sondern muss Mut haben zu einer Debatte über die geistig-geistlichen Werte, die im Haus Europa gelten sollen. Der Haushalt Europas wird nur dann tragfähig sein, wenn nicht nur die Schulden abgebaut werden, sondern auch die moralischen Maßstäbe stimmen. Daran erinnert uns Edith Stein unerbittlich.

In einer Betrachtung zum Weihnachtsgeheimnis schrieb sie: »Wohin das göttliche Kind uns auf dieser Erde fuhren will, das wissen wir nicht und sollen wir nicht vor der Zeit fragen. Nur das wissen wir, dass denen, die den Herrn lieben, alle Dinge zum Guten gereichen. Und ferner, dass die Wege, die der Herr führt, über diese Erde hinausgehen.«

Hl. Teresa von Kalkutta: Mutter der Armen

Engel von Kalkutta, Gewissen des 20. Jahrhunderts, (Medien-)Ikone christlicher Nächstenliebe, Friedensnobelpreisträgerin, von UN-Generalsekretär Javier Pérez de Cuéllar (geb. 1920) zur »mächtigsten Frau der Welt« erkoren, Ehrenbürgerin der USA: Das sind nur einige der vielen Titel, die ihr von Gläubigen wie Nichtglaubenden, von Christen ebenso wie von Anhängern anderer Religionen verliehen wurden. Die Rede ist von Mutter Teresa (1910 – 1997).

Ihr Name ist gleichsam zum Symbol geworden für den Einsatz zugunsten der Armen und Ausgestoßenen dieser Welt. So wird die hoch geehrte Elisabeth von Thüringen (1207 – 1231) oft die »Mutter Teresa des Mittelalters« genannt. Und sogar der Hollywood-Star Angelina Jolie (geb. 1975) musste gegensteuern, weil es ihr peinlich war, als Journalisten sie wegen ihrer umfangreichen sozial-karitativen Aktivitäten als »neue Mutter Teresa« bezeichneten. Sie habe lediglich irgendwann einmal gemerkt, meinte die Schauspielerin, welch privilegiertes Leben sie führe. Aus dieser Erfahrung heraus wolle sie etwas tun gegen die Ungerechtigkeit, die von unserem Planeten zum Himmel schreie. Wenn Mutter Teresa schon in Politik und *Show-Business* einen Platz bekommen hat, dann ist es kein Wunder, dass auch die Päpste sie schätzten und würdigten. Papst Johannes Paul II. (1920 – 2005) hat sie wenige Monate vor seinem Tod selig gesprochen. Nach einem Verfahren in Rekordzeit wollte er die selige Mutter Teresa unbedingt noch als eine Art Testament der Kirche zurücklassen. Auch sein Nachfolger macht aus seiner Wertschätzung für Mutter Teresa keinen Hehl. Gleich dreimal hat Papst Benedikt XVI. sie in seiner Enzyklika *Deus caritas est* als Beispiel und Modell empfohlen. Es ehrt Mutter Teresa, wenn der Papst an ihrer Person erklärt, dass die Liebesfähigkeit dem Nächsten gegenüber sich immer neu aus der Begegnung mit dem eucharistischen Herrn nährt, und dass umgekehrt die Eucharistie ihre Tiefe und Wahrhaftigkeit erst vom Dienst am Nächsten gewinnt (vgl. *Deus caritas est,* Nr. 18). Zugleich deutet der Papst anhand von Mutter Teresa die Verbindung zwischen Aktion und Kontemplation, zwischen Engagement und Spiritualität. Es dürften seine alltäglichen Erfahrungen mit den *Missionarinnen der Nächstenliebe* eingeflossen sein, die unmittelbar neben dem Palast der Glaubenskongregation, dem langjährigen Arbeitsplatz von Joseph Kardinal Ratzinger, einen Konvent unterhalten, wo sie sich besonders der Bettler und Obdachlosen von Rom annehmen. Im täglichen Blick auf diese Schwestern wurde Mutter Teresa für den Papst zur Gewährsfrau dafür, dass Frömmigkeit nicht den Kampf gegen Armut und Elend der Menschen schwächt, sondern im Gegenteil, »dass die Gott im Gebet gewidmete Zeit dem tatsächlichen Wirken der Nächstenliebe nicht nur nicht schadet, sondern in Wirklichkeit dessen unerschöpfliche Quelle ist« *(Deus caritas est,* Nr. 36). Wie kann man dann erklären, was jetzt ans Licht der Öffentlichkeit gekommen ist? Verstörende Zeilen, das beklemmende Zeugnis einer Seelennacht, ein Zweifeln, das bis an die Grenze der Verzweiflung geht. Schonungslos deckt ein Buch von und über Mutter Teresa auf, was aus privaten Notizen und vertraulichen Briefwechseln mit Bischöfen und geistlichen Begleitern hervorgeht: »Wenn ich versuche, meine Gedanken zum Himmel zu erheben, erlebe ich eine solch überzeugende Leere, dass diese Gedanken wie scharfe Messer zurückkehren und mein Innerstes verletzen.« Man erzähle ihr immer wieder, dass Gott sie liebe, aber die Seele sei ihr zum Eisblock gefroren, klagt die Gründerin der *Missionarinnen der Nächstenliebe.* Sie wolle Gott ja lieben, fährt sie fort, aber anstelle Gottes finde sie nur Leere, die schmerzhafte Abwesenheit Gottes. Sein Platz in ihrer Seele bliebe leer. Nur blindes Vertrauen helfe ihr, ihre Berufung durchzuhalten.

Blenden wir zurück: Im Jahre 1928 tritt die damals achtzehnjährige Albanerin Agnes Gonxa Bejaxhiu den *Loreto-Schwestern* bei. Kurz darauf wird sie nach Indien geschickt, wo sie als Schwester Teresa, die ›Kleine‹ (von Lisieux), in einer ordenseigenen Schule unterrichtet. Die Einrichtung wird als »eine Oase gepflegter smaragdgrüner Rasen und hübsch uniformierter Kinder« beschrieben, »ein Ort des Luxus, ein Kurort erster Klasse«. Schwester Teresa unterrichtet die Kinder reicher Familien, sie dient der *High Society* der Briten und Inder. Viele stammen aus den besten Häusern Kalkuttas. So beginnt das Gott geweihte Leben von Schwester Teresa, ihre Ordenskarriere: erst Lehrerin, dann für einige Jahre sogar Direktorin. Schnell ist sie allseits beliebt: ein froher, lachender junger Mensch, eine Schwester mit Zukunft, klug, praktisch, hilfsbereit.

Am 10. September 1946 erlebt Schwester Teresa ihren »Tag der Entscheidung«. Es geschieht auf einer Eisenbahnfahrt nach Kalkutta. Im Zug liest sie eine Biographie von Anne Fremantle über Charles de Foucauld (1858 – 1916) mit dem Titel *Ruf der Wüste* (engl.: *Desert calling*). Darin schildert der elegante französische Offizier, wie Gott ihn in die Wüste gerufen hat. Tiefe Sympathie, ja Seelenverwandtschaft spürt Schwester Teresa für die Entscheidung des Charles de Foucauld, der totale Hingabe und Armut wagte und seine *Kleinen Brüder und Schwestern* aussandte in alle Welt. Von nun an hört sie immer wieder eine innere Stimme, die ihr sagt: »Komm doch, trag mich in die Löcher der Armen. Sei mein Licht! Komm, geh mitten unter die Armen! Trage mich mit dir zu ihnen!« In dieser Stimme, die mehrmals zu ihr spricht, hört sie Jesus. Über diese neue, zweite Berufung berichtet sie ihrem geistlichen Begleiter, »dass Gott möchte, dass ich mich ihm in absoluter Armut vollständig hingebe, dass ich mich mit den indischen Mädchen in ihrem Leben der Selbstaufopferung und Hingabe identifiziere, indem ich mich um die Armen in den Slums, um die Kranken und die Sterbenden kümmere, sowie um die Bettler in ihren dreckigen Löchern und die kleinen Straßenkinder. Kurz: Ich soll mich Gott vorbehaltlos hingeben, der in den Armen der Slums und der Straße lebt.«

Dann geht alles sehr schnell. Mit Erlaubnis des Erzbischofs von Kalkutta legt sie 1948 den Schleier der *Loreto-Schwestern* ab. Stattdessen hüllt sie sich in einen weißen Sari mit blauer Borte, in die Kleidung der niedrigsten Kaste in Bengalen: später das Ordenskleid der *Missionarinnen der Nächstenliebe,* die sich dazu berufen fühlen, »die Seelen der armen kleinen Straßenkinder« Jesus zu bringen. Ungeduldig und manchmal ungestüm hat Schwester Teresa für die neue Kongregation gekämpft. Doch ihre Glaubensnot ist geblieben. Die ein Lichtblick war für viele, »die in Finsternis sitzen und im Schatten des Todes« (Lk 1,79), musste selbst eine lange Nacht des Zweifels durchstehen. Und diese dunkle Nacht wollte für Mutter Teresa nicht dämmern, nicht bis zu ihrem Tod. Wie ist das zu deuten?

Mutter Teresa kennen wir umjubelt auf Weltjugendtagen und Katholikentreffen, lächelnd empfangen von Päpsten und Politikern. Hat sie womöglich die vielen Menschen betrogen, die bekannten, dass sie sich näher zu Gott gezogen fühlten, wenn sie der kleinen Frau im weiß-blauen Sari beggnen durften? Wenn sie den Mund aufmachte, um von Gott und seiner Liebe zu erzählen, gab das vielen Menschen Licht, Freude und Mut. »Doch ich selbst bekomme nichts davon. In mir ist alles dunkel und ein Gefühl, dass ich von Gott total abgeschnitten bin.« Trotz dieser Zeilen lesen wir aber auch, dass Mutter Teresa nie die tiefe Sehnsucht nach dem Abwesenden, dem sich ihr Entziehenden, dem Geliebten verloren hat. Auch wenn er schwieg, hat Mutter Teresa nicht von Jesus gelassen. Die tiefe Sehnsucht nach dem Abwesenden wach halten: Das ist das Testament, das Mutter Teresa hinterlässt. Die lange Nacht des Zweifels, die Dunkelheit der Glaubensnot macht Mutter Teresa nicht kleiner, sondern noch größer, noch ansprechender für die Menschen unserer Tage. Viele haben Zweifel. Vertrauenskrisen und Glaubensnöte zeichnen unsere Zeit aus. Mutter Teresa ist eine tröstende Schwester im Glauben, weil sie selbst durch eine lange Nacht gegangen ist.

Der Jesuit Carlo Kardinal Martini (1927 – 2012) setzt sich mit solchen Erfahrungen auseinander und fragt nach den Ursachen. Behutsam versucht er ins Wort zu bringen, was ihn im Blick auf die Wetterlage des Glaubens bewegt. Der ehemalige Erzbischof von Mailand meint, dass es in Gruppen, ja in der ganzen Gesellschaft solche Situationen des Dunkels und der Finsternis gibt, auch wenn diese sehr schwer zu deuten seien: »Mir scheint, dass ein Christ in der heutigen säkularen Welt jene Einsamkeit und Gottferne wahrnehmen kann und gerufen ist, darauf Antwort zu geben. Vielleicht gerade dadurch, dass er selbst in das Leid der Nacht eintritt, dass er – ohne seinen Glauben zu verlieren – solidarisch wird mit denen, die (vielleicht ohne es zu merken) fern von Gott leben.« Die dunkle Nacht des Glaubens könne auch eine geheimnisvolle Teilhabe an dem sein, worunter eine Welt ohne Gott, eine gottlose Zeit, vielleicht ganz unbewusst leidet.

So gesehen ist Mutter Teresa viel mehr als ein »Engel der *Caritas*«. Sie ist auch eine Lehrerin des Glaubens für unsere Zeit. Sie ermutigt uns, die bleibende Spannung auszuhalten zwischen Vertrauen und Zweifel, zwischen Gewissheit und Skepsis. Sie rät uns, die Sehnsucht in uns wach zu halten, dass das Dunkel sich lichtet und die Nacht zu Ende geht. Ist Mutter Teresa nicht eine Hoffnungsträgerin für alle Eltern und Erzieher, für die Seelsorger und Ordensleute, die in der Glaubensvermittlung an die junge Generation täglich vor einer Gratwanderung stehen: den eigenen Zweifel hintanstellen gegenüber den Anvertrauten, um sie nicht unnötig zu belasten, und doch kein Schauspieler sein, der etwas vorgaukelt, was nicht ist, sondern ehrlich zugeben, dass der Glaube auch Nächte kennt, Anfechtungen und Zweifel?

Obwohl Schwester Teresa ihre zweite Berufung mit dem Segen der Kirche leben konnte und für viele Menschen zur Mutter wurde, verlief ihr Leben in der Nacht. In einer fünfzig Jahre langen Nacht des Glaubens hat sie ihre Berufung gelebt. So ist ihr ganzes Leben ein einziger Advent: Sehnsucht nach dem Licht. »Wenn ich jemals eine Heilige werde, dann gewiss ganz eine ›Heilige der Dunkelheit‹. Ich werde fortwährend im Himmel fehlen, um für jene ein Licht zu entzünden, die auf Erden in Dunkelheit leben.«

ABBILDUNG 79

Edith Stein, Fotografie (vor ihrem Eintritt in den Karmel im Jahr 1933).

Die Zitate aus den Werken von Edith Stein sind entnommen Christian Feldmann: Liebe, die das Leben kostet. Edith Stein. 2. Aufl. Freiburg 1987; Rudolf Stertenbrink: Neuer Tag, neues Leben. Edith Stein. 2. Aufl. Frankfurt a. M. 1997; Hanna-Barbara Gerl-Falkovitz: Edith Stein. 2. Aufl. Mainz 1998.

ABBILDUNG 80

Mutter Teresa von Kalkutta, Fotografie; © John Mathew Smith.

Sel. Pater Rupert Mayer
Gedenktag: 3. November

Ich kenne einen,
der ließ sich von uns die Suppe versalzen,
der ließ sich von uns die Chancen vermasseln,
der ließ sich von uns das Handwerk legen,
der ließ sich für dumm verkaufen,
der ließ sich einen Strick drehen,
der ließ sich an der Nase herumführen,
der ließ sich übers Ohr hauen,
der ließ sich von uns kleinkriegen,
der ließ sich von uns in die Pfanne hauen,
der ließ sich von uns aufs Kreuz legen,
der ließ sich von uns Nägel mit Köpfen machen,
der ließ sich zeigen, was ein Hammer ist,
der ließ sich von uns festnageln auf sein Wort,
der ließ sich seine Sache was kosten.

Lothar Zenetti

Dieser Mann heißt Pater Rupert Mayer (1876 – 1945). Am 3. Mai 1997 hat ihn Papst Johannes Paul II. während seines zweiten Deutschlandbesuches in München selig gesprochen: eine Persönlichkeit, die sich ihre Sache, die Person Jesu Christi, etwas kosten ließ; ein Jesuit, der uns heute predigen soll. Zu Lebzeiten konnte er Tausende von Menschen mit seinem kernigen Wort fesseln.

Rupert Mayer wurde am 23. Januar 1876 als Sohn einer Stuttgarter Kaufmannsfamilie geboren. Der junge Rupert fiel während seiner Kindheit und Jugendzeit durch keine Besonderheiten auf. 1939, anlässlich seines 40-jährigen Priesterjubiläums, erzählte Pater Mayer von sich, schon früh habe sich in ihm das Reiterblut gerührt, er habe sich in die Pferde allzu sehr verliebt, und im Turnen habe er seine besten Noten heimgebracht. Und selbstkritisch fügte er hinzu, er sei als Jugendlicher ein arger Patriot gewesen, so dass er sich weigerte, eine fremde Sprache zu sprechen. Auch als Student war er nicht viel anders als die Anderen. Er machte das Studententreiben mit, trat einer Studentenverbindung bei, hatte am Fechten und Tanzen Gefallen und musizierte gern mit einem Mädchen, das – wie er ausdrücklich bemerkte (!) – sehr hässlich war und später nie schöner geworden ist.

Was den jungen Rupert von seiner Mitwelt unterschied, war seine religiöse Aufgeschlossenheit. Er hatte den Eindruck, in seiner Heimatstadt Stuttgart herrsche ein religiös indifferentes, bisweilen auch antikatholisches Klima. Diesem versuchte er von Anfang an entgegenzusteuern. Er tat es durch seine Lebensentscheidung. Jesuit wollte er werden. Da sich aber der Vater diesem Wunsch vehement entgegenstellte, wird Pater Mayer zunächst Weltpriester der Diözese Rottenburg. Aber er lässt nicht locker: Nach einem Jahr verlässt der junge Priester seine Kaplansstelle in Spaichingen und meldet sich bei den Jesuiten. In Holland setzt er seine Studien fort. Dort kristallisiert sich bald seine eigentliche Berufung heraus: nicht so sehr das Forschen nach der Wahrheit am Schreibtisch, sondern das Einstehen für die Wahrheit auf der Kanzel. Sechs Jahre lang zieht Pater Mayer als Volksmissionar durch die Gemeinden in Holland, Österreich und der Schweiz. 1912 ruft ihn sein Oberer nach München. Sein neuer Arbeitsauftrag lautet: »Rückeroberung der Arbeiter« (Kardinal Michael Faulhaber). Was er da an Neuland unter den Pflug nahm, glich harter Pionierarbeit. Jährlich kamen 8.000 bis 10.000 Zuwanderer nach München. Seine Gemeinde setzte sich zusammen aus einfachen Leuten, aus Arbeitern, Lehrlingen

Sel. Rupert Mayer SJ
(1876 – 1945)

und Dienstmädchen – bunt gemischt und über die ganze Stadt verstreut. Das ›Seelsorgszentrum‹ dieser Gemeinde – die Wohnung des Paters in der Rottmannstraße 1: eine Anlaufstelle für viele, die nicht nur einen Seelsorger in psychischer Not suchten, sondern besonders einen ›Leibsorger‹ in sozialen Problemen. Rastlos ist er unterwegs: ein Reisender in Sachen Christus in allen Winkeln der Münchner Innenstadt. Hausbesuche, endlose Beichten und entlastende Gespräche ... Auf 22.000 Karten der *Caritas* stand damals zu lesen: »wird von Pater Mayer versorgt«.

Der Erste Weltkrieg unterbricht die zähe Aufbauarbeit. Pater Mayer stellt sich der Militärseelsorge zur Verfügung und kehrt nach der Amputation des linken Beins als Schwerbehinderter nach München zurück: »Es gibt so viele Posten und Pöstchen«, schreibt er voller Hoffnung, »dass sich für mich auch etwas finden wird«. Pater Rupert Mayer musste nicht lange suchen. Der einbeinige Jesuit griff mit beiden Armen zu. Er selbst hatte erfahren, wo der Schuh zuerst drückte. Es waren die heimkehrenden Soldaten, die seine Hilfe brauchten. Viele von ihnen waren körperlich kraftlos und innerlich haltlos geworden. Zu viel hatten sie im Feld erlebt und erlitten. Wie gut, dass es Pater Mayer gab! Dort konnten sie sich ihren Kummer vom Herzen reden. Dort konnten sie den Schutt ihrer Seele abladen. Oft bis zur Erschöpfung opferte er Zeit und Geduld für die, die Trost und Ermutigung suchten. Augenzeugen berichten: Sein Beichtstuhl in *St. Michael* und sein Sprechzimmer glichen manchmal einer belagerten Festung. 60 bis 70 Besucher kamen täglich zu ihm. Für sie war er eine Art ›15. Nothelfer‹, der dann einspringen musste, wenn es keinen Ausweg mehr gab. Einen neuen Weg beschritt er in der Stadtseelsorge: Er übernahm die Männerkongregation im Bürgersaal. In dieser Funktion reiste er landauf landab und versuchte, die Männerwelt zusammenzuholen und im Glauben zu festigen. Im Münchner Hauptbahnhof führte er Gottesdienste für Ausflügler und Sportler ein. Allein im Jahre 1935 zählt man 75.000 Besucher. Dann werden die Gottesdienste verboten – von den Nationalsozialisten.

Damit ist das Stichwort gefallen. Pater Rupert Mayer nimmt aufmerksam wahr, was um ihn herum geschieht. Er führt Gespräche mit Politikern, er besucht Versammlungen. 1919 tritt bei einer Veranstaltung ein gewisser Adolf Hitler auf. Mayers Einschätzung: ein »Hysteriker reinsten Wassers«. Als eine Naziversammlung öffentlich gegen das Christentum Front macht (1923), da protestiert er. Mit Mühe gelingt es, den Priester gerade noch unverletzt aus dem Saal zu bringen. Pater Mayer hat die Gefahr durchschaut. Seine Reaktion: die Dinge klar benennen, kein Kompromiss, sondern Standortbestimmung. Er ist wachsam und mischt sich ein. Unermüdlich geht er zu Bürgerversammlungen. Eindeutig sind seine Predigten. Dass ihm die kirchlichen Oberen ein Predigtverbot auferlegen, muss er schlucken. Dass er mehrmals von den Nazis eingesperrt wurde, deutet er als Auszeichnung: »Ich bin mit meinem Los keineswegs unzufrieden. Ich empfinde dies nicht als Schande, sondern als Krönung meines Lebens«. Dass er schließlich, von den Oberen der eigenen Gemeinschaft mit veranlasst, als Verbannter im Kloster Ettal mundtot gemacht werden sollte, trifft ihn ins Mark: »Seitdem bin ich ein lebender Toter«, bekennt er, »ja dieser Tod ist für mich, der ich so voll Leben bin, viel schlimmer als der wirkliche Tod, auf den ich schon so oft gefasst war. Der Gestapo und der ganzen Bewegung konnte ich keinen größeren Dienst erweisen, als hier ruhig abzusterben.«

Pater Rupert Mayer musste in Ettal nicht sterben. »Ein einbeiniger Jesuit kann eben«, wie er gern sagte, »wenn es Gottes Wille ist, länger leben als eine gottlose, tausendjährige Diktatur«. Am 6. Mai 1945 darf er wieder in sein geliebtes München zurück. Aber er ist ein gebrochener Mann. Als er an Allerheiligen desselben Jahres in der Kreuzkapelle von *St. Michael* die heilige Messe feiert, kommt er ins Stocken: »Der Herr, der Herr, der Herr ...« Die Stimme bricht zusammen, der Pater bleibt aufrecht stehen. »Er ist niemals umgefallen, nicht einmal im Sterben.« Dieses Wort macht von nun an die Runde. Ein außergewöhnlicher Mensch ist gestorben: ein aufrechter und aufrichtiger Mann, ein Priester, der keine Angst davor hatte, sich den Mund zu verbrennen, wenn es um das Evangelium ging.

Ganz im Gegensatz zu uns Christen fünfzig Jahre später: Als 1995 das erste Kruzifixurteil verkündet wurde, war der Aufschrei groß. »Die Kreuze gehören in die Klassenzimmer wie die Alpen zu Bayern«, verkündete der damalige ›Landesvater‹ Edmund Stoiber. Was bedeutet dieses Bekenntnis wirklich? Dass unsere islamischen Mitbürger Moscheen bauen, dafür haben auch wir Christen Verständnis. Aber wie steht es um die Gegenseitigkeit? Religionsfreiheit für Muslime bei uns müsste sich paaren mit demselben Recht für Christen in islamischen Ländern. Gibt es nicht auch zu denken, dass diejenigen für das Minarett plädieren, die gleichzeitig den Vorwurf erheben, das Schlagen und Läuten unserer Kirchenglocken sei Ruhestörung?

Ein weiteres Feld, das unsere christliche Wachsamkeit fordert, ist die Kultur des Lebens. Wenn dem Menschen aus scheinbar humanitären Gründen aktiv beim Sterben geholfen werden soll, wer garantiert dann noch, dass nicht einmal jemand auf die Idee kommt, es könne für einen Menschen besser sein zu sterben, nicht weil er unheilbar krank ist, sondern behindert, alt, unnütz oder nur unbequem? Jetzt fängt der Mensch schon damit an, dem Schöpfer den Thron streitig zu machen. In Zeiten geklonter Schafe darf die Herde des *Guten Hirten* nicht mehr schweigen. Wo die christlichen Altäre leer bleiben, opfert der Mensch bald anderen Göttern, meistens geht er falschen Götzen auf den Leim. Das Produkt einer Gemeinschaft von Machern ist am Ende nichts als Mache: Ein Christentum, das wie lauwarmes Wasser schmeckt, macht sich überflüssig. Glaubwürdiges und mutiges Zeugnis ist gefragt. Keine stromlinienförmigen Bücklinge sind gefragt, sondern wachsame Seismographen für die Zeichen der Zeit: Weil ihr Leben Richtung hat, können sie Richtung geben. Wir brauchen Persönlichkeiten mit dem Format eines Pater Rupert Mayer.

Ich kenne noch einen,
der hat das alles schon vorher mit sich machen lassen – und noch mehr:
der hat sich ums Leben bringen lassen,
der hat sich sehen lassen am dritten Tag,
und der sich noch heute sehen lässt:
    Jesus Christus.
In jedem Blick auf ein Kreuz können wir Ihn sehen.
In jeder Feier der Eucharistie können wir Ihn empfangen.
In jedem Menschen können wir Ihm begegnen:
Wenn wir daran denken,
dass wir nicht nur eine Wirbelsäule haben, sondern ein Rückgrat,
wenn wir uns nicht verbiegen lassen,
sondern aufrecht bleiben
wie Pater Rupert Mayer.
Er ist niemals umgefallen, nicht einmal im Sterben.

Max Joseph Metzger und Dietrich Bonhoeffer

Glaubenszeugen

Max Joseph Metzger: Mundtot gemacht

Max Joseph Metzger
(1887 – 1944)

Dietrich Bonhoeffer
(1906 – 1945)

17. April 1944 – vor gut siebzig Jahren:
Der Mensch wird in seiner Würde verletzt.
Der Christ wird mundtot gemacht.
Der Zeuge wird ums Leben gebracht.

Die Rede geht von Max Josef Metzger (1887 – 1944), dessen Leben am Schafott endete. Ich möchte seinen Grabstein, der in Meitingen steht, für uns ins Rollen bringen und versuchen, Max Josef Metzger vor unser inneres Auge hinzustellen. Wenn er vor uns stünde, was würde er uns predigen? Was hätte er uns zu sagen, der Mensch, in seiner Würde verletzt, – der Christ, mundtot gemacht, – der Zeuge, ums Lebens gebracht?

Es ist tief berührend, was Metzger 1943 dem Untersuchungsrichter gegenüber geäußert hat: »Ich bin katholischer Priester und bin es mit Leib und Seele. Meine geistige Einstellung entspricht freilich nicht dem Vorstellungsbild, das man sich vielfach von einem Geistlichen macht. Kultbeamtentum, Weltabgewandtheit, Lebensferne, Geistesenge, Legalismus und Traditionalismus liegen mir so fern, wie nur eben möglich. ... Ich bin ein weltoffener Mensch, der von Jugend auf an allem Weltgeschehen leidenschaftlich Anteil nimmt. ... Ich habe von meinem Vater ein Erbteil mitbekommen, das mir schon manche Schwierigkeiten bereitet hat: Ich kann das Krumme nicht krumm sein lassen.« Metzger kannte die Spannungen, die in seinem Charakter lagen. Er war sich bewusst, dass er manchmal stürmisch und cholerisch sein konnte. Er spürte den Drang zum Zupacken in sich und litt auch unter den Kanten, die er dabei seinen Mitmenschen zumutete. Unter mangelndem Selbstbewusstsein litt er freilich nicht, auch auf seinen Doktorgrad, der übrigens prämiert wurde, war er stolz. So konnte er schreiben: »Trotz meiner Beschränktheiten habe ich ein starkes und klares Sendungsbewusstsein. Von früh auf ist es gewachsen, immer klarer, immer stürmischer. ... Meine ausgesprochene Eigenart, in der meine Berufung gründet, ist ja das Universale, Weltumspannende. Alles ist mir zu klein, was mir als konkrete Aufgabe gegeben wird. ... Ich weiß, wie wenig dieser Pegasus zum Ackergaul taugt, d. h. wie leicht ich versage, wenn man von mir den Einsatz im kleinen, beschränkten Raum verlangt.« Das Große an Metzger liegt darin, dass er das Menschliche – das manchmal allzu Menschliche – nicht geleugnet, sondern zugelassen hat. Als Mensch hat er sich in den Dienst des Reiches Gottes gestellt im Wissen darum, dass da, wo Menschen sind, es auch ›menschelt‹. Weil er seine menschlichen Schwächen dem Herrn hingehalten hat, konnte er ihrer Herr werden und am Ende seines Theologiestudiums seine Berufung zum Priestertum so beschreiben: »Mein Ziel ist nicht, ein Gelehrter zu werden, auch nicht – ich glaube, das mit gutem und ehrlichem Gewissen aussprechen zu dürfen – eine ehrenvolle und angenehme Stellung einmal zu erhalten, sondern ein frommer Priester und tüchtiger Seelsorger zu werden und alle Kräfte zur Ehre Gottes entfalten zu können.«

Wenn ich Metzgers Grabstein ins Rollen bringe, dann fangen auch die Worte darauf an sich zu bewegen. Sie bilden gleichsam sein Testament: »Ich habe mein Leben Gott angeboten für den Frieden der Welt und die Einheit der Kirche.« Das waren die beiden großen Ziele, denen er zeitlebens verpflichtet blieb. Er hat vieles erreicht, er ist noch mehr gescheitert. Das wusste er selbst am besten. Deshalb sollte sein Lebensopfer noch einmal diesen seinen Lebensidealen dienen und sie besiegeln. Für den Frieden der Welt und die Einheit der Kirche hat Metzger unermüdlich gekämpft. Dabei scheint er über seine Zeit nicht nur hinausgeschaut zu haben, sondern selbst schon hinausgewachsen zu sein. Noch heute hat er uns als Christ Prophetisches zu sagen, was den Frieden in der Welt betrifft und was die Einheit der Christen angeht.

Max Josef Metzger war kein plumper Pazifist. Sein Friedensgedanke entsprang einer Spiritualität, die ihre Wurzeln in den *Seligpreisungen* der Bergpredigt hat. Aufsehen erregte er, als er sich 1917 – mitten im Ersten Weltkrieg – an den damaligen Papst Benedikt XV. (1854 – 1922) wandte und seine Friedensbotschaft entfaltete: ein *Zwölf-Punkte-Friedensprogramm,* das in unsere Zeit hinein geschrieben sein könnte. Darin fordert er u. a. die Aufgabe des Rassen- und Klassenkampfes, warnte vor dem Geist krassen Materialismus', rief auf zur Besinnung auf sittliche und kulturelle Werte, appellierte für ein Ende des sinnlosen Wettrüstens und für den Einsatz aller Kräfte zur Beseitigung von Hunger und Armut. Schließlich plädierte er für das Selbstbestimmungsrecht der Völker bzw. der Volksgruppen und für die Absage an alle Machtpolitik. Sein Friedensprogramm basiert schließlich in dem »Aufgeben des Machiavellismus in der Politik und seiner Ersetzung durch die Grundsätze des Christentums«.

Leider blieb er mit seinen Vorschlägen ein einsamer Rufer in der Wüste. Papst Benedikt XV. hat Metzgers Initiative für den Frieden zwar begrüßt, doch selbst der Papst konnte über diese Gutheißung hinaus nicht viel mehr für den Weltfrieden tun. Erinnert das nicht an die Friedensbemühungen unseres Heiligen Vaters im Heiligen Land ebenso wie in Syrien oder im Irak? Max Josef Metzger und Papst Franziskus – zwei Apostel des Friedens in unterschiedlicher Zeit, doch zwei Propheten des Friedens mit derselben Botschaft der Bergpredigt: »Selig, die Frieden stiften; denn sie werden Söhne Gottes genannt werden« (Mt 5,9). Zum Dialog gibt es keine Alternative, wenn die Welt in Frieden leben will. Im geduldigen Dialog ist nicht sofort der Frieden gewonnen, aber mit Terror und Gewalt kann die Welt verloren sein. Mögen uns Säbelrasseln und Drohkulissen in Angst und Schrecken versetzen, wir dürfen der Versuchung zur Gegengewalt nicht erliegen. Kriegsführung beginnt schon mit Wortgewalt, die einstimmt auf die Waffengewalt. Metzger rät: »Schaut zu, ob hier der Geist der Milde und Versöhnlichkeit in allem waltet.« Und in einem Brief an Papst Pius XII. (1876 – 1958) stellt er im Advent 1939 nach Ausbruch des Zweiten Weltkrieges die provokative Frage: »Wo ist diese Christenheit? Sie kann nie ihre Stimme wirksam erheben, sie kann keinen bestimmenden Einfluss auf das Weltgeschehen ausüben zur Durchsetzung der ewigen Grundsätze unseres Herrn, weil sie nicht eins ist.«

So entwickelt sich aus Metzgers Friedensarbeit in logischer Konsequenz sein Einsatz für die Ökumene: »Wir Christen aller Denominationen tragen den Namen unseres Herrn. Wir beten alle sein Gebet, das Vater Unser. Wir danken ihm alle die gleiche Frohe Botschaft und hüten als deren vornehmsten Ausdruck das Buch, die Schriften des Alten und Neuen Testaments, die dem gleichen Geist entstammen. Eine Jahrtausende alte gemeinsame Geschichte hat uns ein gemeinsames religiöses und ethisches Erbgut hinterlassen. All das ist christliche Einheit als eine unbezweifelbare Realität.« Aus diesen Zeilen weht ein ökumenischer Wind. Kann es da verwundern, dass die *Una-Sancta-Bewegung* in Metzgers Zeit manchen wie ein gefährlicher Sturm vorkam? Vieles ist heute verwirklicht, wovon Metzger einst geträumt hat. Besonders kostbar war für Max Josef Metzger das Wort Gottes, die Bibel, der Schatz aller Christen. Das zeigt ein Satz, den er in der Gefangenschaft schrieb, als er auf eine Bibel wartete: »So kostbar mir die Eucharistie ist, die ich still geistig täglich feiere, noch mehr vermisse ich das Wort der Schrift.«

Einsatz für den Frieden in der Welt und für die Einheit der Christen waren ihm zentrales Anliegen. Angst kannte er nicht, weder vor den Großen der Kirche noch vor den Mächtigen in der Politik. Persönlichkeiten verschiedener Konfessionen versammelte er zu einem ökumenischen Gespräch in Assisi, »wo der Geist des von allen Christen verehrten *Poverello* eine Atmosphäre des Friedens und der Versöhnung begünstigen würde«. Er hat vorgedacht, was die Päpste Johannes Paul II. (1920 – 2005) und Franziskus später verwirklichen werden. Ein Mann wie er musste den Mächtigen des Naziregimes ein Dorn im Auge sein. Christuskönig treu, sprach er so vom Reich Gottes, dass es als Affront empfunden wurde gegen das ›Tausendjährige Reich‹ auf Erden. So verwundert es nicht, dass Reaktionen der Nazis nicht ausbleiben: Eine kleine Denkschrift zum Thema *Kirche und Staat* genügt, um Metzger bereits 1934 ins Gefängnis von Augsburg zu bringen. 1939 ist man im Umkreis des Attentates auf Hitler im Münchener Bürgerbräukeller schnell zur Hand, Metzger ein zweites Mal zu inhaftieren. Richtig ernst wird es, als man ihn Ende 1943 in Berlin in Schutzhaft nimmt. Der Grund: Er wollte ein Friedensmemorandum nach Schweden bringen. Dabei wird er von Dagmar Imgart (1896 – 1980) verraten: einer Frau, die für die Gestapo Spitzeldienste leistete und sich als solche in einen ökumenischen Gesprächskreis mischte. Am 14. Oktober wird Metzger von Roland Freisler (1893 – 1945), dem berüchtigten Präsidenten des Volksgerichtshofes, zum Tod verurteilt.

Wer meint, dass Max Josef Metzger im Angesicht des Todes seiner Sache unsicher oder im Glauben zweifelnd geworden wäre, wird des Gegenteils belehrt: Vielmehr scheint in ihm die Einsicht zu wachsen, dass sein Lebenswerk nur auf eine einzige Weise vollendet werden könne: im Opfer des Lebens. Diese Ahnung verdichtet sich mehr und mehr, so dass aus dem mitunter verkannten Propheten ein Märtyrer wird, aus dem menschlichen Geistlichen ein geistlicher Mensch, aus dem zupackenden Theologen ein schweigender Zeuge, kurz: ein Christ, der an den größeren Advent glaubte.

Erschütternd und zugleich tief bewegend ist die Begegnung mit Frau Martha Reimann (1907 – 2004) unmittelbar nach der Verurteilung. Frau Reimann schreibt, was Metzger, beide Hände nach hinten gebunden, ihr noch sagen konnte: »Nun ist es also geschehen. Ich bin ruhig. Ich habe mein Leben Gott angeboten für den Frieden der Welt und die Einheit der Kirche. Wenn Gott es annimmt, freue ich mich; wenn er mir noch weiter das Leben schenkt, bin ich auch dankbar. Sagt allen Brüdern und Schwestern einen letzten Gruß, und seid nicht traurig. Das Christkönigsfest wird etwas schwer werden, aber singt trotzdem Alleluja. Und bleibt eurem König Christus treu.« Max Josef Metzger ist Christuskönig treu geblieben bis zum Tod. Dabei kommt mir ein Wort von Papst Johannes Paul II. in den Sinn, das er im Hinblick auf das Heilige Jahr 2000 geschrieben hat: Im 20. Jahrhundert »sind die Märtyrer zurückgekehrt, häufig unbekannt, gleichsam ›unbekannte Soldaten‹ der großen Sache Gottes. Soweit als möglich dürfen ihre Zeugnisse in der Kirche nicht verloren gehen. Der Ökumenismus der Heiligen, der Märtyrer, ist vielleicht am überzeugendsten. Die *communio sanctorum,* die Gemeinschaft der Heiligen, spricht mit lauterer Stimme als die Urheber von Spaltungen« *(Tertio millennio adveniente,* Nr. 37).

Danke, Max Josef Metzger, dass du deine Lehre zu Frieden und Einheit mit dem Leben eingelöst hast. Möge die Bitte Erfüllung finden, Max Josef Metzger bald auch offiziell in die Gemeinschaft der Seligen und Heiligen aufzunehmen.

Noch steht er in der Schar der »unbekannten Soldaten der großen Sache Gottes«. Doch er würde es verdienen, mit Namen im Kalender verzeichnet zu sein, denn er hat Christuskönig ein Gesicht gegeben als Mensch, als Christ und als Zeuge. Es ist ergreifend, wenn dieser adventliche Priester kurz vor seiner Hinrichtung noch einmal das Halleluja anstimmt und als »Vater und Bruder Paulus« seiner Gemeinschaft Mut macht: »Sie sollen alle froh sein, dass ich den Weg des Meisters bis zu Ende zu gehen würdig befunden wurde! Und nun noch einmal herzhaft und froh in österlicher Hoffnung: Alleluja.«

Dietrich Bonhoeffer: Widerstand und Ergebung

Ich wünsche Ihnen ein gutes und gesegnetes Neues Jahr. Sie haben richtig gehört. Der Prediger hat sich im Kalender nicht geirrt. Denn am ersten Advent beginnt ein neues Kirchenjahr. Ein Neujahrsgedicht, das mehrfach als Lied vertont wurde, soll den Zugang ins neue Kirchenjahr öffnen.

Es war vor gut siebzig Jahren. Am 28. Dezember 1944 schreibt ein evangelisch-lutherischer Theologe und Pfarrer aus dem Kellergefängnis der Gestapo in der Berliner Prinz-Albrecht-Straße seiner Mutter zum Geburtstag. Er legt ihr ein Gedicht bei, das er schon vor Weihnachten verfasst und seiner Verlobten zugesandt hatte:

Von guten Mächten treu und still umgeben,
behütet und getröstet wunderbar,
so will ich diese Tage mit euch leben
und mit euch gehen in ein neues Jahr.

Die Zeilen stammen aus der Feder von Dietrich Bonhoeffer (1906 – 1945). Er widmet sie seiner Braut Maria von Wedemeyer (1924 – 1977). Es ist der vorletzte Brief, der seine Eltern erreichte – zum Übergang in das neue Kalenderjahr 1945: jenes Jahr, das dem Terror des Nationalsozialismus und dem Elend des Krieges endlich ein Ende bereiten sollte, – ein Ende, für das Bonhoeffer unermüdlich gebetet und gekämpft hat. Das Jahr aber auch, von dem er befürchten musste, dass es seine Hinrichtung bringen könnte.

Nicht nur ein Schwellenlied, sondern auch ein Brautlied sind also diese Worte von den »guten Mächten«: geschrieben aus einer Beziehung, die weniger gelebt als ersehnt wurde – ein Liebeslied ganz eigener Art. Es spricht aus einer Verbindung, in der Briefe und wenige Besuche – kontrolliert von mehr oder weniger sensiblen Gefängniswärtern – das blieben, was an Kommunikation für diese beiden Menschen überhaupt möglich war. Eine Liebe zwischen einer neunzehnjährigen jungen Frau und einem achtzehn Jahre älteren Mann, die wenige Wochen nach der offiziellen Verlobung durch Dietrichs Verhaftung zwar nicht abgebrochen, so doch auf eine schwere Bewährungsprobe gestellt wurde.

Gewiss hören wir in diesem Lied den brillanten Theologen, den aktiven Widerständler und auch den Ökumeniker, der bis heute viele Geister anregt. Doch vor allem sprechen hier die Gedanken und Gefühle eines Menschen, der liebt, der einsam ist, der hofft und bangt, der vertraut und glaubt. Er glaubt, obwohl das alte Jahr für ihn alles andere als rosig war:

Noch will das alte unsre Herzen quälen,
noch drückt uns böser Tage schwere Last.
Ach Herr, gib unsern aufgescheuchten
　　　　　　　　　　　Seelen
das Heil, für das Du uns geschaffen hast.

Diese Strophe erinnert mich an die dichten Worte aus den Gefängnisbriefen, in denen Bonhoeffer bekennt: »Nicht alle unsere Wünsche erfüllt Gott, aber alle seine Verheißungen. Er hört auf unsere Gebete, er bleibt der Herr der Erde, er führt uns auf dem rechten Weg zu sich.«

Dem rechten Weg – Gottes Weg mit uns Menschen – wollte Bonhoeffer sich nicht verweigern. Nicht nur zum Widerstand gegen Hitler hatte er ja gesagt, nicht nur dazu, womöglich selbst Schuld auf sich zu nehmen mit den Plänen für ein Attentat, sondern auch zu den Konsequenzen. Sein treuer Freund und Biograph Eberhard Bethge (1909 – 2000) hat bewusst seinem Buch über Werk und Leben Bonhoeffers den Titel gegeben: *Widerstand und Ergebung.* Diese Haltung wurde sichtbar, als man ihn am 8. April 1945 aus dem Gefangenentransport in Schönberg im bayerischen Wald herausholt, um ihn ins KZ nach Flossenbürg zu bringen. In diesem Moment rechnet Bonhoeffer fest damit, dass nun der bittere Kelch für ihn bereitet ist. Doch er ist gefasst und bereit, ihn ohne Zittern anzunehmen und zu trinken. Einem britischen Offizier raunt er noch die Worte zu: »Das ist das Ende – für mich der Beginn eines neuen Lebens.« Bonhoeffer glaubte an den größeren Advent. Er glaubte über diese Welt hinaus. In der eben beschriebenen Szene zeigen sich Widerstand und Ergebung. Genau zwischen diesen beiden Brennpunkten wird sich auch unser Leben im neuen Kirchenjahr bewegen.

Widerstand: Wir brauchen Achtsamkeit und Wachsamkeit, um wahrzunehmen, was um uns herum geschieht, welche Strömungen sich ausbreiten – in uns selbst, in unserem Land, in der Kirche. Welche z. T. auch dunklen und dumpfen Gefühle die Menschen bewegen, welche Süchte sie befallen können. Sucht und Fanatismus sind Geschwister, nicht nur politisch, auch im Namen der Religion. Deshalb müssen wir wachsam sein und aufstehen gegen den Ungeist unserer Zeit, der uns vereinnahmen möchte. Ungeist unserer Zeit meint Haben- und Besitzenwollen – nicht nur finanziell und materiell, sondern auch menschlich und geistig. Schon 1938 hat Bonhoeffer ein Wort geprägt, das er seinen Schülern im Predigerseminar Finkenwalde ans Herz legte: »Nur wer für die Juden schreit, darf auch gregorianisch singen.« Damit geißelte er die Flucht der Kirche in die Liturgie als Holzweg.

Sehr konkret ist dieser Vorsatz, nichts für Menschen, die sich eher in abstrakten Gedankenflügen ergehen. Bonhoeffer warnt: »Es ist sehr viel leichter, eine Sache prinzipiell als in konkreter Verantwortung durchzuhalten.« (Jahreswende 1942/1943) Und in einem Brief aus der Haft notiert er: »Die Kirche muss aus ihrer Stagnation heraus. Wir müssen auch wieder in die freie Luft der geistigen Auseinandersetzung mit der Welt. Wir müssen es auch riskieren, anfechtbare Dinge zu sagen, wenn dadurch nur lebenswichtige Fragen aufgerührt werden« (3. August 1944). Bereits 1940 hatte Bonhoeffer in seinem Werk *Ethik* seiner Kirche den Spiegel vorgehalten: »Die Kirche war stumm, wo sie hätte schreien müssen, weil das Blut der Unschuldigen zum Himmel schrie. Sie hat mit angesehen, dass unter dem Deckmantel des Namens Christi Gewalt und Unrecht geschah. Die Kirche bekennt, die Anwendung brutaler Gewalt, das leibliche und seelische Leiden unzähliger Unschuldiger, Unterdrückung, Hass, Mord gesehen zu haben, ohne Wege gefunden zu haben, ihnen zu Hilfe zu eilen. Sie ist schuldig geworden am Leben der schwächsten und wehrlosesten Brüder Christi, der Juden.« Mit dieser Anklage, schon vor den schlimmsten Verbrechen des *Holocaust* formuliert, nahm Bonhoeffer das Schuldbekenntnis der sog. *Bekennenden Kirche* nach Kriegsende in Stuttgart vorweg.

Zum Widerstand tritt die *Ergebung*. Was Bonhoeffer »Leben im Fragment« nennt, bringt er so auf den Punkt: »Es gibt erfülltes Leben, trotz vieler unerfüllter Wünsche.« Auf der Schwelle zwischen Leben und Tod drückt sich hier aus, dass wir über diese Welt hinausglauben. Glauben und Leben verschmelzen nahtlos, weil es Gott gibt: »Gott ist mitten im Leben jenseitig.« Wir werden das neue Kirchenjahr nicht in allem so gestalten können, wie wir es uns ausdenken. Vieles wird uns vorgegeben. Manches widerfährt uns. Wir können es nicht ändern. Da ist eine Krankheit, die wir tragen müssen. Da sind unsere Grenzen, mit denen wir leben müssen. Da werden Pläne durchkreuzt, was wir akzeptieren müssen. Ins neue Jahr vertrauensvoll gehen heißt auch, sich in Gottes Willen ergeben, darauf vertrauen, dass Gott alle Wege mitgeht und uns an seiner guten Hand geleitet.

Ergebung ist nicht Resignation. Im Gegenteil: Ergebung ist Vertrauen, dass Gott selbst an mir handeln will und ich es zulasse. Ergebung ist weder Daumendrehen noch Desinteresse. Mitten im eigenen Tun wird der Ergebene vielmehr erfahren, dass er nicht alles kann, was er will. Dann bleibt ihm nichts anderes übrig, als seine eigenen Hände in die Hände Gottes zu legen, denn Seine Hände sind gute Hände. Bis es dazu kommt, braucht es Geduld und langes Ringen. Wie sehr Bonhoeffer die harte, mitunter grausame Wirklichkeit bis zur existentiellen Selbstaufgabe bedrängt hat, ehe er den Weg zur Ergebung fand, geht aus einem Brief vom 15. Dezember 1943 hervor, den er an seinen Freund Bethge aus dem Gefängnis geschmuggelt hat. Die Zeilen atmen alles andere als adventliche Stimmung: »Schließlich würde ich anfangen, Dir zu erzählen, dass es trotz allem, was ich so geschrieben habe, hier scheußlich ist, dass mich die grauenhaften Eindrücke oft bis in die Nacht verfolgen und dass ich sie nur durch Aufsagen unzähliger Liederverse verwinden kann und dass dann das Aufwachen manchmal mit einem Seufzer statt mit einem Lob Gottes beginnt. An die physischen Entbehrungen gewöhnt man sich, ja, man lebt monatelang sozusagen leiblos – fast zu sehr –, an die psychischen Belastungen gewöhnt man sich nicht, im Gegenteil: Ich habe das Gefühl, ich werde durch das, was ich sehe und höre, um Jahre älter, und die Welt wird mir oft zum Ekel und zur Last.«

Noch eindringlicher hat Dietrich Bonhoeffer im Sommer 1944 in einem Gedicht aus der Haft die eigene seelische Situation und die Diskrepanz zwischen seinem äußeren Verhalten und seiner inneren Zerrissenheit beschrieben: »Wer bin ich? Sie sagen mir oft, ich träte aus meiner Zelle gelassen, heiter und fest wie ein Gutsherr aus seinem Schloss. – Wer bin ich? Sie sagen mir oft, ich spräche mit meinen Bewachern frei und freundlich und klar, als hätte ich zu gebieten. – Wer bin ich? Sie sagen mir auch, ich trüge die Tage des Unglücks gleichmütig, lächelnd und stolz, wie einer, der Siegen gewohnt ist. – Bin ich das wirklich, was andere von mir sagen? Oder bin ich nur das, was ich selbst von mir weiß? Unruhig, sehnsüchtig, krank, wie ein Vogel im Käfig, ringend nach Lebensatem, als würgte mir einer die Kehle, hungernd nach Farben, nach Blumen, nach Vogelstimmen, dürstend nach guten Worten, nach menschlicher Nähe, zitternd vor Zorn über Willkür und kleinlichste Kränkung, umgetrieben vom Warten auf große Dinge, ohnmächtig bangend um Freunde in endloser Ferne, müde und leer zum Beten, zum Denken, zum Schaffen, matt und bereit, von allem Abschied zu nehmen? – Wer bin ich? Der oder jener? Bin ich denn heute dieser und morgen ein anderer? Bin ich beides zugleich? Vor Menschen ein Heuchler und vor mir selbst ein verächtlich wehleidiger Schwächling? Oder gleicht, was in mir ist, dem geschlagenen Heer, das in Unordnung weicht vor dem schon gewonnenen Sieg? – Wer bin ich? Einsames Fragen treibt mit mir Spott. Wer ich auch bin, Du kennst mich. Dein bin ich, o Gott!«

Was wird das neue Kirchenjahr bringen? Welche Prüfungen, welche Freuden werden es sein? Welche leichten Gänge, aber auch welche Kreuzwege werden uns zugemutet? Wird es besser sein oder schlechter als das vergangene Jahr? Das bleibt heute offen, wie sehr wir auch planen und in die Zukunft schauen. Darauf aber dürfen wir vertrauen:

Von guten Mächten wunderbar geborgen erwarten wir getrost, was kommen mag. Gott ist mit uns am Abend und am Morgen und ganz gewiss an jedem neuen Tag.

ABBILDUNG 81, S. 176
Leo Samberger: Porträt Pater Rupert Mayer SJ [ohne Jahr].

ABBILDUNG 82
Max Joseph Metzger, Passbild [ohne Jahr].

ABBILDUNG 83
Dietrich Bonhoeffer: Foto aus dem Nachlass; © picture alliance/dpa.

08.

INHALTE

Kirchen-Bilder

Sprach-Bilder mögen unpräzise sein. Und mit den Kirchen-Bildern verhält es sich genauso.

Aber umgekehrt gilt auch: Bilder enthalten einen Mehr-Wert an Information, Emotion, Appellation.

Seit Paul Ricœurs wegweisendem Buch ›Die lebende Metapher‹ (1975) kommt man an dieser Erkenntnis nicht mehr vorbei:

Wo Definitionen beschränken, entschränken Bilder!

ABBILDUNG 84
Sog. Eucharistischer Fisch mit Brotkorb; S. Callisto-Katakombe, Grabkammer Y, Ende 2. Jh. (Wilpert, Taf. 28).

08.01
**Leib Christi und Tempel
des Heiligen Geistes** **184**

08.02
Parfümerie und Talentschuppen **188**

08.03
Weinberg und Weinstock **194**

08.04
Tischordnung und Hochzeitssaal **196**

IMPRESSIONEN

Augustinus und die Kirchen-Bilder

Hört gut zu! Auf mancherlei Weise wird eine einzige Sache bezeichnet, nämlich die Kirche. Und weil die gleiche Sache auf vielerlei Weise bezeichnet wird, darum ist alles Sinnbild, nichts ist das Wesen selbst! … Ein Lamm kann kein Löwe sein; unser Herr Jesus Christus aber kann Löwe und Lamm zugleich sein; doch beides nicht im Wesen, sondern im Gleichnis!

Augustinus von Hippo: Sermo 4,17-25
(PL 38, Sp. 42-46)

Die Kirche und ihr Bild von sich

Und richtig: Im Umgang mit den Kirchen-Bildern ist Vorsicht geboten. Ein Beispiel: Seit dem 18. Jh. war es in katholischen Kreisen üblich, von der Kirche als *societas perfecta* zu reden; das war selbstverständlich bezüglich des Soll-Zustandes gemeint. Den Ist-Zustand beschrieb man mit der Formel *ecclesia semper reformanda*. Mit religiöser Sprachregelung und frühchristlichem Verständnis hatte das nur noch wenig zu tun.

Und ein Zweites: Seit dem II. Vatikanischen Konzil ist es üblich geworden, von der Kirche überwiegend trinitarisch zu reden; Kirche wird seither gerne begriffen als Volk Gottes, Leib Christi, Tempel des Heiligen Geistes. Das ist richtig, aber theologisch verengend.

Die frühe Kirche dachte weitherziger, bildgesättigter, unsystematischer. Und vor allem: stets biblisch. Also:
(1) Kirche ist … wie die Synagoge *Weinberg* und *Pflanzung*, *Herde* und *Volk Gottes*.
(2) Kirche darf sein … die *Braut Jesu Christi* (zwischen Schöpfung, Erlösung und Vollendung).
(3) Kirche soll werden … ein *Tempel des Heiligen Geistes*.
(4) Kirche verhält sich … zum dreieinen Gott wie der *Mond* zur *Sonne* (und spendet in den Sakramenten jenes gnadenhaft geschenkte Lebens-Licht, das ihr selbst vom Licht der Welt [Jesus Christus] her zu Teil geworden ist).
(5) Kirche ist … kein Sakrament (im eigentlichen Sinne); im eigentlichen Sinn ist sie in Christus Spenderin der Sakramente.
(6) Kirche … findet ihre Erfüllung in der ankommenden Zukunft des *Reiches Gottes,* welches seinerseits ihre Utopie war, ist und bleiben wird.
(7) Kirche … ist *mehr als nur die doxologisch-epikletische Lobpreis-Gemeinde.* Ohne Eucharistiefeier kann es keinen Apostolatsdienst geben (CIC/1983, § 897)!
(8) Kirche sieht sich … vorgebildet in *Maria,* ihrer (unser aller) Mutter.
(9) Kirche ereignet sich … an allen Orten und zu allen Zeiten in drei Grundvollzügen: *Martyria, Leiturgia, Diakonia.* Keiner dieser drei Grundvollzüge ist je verzichtbar!

Leib Christi und Tempel des Heiligen Geistes

Man kann aus allem etwas machen. Und leider auch Abwegiges: Das Bild vom Leib Christi etwa sollte nicht dazu animieren, Christus auf einen Teil der Kirche zu reduzieren. Und den Heiligen Geist hat man besitzen wollen, statt sich von ihm inspirieren zu lassen ...

Leib Christi

Es gibt Sätze, die einen neuen Klang bekommen, wenn man nur ein Wort davon austauscht. Jesu Jüngersein wird oft mit dem Kreuztragen verknüpft: »Wer mein Jünger sein will, der verleugne sich selbst, nehme sein Kreuz auf sich und folge mir nach« (Mt 16,24). Wenn wir das Kreuz durch die Kirche ersetzen, dann können wir sagen: Wer Jesu Jünger sein will, der nehme die Kirche auf sich mit allen Ecken und Kanten und trage sie mit.

Was ist die Kirche? Oder besser: Wie können wir die Kirche umschreiben? Welches Bild verwendet Paulus gern? Den Schlüssel dafür gibt uns der erste Brief, den er an die Gemeinde von Korinth geschrieben hat. Im 12. Kapitel entfaltet er eindrucksvoll das Bild vom Leib und den vielen Gliedern. Vers 12 ist ein Chiasmus (Kreuzstellung der Worte):

Ein Leib – viele Glieder. Alle Glieder aber, obgleich viele, ein Leib.

In dieser Zuspitzung der vielen Glieder durch das »obgleich viele« dürfen wir als Hinweis deuten auf die konkrete Situation der Kirche von Korinth. Ihr droht die Gefahr des Schismas von Seiten bestimmter Glieder. Der Platz, den Paulus den vielen Gliedern zuweist, ist zugleich eine Mahnung zur Einheit: Die einzelnen Glieder drängen zur Einfügung in den einen Leib. Das Bild vom Leib war jedem Menschen schon damals vertraut. Denn jeder hatte tagtäglich Tuchfühlung mit seinem Bruder Leib. Paulus war ein guter Pädagoge. Konnte es ein besseres Bild geben, um das natürliche und zugleich gnadenhafte Miteinander und Füreinander in einer Gemeinde auszudrücken als die Rede vom Leib und den vielen Gliedern? Nicht umsonst begegnet in den achtzehn Versen der Lesung der Begriff ›Leib‹ 17 mal, und von den Gliedern ist 31 mal die Rede.

Wenn Paulus die Kirche bzw. die Gemeinde mit einem Leib vergleicht, dann greift er auf ein Bild zurück, das in seiner Zeit durchaus gängig war. Um eine menschliche Gemeinschaft – eine ›Körperschaft‹, wie man sie bezeichnenderweise auch nennt – zu beschreiben und zu charakterisieren, wird schon seit der Antike das Bild vom Leib und seinen Gliedern herangezogen. So gibt es zum Beispiel eine Parabel aus der frühen römischen Geschichte, die die menschliche Gemeinschaft, den Staat, als einen Leib bezeichnet:

Zwischen den Patriziern der römischen Republik und den Plebejern, dem gemeinen Volk, kam es zum Konflikt, als die Steuern immer drückender wurden. Nach einem beschwerlichen Kriegszug erhofften sich die Plebejer eine Steuerentlastung. Als wieder nichts geschah, entschlossen sie sich, aus der Stadt auszuwandern. Sie zogen auf eine Anhöhe in der Nähe Roms. Mit Bestürzung erlebten die Patrizier und der Senat von Rom den Auszug der Plebejer, denn ohne sie war die Republik nicht lebensfähig. Man musste sie zurückholen. Menenius Agrippa (vor 540 – 493 v. Chr.), ein erfahrener Senator, wurde mit der heiklen Aufgabe betraut. Als den Plebejern keiner seiner Vorschläge gefiel, erzählte ihnen der Senator eine Parabel: »Einst empörten sich die Glieder des Körpers gegen den Magen, weil sie glaubten, er allein sei untätig, während sie alle arbeiteten. Sie weigerten sich, weiterhin ihren Dienst zu tun. Die Hände wollten keine Speise mehr zum Mund führen, der Mund sie nicht mehr aufnehmen und die Zähne sie nicht zermahlen. Doch als die Glieder nun ihren Plan ausführten, spürten sie allzu bald, dass sie durch solche Weigerung sich selbst am meisten schadeten. Jetzt erst erkannten sie nämlich, welche Bedeutung der Magen für sie hatte; dass er die empfangene Speise verdaute und dadurch allen Gliedern Leben und Kraft verlieh. So hielten die Glieder es doch für besser, sich mit dem Magen zu versöhnen. – Und was will meine Erzählung euch sagen?«, schloss der kluge Agrippa: »Dass auch im Staate keiner ohne den anderen bestehen kann, nur in der Eintracht liegt die Kraft.« Diese Rede überzeugte die Plebejer und sie kehrten zurück, nicht ohne zuvor einen Teil ihrer Forderungen durchgesetzt und mit der Wahl von Volkstribunen eigene Vertreter vor dem Senat zu haben.

Unsere Sprache ist bis heute von diesem Bild geprägt: Wir sprechen vom Organismus eines Staates, von Staatsorganen, von Gliedern des Gemeinwesens. So kann Paulus in seinem Brief auf ein bekanntes Bild zurückgreifen, um den Korinthern etwas über sie selbst zu sagen. Doch Vorsicht vor Kurzschlüssen! Das ist das Spannende am Vergleich der Parabel des Menenius Agrippa mit dem Apostelbrief. Wir müssen genau lesen und noch genauer hinhören. Paulus sagt nämlich nicht: So ist es auch mit der Kirche. Das wäre das Naheliegende gewesen: Die Kirche wird mit einem Leib und dessen Gliedern verglichen.

Stattdessen lesen wir: »... so ist es auch mit Christus.« Das ist ein wesentlicher und entscheidender Unterschied: Der Orientierungspunkt ist nicht die Kirche, sondern Christus. Paulus schaut in erster Linie auf Christus. Die Kirche ist der Leib Christi, dessen Haupt Christus selbst ist, wie er im Brief an die Kolosser schreibt, wo er dasselbe Bild aufgreift: Christus »ist das Haupt des Leibes, der Leib aber ist die Kirche. Er ist der Ursprung, der Erstgeborene der Toten; so hat er in allem den Vorrang« (Kol 1,18). Das bedeutet: Durch die Taufe wird jemand nicht einfach in einen Verein, in eine menschliche Körperschaft, aufgenommen, sondern eingefügt als Glied in den Leib Christi.

Die Kirche ist also nicht ein sich aus menschlichem Willen und Geschmack heraus bildender Organismus, sondern der Leib Christi mit seinen Gliedern. Das heißt: Durch die Kirche ist Christus in der Welt gegenwärtig und erfahrbar, durch die Glieder seines Leibes handelt Christus in der Welt. Mir kommen Kreuze in den Sinn, bei denen Hände und Füße abgeschlagen sind und vor denen wir beten: »Christus hat keine anderen Hände, keine anderen Füße, nur die unseren.«

Wie der Leib wesensmäßig mit seinem Haupt verbunden ist, so ist die Kirche wesensmäßig mit Christus verbunden und lebt von ihm her. Dies zeigt sich vor allem in der Bedeutung des Wortes Gottes und der Sakramente für das Leben der der Getauften. Wort und Sakrament machen auf diese völlig neue Perspektive aufmerksam, die Paulus in dieses Bild einbringt. Er benützt das klassische Bild, aber verankert es nicht mehr in der menschlichen Gesellschaft, sondern ganz in Christus. Papst Benedikt XVI. (Joseph Ratzinger) hat schon als junger Theologe wiederholt vor dem Ekklesiomonismus gewarnt, vor einer Tendenz, die Kirche in den Mittelpunkt des Glaubens zu stellen. Stattdessen ist unser früherer Papst bis heute ein Anwalt des Christozentrismus: ein Ansatz mit großer ökumenischer Tragweite.

> SCHON FRÜH HAT BENEDIKT XVI. VOR DEM EKKLESIOMONISMUS GEWARNT.

> ER IST DAS HAUPT, DER LEIB ABER IST DIE KIRCHE. ER IST DER URSPRUNG, DER ERSTGEBORENE DER TOTEN; SO HAT ER IN ALLEM DEN VORRANG.
> Kol 1,18

ABBILDUNG 85

Christus überreicht den Siegerkranz an drei Männer und drei Frauen, Domitilla-Katakombe, Anfang 4. Jh. (Wilpert, Taf. 125).

Die Überreichung des Siegerkranzes durch den Kaiser ist ein gern gebrauchtes Motiv paganer Nekropolen. Davon übernimmt diese christliche Darstellung den Huldigungsgestus (vgl. auch die Magier-Illustrationen); Abbildung 85 bezieht sich jedoch auf ein Schriftwort:

»Schon jetzt liegt für mich der Kranz der Gerechtigkeit bereit, den mir der Herr, der gerechte Richter, an jenem Tag geben wird, aber nicht nur mir, sondern allen, die sein Erscheinen ersehnen.« (2 Tim 4,8)

Aus dem Siegerkranz des paganen Kontextes ist ein Kranz der Gerechtigkeit und des ewigen Lebens geworden: Anknüpfung und Umdeutung in einem.

Der Leib ist somit nicht mehr ein Bild für eine gesellschaftliche Verfassung, sondern die mystische Wirklichkeit der untrennbaren Beziehung Jesu Christi zu seiner Kirche. Die Kirche ist der Leib Christi, und in der Eucharistie wird sie genährt durch den Leib Christi. Der heilige Augustinus sagte es den Neugetauften so: »Wenn ihr ... selbst der Leib Christi seid und seine Glieder, dann liegt euer eigenes Geheimnis auf dem Tisch des Herrn. Dann empfangt ihr euer eigenes Geheimnis. Auf das, was ihr seid, antwortet ihr: Amen. Und durch diese Antwort leistet ihr gleichsam eine Unterschrift. Du hörst: der Leib Christi! Und antwortest: Amen! Sei darum ein Glied des Leibes Christi, damit dein Amen wahr ist.« *(Sermo 272)*

Dieser Gedanke des Augustinus ist bei Paulus bereits vorgeformt. Der Völkerapostel hat den inneren Zusammenhang zwischen Kirchengemeinschaft und eucharistischer Gemeinschaft ausdrücklich reflektiert: »Ist der Kelch des Segens, über den wir den Segen sprechen, nicht Teilhabe am Blut Christi? Ist das Brot, das wir brechen, nicht Teilhabe am Leib Christi? Ein Brot ist es. Darum sind wir viele ein Leib; denn wir alle haben teil an dem einen Brot« (1 Kor 10,16 f.).

Paulus will sagen: Die Teilhabe an dem einen Brot und an dem einen Kelch lässt uns teilhaben an Tod und Auferstehung Christi und verbindet uns untereinander zum einen Leib des Herrn, der die Kirche ist. Die Eucharistie begründet diese Gemeinschaft zwar nicht neu. Sie setzt ja die durch die gemeinsame Taufe geschenkte Gemeinschaft voraus. Aber sie aktualisiert, erneuert und vertieft sie. Die enge Verbindung zwischen eucharistischem Leib und kirchlichem Leib mahnt uns dazu, vorschnelle und eigenmächtige Schritte in Sachen eucharistischer Gastfreundschaft zu vermeiden – nicht aus mangelnder Liebe, sondern aus Liebe zur Wahrheit. Wir brauchen eine Ökumene der Wahrhaftigkeit und Ehrlichkeit!

Auf innige und existentielle Weise mit Jesus Christus verbunden, gelten dann auch die Maßstäbe, die er gesetzt hat mit seinem Leben und seinem Handeln. Paulus richtet das Bild vom Leib und den Gliedern an die Gemeinde von Korinth. Dort gab es mit Parteiungen und Spaltungen sowie mit Eifersüchteleien und Neidereien wohl alles, was auch wir genügend kennen. Wer steht wo? Wer ist mehr wert? Wer hat mehr Macht und Einfluss? Wer wird bevorzugt? In Christus, so Paulus, spielt das alles keine Rolle mehr. Wie hat er es denn gemacht? Er wurde zum Diener aller! Wer in den Augen der Welt unten steht, dem kommt in der Kirche besondere Ehre zu – nicht aus Herablassung, sondern aus der Anerkennung der gleichen Würde aller Glieder am Leib Christi. Die gegenseitige Solidarität im Leid und in der Freude prägt diesen Leib.

Nicht alle tun und können alles. Es gibt Ämter und Charismen. Jeder und jede ist vom Geist begabt und trägt bei zum Aufbau des Leibes Christi. Dabei besitzt keiner alle Gaben, aber auch niemand keine. Es geht nicht um eigene Profilierung und egoistische Selbstverwirklichung, sondern um den Dienst an den anderen Gliedern und am gesamten Leib. Der Einheit des Leibes Christi dient das Amt, das Gott eingesetzt hat, und der lebendigen Dynamik des Leibes dienen die Begabungen, die Charismen, die Gott verliehen hat in großer Vielfalt. Sie ergänzen sich gegenseitig und tragen zur Lebendigkeit des Leibes bei. Darum geht es also, wenn wir vom Leib Christi reden: um die einzigartige Verbindung mit Jesus Christus, die uns durch die Taufe in der Kirche geschenkt ist. In der Eucharistie wird sie vertieft und gestärkt. Diese hohe Ehre ist immer auch ein Stachel: Entsprechen wir mit dem, was wir machen und wie wir dabei vorgehen, entsprechen wir mit unseren Plänen und Visionen, entsprechen wir mit dem Kleingeld des alltäglichen Lebens dem, was Gott uns als Blankoscheck seiner Liebe ausgestellt hat: dem Leib Christi? Diese ernste Frage entlässt uns in das Weihnachtsgeheimnis: Das göttliche Wort hat menschlichen Leib angenommen. »Und das Wort ist Fleisch geworden ...« (Joh 1,14).

Tempel des Heiligen Geistes

»Wisst ihr nicht, dass ihr Tempel Gottes seid und der Geist Gottes in euch wohnt?« (1 Kor 3,16) – Mit dieser Frage konfrontiert Paulus die Korinther. Warum provoziert er die Gemeinde? Was möchte er bezwecken?

Es ist gesichert, dass der ansonsten rastlose Paulus auf seiner zweiten Missionsreise (49 – 52 n. Chr.) um das Jahr 50 immerhin für eineinhalb Jahre in Korinth lebte und dort das Evangelium verkündete. Das war kein leichtes Unternehmen. Es war ein geistliches Experiment im wahrsten Sinn des Wortes. Die Stadt Korinth hatte es in sich. Im Zuge der römischen Expansionspolitik war die Stadt um 146 v. Chr. zerstört und in das Gebiet der Provinz Macedonia eingegliedert worden. Erst unter Julius Caesar (100 – 44 v. Chr.) kam es zum Wiederaufbau Korinths (44 v. Chr.), erst durch Kaiser Augustus (63 v. Chr. – 14 n. Chr.) geschah die wirkliche Rehabilitation der Stadt: Es entstand eine eigene Provinz Achaia mit der Hauptstadt Korinth (27 v. Chr.). Wer Korinth sagt, denkt an wirtschaftliche Blüte, Geld, Tourismus, Kultur, Kunst und Sport. Das alles wurde dort geboten. Die neue Metropole hatte beste Voraussetzungen für Handel und Verkehr mit ihrer Lage an zwei Meeren (dem Ionischen und Ägäischen). Man konnte dort gut leben, und auch Paulus scheint gern in Korinth gelebt zu haben.

Es gab aber auch Wermutstropfen, z. B. krasse soziale Unterschiede. Im religiösen Bereich war Korinth ein Schmelztiegel zahlreicher Einflüsse. Große Bedeutung hatte der Kult der orientalischen Aphrodite. Korinth war in der Tat eine multikulturelle und multireligiöse Gesellschaft. Aufgrund der bunt zusammen gewürfelten Bevölkerung, der unterschiedlichen Interessen und der boomenden Wirtschaft ist es kein Wunder, dass diese Stadt nur so strotzte von pulsierendem Leben, aber auch von mancherlei Kontroversen und Konflikten.

In diesem Spiegel der Stadt bekommt auch das Bild einer christlichen Gemeinde Konturen, die als zarte Pflanze in Korinth heranwuchs. Man schätzt ihre Größe auf höchstens 200 Männer und Frauen, eine verschwindend kleine Schar inmitten der Metropole von etwa 100.000 Einwohnern. Und auch die Christen waren ein Abbild der Stadt, weder Helden noch Heilige. Der kleinen Gruppe der Christen schreibt Paulus:

»Ihr seid der Tempel Gottes und der Geist Gottes wohnt in euch.« Die ganze Kühnheit dieser Aussage wird erst klar, wenn man bedenkt, was in der Antike ein Tempel war, was die Menschen vor Augen hatten, wenn sie von einem ›Heiligtum‹ hörten. Die antiken Tempel waren das Kostbarste, was es damals in der Welt gab. Die besten Architekten wurden engagiert, und nur die besten Baumaterialien wurden verwendet: Denn für die Götter war das Beste gerade gut genug. Im Blick auf den Jerusalemer Tempel erfährt diese Sicht noch eine Steigerung. Denn dort wurden nicht Götter im Plural verehrt, sondern Jahwe, der eine Gott im Singular. Sein Tempel war aus weißem Marmor gebaut, seine Mauern waren an vielen Stellen mit massiven Goldplatten überzogen. Den Aussagen von Zeitzeugen zufolge strahlte er am Morgen, wenn die Sonne aufging, in solchem Glanz, dass die Augen geblendet waren.

Die strahlende Schönheit des Jerusalemer Tempels hatte einen besonderen Grund: Er galt als die Wohnung Gottes. Zwar wurde diese Aussage bereits im Alten Testament theologisch relativiert. Sie wurde aber niemals aufgehoben. Das Allerheiligste, der innerste Raum des Tempels, durfte von Niemandem betreten werden, nur vom Hohepriester. Und selbst er hatte Zutritt nur einmal im Jahr: am *Jom Kippur*, dem großen Versöhnungstag. Der Tempel galt als heilig. Das heißt: Er gehörte ausschließlich Gott. Der Tempel war Gottes besonderes Eigentum, Gottes Anwesen, seine Präsenz in der Welt. Die Heiligkeit des Tempels wurde als so hoch und groß eingestuft, dass die jüdischen Theologen sagten: »Der Tempel heiligt die Stadt Jerusalem, die Stadt Jerusalem heiligt das Land Israel, und das Land Israel heiligt die ganze Welt.«

Eine kühne Behauptung, ein selbstbewusster Anspruch: der Tempel als Mittelpunkt der Welt. An seiner Schönheit und Kostbarkeit wurde deutlich, wie Gott die Welt schon vor aller Schöpfung gedacht hatte: der Tempel als Vollendung der Schöpfung Gottes, als Inbegriff des Kosmos. Wo er stand, waren Himmel und Erde verbunden. Der Jerusalemer Tempel erteilte hier lebendigen Anschauungsunterricht: Auf dem riesigen, vielfarbigen Vorhang vor dem Allerheiligsten war das ganze Himmelsgewölbe dargestellt. Nun wird klar, was es bedeutet, wenn der Evangelist Matthäus nach Jesu Tod am Kreuz notiert: »Da riss der Vorhang im Tempel von oben bis unten entzwei.« (Mt 27,51)

> DER TEMPEL
> HEILIGT
> DIE STADT JERUSALEM,
> DIE STADT JERUSALEM
> HEILIGT
> DAS LAND ISRAEL,
> UND DAS LAND ISRAEL
> HEILIGT
> DIE GANZE WELT.

Man könnte noch vieles und lange weitererzählen. Was der Tempel von Jerusalem für Israel bedeutete, erfährt man am besten aus den alten Wallfahrtsliedern, die von der Sehnsucht sprechen, den Tempel wiederzusehen und in seinen Vorhöfen zu verweilen:

»Wie freute ich mich, als man mir sagte:
zum Haus des Herrn wollen wir ziehen.
Wie liebenswürdig ist deine Wohnung,
    Herr der Heerscharen!
Meine Seele verzehrt sich in Sehnsucht
nach dem Tempel des Herrn.
Ein einziger Tag in den Vorhöfen des
    Heiligtums
ist besser als tausend andere.«

Ps 122,1; Ps 84,2-3.11

Das alles ist die Folie, auf der wir die Aussage des Paulus lesen und hören: »Wisst ihr nicht, dass ihr Tempel Gottes seid und der Geist Gottes in eurer Mitte wohnt?« – Jetzt wird deutlich, was in dieser Aussage alles mitschwingt. Der Tempel Gottes in Korinth bröckelt, er droht zu zerbrechen. Die Vielfalt und der Reichtum der Stadt wirken sich aus, spitzen sich sogar zu in der kleinen christlichen Gemeinde. Und was wir von unseren Kirchen, Gemeinden und Gemeinschaften kennen, das war schon damals so: Wenn es Streit gibt, müssen höhere Autoritäten herhalten: der Papst, der Bischof, ein Ordensoberer, ein berühmter Professor, ein spiritueller Meister. In Korinth waren es die Apostel Petrus – genannt Kephas – und sein Kollege und (manchmal Kontrahent) Paulus, aber auch ein Apollos, dieser hochintelligente Jude aus Alexandria, der den Heidenchristen sehr nahe stand. Wenn Paulus die Gemeinde von Korinth mit Gottes Tempel vergleicht, dann möchte er sie daran erinnern, dass die Versammlung der Gläubigen das Kostbarste ist, was die Christen den Menschen zeigen können. Gott wohnt in unseren Versammlungen, in unseren Gemeinschaften.

Auch bei uns gibt es Strömungen und Grüppchen, Interessen und Lobbyisten. Aber wenn wir Tempel Gottes sind, dann wird dieses Heiligtum nur ausstrahlen, wenn wir eins sind, wenn wir unsere Einheit nicht zum Bröckeln bringen. Bei dieser Einheit geht es nicht um handfeste Steine oder um wetterfeste Strukturen, sondern um die Einheit im Heiligen Geist. Die kann manchmal stärker sein, wenn wir uns nicht aneinander klammern, sondern uns in Freiheit aneinander gebunden wissen. Einheit im Geist: Das bedeutet tiefe Ehrfurcht voreinander, weil Gott selbst die Mitte ist, über alle charakterlichen, altersmäßigen und kulturellen Unterschiede hinweg. Paulus fragt uns: »Wisst ihr nicht, dass ihr Gottes Tempel seid und der Geist Gottes in eurer Mitte wohnt?« Wenn uns das noch mehr bewusst wird, werden wir anders übereinander und mehr noch miteinander reden. Wenn wir ernst nehmen, was Paulus schreibt, dann wird auch die Sehnsucht nach einer Gemeinschaft wachsen, die nicht Spielwiese persönlicher Interessen und kirchlicher Richtungskämpfe, sondern Wohnung, ja Heiligtum Gottes ist. Das Volk Gottes, wir – seine Gemeinde – sind Tempel Gottes, sein Haus in dieser Welt. Deshalb singen wir im *Te Deum*:

»Sieh dein Volk in Gnaden an.
Hilf uns, segne, Herr, dein Erbe;
leit es auf der rechten Bahn,
dass der Feind es nicht verderbe.
Führe es durch diese Zeit,
nimm es auf in Ewigkeit.«

GL 380

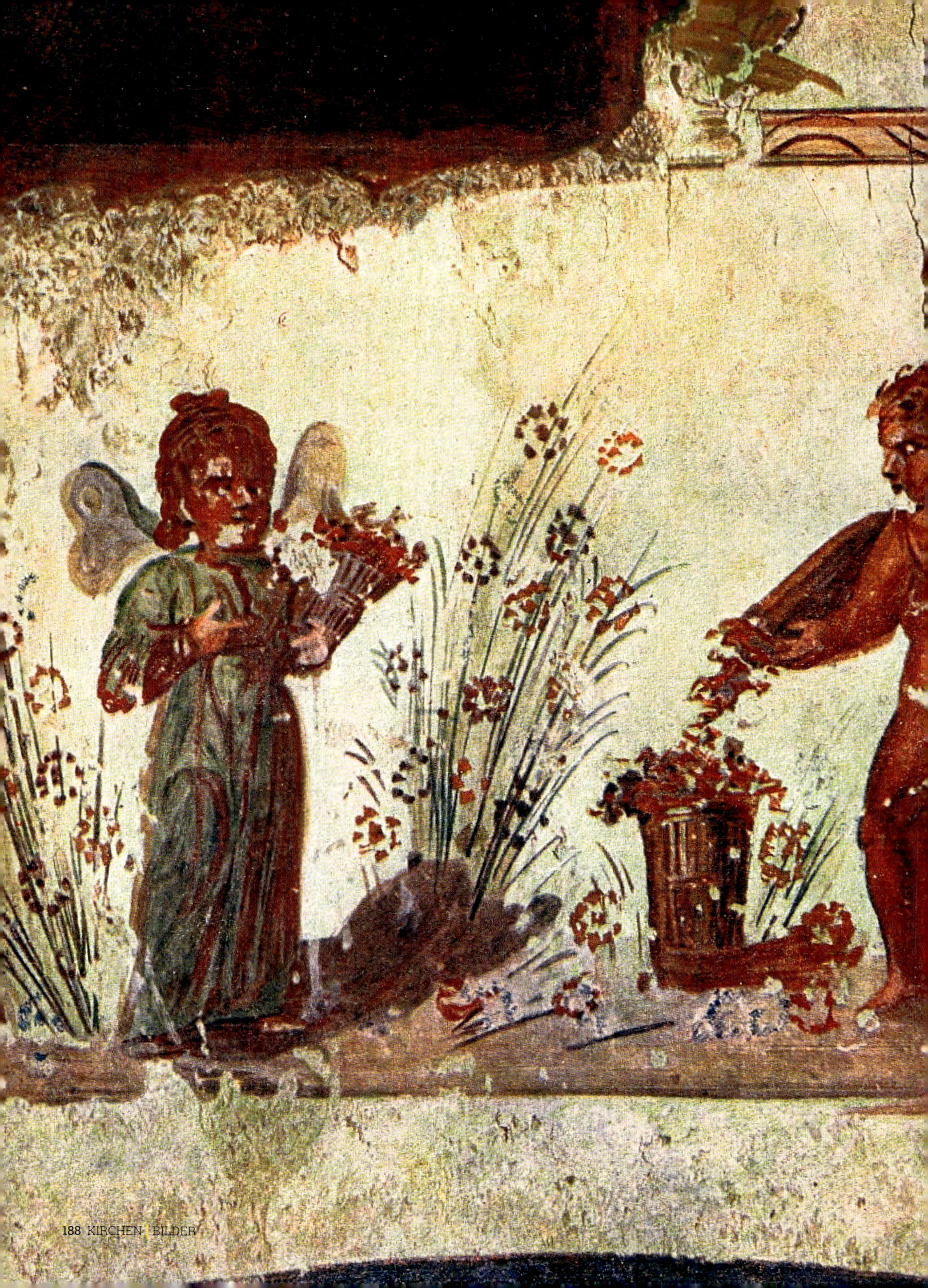

Parfümerie und Talentschuppen

Keine übergroßen Berührungsängste, bitte! Die frühe Kirche zeigte zwar klare Kante gegenüber der paganen Mythologie. Aber sie behielt das Gute. Schließlich hatte Paulus das als Devise ausgegeben. ›Amor und Psyche‹ gehörten dazu. Warum also nicht auch Kirchen-Bilder wie …

Parfümerie

Welchen Duft haben Sie heute aufgelegt? Oder welches Parfüm haben Sie gewählt für Ihren ›Göttergatten‹ oder Ihre ›Liebste‹? Wenn mich mein Weg durch eine Parfümerie führt, dann genieße ich die verschiedenen Düfte, die mir dort entgegenwehen: Die einen machen auf sich aufmerksam durch ihre süße, herbe oder coole Note, die anderen hüllen mich ein wie in einen warmen bergenden Mantel. Von den einen fühle ich mich erfrischt und inspiriert, die anderen tragen auf wie eine Dame in schwerer, samtener Robe.

Den Duft Gottes verbreiten: So lässt sich mit einem Hauch Poesie umschreiben, was die Mission der Kirche ist. Sie haben richtig gehört: den Duft Gottes verbreiten. In der Kirche hat Gott gleichsam das Flakon seiner Düfte geöffnet, um dem Glauben an den Tod und die Auferstehung Jesu Christi eine besondere Note zu geben.

Dabei wollen wir besonders auf Maria blicken, das Modell und Urbild der Kirche und deshalb nicht nur *Mutter Gottes,* sondern auch *Mutter der Kirche*. Schauen wir einmal auf das Glaubensgeheimnis von der Aufnahme Mariens in den Himmel, das in engem Zusammenhang mit Ostern steht: Wir atmen marianischen und zugleich kirchlichen Duft ein, wenn wir bereit sind, die Schale des Brauchtums zu brechen und den Kern freizulegen, aus dem die Botschaft von Mariä Himmelfahrt strömt. Damit meine ich die Kräuterweihe. Die Schale dieses Brauches ist eine uralte Legende. Nach ihrem Tod sollen die Apostel Marias Grab noch einmal geöffnet haben. Was haben sie dort angetroffen? Der Leichnam war weg, aber dafür fanden sie Blumen und Kräuter.

Seit jeher setzen wir Menschen auf die Heilkraft der Kräuter. Deshalb wurden sie gesammelt, getrocknet und zu Tee oder anderen heilkräftigen Essenzen verarbeitet. So werden zur Kräutersegnung meist Schafgarbe, Kamille und andere Heilkräuter, aber auch Feldblumen zusammengebunden.

»Die Heilkraft der Kräuter«, so heißt es im Benediktionale, »soll dem ganzen Menschen zum Heil dienen. Dieses Heil ist an Maria besonders deutlich geworden. … Mit den Blumen bringen wir die Schönheit der Schöpfung in den Gottesdienst, der so zu einem sommerlichen Fest der Freude wird.« Gegen viele Krankheiten hat der Mensch

Kräuter gefunden, aber gegen den Tod ist bis heute kein Kraut gewachsen. Mit einer Ausnahme: Jesus Christus, die Erstlingsfrucht der Auferstehung. Menschlich gesehen hat Jesus am Kreuz den Kürzeren gezogen. Dennoch sitzt er am längeren Hebel des Lebens. Das Kreuz war kein Marterpfahl, sondern fruchtbarer Lebensbaum. Mit dem Sündenfall war das Paradies verloren, mit der Auferstehung der Himmel gewonnen.

Was wir an Ostern feiern, wenden wir auf Maria an: Bei ihrem Sterben hat Maria dem Tod »adieu« gesagt, sie legte ihr Leben in die Hand ihres Sohnes, der gleichzeitig ihr Schöpfer und Herr war. Nicht umsonst heißt Mariä Himmelfahrt auch *dormitio Mariae*, Marias Entschlafung. Im Schlaf wurde Maria gleichsam hinübergetragen über die Schwelle der Zeit in die Ewigkeit, von der Erde in den Himmel. Und was hat sie uns zurückgelassen? Keine Reliquie, kein Souvenir, kein Kleidungsstück, sondern ihren besonderen Duft. Marias Leichnam wurde nicht gestohlen, Maria ist im wahrsten Sinn des Wortes ›verduftet‹. Was wir von ihr haben, ist ihr Duft.

Denken wir z. B. an folgende Situation: Ich komme in eine Telefonzelle. Und in dieser Telefonzelle liegt ein wunderbarer Duft, ein Hauch von Parfüm. Obwohl ich die Person nicht mehr sehe, male ich mir aus, dass die Frau, die vor mir telefoniert hat, wunderschön gewesen sein muss, wenn sie einen solchen Duft hinterlässt: einen Duft, der gute Gefühle in mir weckt und mich noch lange begleitet. So ähnlich ist es auch mit Maria: Als sie in den Himmel aufgenommen wurde, ist sie ›verduftet‹.

Trotzdem ist sie noch da, mitten unter uns. Wenn wir Maria nicht nur den Titel der *Gottesmutter* geben, sondern sie auch *Mutter der Kirche* nennen, dann wollen wir damit sagen: Die Kirche trägt Marias Duft. Sie hat eine marianische Duftnote. Dieser Gedanke hat schon den Völkerapostel Paulus bewegt, als er an die Gemeinde in Korinth schrieb: Ich danke Gott, dass »er durch uns den Duft der Erkenntnis Christi an allen Orten verbreitet. Denn wir sind Christi Wohlgeruch für Gott unter denen, die gerettet werden« (2 Kor 2,14-15). Zugleich erinnert er auch daran, dass es verschiedene Düfte geben kann: Todesgeruch, der auf Verwesung hindeutet, ebenso wie ein Parfüm, das zum Boten des Lebens wird. So kehren wir wieder in die Parfümerie zurück. Wir schauen auf Maria, die sich in den Himmel ›verduftet‹ hat und bis heute uns, der Kirche, ihren Duft hinterlässt. Was gibt es für Düfte in der Kirche, der göttlichen Parfümerie?

Ein erster Duft heißt »*sensitive*« – sinnlich und sensibel. Duftgeschwängerte Festgottesdienste sind uns allen vertraut, wenigstens an hohen Festen und bei Bischofsvisiten. Selbst wer als Kirchenferner die feierlichen Konzertmessen in irgendeiner Form ›konsumiert‹, wird sich morgenländischwürzigen Gerüchen, die aus dem Weihrauchfass emporsteigen und Himmelsaufstieg symbolisieren, nicht entziehen können. Sinnlicher Duft gehört zur festlichen Glaubensfeier.

Es gibt auch die andere Erfahrung: Nicht wenige, vor allem auch junge Menschen, sind im Hinblick auf die offizielle Kirche ›verduftet‹, weil sie ihnen ›stinkt‹, weil sie manches an ihr nicht ›riechen‹ können. Dabei ist die Kreislaufschwäche beim Weihrauch noch harmlos, schwerer wiegt bei den meis-

---

MARIA IST VERDUFTET. SIE HINTERLÄSST DREI DÜFTE.

---

ten der unangenehme Geruch, den manches kirchliche Dokument und die mangelnde Glaubwürdigkeit der Christen wie eine Fahne hinterlassen. Ich wage zu behaupten, dass die Abgewanderten und Enttäuschten sehr wohl einen ›Riecher für Gott‹ haben. Könnte es sein, dass uns der geeignete Duft fehlt, auf den der Riecher anspricht? Unsere Kirche, unsere Gemeinden, wir persönlich brauchen mehr Sinnlichkeit, dass wir Gott mit allen Sinnen loben und gleichzeitig feinfühlig sind füreinander.

Diesen Duft »*sensitive*« hat Maria hinterlassen: Sie hat auf ihren Körper geachtet, ohne ihn zu vergöttern, und aufmerksam dem Grund ihrer Schwangerschaft nachgespürt. Sie hat Elisabet unter die Arme gegriffen und sie vorher auch in den Arm genommen. Sie hat ihrem Sohn Jesus menschliche Nähe geschenkt, von der Geburt bis zum Tod, und ihm geholfen, dass er seine Mission erfüllen konnte. Deshalb ist sie jetzt im Himmel nicht nur im Geist, sondern mit Seele und Leib. Ich wünsche uns den Duft »*sensitive*«, damit wir sinnlich, d.h. mit allen Sinnen, wahrnehmen, was ist und sein darf, und sensibel, d.h. mit Fingerspitzengefühl, damit umgehen.

Ein zweiter Duft, den Maria uns hinterlässt, heißt »*life*« – Leben. Damit meine ich nicht, dass in der Kirche *high life* herrschen soll. Vielmehr geht es um »Leben in Fülle« (Joh 10,10). Es gibt ein schönes Sprichwort: »Probieren geht über Studieren«. Das trifft auch zu für unseren Besuch in der göttlichen Parfümerie: Probieren muss ich den Duft, das Parfüm auflegen auf die lebendige Haut, damit es seine Note entfalten kann. So ist es auch mit dem geistlichen Leben. Unser Glaube ist weniger Lehre als Leben. Unser Glaube ist Wagnis, weil Leben selber Wagnis ist. Wagnis, weil keine letzten äußeren Sicherheiten gegeben werden, im Gegenteil: Wer glaubt, hat oft zu kämpfen mit Überraschungen und Missverständnissen.

Aber es ist auch das Schönste aller Wagnisse, das Wagnis des Lebens, das in der Liebe mündet. Peter Wust (1884 – 1940), ein Münsteraner Philosoph, schrieb in seinem Buch *Ungewissheit und Wagnis:* »Bei einem Minimum an Sehfähigkeit (geht es darum), ein Maximum an Liebe zu wagen.« Das ist es. Wer spielt, kann verlieren. Wer nicht spielt, hat schon verloren. Doch wer das Spiel des Lebens wagt und dabei auf die Karte der Liebe setzt – hat der nicht schon gewonnen, während er noch spielt?

Maria ist eingestiegen in das Spiel der Liebe Gottes. Und sie hat dabei das Leben in Fülle gewonnen. Maria hat sogar mit dem Feuer gespielt, dem Feuer des Heiligen Geistes, der sie zur Mutter Gottes gemacht hat. Ich wünsche uns den Duft »*life*«, damit wir keine Angst haben vor den Facetten des Lebens und unseren Part übernehmen im göttlichen Liebesspiel.

Der dritte Duft, der geboten wird, heißt »*heaven*« – Himmel. Dass dieses modische Präparat, das erst kürzlich mein neugieriges Näschen anregte, ausgerechnet den Namen »*heaven*« (Himmel) trägt, halte ich für mehr als einen Werbegag. Es geht um die Sehnsucht nach dem Himmel, die in jedem Menschen schlummert. Die Erde ist uns stets eine Nummer zu klein. Wir sind immer nach mehr aus, als was uns diese Erde, selbst die liebsten Menschen, bieten können. Eine Rechnung bleibt auf Erden immer offen, nämlich die Frage: Was kommt danach? Unser christlicher Glaube hat die Sehnsucht nach dem Himmel insofern beruhigt, als das Leben unter dem offenen Himmel stattfand. Das ganze Leben war entworfen als Weg in den Himmel. Die Erde war der Raum, um sich diesen Weg zu bahnen. Eine solche Sicht des Lebens unter der Perspektive des

Himmels wirkte entlastend, auch wenn sie in der Form der Vertröstung auf das Jenseits viele davon abhielt, die Verhältnisse auf Erden zu verändern.

Aber ist nicht heute eher das Gegenteil unsere Gefahr? Bleibt nicht vielen von uns der Himmel verschlossen? Bedroht uns nicht eine fatale Vertröstung aufs Diesseits? Und ist Leben nicht vielfach der verbissene, aber letztlich vergebliche Versuch, den Himmel auf Erden zu erzwingen?

Maria belehrt uns eines Besseren. Das *Magnificat,* das wir mit ihr bis heute anstimmen, ist das Lied derer, die über die irdischen Verhältnisse hinausglauben in eine neue Erde und einen neuen Himmel, wo die Mächtigen vom Thron gestürzt und die Kleinen inthronisiert werden, wo die Reichen merken, wie arm sie eigentlich sind, und die Armen spüren, wie Gott sie stützt, hebt und schätzt. Gerade geistliche Menschen, die sich durch ihre Versprechen und Gelübde in Freiheit gebunden haben, stehen in der heiligen Pflicht, den Menschen den Himmel offen zu halten. Dankbar für diesen »himmlischen Pfortendienst« auf Erden, wollen wir darum bitten, dass es in unserem Dunstkreis noch mehr nach »Himmel« duftet, dass es uns gelingt, die alte christliche Lebenskultur zu pflegen: mit beiden Beinen und mit Freude auf der Erde stehen im Wissen darum, dass der Himmel offen ist.

»Wir sind Christi Wohlgeruch. Durch uns will Gott den Duft der Erkenntnis Christi verbreiten« (vgl. 2 Kor 2,14-15). Das ist der Auftrag, der uns als Kirche erwächst. Maria ist körperlich nicht mehr da, sie ist unseren Augen entzogen, hinein genommen in den Dunstkreis des Himmels. Aber sie ist und bleibt uns nah mit den Düften, die sie uns hinterlassen hat: »*sensitive*«, »*life*« und »*heaven*«. In Sensibilität, Leben und Himmel ist Maria verduftet. Dass wir als Kirche ihren Duft genießen und verbreiten dürfen, finde ich dufte!

Talentschuppen

Bloß nichts riskieren im Spiel des Lebens! Und keinesfalls auffallen mit kreativen Ideen, nur den Kopf – und nicht nur ihn! – in den Sand stecken, nur den Bunker, den ich mir selbst gegraben habe, nicht verlassen. So denken viele von uns. So denken wir Versicherungsmenschen und Sicherheitsfanatiker. Was es da nicht alles gibt! Hagelversicherung, Brandversicherung und KFZ-Versicherung, Haftpflichtversicherung, Diebstahl-, Rechtsschutz- und Hausratversicherung, Feuer-, Unfall- und Lebensversicherung: Was wir nicht alles abschließen, um jedem Risiko und jedem möglichen Verlust aus dem Weg zu gehen! Und doch hat das Ganze einen Haken. Es ist der Haken der Angst, der solches Verhalten bestimmt: Angst vor schlechten Zeiten und bösen Menschen, Angst vor der Zukunft und nicht zuletzt Angst vor der eigenen Courage. Ein krankhaftes Streben nach Sicherheit ist nicht selten die Folge.

Sag mir, wie du über den Menschen denkst, und ich sage dir, an welchen Gott du glaubst. Dem Versicherungsmenschen entspricht im Hinblick auf den Glauben der Versicherungs-Christ. Er möchte religiös auf Nummer sicher gehen, sich fürs Jenseits am besten mehrfach versichern, damit ihm keiner den Platz in der ersten Reihe nehmen kann. Doch wie im alltäglichen Leben, so hat eine solche Mentalität auch im Glaubensleben einen Pferdefuß: Wer sich auf das Evangelium einlässt, muss wissen, dass Jesus alles andere anbietet, als ein umfassendes, für jeden passendes Sicherheitspaket für alle Lebenslagen. Das Gleichnis von den Talenten verlangt vielmehr das glatte Gegenteil. Es ist die Auslegung eines Wortes, das Jesus seinen Jüngern eindringlich ans Herz gelegt hat: »Wer sein Leben retten will, wird es verlieren; wer sein Leben aber um meinetwillen verliert, wir es retten« (Mk 8,35).

Diese Rede ist hart und kompromisslos, schwer zu verdauen und kaum zusammenzubringen mit der allzu harmonischen Vorstellung vom ›lieben Gott‹. Es verlangt eine gesunde Risikobereitschaft, Mut zum Wagnis, Vertrauen darauf, dass wir experimentieren dürfen, weil wir in Gottes Hand geborgen sind. Eine solche Haltung hat nichts zu tun mit Lässigkeit und Leichtsinn, mit Unbekümmertheit und falscher Sorglosigkeit.

Ein Gleichnis mag uns den Sinn dieser Rede erhellen: Das Gleichnis des Herrn, der seinen Dienern sein Vermögen zur Verwaltung anvertraut (Mt 25,14-29), Sie kennen es alle. Die Diener erhalten einen unterschiedlichen Anteil und sind gehalten, damit bis zur Rückkehr ihres Herrn Gewinn zu erwirtschaften. Während dies zweien erfolgreich gelingt, vergräbt der dritte das Vermögen aus Sorge, er könnte es verlieren und zieht sich damit ein vernichtendes Urteil seines Herrn zu.

Es geht dabei um eine ernste Sache. Dafür sprechen schon die anvertrauten Talente – mit ihrer Doppelbedeutung, die sie in der deutschen Übersetzung haben. Ein attisches Silbertalent entspricht 600 Goldminen oder 30.000 Denaren, ein Denar einem Tageslohn. Das ergibt einen Wert von etwa 400.000 € pro Silbertalent. Das eine Talent des dritten Knechtes ist also immer noch ein Haupttreffer im Lotto. Hier geht es also nicht um Peanuts, sondern um ein Vermögen. Im übertragenen Sinn meinen Talente Begabungen, Anlagen und Fähigkeiten. Und mit diesen Talenten gilt es zu wuchern.

In der Bildrede von den Talenten geht es auch um das Vergleichen. Denn die Talente sind unterschiedlich verteilt. Wer ein Talent hat, braucht auch nur eins dazuzugewinnen. Wer aber fünf bekommt, von dem erwartet man auch fünf weitere. Das bedeutet: Gott kennt seine Leute. Gott kennt uns ganz persönlich. Er will keinen überfordern. In der Ordnung des Reiches Gottes bringen mehr Talente nicht zuerst höhere Würde und größeres Ansehen, sondern vor allem mehr Verantwortung. Und wer nur ein Talent erhalten hat, braucht sich darüber weder zu grämen noch sich gering zu fühlen. Wenn er mit seinem Talent arbeitet und tut, was in seiner Kraft liegt, dann wird auch ihm der volle Lohn zuteil. Das ist das Grundgesetz des Reiches Gottes: Gegenseitige Wertschätzung und Ermutigung, die anvertrauten Talente zu verdoppeln. Was für Gott gilt, müsste bei unseren Vorgesetzten und Oberen in unseren Kirchen, Gemeinden und Gemeinschaften recht und billig sein. Wie sieht die Wirklichkeit bei uns aus?

Neben dem Mut zum Wagnis und dem Vergleichen entfaltet dieses Gleichnis noch einen weiteren Gesichtspunkt, der an unserem Selbstwertgefühl nagt: die Angst. Der dritte Knecht entschuldigt sich beim Herrn dafür, dass er sein Talent vergraben hat: »Herr, ich wusste, dass du ein strenger Mann bist; du erntest, wo du nicht gesät hast, und sammelst, wo du nicht ausgestreut hast; weil ich Angst hatte, habe ich dein Geld in der Erde versteckt. Hier hast du es wieder« (Mt 25,24 f.).

Der Grund, warum der dritte Knecht sein Talent vergräbt, ist das Sicherheitsdenken. Weil er sich benachteiligt fühlt, will er auf keinen Fall etwas von dem verlieren, was er hat. Und vor allem will er keinen Fehler machen, damit er von niemandem kritisiert werden kann. Aber gerade weil er keinen Fehler machen will, macht er alles falsch. Weil er alles kontrollieren möchte, gerät ihm sein Leben außer Kontrolle. Er verkrampft. Wer an sich und seinem Talent festhalten will, verliert zum Schluss alles, was er hat: sein Talent und sich selbst.

Wieder entspricht dem Menschenbild die Vorstellung von Gott. Der dritte Knecht hat Angst vor Gott. Viele Menschen sind in ihrem Selbstwertgefühl verletzt worden, weil ihnen ein Gott gepredigt wurde, der Angst einflößt. Wer beim Denken an Gott gleich Angst bekommt, dessen Gottesbild ist vergiftet worden. Wen wundert es da, dass ein solcher Mensch nicht mehr aus sich selbst heraus gehen kann, sondern sich vergraben muss! Es fehlt ihm an Selbstvertrauen. Er hat Angst nicht nur vor Gott, sondern auch vor Versagen und Schwäche, Angst, sich vor Andern zu blamieren. Welches Gottesbild herrscht eigentlich bei uns – nicht nur in unseren Predigten, Bibelstunden und geistlichen Konferenzen, sondern vor allem in unserem alltäglichen Verhalten, in unserem Umgang, den wir miteinander pflegen.

Das Gleichnis von den Talenten möchte uns Ermutigung sein. Gott ist weder ein Buchhalter noch ein Kontrolleur, sondern eine Art Trainer, der auf Entdeckungsreise geht nach den Talenten, die er einbauen kann in seine Mannschaft, die für ihn das Spiel des Lebens auf dieser Erde machen soll.

Kann es ein schöneres Bild geben für die Kirche, eine Pfarrgemeinde, eine klösterliche oder geistliche Gemeinschaft, als dass wir sie sehen wie einen Talentschuppen, wo es wimmelt von flinken Füßen und geschickten Händen, von schlauen Köpfen und noch mehr von wachen und phantasievollen Herzen? Helfen wir einander, unsere Talente zu entdecken und zu verdoppeln!

Der heilige Franz von Sales (1567 – 1622) umschreibt diesen Wunsch mit dem ihm eigenen Charme: »Jeder Mensch auf Erden erhält eine ihm eigene Gnade, und durch sie ist ein jeder vom anderen verschieden. Der Herr vergleicht nicht umsonst seine Gnade mit Perlen, weil jede Perle so einzig in ihren Eigenschaften ist, dass man nie zwei findet, die einander völlig gleichen. Diese Vielfalt in der Gnade oder diese Gnade in der Vielfalt bringt eine heilige Schönheit und eine liebliche Harmonie hervor, die das himmlische Jerusalem freudig erfüllen wird« *(Franz von Sales: Theotimus [1616], II, 7).*

Wie ermutigend und tröstlich ist es, dass Gott in seiner Kirche keine Kopien will, sondern Originale!

8 TALENTE

DER BEISPIELERZÄHLUNG (PARABEL) DES MATTHÄUS-EVANGELIUMS ZUFOLGE VERTEILT DER VERREISENDE ACHT TALENTE.

DIESE SUMME STELLT EIN BETRÄCHTLICHES VERMÖGEN DAR. ACHT ATTISCHE TALENTE ENTSPRECHEN 48.000 DENAREN, EIN DENAR EINEM TAGESLOHN.

EINEN HEUTIGEN MINDESTLOHN VORAUSGESETZT BELÄUFT SICH DIE VERTEILTE SUMME AUF ÜBER 3,3 MILLIONEN EURO.

ABBILDUNG 86
Amor und Psyche, Domitilla-Katakombe, Ende 3. Jh. (Wilpert, Taf. 53).

ABBILDUNG 87
Vor dem Richterstuhl Christi, Domitilla-Katakombe, 4. Jh. (Wilpert, Taf. 124).

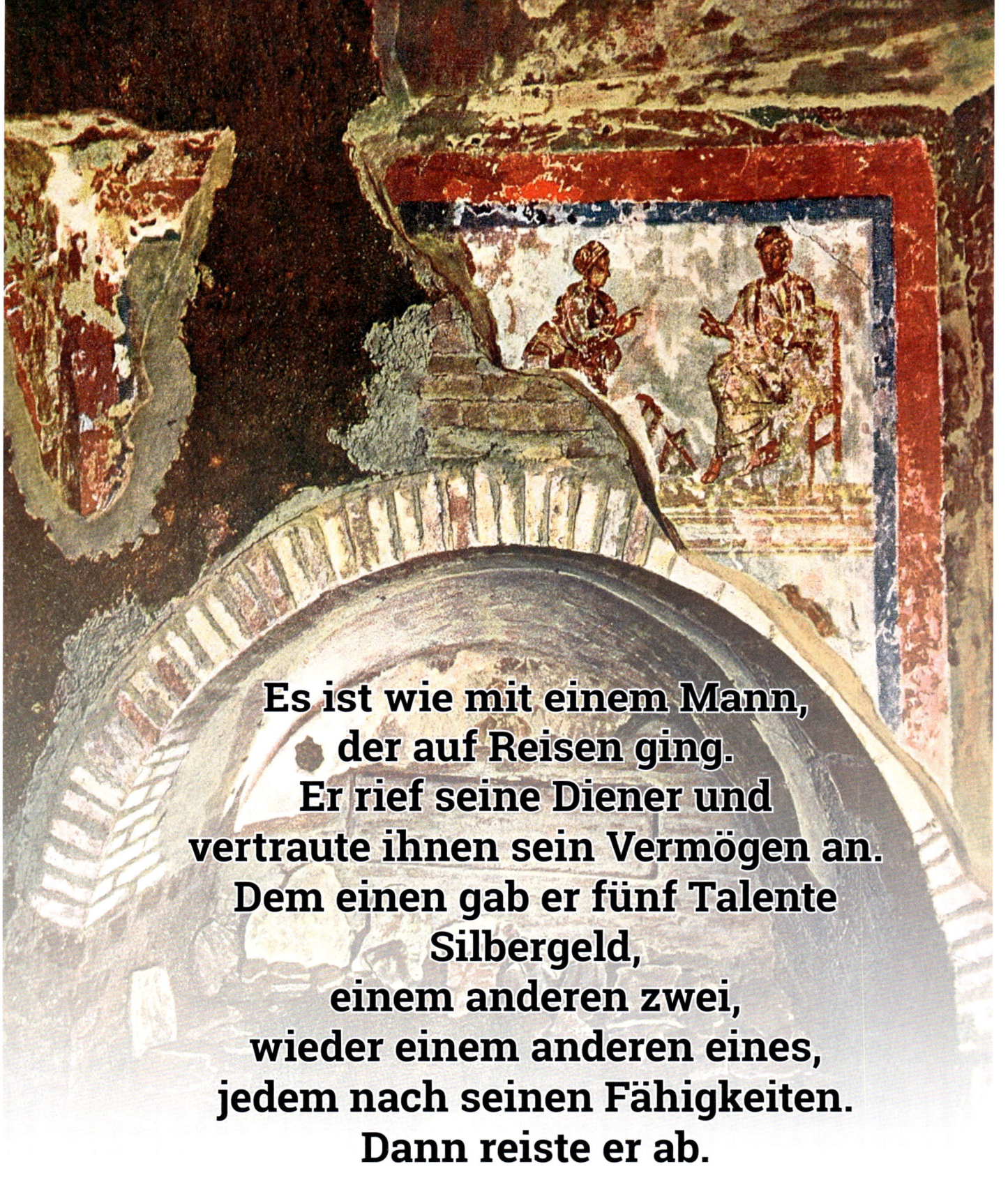

**Es ist wie mit einem Mann,
der auf Reisen ging.
Er rief seine Diener und
vertraute ihnen sein Vermögen an.
Dem einen gab er fünf Talente
Silbergeld,
einem anderen zwei,
wieder einem anderen eines,
jedem nach seinen Fähigkeiten.
Dann reiste er ab.**

Mt 25,14 f.
Das Gleichnis von den anvertrauten Talenten

Weinberg und Weinstock

ABBILDUNG 88
Grabkammer der Böttcher, Priscilla-Katakombe, 4. Jh. (Wilpert, Taf. 202).

Die zentrale Illustration enthält Namen prominenter Katakombenbesucher, darunter neuerlich Antonio Bosio (vgl. S. 117, Abb. 56).

Der historische Prophet Jesaja konnte ein rechtes Schlitzohr sein. Bei Gelegenheit gab er den Bänkelsänger, den Gottesnarren, um Israel den Spiegel vorzuhalten.

Der historische Jesus von Nazaret pflegte die Sache anders anzupacken: als Weisheitslehrer! Gleichviel: Auf die Gottesliebe kommt es beiden an. Und auf deren Erwiderung …

Vorbemerkung: Diese Predigt wurde für Priesteramtskandidaten gehalten, was sich an manchen Anspielungen zeigt. Um die Lebendigkeit zu wahren, blieb der ›Sitz im Leben‹ erhalten.

Trauben sind etwas Besonderes. Wie der Apfel nicht weit vom Baum fällt, so ist es auch mit den Trauben. Der Weinstock, ein Edelgewächs, trägt zu Recht eine Edelfrucht. So ist ein Weinberg eben etwas anderes als ein Kartoffel- oder Rübenacker. Man muss nur einmal mit einem Hobby-Weingärtner gesprochen haben, dann weiß man: Am Weinberg hängt das Herz. Große Musikstücke sind Themen mit Variationen. Kann es deshalb eine passendere Deutung für das heutige Evangelium geben als jene vom Thema mit Variationen zum Weinberg?

Beginnen wir mit der Melodie, die das Alte Testament zum Thema schreibt. Bei Jes 5,1-7 handelt es sich um einen poetischen Text. Der Prophet Jesaja schlüpft sozusagen in die Rolle eines Liedermachers, eines Straßensängers, der auf einem öffentlichen Platz oder in einer Gastwirtschaft seine Lieder zum Besten gibt: Sensationsgeschichten, Polit-Songs, Herz-Schmerz-Melodien und selbst gemachte Chansons. Heute singt er das Lied von seinem Freund, einem Weinbergbesitzer, der alle Mühe in seinen Weinberg investiert hat und doch ohne Erfolg bleibt. Kein Aufwand ist ihm zu teuer, keine Mühe zu groß, keine Arbeit zu viel. Für leidenschaftliche Liebhaber zählen keine Zeit und keine Kraft. Leidenschaft kennt kein Kalkül. Die Leidenschaft gilt seinem Weinberg: in sonniger Lage angelegt; mit den edelsten Rebsorten bepflanzt; der Boden gepflegt; der Turm in der Mitte; und die Kelter steht schon für die Lese bereit. Aber am Ende, zur Erntezeit, die Stunde der Wahrheit: Ernüchterung. Nichts als verfaulte, stinkende Beeren. Nichts für den Tischwein, geschweige denn für die Spätlese. Zwischen Investition und Ertrag besteht eine eklatantes Missverhältnis!

Der Prophet legt den Befund seinen Zuhörern vor. Bitte, bildet euch selbst ein Urteil! Hat der Weinbergbesitzer irgendetwas versäumt? Hat er etwas zu tun vergessen oder unterlassen? Wo aber alle Möglichkeiten ausgeschöpft sind und trotzdem nichts fruchtet, da ist die Maßnahme des Weinbergbesitzers die einzig richtige, so schwer sie auch fällt: Auflassung des Weinbergs, Rückführung zu Steppe und Weideland. Für eine Edelfrucht ist das Land nicht tauglich. Die Mauer wird eingerissen, der Boden zertrampelt, die Reben überwuchert und der Regen verhindert. Alles war vergebliche Liebesmüh'. Die leidenschaftliche Liebe schlägt um in leidenschaftlichen Zorn. Was der frustrierte Weinbergbesitzer tut, ist einfach vernünftig. Man kann es ihm nicht verdenken. Keiner investiert in einen hoffnungslosen Fall. Die Hörer dieses Liedes können dem nur beipflichten.

Aber ist das Alles? Ist denn der Ärger über einen ertraglosen Weinberg ein Lied wert? Hat ein solches Thema überhaupt eine Chance, in die Schlagerparade einzuziehen und zum Hit zu werden? Das will uns nicht recht hinunter. Wo bleibt denn die Sensation? Doch wenn wir uns tiefer einhören in dieses Lied, wenn wir durchhören auf tiefere Schichten, dann wird uns klar, dass es dem Sänger gar nicht so sehr um den Weinbergbesitzer und ein Grundstück geht. Der Prophet möchte keine desolate Wirtschaftsbilanz vorlegen, sondern eine tragische Liebesgeschichte erzählen. Jesajas Zuhörer haben das sehr gut verstanden. Denn in Israel war der Weinberg von jeher ein Symbol für die Geliebte. Der Prophet singt also in einer Männerrunde das Lied von der unglücklichen Liebe seines Freundes, der trotz aller Bemühungen nicht ans Ziel kommt und keine Gegenliebe erfährt. Die Zuhörer werden aufgefordert, Schiedsrichter zu spielen, und die Männergesellschaft ist sich einig: Diese Geliebte ist solcher Mühen nicht wert. Mach Schluss mit diesem Verhältnis!

Nur hat die Sache einen Haken. Wir müssen uns noch tiefer einhören in das Lied. Ohne es zu wissen, haben sich die Männer Jerusalems ihr eigenes Urteil gesprochen. Denn der geliebte Freund des Propheten, das ist Gott. Der Weinberg ist das auserwählte Volk, und der Inhalt des Liedes ist das hoffnungslos verfahrene Verhältnis zwischen dem HERRN und Israel. Dieses Volk, Gottes Augapfel und Liebling, ist der besungene hoffnungslose Fall. Gott hat es erschaffen und erwählt. Er hat ihm alle Hindernisse aus dem Weg geräumt, es geführt, verwöhnt, genährt, beschützt, die Feinde vertrieben, ein Land geschenkt. Aber alles war umsonst. Er hat sich als Partner angeboten, sich auf dieses Verhältnis eingelassen. Es sollte eine Beziehung auf Dauer und mit Zukunft sein. Gott liebt dieses Volk leidenschaftlich. Er ist in die Seinen vernarrt wie ein Verliebter. Darum verzeiht er ihnen immer wieder. Und immer wieder läuft er ihnen nach, und immer wieder startet er noch mal einen neuen Versuch. Am Ende schickt er seinen Sohn und macht sich selbst zum Narren. Doch alles Mühen und Werben ist umsonst. Je mehr er um die Seinen wirbt, umso spröder tun sie, desto mehr kehren sie ihm den Rücken zu: ein übles, geradezu neurotisches Spiel, das Israel treibt mit seinem Liebhaber-Gott.

Doch es ist noch nicht aller Tage Abend. Das Lied vom Weinberg bekommt seine tiefste Variation durch das Neue Testament. Gott macht mit seinem Volk nicht Schluss – trotz allem. Für Israel entsprach das Land der Weintrauben dem Land der Sehnsucht. Die Rebe mit der Weintraube war das Zeichen, das die Kundschafter aus dem verheißenen Land brachten. »Zu zweit auf einer Stange« trugen sie dem wartenden Volk die Traube entgegen und mit ihr das Versprechen des kommenden Glücks, das die Liebe schenkt. Aber auch im Land der Verheißung muss um das Glück gerungen werden. Nicht das Land, sondern die Weisung des Herrn ist Garant des Glücks. Auf diese Weise wird der Weinberg zu einem Bild der Fülle, aber auch der Zerstörung. Den bösen Winzern (Mt 21,3-46) wird der Weinberg zum Gericht, doch für alle, die sich anwerben lassen zur Mitarbeit, selbst für die Arbeiter der letzten Stunde (Mt 20,1-16), ist er Raum der Lebensfülle.

Das Priesterseminar als Ort der Vorbereitung auf den Weinberg, wo für die Menschen das Leben in Fülle wartet, – das ist der Sinn des Seminars: Als einzelne und in Gemeinschaft sollen Sie prüfen, welche Rolle Ihnen ganz persönlich im Weinberg des Herrn zugedacht ist. Mein Gebet für Sie ist, dass Sie nicht zu den Pächtern gehören, die Gott den Ertrag aus dem anvertrauten Leben schuldig bleiben. Ich wünsche Ihnen, dass Sie sich vom Weinbergbesitzer, Jesus Christus, nicht nur rufen, sondern auch wandeln lassen. Die Arbeiter im Weinberg fallen nicht vom Himmel, sie müssen reifen auf dieser Erde: mit ihr verbunden, ganz menschlich, damit sie einmal begossen durch die Gnade Gottes Früchte des Reiches Gottes bringen: »Bleibt in mir, dann bleibe ich in euch. Denn getrennt von mir könnt ihr nichts tun« (Joh 15,4 f.).

Die Jahre der Ausbildung sind Gold wert wie damals, als Israel durch die Wüste zog und ganz mit Gott leben wollte. Das war die wunderbare Brautzeit, die Zeit der ersten Liebe, von der Jeremia spricht: »Ich denke an deine Jugendtreue, an die Liebe deiner Brautzeit, wie du mir in der Wüste gefolgt bist, im Land ohne Aussaat« (Jer 2,2). Ich wünsche Ihnen, dass Ihre junge, erste Liebe zu Gott lange anhält. Sie werden erfahren, dass zur priesterlichen Existenz Korrektheit, Disziplin, Intaktsein in Sitte und Lehre gehören. Doch das ist längst nicht alles. Denn es kann sein, dass nach außen alles in Ordnung ist, dass vieles ins Werk gesetzt wird – und dabei die Gefahr besteht, dass der Leuchter von seiner Stelle gerückt ist, dass das Licht erlischt, dass der Priester (oder schon der Student!) nicht mehr leuchtet aus der lebendigen Mitte, dass er nichts mehr ausstrahlt von seiner ersten großen Liebe. In seiner Abschiedsrede nennt Jesus sich selbst den wahren Weinstock, wir aber sind die Rebzweige: »Wer in mir bleibt und in wem ich bleibe, der bringt reiche Frucht« (Joh 15,5).

»Ich werde an die Liebe deiner Brautzeit denken« (vgl. Jer 2,2): Dieses Wort gebe ich euch heute mit, die ihr euch vorbereitet auf die Arbeit im Weinberg des Herrn. Und ich gebe euch auch eine Frage mit – die Frage, die auch mich, wie ich hoffe, mein Leben lang nicht in Ruhe lassen wird: Erste Liebe – was ist das für mich? Nicht nur zeitlich, sondern vor allem, was die Rangfolge anbelangt!

Besonders der 1. Johannesbrief hat es mir angetan: »Nicht darin besteht die Liebe, dass wir Gott geliebt haben, sondern dass er uns geliebt hat« (1 Joh 4,10) und: »Er hat uns zuerst geliebt« (1 Joh 4,19). So wird deutlich, dass ich die erste Liebe nicht ›machen‹ kann, sondern ich nur da sein kann, mich gleichsam anwesend machen und mein *Adsum* – »Hier bin ich« sprechen darf für die zuvorkommende Liebe Gottes, der mich schon geliebt hat, bevor mir meine erste Liebe überhaupt bewusst geworden ist.

Die erste Liebe muss kein emotionales Zerschmelzen sein. Der Jesuit Alfred Delp (1907 – 1945), 1945 hingerichtet, hat 1938 in Feldkirch die großen dreißigtägigen Exerzitien gemacht. In seinen Aufzeichnungen lesen wir: »Gott ernst nehmen. Vielleicht ist das meine Formel. Ernst nehmen: seine Gnade, seine Güte, sein Vertrauen, seine Ordnung, seinen Auftrag, seine Berufung, seine Menschen.« Gott ernst nehmen, darum ist es Alfred Delp gegangen: »Gott hat es ernstlich mit mir zu tun, und ich muss ernsthaft mit ihm zu tun haben. Er muss mehr in meinem Leben zur Geltung kommen.« Und gegen Ende der Exerzitien schreibt er als »kurze Zusammenfassung des vorher Geschriebenen. Die Grundhaltungen meines künftigen Lebens: Gott ernst nehmen – ein großes Herz haben und echt sein vor ihm – ernst nehmen und großzügig bejahen.« *(Gesammelte Werke. Bd. 1, 1985, S. 253)*

Kann man sie schöner ausdrücken als in den Worten dieses Arbeiters im Weinberg des Herrn, die Sehnsucht nach der Bewahrung der ersten Liebe?

Tischordnung und Hochzeitssaal

Ein Albtraum, diese Vorstellung: Da erfüllen sich all unsere Hoffnungen auf das Leben nach dem Tod – und es geht weiter wie bisher. Ein himmlisches Hochzeitsmahl, ja – aber mit Sitzplatzkarten, Ehrengästen und Dresscodes? – Verschone uns, o Herr!

Tischordnung

Sitzordnungen austüfteln und Tischkarten schreiben ist ein schwieriges Geschäft. Mancher hat sich dabei schon die Finger verbrannt: beim Festakt zum Vereinsjubiläum, beim Galadiner zum runden Geburtstag, beim Festgottesdienst in der Pfarrgemeinde. »Eigentlich müsste ich in der ersten Reihe sitzen, doch für mich war nicht einmal eine Platzkarte reserviert«: Wir kennen das Raunen und Murren, wenn etwas an der Tischordnung nicht passt. Und wir wissen um das Porzellan, das dabei schon zerschlagen wurde, wenn sich jemand zurückgesetzt oder übersehen fühlte. Die Einen machen ihrem Ärger Luft, die Anderen schmollen und bleiben in Zukunft fern. Wieder andere sind so selbstbewusst, dass sie sich am alten Reichskanzler Otto von Bismarck (1815 – 1898) orientieren. Als er einmal bei einer Veranstaltung übersehen wurde und für ihn kein Ehrenplatz vorgesehen war, stellte er fest: »Wo ich sitze, da ist immer oben.«

Welches Kontrastprogramm legt Jesus auf! »Wenn du zu einer Hochzeit eingeladen bist, dann setz dich nicht dorthin, wo die Ehrenplätze für die Vornehmen sind!« Auf den ersten Blick meint man, im Knigge zu blättern und das Kapitel über Anstandsregeln bei Tisch aufzuschlagen, – nach dem Motto: Man zerteilt die Kartoffel oder den Knödel auf dem Teller nicht mit dem Messer, sondern nimmt dazu die Gabel. Aber Jesus ist mehr als ein Anstandslehrer. Er will uns mehr beibringen als gute Manieren. Leuchten wir die Szene, in die Jesus uns führt, noch ein wenig mehr aus! Es geht um eine Masche, mit der unser Leben gestrickt ist: eine Masche, die zum Gesellschaftsspiel geworden ist. Nämlich, dass man sich immer wieder bitten und betteln lässt, im Namen von Demut und Bescheidenheit: »Bitte essen Sie doch noch etwas! Bitte kommen Sie doch nach vorn! Bitte nehmen Sie dieses Amt an. Ohne Sie geht es nicht weiter: im Betrieb, im Verein, in der Kirche.« Und der so Angesprochene, für den solche Worte Balsam für die Seele sind, spielt weiter, indem er kokettiert, zögert, zaudert und sich ziert: Er will sich doch nicht vordrängen, er will im Hintergrund bleiben, nicht immer die erste Geige spielen und sagt: »Aber bitte nach Ihnen! Aber bitte nicht jetzt! Aber das habe ich nie zu träumen gewagt! Aber das wäre doch nicht nötig gewesen!« Doch wehe, man wird nicht gebeten, nach vorn zu kommen. Wehe, die Bitte bleibt aus, das Amt zu übernehmen. Wehe, jemand Anderer wird vorgezogen. Das Gegenteil sagen zu dem, was man eigentlich wünscht und ersehnt: Ist das Demut und Bescheidenheit, wie Jesus sie meint?

Ganz sicher nicht! Genau diese Strickmaschen und Verhaltensmuster lehnt Jesus ab. In der Tat gibt es kaum einen Antrieb in uns, der so stark ist wie die Sorge um unser Ansehen, unseren guten Ruf und unsere Ehre. Im Mittelalter und zur Zeit des Absolutismus gab es komplizierte Kleiderordnungen, damit man sofort erkannte, welchen Rang jeder einnahm. Schmuck aus Gold zum Beispiel war nur den Adeligen gestattet. Bürgerliche Frauen durften kein Gold tragen, selbst wenn sie es hatten. Mit Gold darf sich heute Jede und Jeder schmücken, dafür gibt es andere Statussymbole: die Luxuslimousine, die Zweitwohnung, die Mode vom Designer. Zwar lächeln wir über verkrampfte und plumpe Versuche, mehr aus sich zu machen, als eigentlich dahinter steckt. Doch irgendwie sind wir alle darauf bedacht, dass unsere Schwächen verborgen bleiben und unsere Verdienste gewürdigt werden. Im Grunde tun wir das, was Jesus anprangert: Wir schielen gern auf die vordersten Plätze!

So nimmt das Evangelium uns ins Visier: Im Reich Gottes herrscht eine andere Sitzordnung. Wo das Reich Gottes aufblüht, brauchen wir nicht mehr um die ersten Plätze zu kämpfen. Die Plätze haben nicht wir zu vergeben, sie werden uns zugewiesen. Wo das Evangelium unser Leben bestimmt, brauchen nicht wir uns einen Namen zu machen, weil unsere Namen im Himmel schon verzeichnet sind. »Nicht uns, Herr, bring zu Ehren, sondern deinen Namen« (vgl. Ps 115,1). In Gottes Namen versammeln wir uns. Kirche sein heißt ja: sich von Gott sammeln zu lassen. Und Gott sammelt nicht nur die Schönen und Reichen, die Vornehmen und Mächtigen um sich. Kirche ist nicht nur, wo Barock und Brokat, Schleppen und Schleifen ihren Glanz verbreiten, sondern dort, wo Jesus sich mit den Armen und Krüppeln, den Blinden und Lahmen an einen Tisch setzt.

Wir selbst sind arm, wenn wir die ganze Welt nur nach unseren naturwissenschaftlichen Gesetzen beleuchten und nicht mehr das Wunder bedenken, das der Schöpfer des Lebens gewirkt hat. – Wir sind Krüppel, wenn wir uns wirtschaftlich und wissenschaftlich als Riesen aufspielen, aber dabei moralisch zu Zwergen verkümmern. – Wir sind blind, wenn wir uns von der Faszination von Business, Wellness und Fitness blenden lassen und nicht mehr durchblicken zur Tiefe des Herzens und zur Schönheit des Glaubens. – Wir sind lahm, wenn wir uns beim Einwohnermeldeamt als Christen registrieren lassen, aber unserem Glauben im Leben weder Hand noch Fuß geben.

Jesus geht es also um mehr als um gute Tischmanieren. Die Regeln im Reich Gottes bedeuten mehr, als nicht mit vollem Mund zu reden und erst dann zu essen, wenn alle den Teller voll haben. Die Ordnung am Tisch des Reiches Gottes hat Jesus selbst vorgelebt. Bevor er das Sakrament der Eucharistie einsetzte, hat er den Jüngern die Füße gewaschen. Man beachte: die Füße, nicht den Kopf, und man höre und staune, wenn Jesus diese Geste kommentiert: »Ich habe euch ein Beispiel gegeben, damit auch ihr so handelt, wie ich an euch gehandelt habe« (Joh 13,15). Es ist nicht schwer, gelegentlich solche Zeichen zu setzen: jemandem den Koffer tragen, die Tür aufhalten, den Vortritt lassen, unter die Arme greifen. Aber die Fußwaschung geht weiter. Wer ganz oben sitzen will im Reich Gottes, muss sich tief nach unten bücken. Sein Weg geht nicht nach oben, er macht eine Karriere nach

> **WO ICH SITZE, DA IST IMMER OBEN.**
> Fürst Otto von Bismarck

> **»ER WAR GOTT GLEICH, HIELT ABER NICHT DARAN FEST, GOTT GLEICH ZU SEIN, SONDERN ER ENTÄUSSERTE SICH UND WURDE WIE EIN SKLAVE.«**
> Phil 2,6 f.

ABBILDUNG 89

Himmlische Mahlszene, Katakombe SS. Marcellino e Pietro, 4. Jh. (Wilpert, Taf. 157).

ABBILDUNG 90 (FOLGENDE SEITE)

Himmlische Geleit- und Mahlszene, Hypogäum der Vibia, um 350 (Wilpert, Taf. 132-1)

Das *Hypogäum der Vibia* liegt an der *Via Appia Antica* (vgl. Nr. 23 in Abb. 1). Es zeigt stark paganen Zuschnitt, was aber vor allem aus der Abbildung unbekleideter Frauenkörper im Hypogäum geschlossen wird.

Die dargestellte Szene selbst ist doppeldeutig: Sie gibt vor dem Hintergrund der paganen Jenseits-Vorstellung genau so Sinn wie als Illustration zum himmlischen Paradies christlichen Zuschnitts. Allenfalls fällt das sinnenfrohere Ambiente ins Auge.

Wie dem auch sei: Christus / Hermes führt die verstorbene Vibia an die Hochzeitstafel.

unten. Der *Philipperhymnus* entfaltet das Grundgesetz, nach dem Jesus gelebt hat: »Er war Gott gleich, hielt aber nicht daran fest, Gott gleich zu sein, sondern er entäußerte sich und wurde wie ein Sklave und den Menschen gleich. Sein Leben war das eines Menschen; er erniedrigte sich und war gehorsam bis zum Tod, bis zum Tod am Kreuz.« (Phil 2,6-8).

Diese Sätze sind allen ins Stammbuch geschrieben, die sich Christen nennen, besonders denen, die in der Kirche die vordersten Plätze einnehmen: Jeder Amtsträger, auf welchem Stuhl er auch sitzt – auf dem Priestersitz oder auf dem Bischofsstuhl oder gar auf dem Heiligen Stuhl – ist dem Herrn verantwortlich, der sich vor den Jüngern klein gemacht hat, indem er ihnen die Füße wusch. Dieser Mut zum Dienen – echte Demut – hat Jesus groß gemacht: »Darum hat ihn Gott über alle erhöht und ihm den Namen verliehen, der größer ist als alle Namen, damit alle im Himmel, auf der Erde und unter der Erde ihr Knie beugen vor dem Namen Jesu und jeder Mund bekennt: Jesus Christus ist der Herr zur Ehre Gottes, des Vaters.« (Phil 2,9-11).

Otto von Bismarck hat einst für das Deutsche Reich gesagt: »Wo ich sitze, ist immer oben.« Die Tischordnung, die Jesus für das Reich Gottes aufgestellt hat, ist das Gegenteil: »Wo ich bin, ist immer unten.« Doch wer sich mit Jesus auf die Karriere nach unten einlässt, wird im Himmel einmal ganz oben sein: Selig, wer an den Tisch des Herrn geladen ist!

Hochzeitssaal

Öl ist das Lebenselixier der modernen Wirtschaft. Ohne Öl stehen die Motoren still. Ohne Öl gehen die Lichter aus. Ohne Öl dreht sich kein Rad mehr. Manche werden sich noch an die Ölkrise der 1970er Jahre erinnern, als die Autos an einigen Sonntagen in der Garage bleiben mussten. Nach wie vor ist Öl die Antriebskraft, ohne Öl wäre uns die Grundlage für ein geordnetes Leben entzogen. Den Treibstoffvorräten kommt eine wichtige Bedeutung zu.

Auch im Gleichnis von den klugen und den törichten Jungfrauen spielt das Öl eine zentrale Rolle (vgl. Mt 25,1-13). In dieser Geschichte über das Himmelreich geht es ebenfalls um eine Ölkrise – freilich in einem viel grundsätzlicheren Sinn. Als Jesus dieses Gleichnis erzählte, haben die Zuhörer sicher die Ohren gespitzt, denn die Rede von einer Hochzeit lässt bei jedem das Herz höher schlagen. Im Orient ist es Brauch, dass die Hochzeit im Haus des Bräutigams stattfindet. Dort wird oft noch bis zum letzten Moment über den endgültigen Ehevertrag gefeilscht. Die Braut muss zu Hause warten, bis der Bräutigam sie abholt, und sie schickt ihm ihre besten Freundinnen entgegen mit Fackeln, die mit Olivenöl getränkt sind. Und wenn sich die Verhandlungen hinziehen, dann kann es tatsächlich Nacht werden, bis der Bräutigam seine Braut abholen kommt. Nacht – das ist die Zeit, in der das Gleichnis spielt. Die Hochzeit wird nicht am Tag gefeiert, sondern in der Nacht. Es ist keine heiße Liebesnacht, sondern die kalte Nacht des Wartens auf den ausbleibenden Bräutigam. Wenn wir uns selbst ein wenig in diese Nacht hinein versetzen, dann spüren wir, wie es uns fröstelt beim Gedanken an die Kälte und das Dunkel, denen die Freundinnen der Braut ausgesetzt sind. Die Lampen spenden zwar äußeres Licht für die Augen, doch wie steht es um das innere Licht des Herzens? Nicht von ungefähr haben alle Jungfrauen – nicht nur die törichten! – mit dem Schlaf zu kämpfen. Es gibt nicht nur eine Nacht, die von außen zu uns kommt, sondern auch eine Nacht, die sich von innen her über uns breitet. Eine solche Nacht kann schlimmer sein als das dunkelste Tunnel und der einsamste Pfad. Diese Nacht auszuhalten ist schwer. Manche können ein Lied singen von der Nacht der Zweifel und der Depressionen, der Nacht der Ratlosigkeit und der Rastlosigkeit, der Nacht der Trostlosigkeit und der Ohnmacht. In der Nacht braucht der Mensch ein Licht. Ohne Licht ist alles tot. Ohne Licht gibt es kein Leben. So hält das Gleichnis eine tröstliche Botschaft für uns bereit: Vielleicht ist es gerade die Nacht, die uns sensibel machen kann für die wahren Lichtblicke des Lebens. Vielleicht müssen wir manch schwere Nacht gerade deshalb bestehen, um das wahre Licht in unserem Leben zu suchen und für andere ein Licht zu werden.

Aus dem Licht wird Leben. In der Litanei für die Verstorbenen finden wir eine Bitte, die uns beim ersten Hinhören stutzig macht: »Von der Angst vor dem Leben: Herr und Gott, befreie uns!« – Ist das nicht paradox? Leben wollen wir doch alle!

Ich möchte diese Angst vor dem Leben erläutern mit der Legende von der Kerze, die nicht brennen wollte.

Eines Tages kam ein Streichholz zu einer schönen, schlanken Kerze, die ihren weißen Docht aufrecht in den Himmel streckte. Das Zündholz sagte zur Kerze: »Ich habe den Auftrag, dich anzuzünden.« – »O nein«, jammerte die Kerze, »nur das nicht. Wenn ich erst einmal brenne, sind meine Tage gezählt, und niemand mehr wird meine makellose Schönheit bewundern.« Da fragte das Streichholz: »Willst du denn dein ganzes Leben lang kalt und hart bleiben? Was ist das für ein Leben?« – »Aber brennen tut doch weh und zehrt an meinen Kräften«, flüsterte die Kerze unsicher und voller Angst. »Das ist wahr«, entgegnete das Streichholz. »Aber das ist das Geheimnis unserer Aufgabe: Wir sollen Licht sein. Was ich dabei tun kann, ist wenig. Ich bin dazu da, Feuer in dir zu entfachen. Du bist eine Kerze, die für andere leuchten und Wärme schenken soll. Was du dabei an Kraft hergibst, wird in Licht verwandelt. Du gehst nicht verloren, wenn du dich für andere hingibst. Andere werden dein Feuer weitertragen. Wenn du nicht brennen willst, wirst du auch nicht leben«. Da streckte die Kerze dem Streichholz voller Erwartung ihren Docht entgegen: »Bitte, zünde mich an!« Und ein warmes Licht umgab sie. – »Bitte, zünde mich an!« – Wo Licht ist, da ist Leben. Doch was macht das Eigentliche am Leben aus? Seit jeher haben sich die Ausleger des Gleichnisses Gedanken darüber gemacht, was wohl mit dem Öl gemeint sei. Manche sahen im Öl die guten Werke, die zum Glauben – dafür stehen die Lampen – hinzukommen sollen.

Mir gefällt eine Deutung besonders gut, die der hl. Augustinus (354 – 430) gegeben hat. Das Öl ist für ihn das Bild der Liebe. Wenn wir das Öl als Liebe deuten, dann wird auch klar, warum man die klugen Jungfrauen nicht tadeln sollte, wenn sie den törichten von ihrem Öl nichts abgegeben haben. Vieles kann man teilen, Brot, Wasser und Wein, Geld und Besitz. Doch wahre Liebe – zu Gott ebenso wie zu einem Menschen – ist so einmalig, dass man sie nicht teilen kann und darf. Für das Wachstum der Liebe ist jeder und jede selbst verantwortlich. Bei der »Kultur der Liebe« können wir uns nicht vertreten lassen. Liebe gibt es übrigens auch nicht auf Sparflamme. Und so lässt sich die religiöse Ölkrise nicht lösen durch ein bisschen mehr an Glaube, Hoffnung und Liebe.

Warum verweisen eigentlich die klugen Jungfrauen die törichten auf die Händler, bei denen sie das Öl kaufen sollen? Das ist blanke Ironie. Denn in der Nacht sind die Läden geschlossen. Das bedeutet: Im entscheidenden Augenblick können wir nicht kaufen, was wir vorher nie in uns gepflegt und entwickelt haben. Am helllichten Tag müssen wir besorgen, was uns den Weg leuchten soll durch die Nacht. Auch wenn es schon immer Nachtlokale gab, die wahre Liebe lässt sich dort nicht kaufen. Sie muss in uns wachsen. An der Liebe müssen wir arbeiten, damit sie unser alltägliches Handeln immer mehr bestimmt. Das ist die Klugheit der fünf Jungfrauen, die am Tag für das Öl der Liebe gesorgt haben.

Wo Licht ist, da ist Leben. Und wo Leben ist, da ist Liebe. Auf diese Weise mischt sich in den ernsten Ton der Wachsamkeit die Vorfreude auf das Kommen des Herrn, der unser Bräutigam sein will. Er feiert jetzt mit uns Eucharistie, ein festliches Bankett mit seiner Braut, der Kirche. Und ich hoffe, dass er mir – wenn mein Weg auf dieser Erde einmal zu Ende geht – entgegen kommt und mit mir Festmahl hält. Immer wenn ich die hl. Messe feiere, bemühe ich mich, über diese Feier hinauszudenken und hinauszuglauben auf das Fest ohne Grenzen, das uns alle erwartet, und ich bete darum, dass ich in meinem Leben genügend für das Öl der Liebe sorge, die ausstrahlt und den mir Anvertrauten Licht und Leben spendet. Martin Gutl (1942 – 1994) hat das treffend ausgedrückt:

Wenn Gott uns heimführt aus den Tagen der Wanderschaft,
uns heimbringt aus der Dämmerung in sein beglückendes Licht,
das wird ein Fest sein!
Da wird unser Staunen von neuem beginnen.
Wir werden Lieder singen, Lieder, die Welt und Geschichte umfassen.
Wir werden singen, tanzen und fröhlich sein: Denn er führt uns heim
aus dem Hasten in den Frieden, aus der Armut in die Fülle.
Wenn Gott uns heimbringt aus den engen Räumen,
das wird ein Fest sein!
Und die Zweifler werden bekennen: Wahrhaftig, ihr Gott tut Wunder!
Er macht die Nacht zum hellen Tag. Er lässt die Wüste blühen!
Wenn Gott uns heimbringt aus den schlaflosen Nächten, aus dem fruchtlosen Reden,
aus den verlorenen Stunden, aus der Jagd nach dem Geld,
aus der Angst vor dem Tod, aus Kampf und aus Gier,
wenn Gott uns heimbringt,
das wird ein Fest sein!
Keine Grenze zieht Er uns mehr.
Wer liebt, wird ewig leben!
Wenn Gott uns heimbringt,
das wird ein Fest sein!
Wir werden einander umarmen und zärtlich sein. ...
Der Sand unserer irdischen Mühsal wird leuchten.
Die Steine, die wir zusammentrugen zum Bau unserer Welt, sie werden wie Kristalle glänzen.
Wir werden uns freuen wie Schnitter beim Ernten.
Wenn Gott uns heimbringt aus den Tagen der Wanderschaft,
das wird ein Fest sein.
Ein Fest ohne Ende!

09.

INHALTE

Kirche: Einst. Jetzt. Dann.

Kirche befindet sich im Wandel. Das war einst so, das ist jetzt wieder so, das wird auch dann so bleiben.

Dem Wandel wohnt ein Bleiben inne: Kirche ist Vorschein des Reiches Gottes. Ort des Glaubens, Ort der Hoffnung, Ort des Trostes!

»Im Haus meines Vaters gibt es viele Wohnungen. Wenn es nicht so wäre, hätte ich euch dann gesagt: Ich gehe, um einen Platz für euch vorzubereiten?« (Joh 14,2)

ABBILDUNG 91

Tiberius Dominikus Wocher (1728 – 1799), Porträt Johann Michael Sailer (um 1790); Kupferstich von Elias Haid.

09.01	
Ökumenische Weinprobe	202
09.02	
Brotvermehrung: Wunder des Teilens	206
09.03	
Kirche: Gemeinschaft der Heiligen	208
09.04	
Kirche: Gemeinschaft mit Esprit	210
09.05	
Kirche: Gemeinschaft aus Maria	212
09.06	
Von der Ich-AG zur kirchlichen GmbH	216

IMPRESSIONEN

Johann Michael Sailer: Der Seelensorger

Die Residenz des Seelensorgers begreift also zwei Stücke in sich:

A. Dein Körper sey dort, wo dein Geist wirken, segnen, helfen, trösten, erfreuen, rathen, binden, lösen soll – in sofern und so oft die Gegenwart des Körpers zur Wirksamkeit des Geistes nothwendig ist.

B. Das Gute, das du durch dich thun kannst, und ohne das Bessere zu versäumen oder zu hindern, thun darfst, das thue in deinem Kreise du selbst, persönlich; was du aber in deinem Kreise durch dich nicht thun kannst, oder, ohne Besseres zu hindern oder zu versäumen, nicht thun darfst, das thue durch Andere, und thue es durch solche, die im Stande sind, deine Pflicht auf ihre Schulter zu nehmen, und so zu erfüllen, wie du sie erfüllen solltest, und sorge dafür, daß sie die auf ihre Schultern genommene Pflicht auch treu erfüllen.

Um seine einzelnen Pflichten erfüllen zu können, muß der Seelensorger in seinem Kreise die Aufsicht und Wachsamkeit eines Hirten sich angelegen seyn lassen, und wenn der Bischof vom Aufsehen Aufseher heißt, so ist auch in diesem Sinne jeder Pfarrer Bischof in seinem Sprengel. Und dieß ist die zweite, besondere Bedingung zur Amtsführung des Seelensorgers – der vornehmste Theil seiner geistige Residenz.

Johann Michael Sailer: Vorlesungen aus der Pastoraltheologie (1788/89). 5. Aufl. Bd. 3. Sulzbach 1835, S. 220 f.

JOHANN MICHAEL SAILER
(1751 – 1832)

Ökumenische Weinprobe

Weinprobe, Nagelprobe? Geduld! Der johanneische Jesus liebt es nicht sonderlich, wenn man ihn bedrängt. Sein Evangelist weist gerne darauf hin.

Der Herr weiß, wann. Unser ist das Bitten.

Wissen Sie, was ein Festtagsteufel ist? Der schleicht sich unter die Gäste und tut alles, um das Fest zu vermasseln. Der Festtagsteufel gehört nicht zu den geladenen Gästen, er ist einfach da: Die Gans brennt an, das Rotweinglas wird über die frische weiße Tischdecke gegossen, ein Wort kommt in den falschen Hals, aus einer kleinen Mücke wird ein riesiger Elefant. Auch bei der Hochzeitsparty in Kana ist der Festtagsteufel mit von der Partie. Der Wein geht aus! Das ist mehr als peinlich. Das fängt ja gut an, wenn man die Hochzeit nicht einmal richtig ›begießen‹ kann. Jesus, der mit seiner Mutter auch auf der Hochzeit ist, rettet die Situation. Das wird ganz schlicht und praktisch dargestellt: Er sorgt für den Wein durch sein Wort. Niemand von den Geladenen merkt etwas. Die Peinlichkeit ist vermieden. Das Fest geht weiter. Die Hochzeitsgesellschaft freut sich. Die Einheit ist gewahrt.

Damit sind wir beim Stichwort, das uns in der Ökumene-Woche bewegt hat: *Einheit*. Jesus wahrt die Einheit. Und er wahrt die Einheit bei einer Gelegenheit, die auf besondere Weise Einung und Einheit handgreiflich werden lässt, bei einer Hochzeit: d. h. beim Sich-Nahe-Kommen zweier Familien, am Anfang einer Lebensgemeinschaft zweier Menschen, die nicht nur Tischgemeinschaft, sondern auch Vertrautheit und Intimität bedeutet.

Für diesen Gottesdienst habe ich die Hochzeit zu Kana bewusst als Evangelium gewählt. Es passt gut zum Motto der diesjährigen Woche: »Sie waren uns gegenüber ungewöhnlich freundlich« (Apg 28,2) Die Ökumene hier in Augsburg ist mehr als höfliche Freundlichkeit. Es geht tiefer: Damit meine ich Freundschaft, Befreundung in Christus. Danke für diese Freundschaften, die uns in Augsburg geschenkt werden. Stoßen wir heute auf die Ökumene an!

Die sechs Krüge stehen nicht nur in Kana, sie stehen vor uns. So lade ich Sie zu einer ›ökumenischen Weinprobe‹ ein! Füllen wir die Krüge mit dem Wasser unserer Bemühungen. Dann dürfen wir sie von Jesus wandeln und uns vom ›ökumenischen Speisemeister‹ einige Tipps für das Probieren geben lassen!

Erstens: Im ersten Krug ist ein klarer, heller Wein. Und die Regel des ökumenischen Speisemeisters lautet: »Seid aufmerksam!«

Damit fängt jede Begegnung an: mit Aufmerksamkeit. Die Mutter Jesu war ein aufmerksamer Mensch. Dass der Wein zur Neige geht, lässt sie nicht kalt. Sie nimmt die Not wahr. So gilt für uns Christen zuallererst, die ökumenische Not wahrzunehmen. Wohl jeder von uns hat ökumenische Wahrnehmungen und einschlägige Erfahrungen, was Ökumene anbelangt. Ich kann mich noch erinnern, wie vor vielen Jahren bei einem ökumenischen Gottesdienst jemand eine freie Fürbitte formulierte und dabei »für unsere armen evangelischen Mitchristen« betete. Oder ich denke an eine evangelische Vikarin, die oft am

Samstagabend beim Rosenkranz und bei der anschließenden Messe dabei war: In welche Situation bringt sie den Priester und ihre eigene Gemeinde? Was darf sie tun, was soll sie besser lassen?

So schmerzhaft solche Wahrnehmungen sind, wir müssen einander im ökumenischen Gespräch ›klaren Wein‹ eingießen. Nur wer die Not *wahr-nimmt,* kann auch das *Notwendige* erkennen.

Zweitens: Der zweite Krug ist mit einfachem, schlichtem Wein gefüllt. »Sag es Jesus!« lautet der Tipp des Speisemeisters. »Sie haben keinen Wein mehr.«

Dieser kurze Satz ist alles, was Maria sagt. Sicher braucht es auch in der Ökumene Proklamationen und Deklarationen, Lima-Papiere, Chartas und Konsensdokumente, Initiativen und gemeinsame Aktionen. Es braucht Kommissionen und Gesprächsforen, ökumenische Zentren und Großkundgebungen. Auch die Ökumene lebt in der Zeit der Events.

Aber zuerst und zuletzt ist es notwendig, dem Gebet und der Gemeinschaft im Heiligen Geist Raum zu geben. Das *A* und *O* der Ökumene ist das schlichte und einfache Gebet, das den Durst des Herzens zum Ausdruck bringt, wenn wir wie Maria zu Jesus sagen: Herr, wir haben keinen Wein mehr. Herr, uns ist der Wein ausgegangen, der unser Herz erfreut. Herr, der Wein, der uns einen sollte, ist zum dogmatischen Zankapfel geworden. Herr, wir haben keinen Wein mehr.

In einer Untersuchung der amerikanischen Regierung wurde festgestellt, dass mehr als ein Drittel aller Ehen geschieden wird. Dieselbe Untersuchung brachte aber auch zu Tage, dass nur ein verschwindend kleiner Teil der Ehen auseinander geht, in denen die Ehegatten zu einem echten gemeinsamen Beten gefunden haben. Ist das nicht auch ein Hinweis für die ungeheure Kraft, die im Beten liegt, wenn es um die Wahrung und Wiederherstellung der Einheit geht – nicht nur im menschlichen Bereich, sondern auch für uns Christen in verschiedenen Konfessionen? Gemeinsam vor Gott schweigen und hören und sprechen und beten, darin liegt das Herz aller ökumenischen Begegnungen.

Drittens: In den dritten Krug wird ein herber Wein geschüttet. Und die Regel des ökumenischen Speisemeisters für die Abfolge der ›ökumenischen Gänge‹ lautet: »Sein ist

die Zeit.« Maria wird von Jesus auf kalte, distanzierende Weise behandelt. Da ändert auch die Tatsache nichts, dass Jesus schließlich doch noch helfend eingreift. Zu ›dick aufgetragen‹ hat Johannes hier in dunklen Farbtönen gemalt. Mit »Frau« redet Jesus seine Mutter an. »Frau, was habe ich mit dir zu tun?« sagt er, dem doch sonst so leicht und locker das zärtliche vertraute »Abba« von den Lippen geht.

Noch schärfer wirkt der Ton, wenn man weiß, dass diese Formel in den Evangelien nur noch einmal sonst vorkommt: Jesus begegnet einem Besessenen, der ihn anschreit: »Was haben wir mit dir zu tun? Bist du etwa gekommen, um uns zu quälen?«

Stellen wir diese Begebenheit in den Zusammenhang mit der Hochzeit zu Kana, dann bekommt die Anrede, die Jesus gegenüber seiner Mutter gebrauchtt, einen drastischen Beiklang: Jesus sieht in der Bemerkung Marias geradezu etwas Dämonisches, wenigstens etwas Verführerisches. Worin liegt die Versuchung nicht nur bei Maria, sondern auch für unser ökumenisches Mühen?

Es ist die Versuchung, die Bedürfnisse des Menschen, unsere Wünsche, unsere eigenen Ideen zum Prinzip für das Handeln Gottes zu machen. Demgegenüber sagt Jesus: Meine Stunde ist noch nicht gekommen. Habt Geduld! Lernt warten, bis die Früchte reif geworden sind. Für unsere Suche nach der Einheit der Christen heißt das: Niemand von uns kann eigenmächtig festsetzen, wann der Moment der vollen Einheit gekommen ist. Die ökumenischen Uhren dürfen wir weder stellen nach dem Maß unserer Ungeduld und Sehnsucht noch dürfen wir sie ausrichten nach unseren Bremsmanövern und Verzögerungstaktiken. Aus dem Evangelium heraus ist es klar, dass Gott, der Herr der Geschichte, das Tempo bestimmt, aber wie sieht es aus in der Praxis des Lebens? »Engagierte Gelassenheit« bzw. »gelassenes Engagement« sind schöne Formeln, die auch gelten für den Fortgang der Ökumene, aber wie wenig Meinungsverschiedenheit und Missverständnis reichen schon aus, um uns ungeduldig und ungenießbar werden zu lassen. Und so müssen wir, wie Maria, immer wieder auch den herben Wein verkosten und uns sagen lassen, immer wieder: »Sein ist die Zeit«.

Viertens: Der vierte Krug schenkt uns einen starken, kräftigen Trunk ein: »Tut, was er

---

WAS WILLST DU VON MIR, FRAU? MEINE STUNDE IST NOCH NICHT GEKOMMEN.

Joh 2,4

Vgl.
Joh 4,23; 5,25; 7,30; 8,20; 12,23, 13,1; 16,32; 17,1

ABBILDUNG 92

Weinstock, Deckendekoration, 3. Jh. Domitilla-Katakombe (Wilpert, Taf. 1).

Wie viele andere Motive in den Katakomben, lässt sich auch der Weinstock sowohl vor paganem als auch vor christlichem Hintergrund verstehen.

Pompejianische Wandmalereien (des 3. Stils) benutzen derartige, bukolische Versatzstücke und verweisen damit auf den Weingott Dionysos.

Im christlichen Kontext wird mit dem Weinstock ein Bildzitat aus den johanneischen Abschiedsreden aufgerufen (Joh 15,1-18).

Ihm korrespondiert die jesuanische Aussage während des letzten Abendmahls: »Ich sage euch: Von jetzt an werde ich nicht mehr von dieser Frucht des Weinstocks trinken, bis zu dem Tag, an dem ich mit euch von Neuem davon trinke im Reich meines Vaters.« (Mt 26,29 par. Mk 14,25)

euch sagt«. Bevor wir tun können, was der Heilige Geist uns sagt, gilt es, zum »Hörer des Wortes« (Karl Rahner) zu werden. Lauschen können ist eine Kunst. Wie oft verhören wir uns, wenn wir hören? Wie schnell kann ein Zuhören ausarten in ein Verhör? Aus dem rechten Zuhören wird das richtige Tun erwachsen. »Seid nicht nur Hörer des Wortes, sondern Täter«. Der hl. Ignatius von Loyola (1491 – 1556) drückt dies in seinen Exerzitien einmal so aus: »Wir sollen die Liebe mehr in die Werke als in die Worte legen.«

So heißt ökumenisch handeln: sich auf ein gemeinsames Tun, wo immer es möglich ist, einzulassen. Ökumenisch handeln heißt, nicht theologische Drahtseilakte und liturgische Seiltänze veranstalten, sondern gemeinsam den Dienst der Wasserträger von Kana auf sich nehmen. Diese ökumenischen Wasserträger werden in ein Geheimnis eingeweiht, das den bloßen ›Feinschmeckern‹ und ›Abschmeckern‹ der Ökumene vorenthalten bleibt: Die Wasserträger dürfen ein Wunder sehen, wo der Oberkellner nur guten Wein schmeckt. Und sie wissen, woher der Wein der Freude, der die Einheit wahrt, hergekommen ist: von Christus, dem Gast, der im Stillen zum Gastgeber wurde.

Fünftens: Der fünfte Krug fließt geradezu über von einem ›Spitzenwein‹, und wir sind vom ökumenischen Speisemeister eingeladen, die Überfülle zu genießen. Johannes tut alles um zu zeigen, dass Wein geboten wird in Hülle und Fülle, sechs Krüge voll, d. h. etwa 600 Liter. Um zu beweisen, dass der Wein hervorragend schmeckt, wird extra einer erwähnt, der die Kostprobe macht. Das Urteil der Hochzeitsgesellschaft genügt nicht. Ein Kenner der Materie muss ran: »Der Wein ist echt gut.« Doch damit berühren wir nur die Oberfläche. Es geht um mehr: Jesus hat seine Herrlichkeit geoffenbart. Funktioniert nicht auch so Ökumene? Geschieht Einung nicht vor allem dadurch, dass wir schauen auf das, was gut läuft, gut tut und gut ist? Auf das, was uns schon geschenkt ist, auf das, was ›herrlich‹ ist im Miteinander unter uns Christen?

Es ist schon eine ganz alltägliche Erfahrung, dass vom bloßen Starren auf das Negative, vom Bleiben in der Sturheit, vom Stieren in die Mängel und Fehler bei sich selbst und bei anderen das Wachstum des Guten nicht gefördert wird. Bloß negative Kritik baut nicht auf, wirkt zerstörerisch. Im Gebet Jesu vor seinem Abschied kommt der Zusammenhang von Einheit und Herrlichkeit wunderbar zum Ausdruck: »Ich habe ihnen (= den Jüngern) die Herrlichkeit gegeben, die du mir gegeben hast, damit sie eins seien, wie wir eins sind« (Joh 17,22).

So also geschieht Einung unter uns Christen: nicht im verbiesterten Klagen über die menschlichen Unhöflichkeiten, sondern im gemeinsamen Staunen über die göttlichen Herrlichkeiten. Das ist die wahrhaft ökumenische Geschenktheorie, sich zu freuen am gegenseitigen Nehmen und Geben, über alle konfessionellen Grenzen hinweg.

Sechstens: Der sechste Krug ist gefüllt mit bitterem Wein, mit Ölbergwein, dem Wein des Kreuzes: Wein mit Essig vermischt. Anspielung an die Weisheit des Kreuzes: »Wenn ich erhöht bin, werde ich alle an mich ziehen«. Im Kreuz konzentriert sich alles, das Kreuz als Kristallisationspunkt; der Einigungspunkt, auf den hin alles sich sammelt, der alle anzieht und miteinander verklammert.

Für die ökumenische Bewegung bedeutet diese Weisheit des Kreuzes oft genug einen Wermutstropfen, ein Durchleiden, eben nicht in Bewegung sein, sondern sich ohnmächtig fixiert und festgenagelt zu fühlen. Heute haben viele den Eindruck, dass ökumenisch nichts mehr geht, dass wir auf der Stelle treten und alles stagniert. Es gibt aber auch ein Bleiben, das mit Treue zu tun hat, mit Treue zur Wahrheit aus Liebe. Gerade in der Ökumene dürfen wir nicht leben von freundlichen Lügen, weil uns zur Wahrheit die Liebe fehlt. Wie Jesus damals, so müssen auch wir uns der Versuchung verweigern, vom Kreuz herunterzusteigen, weil es bequemer ist. Nur im Zeichen des Kreuzes wird die Sache der Ökumene weitergehen. Der gemeinsame Blick aufs Kreuz wird uns erkennen lassen, dass der Gekreuzigte seine Arme ausbreitet, um uns gleichsam unter seine Fittiche zu nehmen und uns an sich zu ziehen.

Die Hochzeit zu Kana fand statt am dritten Tag. Wie Jesus Wasser in Wein verwandelt hatte, so sollte er am dritten Tag den Weg erschließen ins Leben. Auch dem Ökumeniker aus Passion bleiben Leid und Kreuz nicht erspart. Und das ist gut so. Denn solche Erfahrungen zeigen, was Passion wirklich bedeutet: nicht nur Leiden, sondern Leidenschaft und nicht auch Leidensgemeinschaft im *Einen Herrn*. So lasst uns miteinander für Jesus leiden, lieben und leben.

6 KRÜGE

SECHS KRÜGE WAREN ZU FÜLLEN BEI DER HOCHZEIT ZU KANA. HUNDERT LITER FASSTE EIN JEDER (JOH 2,6).

600 LITER BESTEN WEINES GALT ES ALSO NOCH AUSZUSCHENKEN WÄHREND DES MEHRTÄGIGEN FESTES!

UND EINE ZUSÄTZLICHE POINTE KANN SICH DER ERZÄHLER NICHT VERKNEIFEN:

DAS VERWANDELTE WASSER SCHMECKTE BESSER ALS DER ZUVOR AUSGESCHENKTE WEIN!

ALS ZEICHEN IST DAS ZU DEUTEN! (JOH 2,11)

Du bist der Weinstock, liebe Kirche, und hast Gott als Winzer

Augustinus: Enarrationes in Ps 103,1,11
(CCL 40, S. 1484)

Brotvermehrung: Wunder des Teilens

Der Mensch bedarf des Brotes. Gott hilft.

Er half dem Volk Israel in der Wüste (Ex 16,31), er half in Gestalt Jesu der hungernden Zuhörermenge (Mt 15,32-38 parr.).

Aber vor allem: Er hilft mit seinem Wort, das sich ebenso gut teilen lässt wie Brot.

Denn: »Der Mensch lebt nicht vom Brot allein, sondern von jedem Wort, das aus Gottes Mund kommt.« (Mt 4,4; vgl. Dtn 8,3)

Wovon lebt der Mensch? Wir leben vom Brot. Essen und Trinken halten Leib und Seele zusammen. Unser Leben hängt immer auch an einem Stück Brot. Sonst knurrt der Magen. Auch der hat sein Recht.

Doch nicht nur vom Brot allein lebt der Mensch, sondern von jedem Wort, das aus dem Mund Gottes kommt. Knurrt uns manchmal der Magen, weil wir hungern nach Gottes Wort? Oder haben wir uns daran schon satt gegessen? Oder meinen wir gar, dass manches Wort aus Gottes Mund ungenießbar ist, unbekömmlich und unverdaulich? Satte Menschen haben keinen Hunger mehr. Mitunter tut ein Appetitanreger gut, der uns neu Geschmack finden lässt am Wort Gottes. Einen solchen Appetitanreger möchte ich Ihnen offerieren:

Als die Menge um Jesus versammelt war, hatten genug Leute genug zu Essen bei sich. Nur eines bewegte die Menschen: Jeder hatte Angst, er müsse sein bisschen mit so vielen anderen teilen. Wenn ich mein Brot weggebe, dann habe ich selbst nichts mehr, und für so viele reicht es ohnehin nicht. Also behielt jeder sein bisschen für sich. Nur ein Kind packte aus – unbekümmert und unverkrampft, wie Kinder einfach sein können. Alles, was es hat, vertraut es Jesus an. Und Jesus nimmt es an, spricht ein Dankgebet und teilt das Brot aus. Das steckt an: Jetzt packen auch die anderen aus. Sie holen das Brot, das sie versteckt hielten, hervor und fangen an zu teilen. Alle teilen mit allen, und das Wunder passiert. Alle werden satt! Es bleibt sogar noch übrig – für Tage des Hungers.

Bekommen wir nicht neuen Appetit auf die Brotvermehrung? Brotvermehrung ereignet sich dort, wo Menschen zu teilen beginnen, wie der kleine Junge mit den fünf Broten und den zwei Fischen. Einfach einmal damit anfangen: statt über die Dunkelheit schimpfen ein Licht anzünden; statt von Frieden und Gerechtigkeit im Großen träumen in den eigenen vier Wänden helfen, dass der Haussegen nicht schief hängt; statt Brot für die Welt wenigstens Brot für die in meiner Nähe! Das Zeichen der Brotvermehrung ist auch ein Wunder des Teilens. Nach dem Aperitif biete ich Ihnen einige Regeln an, die uns das Teilen leichter machen:

Zunächst: *Sich selbst ein-fordern.* Der Junge hat nicht viel: fünf Brote und zwei Fische. Das ist alles. Mehr nicht. Aber er gibt alles, was er hat. Auch unser Teilen muss mehr sein als Kosmetik, mehr als ein Feigenblatt nach dem Motto: Ein ruhiges Gewissen ist ein sanftes Ruhekissen. Wie nahe lasse ich andere Menschen tatsächlich an mich heran und in mich hinein? Wie viele Reservate behalte ich mir vor? Bin ich bereit, den anderen ein wenig in mich hineinschauen zu lassen, auch in mein Herz, damit meine persönliche Glaubenserfahrung, wie der hl. Paulus schreibt, mehr werde?

›Sich selbst einfordern‹ fordert besonders uns Priester und alle, die Menschen auf ihrem Weg begleiten. Gerade der Glaube betrifft nicht nur das Hirn, er geht zu Herzen. Deshalb brauchen wir Mut und Einfühlungsvermögen, um die Menschen persönlich anzusprechen und manchmal auch anzupacken.

Eben dafür öffnete der sympathische einstige anglikanische Primas Michael Ramsey (1904 – 1988) seinen Priesteramtskandidaten die Augen. Zu gut wusste er, wie schnell ein Priester in der heutigen Zeit resignieren kann angesichts seines bescheidenen Tuns, seiner fünf Brote und zwei Fische, die er anzubieten hat. Er wusste, wie schwer es ist, in der Kirche vor immer weniger Leuten zu predigen oder Familien zu besuchen, die ihr eigenes Leben führen, an der Kirche vorbei. Deshalb gab er seinen Studenten folgenden Rat: »Bedenken Sie: Die Herrlichkeit des Christentums ist sein Anspruch, dass kleine Dinge wirklich zählen; dass die spärliche Begleitung, die Wenigen, der *eine* Mann, die *eine* Frau, das *eine* Kind für Gott von unbegrenztem Wert sind. Betrachten Sie unseren Herrn selbst! Inmitten einer weiten Welt mit ihren ausgedehnten Reichen, ihren gewaltigen Ereignissen und Tragödien widmete er sich einem kleinen Land, kleinen Dingen, einzelnen Männern und Frauen, verschwendete Stunden an die Wenigen. Sie werden Christus nie näher sein als in der Sorge um den *einen* Mann, die *eine* Frau, das *eine* Kind.«

In diesen Gedanken spiegelt sich die Pastoral, wie Jesus selbst sie verstanden hat. Welche Aufmerksamkeit, wie viel Zeit hat er selbst einzelnen Menschen gewidmet: der einen Samariterin am Brunnen; dem einen Nikodemus in der Nacht; der einen Martha, die ausgerastet ist, weil sie sich zu wenig geehrt fühlte; dem einen Thomas, der unterbrochen nachbohrte und alles genau wissen wollte; dem einen Simon Petrus, der mehrmals »nie« sagte und jedes Mal umdenken musste. Jesus lässt sich von den Menschen einfordern – viele Stunden, Tage und Wochen lang.

So kommt eine zweite Regel hinzu: *Einander nicht über-fordern*. Jeder kann nur geben, was er selbst hat. Diese Selbstverständlichkeit müssen wir uns hinter die Ohren schreiben. Suchen und erwarten wir beim Anderen nicht, was er nicht geben kann! Der Junge im Evangelium war kein Fünf-Sterne-Koch. Er konnte kein exquisites Mittagsmahl bieten. Aber was er hatte, das gab er weg. Seine Möglichkeiten brachte er ein. Einander nicht überfordern heißt: vom Anderen nicht erwarten, dass er uns den Himmel auf die Erde ziehen könnte. Auch mein Mitbruder, meine Mitschwester bringt nur fünf Brote und zwei Fische mit, aber wenn wir beginnen, dieses Wenige aneinander auszuteilen und miteinander zu teilen, dann können Viele davon zehren. In der weltkirchlichen Arbeit gibt es einen Grundsatz, den wir uns zu eigen machen können: Niemand ist so reich, dass er nichts empfangen könnte, und keiner ist so arm, dass er nichts zu geben hätte. Wir sehen die Gaben anderer nicht als Konkurrenz an, sondern freuen uns an ihnen. Und wir sollen einander Mut machen, immer mehr Gaben in die Gemeinschaft einzubringen. Unsere Möglichkeiten zu teilen sind ausbaufähig. Wenn uns das gelingt, wage ich die prophetische Behauptung: Wir werden ein Wunder erleben angesichts des Reichtums und der Vielfalt, die unsere Gemeinschaften auszeichnet.

Das Wichtigste, was wir zum Wohl der Gemeinschaft teilen können, ist unsere Zeit. Lothar Zenetti (geb. 1926) hat dies sehr treffend auf den Punkt gebracht, wenn er die Brotvermehrung verfremdet: »Die Jünger traten zu Jesus und sagten: ›Herr, die Zeit ist vorgerückt, es ist schon spät. Entlasse die Leute. Sie haben keine Zeit und wir auch nicht.‹ Da wandte sich Jesus an seine Jünger: ›Weshalb sollen sie weggehen? Gebt ihnen doch Zeit!‹ Da sagten sie zu ihm: ›Wir haben ja selber keine, und was wir haben, dieses wenige, wie soll das reichen, um uns um alle und am Ende noch um jeden einzelnen zu kümmern?‹ Doch fand es sich, dass einer noch fünf Termine frei hatte, zur Not, mehr nicht, dazu zwei Viertelstunden. Und Jesus lächelte und sagte: ›Gut, das ist doch schon etwas. Stellen wir's den Leuten zur Verfügung.‹ Und er ließ die Menschen erneut Platz nehmen. Er nahm die fünf Termine, die sie hatten, und dazu die beiden Viertelstunden. Er blickte zum Himmel auf und sprach ein Segensgebet. Dann teilte er das Vorhandene auf und ließ die kostbare Zeit austeilen durch seine Jünger. Und siehe, das Wenige reichte für alle. Keiner ging leer aus. Am Ende füllten sie noch zwölf Tage mit dem, was übrig war an Zeit. Es wird berichtet, dass die Jünger staunten. Denn alle sahen es: Selbst das Unmögliche wird möglich durch IHN.«

Einen dürfen wir nicht vergessen, den Wichtigsten: Wenn wir eifrig anpacken, großzügig austeilen, aber nur damit beschäftigt wären, viel Wind zu machen, wäre unser kirchliches Leben bald wie ein Betrieb, der am Laufen gehalten wird. Ergebnis: Volldampf im Leerlauf, reiner Aktionismus, der sich über kurz oder lang totläuft. Deshalb meine dritte Teilungsregel: *Jesus auf-fordern*.

Der Junge bringt seine Gabe und lässt sie segnen. Erst durch den Segen geschieht das Wunder. Wir brauchen darüber nicht mehr viel reden, wir werden es in dieser Feier tun: Brot und Wein, Frucht der Erde und der menschlichen Arbeit, bringen wir zum Altar und damit unser Leben. Herr, wir fordern dich auf, wir bitten dich: Segne Brot und Wein, segne unsere Freuden und Hoffnungen, unsere Ängste und Sorgen, unsere Enttäuschungen und unsere neuen Horizonte, damit wir sie gesegnet austeilen können. Und wenn unser Leben auf dieser Erde einmal zu Ende geht, dann segne du unsere Zeit, dann wandle, vermehre unsere Zeit in deine Ewigkeit.

ABBILDUNG 93

Brotvermehrung, S. Callisto-Katakombe, Ende 4. Jh. (Wilpert, Taf. 237-1).

Diese Abbildung hat eine eigene Geschichte: Glaubt man der Überlieferung, fand sich darauf einstmals eine Jesusdarstellung (Füße erhalten), wobei Jesus seine Hand segnend über Brote und Fische hält, welche ihm von zwei Jüngern gereicht werden. Auf dem Boden stehen sechs Körbe mit Brot. Der siebte Korb wird von einem Jünger getragen.

Und jetzt die traurige Ironie: Das Gemälde wurde zerstört, weil Bedarf für eine Nische bestand, in der Pilger ihre Öllämpchen abstellen konnten …

Die Darstellung bezieht sich auf die wunderbare Brotvermehrung (Mt 15,32-38 parr.) und Jesu Brotrede im Johannes-Evangelium (Joh 6,22-59).

Kirche: Gemeinschaft der Heiligen

Für Paulus war es selbstverständlich, für die Ostkirchen ist es unverzichtbar: die Heiligkeit der Gläubigen. Bei uns bedurfte es eines Mircea Eliade (1907 – 1986), um der Unterscheidung zwischen ›heilig‹ und ›profan‹ wieder aufzuhelfen. Christen sind eben anders – nicht profan, sondern heilig!

Stellen Sie sich vor, liebe Schwestern und Brüder, unser Bischof würde einen Hirtenbrief schreiben und ihn so beginnen: »An die Geheiligten in Jesus Christus, berufen als Heilige zu leben, die den Namen Jesu Christi, unseres Herrn, überall anrufen, bei ihnen und bei uns« (vgl. 1 Kor 1,2). Was würden Sie dabei denken? Ist der Bischof jetzt schon ganz abgehoben? So kennen wir ihn eigentlich nicht. Oder sieht er sich in den Fußstapfen des hl. Paulus? Das schon eher!

Denn in der Tat hat Paulus sich nicht gescheut, die Mitglieder der ersten Christengemeinden als Heilige zu betiteln. Die Epheser schreibt er an als »Paulus, durch den Willen Gottes Apostel Jesu Christi, an die Heiligen in Ephesus, die an Jesus Christus glauben« (Eph 1,1). Der unermüdliche Reisende in Sachen Christus weiß sehr wohl, dass die Adressaten seiner Briefe nicht unbedingt Heilige zum Vorzeigen waren. Ganz zu schweigen, ob sie einen Heiligsprechungsprozess nach unseren Maßstäben bestanden hätten. Die Urkirchenromantik kannte ja durchaus dramatische Züge. Die biblische Forschung weiß, dass in der oft idealisierten Urgemeinde nicht alles Gold war, was glänzte. Dafür sind die Verflochtenheit in vorchristliche Lebensstile, die Versuchung durch heidnische Götzen, der Druck der römischen Besatzungsmacht, aber auch ganz menschliche Spannungen und Konflikte ebenso wie die Sündhaftigkeit und die mangelnde innere Stabilität der Christen verantwortlich. Trotzdem spricht Paulus von der Gemeinschaft der Heiligen: eine Formulierung, die seit dem Beginn des 5. Jahrhunderts in die Endfassung des Apostolischen Glaubensbekenntnisses eingegangen ist. »Ich glaube (an) die Gemeinschaft der Heiligen« (GL 3,4). Wenn wir uns zur Gemeinschaft der Heiligen bekennen, sind damit nicht so sehr die von der Kirche mit Brief und Siegel bestätigten Heiligen gemeint, sondern das ganze Volk Gottes, die einzelnen Kirchen und Gemeinschaften. Deshalb wäre es zwar ungewohnt, aber durchaus angebracht, wenn unser Herr Bischof einen Hirtenbrief an »die Geheiligten in Jesus Christus« adressierte, die »berufen sind, als Heilige zu leben«. Mit Taufe und Firmung ist die Grundlage gelegt zur Heiligkeit. Jede Lebensform, die der Schöpfungsordnung Gottes entspricht, ist Berufung. In jeder Lebensform können wir heilig werden.

Der Glaube an die Gemeinschaft der Heiligen setzt übrigens einen ökumenischen Akzent, wird er doch in den Ostkirchen besonders betont. *Communio sanctorum* ist nicht nur Gemeinschaft der Heiligen, sondern auch Gemeinschaft am Heiligen, Teilhabe an heiligen Dingen, d. h. vor allem an der Eucharistie. Besteht nicht aller Grund zur Dankbarkeit, dass wir Katholiken hier in Augsburg, eingebunden in die globale Gemeinschaft der Heiligen, jeden Sonntag Gemeinschaft haben können am eucharistischen Leib, sei es hier im Dom oder in der Gemeinschaft der Heiligen vor Ort, der Pfarrgemeinde!

Der altkirchliche Schriftsteller Niketas von Remesiana (ca. 350 – 414) bindet diese Gedanken treffend zusammen: »Was ist die Kirche anders als die Versammlung von Heiligen? Seit dem Anfang der Welt bilden die Kirche Patriarchen, Propheten, Märtyrer und alle anderen Gerechten, die gelebt haben oder jetzt oder in Zukunft leben werden, da sie durch einen Glauben und eine Lebensführung geheiligt und durch einen Geist besiegelt und so zu einem Körper gemacht worden sind, als dessen Haupt Christus erklärt ist, wie die Schrift sagt. Außerdem sind die Engel und die himmlischen Kräfte und Mächte in dieser Kirche miteinander verbunden.« **(1)**

Diese theologischen Überlegungen gilt es, herunterzubrechen auf uns, versammelt um den Altar, um Gemeinschaft zu haben am Heiligen. Wenn wir den Leib Christi empfangen, werden wir selbst Christi Leib, Gemeinschaft der Heiligen. So sind Heilige keine Solisten, die ihre eigene Partitur abspielen. Heilige fügen sich in eine Gemeinschaft ein, auch wenn sie dort keine heile Welt vorfinden. Denn die Gemeinschaft der Heiligen, die heilige Kirche Gottes, ist nicht immer heil. Auch in ihr gibt es Verletzungen und Verwundungen, Starke und Schwache, Wortgewaltige und Schweigsame. So wird es gerade für den Leitungsdienst darauf ankommen, möglichst allen Gliedern in der Gemeinschaft mit Wertschätzung zu begegnen und ihnen einen Platz zuzuweisen.

Dietrich Bonhoeffer (1906 – 1945), ein kostbares Glied in der Gemeinschaft der Heiligen, die über den katholischen Tellerrand hinausreicht, schreibt: »Es kommt in einer christlichen Gemeinschaft alles darauf an, dass jeder Einzelne ein unentbehrliches Glied einer Kette wird. Nur wo auch das kleinste Glied fest eingreift, ist die Kette unzerreißbar. Eine Gemeinschaft, die es zulässt, dass ungenutzte Glieder da sind, wird an diesen zugrunde gehen. Es wird darum gut sein, wenn jeder Einzelne auch einen bestimmten Auftrag für die Gemeinschaft erhält, damit er in Stunden des Zweifels weiß, dass auch er nicht unnütz und unbrauchbar ist. Jede christliche Gemeinschaft muss wissen, dass nicht nur die Starken die Schwachen brauchen, sondern dass auch die Starken ohne die Schwachen nicht sein können. Die Ausschaltung der Schwachen ist der Tod der Gemeinschaft.« **(2)** Die Gemeinschaft der Heiligen zeichnet sich dadurch aus, dass sie auch Platz hat für Schwache, für Gebrechliche ebenso wie für Glieder, deren Leben Brüche aufweist. »Eine(r) trage des / der Anderen Last! Dann erfüllt ihr Christi Gesetz« (Gal 6,2).

Noch etwas macht Gemeinschaft der Heiligen aus. Auch die Heiligen kannten Krisen und Kämpfe. Sie waren vertraut mit den Schwierigkeiten und Versuchungen, die uns Menschen anhaften. Aber es ist ihnen gelungen, »den alten Menschen abzulegen und den neuen anzuziehen« (Eph 4,22).

Liebe Schwestern und Brüder! Mit Ihrem regelmäßigen Dasein, mit dem Empfang der Sakramente, wollen auch Sie ein Zeichen setzen: »Auch ich will ein neuer Mensch sein. Ich möchte mich von Gott anziehen, von ihm formen lassen.« Der hl. Bonaventura (1221 – 1274), der große Franziskanertheologe, hat das in ein anschauliches Bild gekleidet, wenn er die Formung des neuen Menschen mit dem Werk eines Bildhauers vergleicht: Der Bildhauer macht nicht etwas, sondern sein Werk ist *ablatio,* Entfernen des Uneigentlichen. Auf diese Weise, durch die *ablatio* entsteht die *nobilis forma,* die edle Gestalt. So muss auch der heilige Mensch sich immer wieder reinigen lassen vom göttlichen Bildhauer, der ihn von jenen Schlacken befreit, die das Eigentliche seiner Persönlichkeit verdunkeln. Mensch, werde wesentlich!

Dies trifft auch zu für die Gemeinschaft der Heiligen, für die Kirche im Großen wie im Kleinen. Wahre Erneuerung ist *ablatio,* Wegnahme, damit *congregatio,* Gemeinschaft wachsen kann. Es ist heute so viel die Rede von Reform. Was müssen wir tun, um die Kirche aufzufrischen, zu verjüngen? Die Reform der Kirche als rein organisatorische Frage zu verstehen, wäre verfehlt. Wir werden weder neu noch heilig, wenn wir noch mehr Betriebsamkeit entwickeln, wenn wir noch mehr Gremien schaffen, wenn wir noch mehr Veranstaltungen und Events auf die Beine stellen, wenn wir uns noch besser im Internet und in den Medien präsentieren, wenn wir noch mehr Nabelschau machen. Wir werden heilig, Gemeinschaft der Heiligen, wenn wir gemeinsam zu einem Fenster werden, das den Blick frei gibt für die Weite und Fülle des Lebens, das die Freundschaft mit Jesus schenkt. Heilige stellen nicht sich selbst dar; sie versuchen, einen Aspekt des Evangeliums darzustellen, das Jesus Christus gelehrt und gelebt hat.

Liebe Schwestern und Brüder! Wir feiern das Fest der Gemeinschaft aller Heiligen. Dazu gehören auch wir. Persönlichkeiten, nicht Prinzipien verändern die Welt. Die Kirche verwandeln nicht Scheinheilige, sondern Heilige.

1   Zit. nach Theodor Schneider: Was wir glauben. Düsseldorf 1985, S. 400.
2   Dietrich Bonhoeffer: Der Dienst (1938). In: Ders.: Gemeinsames Leben (DBW 5). München 1987, S. 80.

ABBILDUNG 94

Jesus im Kreis von Heiligen, Coemeterium Maius, 4. Jh. (Wilpert, Taf. 170).

Die Darstellung folgt noch dem abstraktminimalistischen Geschmack der Oberschicht des vorhergehenden Jh. – und zeigt einen ›Philosophen-Christus‹!

Kirche: Gemeinschaft mit Esprit

Der ›Gute Hirt‹. Ein vertrautes Bild. Und niemand schöpft Verdacht. Es ist auch nicht nötig, Verdacht zu schöpfen. Alles ist gut.

Nur ist der ›Gute Hirt‹ hier nicht der ›Gute Hirt‹ des Evangeliums (Joh 10). Der würde keinen Widder auf den Schultern tragen und auch keine Milchkanne (in der rechten Hand) halten.

Abgebildet ist vielmehr der griechische Gott Hermes, beliebt in ländlichen Szenen und bekannt als paganer ›Seelenführer‹.

95

»Der Wind weht, wo er will«, heißt es im Johannes-Evangelium (Joh 3,8).

Und: Mit dem Geist, zumal mit dem Heiligen, verhält es sich genauso.

Nicht einhausen also, den Heiligen Geist! Und trotzdem bedenken:

Der Geist weht, wo Er will, nicht unbedingt dort, wo wir wollen.

»Vergiss den Herrn, deinen Gott, nicht!« (Dtn 8,10) Das Wort aus dem Buch *Deuteronomium*, das in der ersten Lesung steht, kann man fast überhören. »Vergiss den Herrn, deinen Gott, nicht!« Es war eine Mahnung an das Volk Gottes, ein Ausrufezeichen für die, die längst im ›Gelobten Land‹ angekommen und sesshaft geworden waren. Ist es nicht auch Mahnung und Forderung an uns heute, an mich, an uns alle, die wir noch immer unter Corona-Bedingungen das kirchliche Leben gestalten müssen: »Vergiss den Herrn, deinen Gott, nicht!«

Einige von Ihnen werden nun einwenden: »Gott bewahre! Ich habe ihn gerade in den letzten Monaten nicht vergessen! Ich meistere und gestalte mein Leben mit ihm, zumindest versuche ich es. Auch als keine öffentlichen Gottesdienste möglich waren, habe ich mein Gebetsleben nicht eingestellt, im Gegenteil: Ich war privat noch mehr im Kontakt mit Gott als zuvor.« Andere sagen: »Wir haben unsere Familie, unseren Konvent, unser Miteinander wieder mehr als geistliche Gemeinschaft entdeckt und Hauskirche praktiziert.« Wieder andere haben für die Aufhebung der Gottesdienstbeschränkungen geradezu gekämpft und sich bisweilen mitreißen lassen in den Sog derer, die meinen, dass die Kirchenleitung – bis hinauf zu den Bischöfen – einen Bückling vor den staatlichen Autoritäten gemacht habe, als sie sich den behördlichen Auflagen beugte. Von welcher Richtung wir das Ganze anschauen, es stellt sich immer die Frage: Müssen wir uns tatsächlich mahnen lassen mit dem Aufruf: »Vergiss den Herrn, deinen Gott, nicht!«? Wir haben Gott nicht vergessen, wir lassen ihn nicht in der Ecke verstauben, bis wir nicht mehr wissen, dass es ihn gibt. Denn »der Mensch lebt nicht nur vom Brot allein« (Mt 4,4), sondern in und durch die Gemeinschaft mit Gott.

Viele – auch Kirchenleute – beklagen, dass in unserer Gesellschaft, vor allem in der abendländischen Kultur, die Gottvergessenheit um sich greife. Die alttestamentliche Lesung scheint in dieselbe Kerbe zu schlagen. Konkret benennt sie eine Gefahr, die uns Menschen Gott vergessen lässt: wenn man satt geworden ist und zufrieden mit den Umständen, wenn man sich im Wohlstand ausruht und Reichtum sammelt, wenn man sich im ›Gelobten Land‹ wähnt. Dann neigen wir dazu zu sagen: »Ich habe mir den Reichtum aus eigener Kraft erarbeitet und durch eigene Hand erwirtschaftet.« Wie heißt der Spruch: Mein Wagen! Mein Titel! Mein Haus! Aber das ist ein ichbezogener Irrtum.

Corona hat uns gezeigt, wie zerbrechlich solche vermeintlichen Sicherheiten sind: Die Automobilindustrie liegt am Boden; unsere Titel werden zweitrangig, wenn eine Pandemie uns bedroht; und selbst das Eigenheim kann zum Gefängnis werden, wenn wir uns in Zeiten der Quarantäne darin einschließen müssen. *Corona* hat vieles durcheinandergewirbelt, auch in der Kirche. Wir müssen manches neu ordnen, vielleicht anders aufstellen, einen Kassensturz machen – und alles unter dem Vorzeichen: Vergiss den Herrn, deinen Gott, nicht!

Was heißt das für unser Fronleichnamsfest 2020? Auch wenn wir es äußerlich anders feiern müssen, die Botschaft des heutigen Tages bleibt unverändert.

Zunächst verbinden wir mit Fronleichnam, dass wir aus der Kirche hinausgehen. Wir verlassen einen ummauerten Raum, wir öffnen unsere Portale und treten auf die Straße. Wir tun es nicht allein. Er, der Allerheiligste – nicht als Sache, sondern als Person – ist dabei. Obwohl wir heuer nicht in einem großen, geordneten Zug mit Musik und Blumen nach draußen gehen können, sagt uns Fronleichnam: Die Kirche hat die Aufgabe, »die Weite zu suchen« im wörtlichen Sinn: also nicht fahnenflüchtig zu werden, wenn Probleme und Streitigkeiten kommen, sondern nach dem Psalmwort zu handeln, das wir so gern intonieren: »Du führst mich hinaus ins Weite.« (18,20) Ja, der Herr wünscht sich eine weite Kirche. Denn Jesus hat uns zum »Leben in Fülle« (Joh 10,10) befreit, zu einem Leben mit Höhen und Tiefen, vor allem aber mit dem Panorama einer Weite, die kein Scheuklappendenken kennt. Jesus traut uns zu, dass wir leben können, ohne dass wir alles kleinlich vorschreiben oder kleinkariert festlegen müssten. Jesus, der gute Hirte, führt uns in die Weite. Das nehme ich sehr ernst auch für mein Hirtenamt. Ich möchte nicht diejenigen über mich und die mir anvertrauten Gläubigen Macht gewinnen lassen, die Angst haben vor zu großer Weite und deshalb die Schafe lieber in einem engen Stall einpferchen wollen. Freilich: Im Stall kann man nicht viel falsch machen, dazu gibt es auch zu wenig Bewegungsfreiheit. Aber dort kann man nicht einmal richtig leben – höchstens darauf warten, dass man gemolken, geschoren und schließlich geschlachtet wird.

Dass wir wieder Eucharistie feiern können und das »Brot des ewigen Lebens« austeilen, ist für mich zuerst einmal ein Grund zu großer Freude. Das ›eucharistische Fasten‹ ist endlich vorbei. Daher fällt es mir schwer zu verstehen, wie man die Art des Kommunionempfangs zum Zankapfel hochstilisieren kann. Das ist ein Schattengefecht. Davon hängt das Seelenheil nicht ab. Die Gnade des ewigen Lebens, die der Leib Christi schenkt, wirkt unabhängig davon, ob ich mir die Hostie in die Hand oder auf die Zunge legen lasse. In der gegenwärtigen Situation muss es unser aller Sorge sein, möglichst niemandem durch unsere religiöse Praxis zu schaden.

Die zweite Botschaft, die in Fronleichnam steckt, heißt: voranschreiten, Fortschritte machen. Unter normalen Bedingungen, bei entsprechendem Wetter, würden wir in einer Prozession durch unsere Stadt ziehen. Das Wort ›Prozession‹ kommt ja vom lateinischen *procedere*, was so viel heißt wie: vorwärtsgehen, fortschreiten, nach vorne gehen. Wer eine Prozession machen will, darf nicht auf der Stelle treten; er muss voranschreiten. Das gilt auch für unser kirchliches Leben. Wir dürfen nicht auf der Stelle treten, wir müssen uns weiterentwickeln. Dafür haben wir einen Garanten, den Heiligen Geist, den wir hoffentlich nicht aus dem kirchlichen ›Stall‹ ausgesperrt haben.

Für die Kirche gibt es keinen Fortschritt im Rückwärtsgang. Sie soll Schritt halten mit den Menschen; sie muss beweglich bleiben, um neue Wege zu finden, damit das Evangelium Jesu Christi richtig ankommt; Jesus will Kommunikation – in einer Sprache, für die man kein Fremdwörterlexikon braucht, sondern die das Volk hören und verstehen kann. Wer auf der Stelle tritt, der kann vielleicht Sauerkraut stampfen, das man dann einmacht und konserviert; aber Jesus will keine *Konservenkirche*, keinen sauertöpfischen Verein, sondern eine lebendige und liebenswerte Gemeinschaft mit Esprit, um nach vorn zu schreiten: Prozession am Anfang des dritten Jahrtausends! Das Gegenteil der Prozession ist Rezession – rückwärtsgehen, nach hinten gewandt, in die Krise. Das können wir nicht wollen. Was wir durch *Corona* für die Wirtschaft befürchten, sollten wir für die Kirche tunlichst vermeiden. Also: nicht Rezession, sondern Prozession!

Schließlich hat Fronleichnam für uns noch eine dritte Botschaft parat: Christus hochhalten. Darauf verzichten wir heute nicht. Wir stellen die Hostie in die Monstranz, ich werde damit auf den Domplatz gehen und die ganze Stadt segnen; dann wird der Herr zur Anbetung ausgesetzt. Damit zeigen wir: Christus ist uns heilig. Die Hostie ist nicht nur unser Allerheiligstes; kein Ding, sondern Person: der Allerheiligste. Ohne ihn können und wollen wir nicht leben. An Fronleichnam halten wir Christus hoch; wir lassen ihn hochleben, damit wir auch schwierige Zeiten unversehrt überleben. Nicht um Personen geht es uns, nicht um uns selbst oder irgendwelche Parteiführer, die es auch bei uns in der Kirche gibt, sondern um ihn, den Herrn, der in seiner großen Barmherzigkeit alle an sich zieht.

»Vergiss den Herrn, deinen Gott, nicht!« Das Wort, das an das Volk Israel erging, trifft auch uns, das neue Volk Gottes, die Kirche in dieser unsicheren Zeit. Was Papst Franziskus am 16. April 2013 in *Santa Marta* predigte, empfehle ich als Wegweiser: »Um es klar zu sagen: Der Heilige Geist ist für uns eine Belästigung. Wir wollen, dass der Heilige Geist sich beruhigt. Wir wollen ihn zähmen. Aber das geht nicht. Denn er ist Gott und ist wie der Wind, der weht, wo er will. Er bewegt uns, er lässt uns unterwegs sein, er drängt die Kirche weiter zu gehen. Es ist dieses Vorwärtsgehen, das für uns so anstrengend ist. Die Bequemlichkeit gefällt uns viel besser. Wir wollen uns nicht verändern, und es gibt sogar auch Stimmen, die gar nicht vorwärts wollen, sondern zurück: Das ist dickköpfig, das ist der Versuch, den Heiligen Geist zu zähmen.« Der lebendige Gott bewahre uns vor einer Zähmung des Heiligen Geistes!

ABBILDUNG 95
Guter Hirt (?), S. Callisto-Katakombe, 3. Jh. (Wilpert, Taf. 66).

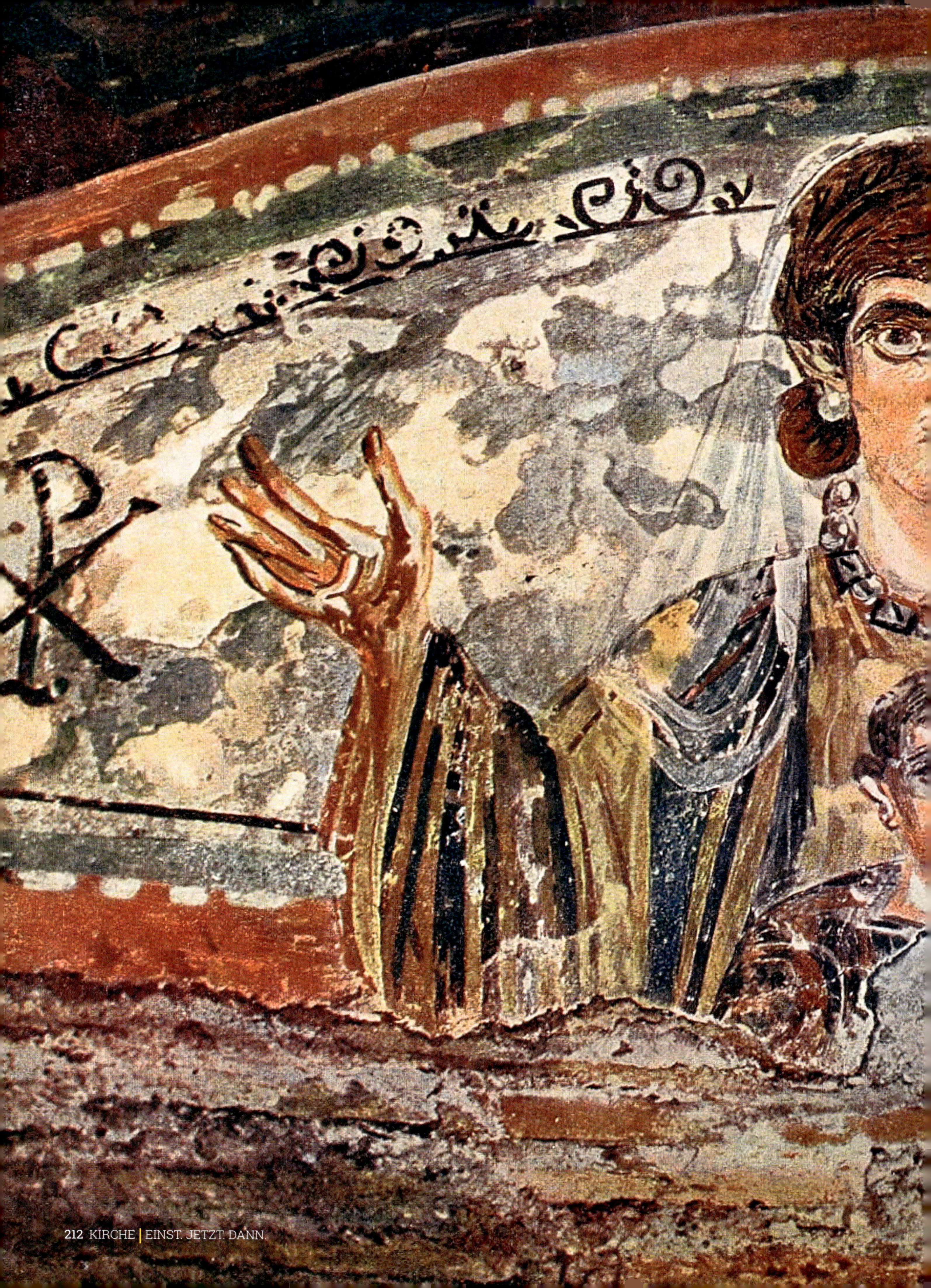

Kirche: Gemeinschaft aus Maria

Vorsicht im Umgang mit den Kirchenbildern! Man hüte sich vor kühnen Metaphern. Maria ist nicht die Kirche, obwohl dies manchmal behauptet wird.

Wäre sie es, dann wäre die Kirche die Mutter Jesu. Und das geht nicht an. Mutter Kirche, du Gemeinschaft aus Maria, hast gut gemeinte Übertreibungen nicht nötig.

»Eure Söhne und eure Töchter
werden prophetisch reden,
eure jungen Männer
werden Visionen haben
und eure Alten
werden Träume haben.«

Apg 2,17

Mit diesen Worten aus dem Propheten Joël ist Petrus an Pfingsten an die Öffentlichkeit getreten und stellte klar: »Diese Männer sind nicht betrunken, wie ihr meint; es ist ja erst die dritte Stunde am Tag«, d. h. neun Uhr am Vormittag (vgl. Apg 2,15). Was war geschehen? Wie konnte man auf die Idee kommen, dass die Apostel schon am Morgen einen Rausch hatten? Wenige Verse vorher lesen wir: Die Apostel, gestandene Galiläer, hielten eine mitreißende Predigt und wurden von allen verstanden. Ein jeder hörte sie in seiner Muttersprache reden. Die damals Augen- und Ohrenzeugen waren, haben verstanden: Was die Apostel ohne Rhetorikkurse und Dolmetscherzertifikate erzählen, sind die Großtaten Gottes, Gesten seiner liebevollen Zuwendung. Eine Sprache, die wir mit der Muttermilch eingeflößt bekamen, die Muttersprache des Herzens. Damit sind wir mitten im Thema: Maria hat Visionen, weil sie sich beschenken ließ. Die Kirche wird wieder Träume und Visionen haben, wenn sie ernst nimmt, was sie ist: Empfangende. Wir werden Hoffnungsträger, wenn wir die Muttersprache des Glaubens wieder besser lernen: Glauben, Hoffen und Lieben ist nicht in erster Linie unsere Leistung, sondern Gottes Geschenk, seine Gnade. Die Muttersprache des Herzens fängt mit dem Empfangen an.

Beginnen wir mit einer Erfahrung, die wohl jede(r) von uns schon gemacht hat: Wir dürfen ein Baby in unseren Armen halten. Das Neugeborene beginnt laut zu weinen. Keiner kann das Geschrei abstellen. Doch die aufmerksame Mutter erkennt schon am Klang der Stimme, was los ist: Mein Kind hat Hunger. Liebevoll nimmt sie es in ihre Arme, sie wiegt es sanft und legt es an ihre Brust. Das Kind beruhigt sich und ist zufrieden. Nach einiger Zeit schläft es ein. Es hat gemerkt: Wenn ich vor Hunger schreie, dann ist jemand da, der meinen Hunger stillt. Jemand, der sich um mich kümmert. Auf den ich mich verlassen kann. Dem ich voll vertrauen darf. Der mir gibt, was ich zum Leben brauche. Auch wenn das Kind kein Schwäbisch, Bayerisch, Fränkisch oder Hochdeutsch kann, die Sprache der Mutter versteht es wohl. Es ist die Sprache der liebevollen Zuwendung. Eine Sprache, die Geborgenheit und Wärme, Nahrung und Leben schenkt. Es ist die Muttersprache des Herzens, die man weder im Ausland noch im Sprachlabor erwerben kann, sondern nur mitten im Leben. Das Talent für diese Sprache ist uns mitgegeben. Sie sprengt alle Grenzen.

Wer bei Maria in die Schule geht, kann viel bei ihr lernen. Sie ist guter Hoffnung, weil sie die Muttersprache des Herzens beherrscht. Ihr Grundwortschatz beginnt mit ›annehmen, empfangen‹. Als Maria erfuhr, dass sie den Sohn Gottes zur Welt bringen sollte, wusste sie von diesem Kind nur eines: es ist »empfangen vom Heiligen Geist«. Und als die Jünger sich vor Pfingsten im Obergemach versammeln, geht es auch nur um eines: um den Empfang des Heiligen Geistes. Wir kennen das Sprichwort, das Paulus dem Herrn in den Mund legt: »Geben ist seliger als nehmen« (vgl. Apg 20,35). Aber im Hinblick auf das, was wir glauben und hoffen dürfen, gilt auch die Umkehrung: Nehmen, empfangen, sich beschenken lassen ist seliger als geben. Wenn sich in einer Familie Nachwuchs anmeldet, dann sagen wir: Die Eltern erwarten ein Kind. Dieser Ausdruck spricht Bände. Wir sagen nicht: Die Eltern ›machen‹ das Kind; so redet man allenfalls im Straßenjargon. Wir sprechen von Erwartung. Denn wir spüren: Ein Kind kann man letztlich nicht machen, man kann es nur empfangen als Gabe, als Geschenk des Himmels. So wie man auch die Liebe nicht machen kann. Sie schenkt sich uns, wie durch ein Wunder.

Papst Benedikt XVI. wurde nicht müde, daran zu erinnern, dass die Hoffnung mit dem Empfangen beginnt. Indem er auf die Enzyklika *Humanae vitae* Bezug nahm, die 1968 mitten in die studentischen Freiheitsbewegungen hineinsprach, stellte Papst Benedikt XVI. fest: »In einer Kultur, in der das Haben über das Sein dominiert, riskiert das menschliche Leben seinen Wert zu verlieren. Wenn die Ausübung der Sexualität sich in eine Droge verwandelt, die den Partner den eigenen Sehnsüchten und Interessen unterwirft, ohne die Zeiten der geliebten Person zu respektieren, dann geht es nicht mehr nur darum, das wahre Verständnis von Liebe zu verteidigen, sondern zuallererst die Würde der Person überhaupt. Als Gläubige können wir niemals zulassen, dass die Vorherrschaft der Technologie den Wert der Liebe und die Heiligkeit des Lebens zerstört.« **(1)**

Vorherrschaft der Technologie über den Wert der Liebe und die Heiligkeit des Lebens: Das ist die Versuchung unserer Zeit. Maria hat auf die überraschende Schwangerschaft weder geantwortet: »Das werde ich (mit Josef) schon irgendwie machen«, oder gar: »Das Kind lasse ich mir wegmachen«, sondern: »Ich lasse es geschehen.« Im Gespräch mit dem Engel war *Fiat* – ›es geschehe‹ – ihr letztes Wort, und so spannte sich die Heilsgeschichte fort. Selig sind nicht die Macher! Selig sind die Empfänglichen; selig sind, die Gottes Willen geschehen lassen!

Was für Liebe und Leben gilt, treffen wir in vielen anderen Bereichen wieder. Die Spannung zwischen Machen und Annehmen, zwischen Produzieren und Empfangen, zwischen Haben und Sein ist so alt wie die Menschheit. Leute wollen den Himmel stürmen, und sie fallen dabei aus allen Wolken. Sie starten zum Höhenflug und zerschellen am Boden. Diese uralte Versuchung des Menschen hat einen Ort: Er heißt Babylon. Die Bewohner von Babylon wollen sich einen Namen machen. Die Anstrengungen dienen der eigenen Selbstdarstellung. Und die Menschen lassen sich aus in ihrer Lieblingsbeschäftigung: Sie fahren Karussell um das Denkmal, das sie sich selbst setzen wollen. Sie drehen sich im Kreis um sich selbst und meinen, der Zerstreuung und dem Verfall zu entrinnen. Weit gefehlt! Die Gesellschaft der Macher scheitert. Das Riesenunternehmen steht unter dem Fluch der ›babylonischen Verwirrung‹. Ein trauriger Name, den sich die Macher für alle Zeiten geschaffen haben. Der Name steht für das, worunter wir leiden, auch in der Kirche, in unseren Gemeinschaften, in unseren Familien: Wir verstehen uns nicht mehr, wir reden aneinander vorbei, »sodass keiner mehr die Sprache des anderen versteht« (Gen 11,7). Wir haben die Muttersprache des Herzens verloren.

Muss das so weitergehen? Gibt es keine Alternative zur Geschichte Babylons? Wo

---

GIBT ES KEINE ALTERNATIVE ZUR GESCHICHTE BABYLONS? WO LEGT DIE HOFFNUNG IHRE SPUR?

MARIA LEHRTE UNS DIE MUTTERSPRACHE DES HERZENS.
—
MUTTER KIRCHE SPRICHT ESPERANTO!

legt die Hoffnung ihre Spur? Pfingsten ist das Fest der Muttersprache. – »Empfangen durch den Heiligen Geist« war Jesus, nicht nur eines Menschen Kind, sondern Sohn Gottes. Und wie Maria den Sohn Gottes austragen durfte, so ist sie an Pfingsten dabei, als die Geburtsstunde der Kirche schlägt, die ebenfalls »empfangen ist vom Heiligen Geist«. Nicht wir sind die Macher der Kirche; noch ehe wir sie mitgestalten können, ist die Kirche auf uns zugekommen: Wir haben den Glauben der Kirche empfangen, wir durften die Liebe der Kirche erfahren und wir können uns an ihrer Hoffnung festmachen.

Concepit de Spiritu Sancto – ›Empfangen durch den Heiligen Geist‹: *Concepit*. – Wer an das *Concepit* glaubt, hat ein Konzept von Kirche, das mit dem Empfangen beginnt. In seiner Enzyklika *Spe salvi* schreibt Papst Benedikt XVI.: »Nicht die Wissenschaft erlöst den Menschen. Erlöst wird der Mensch durch die Liebe. ... Wir brauchen die kleineren und größeren Hoffnungen, die uns Tag um Tag auf dem Weg halten. Aber sie reichen nicht aus ohne die große Hoffnung, die alles andere überschreiten muss. Die große Hoffnung kann nur Gott sein, der das Ganze umfasst und der uns geben und schenken kann, was wir allein nicht vermögen. Gerade das Beschenktwerden gehört zur Hoffnung.« (2)

Maria, wir danken dir, dass du uns die Muttersprache des Herzens gelehrt hast. Du warst guter Hoffnung, weil du ganz auf Gott gesetzt hast. Leider erliegen wir immer wieder der Versuchung, die Muttersprache des Herzens zu vergessen, sodass wir Fremdsprachen besser beherrschen als die Sprache, die in unser Herz gelegt ist. Doch du gibst nicht auf: die Menschen nicht, die Kirche nicht, mich persönlich nicht. Dein Herz schlägt weiter auch für mich. An Pfingsten ist Muttertag: dein Tag, Mutter Gottes, und auch der *Tag von Mutter Kirche*. Ich danke dir für deine mütterliche Liebe.

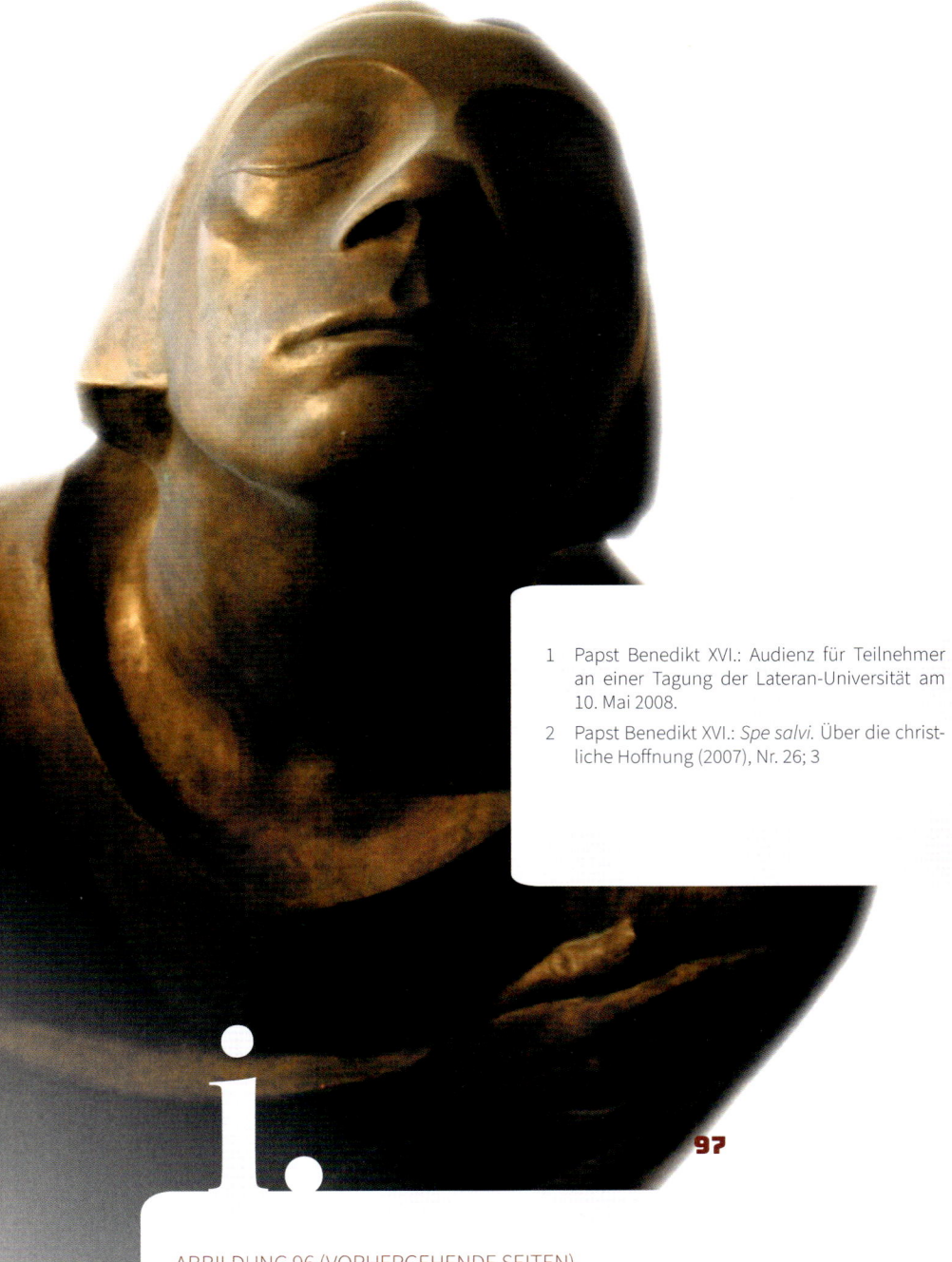

1 Papst Benedikt XVI.: Audienz für Teilnehmer an einer Tagung der Lateran-Universität am 10. Mai 2008.
2 Papst Benedikt XVI.: *Spe salvi*. Über die christliche Hoffnung (2007), Nr. 26; 3

ABBILDUNG 96 (VORHERGEHENDE SEITEN)

Mutter mit Kind / Maria mit dem Jesuskind (?), Coemeterium Maius, vor 330 (Wilpert, Taf. 207).

Diese Abbildung einer reich gekleideten und geschmückten Frau, ein Kind vor sich, wird gerne als Madonnendarstellung gesehen. Für diese Einschätzung spricht wenig. Die Christogramme zu beiden Seiten wurden wohl nachträglich aufgebracht; der übliche Madonnen-Typus zeigt Maria in dieser Zeit sitzend und in Gesellschaft (etwa der Magier).

ABBILDUNG 97

Ernst Barlach, Der schwebende Engel (1927; Nachguss 1953), Güstrower Dom.

Von der Ich-AG zur kirchlichen GmbH

Peter Hahne hatte es schon 2009 auf den Punkt gebracht. Trost heute, morgen Zukunft – das bietet der christliche Glaube.
Auf dem Weg zum Ziel: Der ›Gemeinschaft mit begründeter Hoffnung‹ eine breite Gasse!

Wovon haben Sie in dieser Nacht geträumt? Zu den uralten Träumen, die der Mensch auch am Tage träumt, gehört es, unverwundbar zu sein. Ein Paradebeispiel dafür ist das Nibelungenlied: Siegfried, der große Held, tötet den Drachen. Er badet sich in dessen Blut und wird dadurch unverwundbar. Kein Schwert kann ihm etwas anhaben. Doch während er sich im Drachenblut badet, fällt ein Lindenblatt auf seine Schulter. Das ist seine Schwachstelle, sein wunder Punkt.

Heute berühren wir den wunden Punkt bei Thomas: Glauben möchte er, aber gleichzeitig sehen. Man hat oft gesagt, dieser Thomas sei eine Vorwegnahme des aufgeklärten Menschen der Neuzeit, der überall seine Finger drin haben will, der alles nachprüfen möchte, der skeptisch bleibt, bis er sich selbst mit eigenen Augen überzeugt hat. Aber ich weiß nicht, ob der moderne Mensch wirklich so kritisch ist. Ich wundere mich, wie billig wir uns manchmal abspeisen lassen. Sind wir nicht oft zu leichtgläubig? Gilbert Keith Chesterton (1874 – 1936) hat Recht, wenn er feststellt: »Seit die Menschen nicht mehr an Gott glauben, glauben sie nicht etwa an nichts mehr, sondern an alles.«

Ob uns am Beispiel des Thomas wirklich nur die Kapitulation eines Skeptikers vorgeführt werden soll? Ich meine, es geht um viel mehr. Der feierliche Schlußsatz drückt das eigentliche Anliegen aus: »Selig, die nicht sehen und doch glauben.« Damit setzt der Auferstandene ein Wundmal seinem Denker Thomas. Wen preist Jesus selig? Wer sind sie, bei denen der Glaube anscheinend an die Stelle des Sehens tritt?

Den Schlüssel für eine Antwort liefert uns womöglich ein Blick in die Zeit, als Johannes sein Evangelium verfasste. Wir schreiben das Jahr 90 n. Chr., also etwa 60 Jahre nach Ostern. Das Christentum hatte sich schon weit ausgebreitet. Rund um das Mittelmeer gab es christliche Gemeinden mit Menschen, die das Osterevangelium kannten, aber den Auferstandenen nicht mehr persönlich erfahren hatten. Genau dies ist der wunde Punkt, der den Christen am Ende des 1. Jahrhunderts zu schaffen machte: Konnte das, was Jesus gelehrt und gelebt hatte, konnte der Glaube, den er seinen Jüngern eingepflanzt hatte, weitergehen auch bei Menschen, die Jesus nie mit eigenen Augen gesehen, nie mit eigenen Ohren gehört, nie mit eigenen Händen berührt hatten? Oder musste man damit rechnen, dass die ›Sache Jesu‹ nach zwei, drei Generationen abbröckeln würde, weil die Gleichgültigkeit und das Vergessen stärker waren als die Kraft des Anfangs?

Die Christen an der ersten Jahrhundertwende hatten also ein Problem. Und dieses Problem wird in der Gestalt des Thomas gleichsam verdichtet. Wir wissen, dass er in der entscheidenden Stunde nicht dabei ist, als die Kirche aus der Taufe gehoben wird. Er ist nicht dabei, als Jesus seinen Jünger *schalom,* den Frieden, zuspricht. Er ist nicht dabei, als der Auferstandene ihnen

98

den Heiligen Geist schenkt und damit das österliche Sakrament der Vergebung, von dem die Kirche, unsere Gemeinden und Gemeinschaften leben, um neu anzufangen. Thomas steht für die Christen, die den Anfang, die Gnade der ersten Stunde, nicht mehr erlebt haben. Ist Thomas deshalb benachteiligt? Die Antwort des Johannes lautet: Nein. Er ist nicht benachteiligt. Denn er hat die Versammlung der Zeugen, die Woche für Woche zusammenkommt. Dort kann er den Frieden spüren, den der Auferstandene in die Gemeinschaft der Apostel hineingelegt hat. Dort kann er die Vergebung erfahren, die wesentlich zu einer christlichen Gemeinde gehört. Und vor allem kann er in der apostolischen Kirche das Bekenntnis hören und feiern: »Wir haben den Herrn gesehen«.

Das alles ist unendlich viel: eine Schatztruhe geistlicher Erfahrung, die dem Thomas geschenkt wird. Eigentlich hätte ihm das genügen müssen. Aber er ist keineswegs damit zufrieden. Und so muss die Geschichte noch etwas weitergehen. Er bekommt tatsächlich die Gelegenheit, den Herrn persönlich zu sehen. Aber welcher Klang schwingt mit, wenn dem Thomas seine Gnadenstunde schlägt? Erhält er eine Privatoffenbarung? Erscheint ihm Jesus zu Hause, im stillen Kämmerlein, die Tür fest verriegelt und verschlossen? Im Text heißt es: »Acht Tage darauf waren die Jünger wieder versammelt, und Thomas war dabei.« Der Auferstandene ist Thomas nicht privat erschienen, nicht zu stiller Zweisamkeit, sondern mitten in der Versammlung der Apostel, als sie sich in Einmütigkeit an einen Tisch setzten: Da ist der Auferstandene in ihrer Mitte, und da kann ihn jetzt auch Thomas sehen. So verweist uns auch die Fortsetzung der Geschichte auf die Versammlung der Zeugen. Anders ist der Auferstandene nicht zu erfahren. Nur dort lässt er sich sehen. Nur dort erscheint er. Mit der Versammlung der Gemeinde hat das Evangelium begonnen, mit einer Gemeindeversammlung endet es.

Thomas hat keine Ich-AG gegründet, um in den Osterglauben hineinzuwachsen. Ostern hat sich ihm erschlossen in einer GmbH: *in der apostolischen Gemeinschaft mit begründeter Hoffnung.* Viele Ich-AGs müssen bald Bankrott anmelden, nicht nur in der Wirtschaft, auch im Glauben. So weitet die Gestalt des Thomas unseren Blick auf das Problem unserer Zukunft. Es geht um die Weitergabe des Glaubens, um die Fortführung der Kette der Berufenen. »Selig, die nicht sehen und doch glauben«, will sagen: »Selig sind die, die zwar nicht in der ersten Stunde mit dabei waren, die aber den Zeugen der Auferstehung Glauben schenken.«

Wo finde ich heute solche Zeugen? Wo finde ich Zeugen, die miteinander aus der Auferstehung Jesu leben und sich in seinem Geist versammeln? Eine Kennkarte dafür ist die Gemeinde, wie sie die Apostelgeschichte beschreibt (vgl. Apg 2,43-47; 4,32-35). Die ihr angehören, sind verbunden wie die Glieder eines Leibes. Sie teilen das Brot miteinander und leben zusammen in Freude und Reinheit des Herzens. Sie sind ein Herz und eine Seele. Dieses Miteinander ist der stärkste Osterbeweis, den es geben kann. Und genau da kommen wir wieder zum ›Sehen‹ zurück. Gerade die Menschen von heute wollen etwas ›sehen‹ von unserem Glauben. Sie wollen ›sehen‹, wo wir das auch leben, was wir lehren. Sie wollen ›sehen‹, wie es bestellt ist um das große Wort der Liebe, das wir als Christen so gern im Mund führen. Sie wollen ›sehen‹, ob wir glaubwürdig sind. Was ›sehen‹ die Menschen bei uns?

Thomas hat die Wunden des Herrn sehen dürfen; ob er sie auch berührte, wissen wir nicht. Thomas lebt heute mitten unter uns: Er sieht die Kirche, er sieht unsere Gemeinschaft, er sieht, dass der Leib Christi nicht verklärt ist, sondern verwundet. Er sieht, dass es auch bei uns Verletzungen gibt, unter denen wir leiden, und dass wir selbst einander verwunden durch Neid und Eifersucht, durch dunkle Gefühle und spitze Worte. Genau an diesem wunden Punkt, der die Kirche und damit auch uns auszeichnet, beginnt für mich das Tröstende und Heilende der Osterbotschaft. Die Kirche hat ihren Ursprung in Jesu Seitenwunde am Kreuz. Aus seinem Herzen fließen Wasser und Blut, Symbole für die Grundsakramente Taufe und Eucharistie. Den Aposteln, auch Thomas, wurde der Blick gegönnt auf Jesu Wunden. Die Wunden des Auferstandenen sind heute die Wunden an seinem Leib, der Kirche. Wenn das so ist, brauche auch ich mich meiner Wunden nicht zu schämen. Ich brauche die eigenen Wunden weder verbergen noch überschminken. Ich darf sie tragen.

Es ist menschlich, Wunden zu haben und verwundbar zu sein. Wunden können feinfühliger machen und hellsichtig dafür, wo anderen der Schuh drückt. Wo wirklich gelebt und geliebt wird, da entstehen Wunden. Nicht umsonst sagen Liebende gern: Ich mag dich ›leiden‹. Nur wer in der Lage ist, sich mit seinen Schwachstellen und wunden Punkten mitzuteilen, wird vorankommen auf dem Weg der Heilung. Er wird an den Wunden anderer mittragen und an ihrer Heilung mitwirken, im Namen Jesu Christi, des auferstandenen, verwundeten Arztes. Jesus hat sich selbst lieber verletzen lassen, als andere zu verwunden. Er ist mit denen gegangen, die ausbluten und an ihren Verletzungen zu verbluten drohen. Er hat sich ihrer Wunden angenommen, nicht um darin herumzukratzen, sondern um sie zu verbinden und zu heilen.

In den sieben Wochen der Osterzeit sind wir gut beraten, uns an Thomas zu orientieren: Thomas ist seinen Weg nicht allein gegangen. Er wollte es nicht solo machen. So hat er seine Gemeinschaft nicht abgeschrieben noch hat er sich innerlich von ihr distanziert, er hat auch keine ›Thomas-Ich-AG‹ gegründet, sondern Halt gesucht in der ›kirchlichen GmbH‹, der Gemeinschaft mit begründeter Hoffnung. Weil er seine Fragen und Zweifel in die Gemeinschaft gebracht hat und ihnen dort auf den Grund gegangen ist, hat sein Osterglaube einen Grund gefunden: den Grund, der in den Wunden liegt.

Ich wünsche auch uns den Mut, einander unsere Wunden zu zeigen, unsere offenen Flanken und Schwachstellen. Gerade an diesem Punkt gibt es für uns alle noch viel zu tun. Packen wir's an!

ABBILDUNG 98
Himmlisches Mahl, Katakombe SS. Marcellino e Pietro, 4. Jh. (Wilpert, Taf. 184).

10. Post Scriptum

ANHANG

Drei älteren Wissenschaftlern verdankt die Katakomben-Forschung ungeheuer viel.

Der Malteser Antonio Bosio (1575 – 1629) legte den Grundstein zur christlichen Archäologie (Roms).

Giovanni Battista de Rossi (1822 – 1894) stellte diese auf wissenschaftliche Füße.

Joseph Wilpert (1857 – 1944) leistete Unglaubliches bezüglich der Dokumentation römischer Katakomben-Malerei.

ABBILDUNG 99
Papagei, Domitilla-Katakombe, 4. Jh. (Wilpert, Taf. 12).

ABBILDUNG 100
Joseph Wilpert, Fotografie (um 1910).

10.01
Bibliographie Katakomben Roms 220

99

IMPRESSIONEN

Joseph Wilpert: Die Malereien der Katakomben Roms

VORWORT

In dem vorliegenden Bande kommt ein Werk über die Katakombengemälde zur Veröffentlichung, an dem ich fast fünfzehn Jahre gearbeitet habe. ...

Der dem Text beigegebene Tafelband ... enthält die stattliche Zahl von 267 Tafeln (133 farbigen und 134 schwarzen), zu deren Anfertigung weit über 500 Aquarelle nothwendig waren. Um die Bedeutung dieser Ziffern besser zu würdigen, möge man bedenken, dass die Herstellung der Tafeln von Anfang bis zu Ende unter meiner Aufsicht geschah; es mussten, mit andern Worten, nicht bloss die photographische Aufnahme der Fresken und die Aquarellierung der Photographien in den Katakomben, sondern auch die Herstellung der Platten in der Kunstanstalt und der definitive Abzug der Tafeln in der Druckerei von mir überwacht und geleitet werden. ...

Was jedoch die meiste Zeit in Anspruch nahm, ist die Arbeit, welche der Anfertigung der Kopien in den Katakomben vorausging. Viele von den Malereien, die sich auf den Tafeln dem Beschauer klar und deutlich darbieten, waren nämlich mit Schimmel oder schwarzen Flecken oder Erde oder selbst mit Stalaktit dermassen überzogen, dass man von den dargestellten Gegenständen oft gar nichts erkennen konnte; an einigen ging man vorüber, ohne auch nur ihre Existenz zu bemerken. Hier galt es, eine Reinigung mit Wasser und wohl auch mit Säuren vorzunehmen und dadurch das Fresko für die Reproduktion geeignet zu machen. Noch mehr. In der Katakombe der heiligen Petrus und Marcellinus wurden ein Arkosol und sechs Kapellen, deren Malereien schon Bosio veröffentlicht hat, später wieder verschüttet, so dass die Kenntnis von ihrer Lage vollständig verloren gegangen war. ...

Deshalb und wegen der immer weiter fortschreitenden Verblassung der Fresken ging mein Streben dahin, bei der Herstellung der Kopien die grösstmögliche Treue zu erzielen. Dass diese erreicht wurde, wird jeder zugeben, der die Originalmalereien gesehen, und geprüft hat. Die zahlreichen und mit peinlichster Gewissenhaftigkeit und Sorgfalt ausgeführten Tafeln, die meinem Werke beigegeben sind, bilden nicht etwa bloss eine werthvolle, das Ganze illustrirende Zugabe, sondern dessen wichtigsten Bestand. ...

Rom
im Juni 1903.   Wilpert.

JOSEPH WILPERT
(1857 – 1944)

Die farbigen Abbildungen im Tafelband waren aufwändig erstellt und auf der Höhe der technischen Möglichkeiten damaliger Zeiten. Pompeo Sansaini fertigte die Fotografien an, der junge Maler Carlo Tabanelli kolorierte sie an Ort und Stelle in den Katakomben.
Trotz einer ausgiebigen Danksagungsliste am Ende des Vorworts findet keiner von beiden Erwähnung.

BIBLIOGRAPHIE KATAKOMBEN ROMS

Baruffa, Antonio, 1992: Die Katakomben *San Callisto* – Geschichte, Archäologie, Glaube. Vatikanstadt

Bisconti, Fabrizio, 1999: Via Latina 135: Cronaca di un intervento di urgenza. Un'area catacombale recuperata al II miglio della Via Latina. In: Rivista die archaelogia Cristiana 75 (1999). H.1/2, S. 11-94

Bisconti, Fabrizio, 2019: The Arts of the Catacombs. In: David K. Pettecrew (Hg.): The Oxford handbook of early Christian archeology. New York u. a. 2019, S. 209-220

Brandenburg, Hugo, 2013: Die frühchristlichen Kirchen in Rom vom 4. bis zum 7. Jahrhundert. Der Beginn der abendländischen Kirchenbaukunst. 3. kompl. überarb. Aufl. Regensburg

Deckers, Johannes Georg u.a. (Hg.), 1987: Die Katakombe *Santi Marcellino e Pietro*. Repertorium der Malereien. 2 Bde. (Tafelbd. / Textbd.). Pontificio Istitutio di Archaeologia Christiana. Città del Vaticano / Münster

Dresken-Weiland, Jutta, 2010: Bild, Grab und Wort. Untersuchungen zu Jenseitsvorstellungen von Christen des 3. und 4. Jahrhunderts. Regensburg

Dresken-Weiland, Jutta, 2020: Die christlichen Katakomben Roms. Auf dass der Tod uns nicht scheidet. In: Rom – Stadt der frühen Christen (Welt und Umwelt der Bibel. 25. Jg. Nr. 95). Stuttgart 2020, S. 34-39

Fasola, Umberto Maria, 1989: Die Domitilla-Katakombe und die Basilika der Märtyrer Nereus und Achilleus. Città del Vaticano

Ferrua, Antonio u.a. (Hg.), 1990: *Catacombe di Roma – San Sebastiano*. Città del Vaticano

Ferrua, Antonio, 1991: Katakomben. Unbekannte Bilder des frühen Christentums unter der Via Latina. Stuttgart

Fiocchi Nicolai, Vicenzo, 1994: Zum Stand der Katakombenforschung in Latium. In: Römische Quartalschrift für christliche Altertumskunde und Kirchengeschichte 89 (1994). H. 3 und 4

Fiocchi Nicolai, Vincenzo u. a. (Hg.), 1998: Roms christliche Katakomben. Geschichte – Bilderwelt – Inschriften. Regensburg

Fiocchi Nicolai, Vincenzo u. a. (Hg.), 2004: Art. Katakombe (Hypogaeum). In: Reallexikon für Antike und Christentum Bd. 20 (Lfg. 154/162, 2004), Sp. 342-422

Fiocchi Nicolai, Vicenzo, 2019: The Catacombs. In: David K. Pettecrew (Hg.): The Oxford handbook of early Christian archeology. New York u. a. 2019, S. 67-88

Laurenzi, Elsa, 2013: Jewish Catacombs. The Jews of Rome: funeral rites and customs. Rom

Mancinelli, Fabricio, 2004: Römische Katakomben und Urchristentum. Florenz

Reekmans, Louis, 1979: Die Situation der Katakombenforschung in Rom. Opladen

Reekmans, Louis, 1984: Zur Problematik der römischen Katakomben-Forschung. In: Boreas 7 (1984), S. 242-260

Rüpke, Jörg, 2015: Geteilte und umstrittene Geschichten. Der Chronograph von 354 und die Katakombe an der Via Latina. In: Hartmut Leppin (Hg.): Antike Mythologie in christlichen Kontexten der Spätantike. Berlin 2015, S. 221 – 238

Rutgers, Leonard Victor, 1990: Überlegungen zu den jüdischen Katakomben Roms. In: Jahrbuch für Antike und Christentum 33 (1990), S. 140-157

Rutgers, Leonard Victor, 2009: Neue Recherchen in den jüdischen und frühchristlichen Katakomben Roms. Methode, Deutungsprobleme und historische Implikationen einer Datierung mittels Radiokarbon. In: Mitteilungen zur christlichen Archäologie 15 (2009), S. 9-24

Sed-Rejna, Gabrielle, 2001: Art. Katakomben. In: Religion in Geschichte und Gegenwart 4 (2001), Sp. 849-853

Siebenmorgen, Harald, 2013: Leidenslust und Leidenschaft. Katakombenromantik und Katakombenpropaganda. In: Claus Hattler u. a. (Hg.): Imperium der Götter: Isis, Mithras, Christus. Kulte und Religionen im Römischen Reich. Ausstellungskatalog. Karlsruhe 2013, S. 439-450

Sörries, Reiner, 2006: Dem Geheimnis der Katakomben auf der Spur. In: Antike Welt 37 (2006), S. 47-54

Stützer, Herbert Alexander, 1983: Die Kunst der römischen Katakomben (DuMont-TB 141). Köln

Thümmel, Hans-Georg, 2019: Die frühchristliche Grabeskunst. In: Ders.: Ikonologie der christlichen Kunst. Bd. 1: Alte Kirche. Paderborn 2019, S. 47-191

Wehrens, Hans Georg, 2017: Rom – Die christlichen Sakralbauten vom 4. bis zum 9. Jahrhundert. Ein Vademecum. 2. erg. Aufl. Freiburg

Zimmermann, Norbert, 2001: Ausstattungspraxis und Aussageabsicht. Beobachtungen an Malereien römischer Katakomben. In: Mitteilungen zur christlichen Archäologie 7 (2001), S. 43-59

Zimmermann, Norbert, 2002: Art. Rom. IV. Katakomben. In: Der Neue Pauly. Bd. 15/2 (2002), Sp. 904-909

Zimmermann, Norbert, 2013a: Die Alltagswelt der römischen Katakomben. In: Erich Peter (Hg.): Religiöser Alltag in der Spätantike. Stuttgart 2013, S. 169-200

Zimmermann, Norbert, 2013b: Die Bilderwerkstatt der Katakomben. Von privater Jenseitshoffnung zu theologischer Reflexion. In: Claus Hattler u. a. (Hg.): Imperium der Götter: Isis, Mithras, Christus. Kulte und Religionen im Römischen Reich. Ausstellungskatalog. Karlsruhe 2013, S. 352-361

Zimmermann, Norbert, 2015: Catacombs and the Beginnings of Christian Tomb Decoration. In: Barbara Borg (Hg.): A companion of Roman art. Chichester 2015, S. 452-470

Zur Einführung – zumal aus theologischer Perspektive – eignet sich nach wie vor am Besten:

**Josef Fink / Beatrix Asamer:
Die römischen Katakomben.
Mainz 1997**

Alle Abbildungen folgen – sofern nicht anders vermerkt – dem nach wie vor unverzichtbaren Standardwerk von

**Joseph Wilpert:
Die Malereien der Katakomben Roms.
2 Bde. Rom 1903**

(Bd. 2 firmiert als Tafelband mit 267 oft mehrteiligen, häufig farbigen Bildtafeln)

Der Dank der Herausgeber gilt
Frau Carolin Völk für das Korrektorat
sowie
Herrn Reinhold Banner (S. 9 f.),
Herrn Daniel Jäckel (S. 22),
Herrn Bernd Müller (S. 6),
Herrn Nikolaus Schnall (S. 10 f.) und
Herrn Klaus D. Wolf (S. 11)
für die freundliche Überlassung der Bildrechte.

Die Abbildung auf der Vorderseite des Hardcovers
zeigt einen Gang der Katakombe S. Pancrazio, Trastevere / Rom.
Dank an Adobe Stock!